LES FILS D'ABRAHAM

MAREK HALTER

LES FILS D'ABRAHAM

roman

FRANCE LOISIRS
123, boulevard de Grenelle, Paris

Édition du Club France Loisirs, Paris,
avec l'autorisation des éditions Robert Laffont

ISBN 2-7242-4763-9

A ma mère,
Perl Halter, poétesse yiddish,
dont l'œuvre s'inscrit dans la langue
d'un peuple assassiné,
pour m'avoir transmis
son amour des mots.

1

Israël
RENDEZ-VOUS À JÉRUSALEM

Mars 1961

A petits coups de volant, Hugo Halter bouscule sa voiture dans les virages qui enlacent la colline, balançant devant lui, à contre-ciel, l'une ou l'autre des apparitions de Jérusalem. C'est la quatrième fois de la semaine qu'il fait le voyage et, toujours le même vertige au cœur, il guette l'instant où la ville se déploiera enfin devant lui — si nette, si précise au bout de l'ultime ligne droite.

Il jette un regard à sa femme Sigrid, qui paraît accablée de chaleur et plutôt indifférente au paysage. Il roule encore quelques instants, passe un carrefour désert et, comme s'il voulait ne rien perdre de ce moment béni, vient se garer doucement sur l'aire de dégagement qui domine les pentes du village arabe d'Abou Gosh, couvertes du duvet des jeunes arbustes. Là, il coupe le moteur, ouvre la portière sur le spectacle des lointaines murailles crénelées de pierres blanches et grises, luisantes dans le soleil et, s'éloignant de quelques pas :

— Viens voir, Sigrid... On dirait une aquarelle...

Sigrid ne bougeant pas, il se tourne vers elle et, la paume de ses mains levée, répète :

— Viens... Viens donc voir... Jamais, je crois, je ne m'en lasserai.

– Il fait plus frais ici, répond-elle.

Et moqueuse, elle referme la portière.

Déçu, il s'assied sur une borne, serrant ses bras maigres contre le corps, comme pour se protéger. Et il reste de longues minutes ainsi, immobile, ébahi, cherchant pour la énième fois à situer la vallée du Cédron ; puis la source du Gibon ; puis encore l'obscur foyer de cette lumière si vive qui, comme chaque fois qu'il revient ici, l'aveugle, le ravit — en même temps qu'elle lui fait un peu peur.

Bien avant Jérusalem, se répète-t-il, il y avait ici Salem, où le roi Mulki Sedek a, un jour, accueilli Abraham. Le mont Morya et sa grande roche plate, destinée aux sacrifices, où David concevra l'idée d'élever un Temple à l'Éternel. Il y a eu le Temple de Salomon, détruit par Nabuchodonosor, reconstruit par Ezra, abattu par Antiochus Épiphanes, à nouveau élevé par les Asmonéens, démoli encore par Pompée, rebâti par Hérode jusqu'à ce que Titus, tout près de nous...

Tant de mots... Tant de noms... Toute cette histoire légendaire et mythique dont il ne se lasse décidément pas d'invoquer les héros... Au fond, Sigrid n'a pas tort... Comment partagerait-elle cette ivresse ? Comment goûterait-elle, avec lui, autant que lui, le parfum de cette poussière dont il n'est pas un grain qui ne soit chargé d'esprit, de mémoire ? Hugo en est là de ses réflexions. Il cligne drôlement les yeux, fronce ses sourcils gris tant la lumière est forte. Il a l'air d'un banal touriste, jouissant en silence et en secret d'un panorama unique au monde. Et c'est alors que, un peu plus bas, au détour d'un virage, dans un nuage de poussière qui semble sur le point de voiler un instant le soleil, surgit un camion militaire.

« Étrange, se dit-il... Cette route déserte... Au cœur d'un jour de shabbat... »

Il n'a pas le temps d'en dire plus ni de s'interroger davantage. Car, une fois le camion parvenu à sa hauteur, un bruit qu'il connaît bien couvre le vrombissement du moteur.

— *Rebono shel olam !* Mon Dieu ! gémit-il, en se jetant à plat ventre et en cherchant machinalement le pistolet qu'il n'a pas.

Ce bruit assourdissant, c'est celui d'une arme automatique qui, dissimulée derrière la bâche, est en train d'arroser la voiture, puis la borne où il était assis, puis à nouveau la voiture. Quand il relève la tête et se redresse, il ne voit déjà plus qu'un amas de tôles tordues, criblées de trous. Et quant à Sigrid, elle est là, toujours là — mais à demi étendue sur le siège, la tête coincée sous le volant.

« Mon Dieu, répète-t-il... Mon Dieu... », tandis qu'il se précipite. Une autre rafale. Une autre encore. Une déflagration, un choc, à l'instant où, ivre de douleur, suffoquant, il tente d'ouvrir à toute force la portière disloquée. La violence de l'explosion l'a projeté en arrière, sur le bas-côté, juste à côté de la borne où il était assis un instant plus tôt. Tout est allé très vite. Il a juste eu le temps d'apercevoir la bouche ouverte, les yeux exorbités de Sigrid. Puis l'image de ces vieux Juifs, en caftan, le châle de prière sur la tête, qu'il avait surpris, un jour de soleil comme celui-ci, dans l'obscurité d'une synagogue... Puis l'incendie de l'imprimerie familiale à Berlin et, à Varsovie, le visage de son grand-oncle Abraham... Il entendra à peine le gémissement des sirènes, le grincement des pneus autour de lui, les exclamations en hébreu au-dessus de sa tête.

« Quand le mort repose, murmure-t-il entre ses dents... Quand le mort repose, laisse reposer sa mémoire... »

Les yeux clos, la bouche pleine de sang, le ventre, les cuisses, la tête douloureuse, il voit une tache sombre dans un ciel sans force.

On se penche sur lui. Il essaie de se débattre. Peut-être veut-il même dire un mot, prononcer un vague nom. Hélas, son corps n'est plus au rendez-vous.

Paris, avril 1961

Que sais-je de Hugo en ce jour de printemps où un télégramme de mon autre cousin, Mordekhaï, du kibboutz Dafné, m'apprend sa mort ? J'en sais ce que nous savons tous, dans la famille. C'est le plus secret d'entre nous. Celui dont la vie — et maintenant la mort — sont frappées au sceau du plus grand mystère. Il a depuis toujours, et pour nous tous, cette inégalable aura des hommes de l'ombre et des héros.

La première image qui m'en revient (mais est-ce vraiment une image ? n'est-ce pas déjà un souvenir ? une légende ?) remonte à Varsovie, dans les années d'extrême tourmente. J'ai trois ans. C'est le jour de mon anniversaire — le dernier, mais je ne le sais pas encore, que célébrera la famille au complet. Hugo, fuyant l'Allemagne, débarque chez nous à l'improviste. Ployant sous un volumineux sac à dos, maigre, mal rasé, il fait taire sur-le-champ la fête autour de moi. On croirait un roi mage. Ou un père Noël fourbu, traqué, vaguement inquiétant. Dans son sac ni cadeaux ni friandises, mais ces paroles si graves :

— Les Allemands, souffle-t-il d'un air d'infinie lassitude, seront bientôt à Varsovie. Les Juifs doivent quitter la Pologne. Il n'y a pas de temps à perdre...

Mon père proteste. Ma mère s'exclame qu'une famille ne peut fuir ainsi, tout abandonner. Mon oncle David tente de railler, de prendre les choses à la légère — je l'imagine, avec son air de sage et sa barbe rassurante, expliquant que Hitler ne peut rompre si vite les accords signés à Munich ; qu'il ne faut pas exagérer la cruauté des persécutions nazies ; qu'elles ne sont pas plus terribles que les pogromes tsaristes et que les pogromes — malheur à nous ! — les Juifs ne connaissent que trop... Et moi je me mets à pleurer, oh oui ! tellement pleurer de cet anniversaire perdu, de ce gâteau auquel personne ne touche, de ces menaces terribles que mon âme d'enfant sent poindre à l'horizon ; et, tandis que mon père m'adresse un regard grondeur, c'est le cousin Hugo qui me prend dans ses bras. Sa barbe me picote la joue. Je vois, sur le revers de sa vareuse, une traînée de poussière qui me fait penser tout à coup : « Cousin Hugo a fait une bien longue route et je suis dans ses bras. » Et c'est alors que, l'index levé, il prononce ces mots à jamais gravés en moi :

— Tu vois ces Juifs, Marek ? S'ils ne changent pas, ils mourront...

Il dort chez nous, cette nuit-là. Et les deux nuits suivantes. Puis il nous quitte comme il est venu, son sac sur le dos. J'entends dire autour de moi que le grand-père Abraham lui a offert ses économies pour qu'il puisse s'embarquer sur un cargo vers l'Amérique.

Des années plus tard, au soir du premier Kippour de l'après-guerre, l'ombre de Hugo revient. Nous sommes, mes parents et moi, au nombre des survivants du massacre. Nous sommes les orphelins d'un peuple décimé. Et nous voici à Lodz, en compagnie de quelques amis, dans une petite pièce faisant office de synagogue où traîne encore l'odeur de la mort. Mon père, depuis quelques mois, emploie tout son temps à retrouver la trace de ce qui demeure de la famille. Il occupe ses soirées à rédiger des annonces qu'il expédie à la presse yiddish, partout dans le monde. Il trie les réponses, les classe, écrit lui-même à des destinataires dont il ignore s'ils sont encore en vie. Et voici que ce soir-là, au cœur donc de l'été 1946, il reçoit, de New York, une lettre de Hugo.

Nous y apprenons que notre mystérieux cousin, après cette fameuse nuit d'anniversaire à Varsovie, traverse la Pologne embouteillée par des dizaines de milliers de réfugiés en marche et des convois militaires, échappe dix fois à la police en quête d'espions allemands, invente mille stratagèmes pour emprunter trains ou camions réquisitionnés par l'armée et parvient enfin à Gdynia où, avec les économies du grand-père Abraham, il achète un billet de passage, à fond de cale, près des machines, sur le *Stefan Batory,* l'un des derniers paquebots à faire le voyage d'Amérique.

Ce qu'il devient alors ? A quoi il occupe les jours, les années qui commencent ? J'ai la lettre ici, sous les yeux — bavarde et énigmatique à la fois, comme il était toujours. Et le plus simple est, je crois, de lui laisser la parole :

« Je suis arrivé à New York au début du mois de septembre 39. L'organisation humanitaire Joint m'aida à trouver un logement et Jacob Kastof, un ami d'Abraham, me procura une place de metteur en pages à l'imprimerie du quotidien yiddish *Forward,* au 175, East Broadway, à Brooklyn, qui, en ce temps-là, était encore un quartier juif.

« Malgré un pouvoir que beaucoup d'entre eux ignoraient, les Juifs américains ne furent pas plus attentifs à mon témoignage que les Juifs polonais. La Pologne était déjà occupée. Les nouvelles qui nous en parvenaient avaient de quoi nous angoisser. *Forward* publia même un article sur l'existence d'un camp de concentration près de Lublin. Mais le journal lui-meme ne croyait pas à la menace. Personne, je dis bien personne, n'imaginait possible la destruction des Juifs d'Europe. Et c'est en 1943 seulement qu'une autre revue consacrera sa couverture à notre martyre. 1943 ? Quelques jours après la destruction du ghetto de Varsovie.

« Pour l'heure, je suis accablé. Désespéré. Je me demande même si je n'aurais pas dû rester à Berlin et, mourir pour mourir, le faire chez moi, parmi les miens. Mais le désespoir est le souci du cœur et je décide de sauver mon âme. Je me retire dans un " shtibl ", une petite synagogue à Brooklyn où pendant de longues semaines, je prie, prie et prie encore — adjurant l'Éternel, Dieu d'Israël, de ne pas abandonner Son peuple, de lui ouvrir les yeux sur le danger, de faire comprendre au monde insouciant et aveugle qu'il dort sous un volcan dont la lave prendra bientôt l'aspect de millions de formes humaines...

« Oui, pendant quatre semaines, je n'ai cessé de penser à vous, là-bas, à Varsovie, qui rêviez sous un ciel couvert d'écailles de poisson mort. Ce ciel, je le savais, allait tomber sur la terre, la recouvrant d'immondices et la plongeant dans la nuit. Ne souriez pas, mes amis. Ne vous moquez pas de ma piètre littérature. Je suis un homme de l'ombre, pas un écrivain — et j'essaye simplement de raconter...

« Malheur... Solitude... Sentiment d'être seul, atrocement seul, à prêcher dans le désert, plaider pour le néant... Je passe tout mon temps libre à écrire aux journaux, à harceler les personnalités politiques. En septembre 1941, je réussis même à rencontrer le rabbin Stephen Wise, l'un des dirigeants les plus fameux du judaïsme américain, et son adjoint Nahum Goldman. Je leur raconte ce qui se passe en Europe, ce que j'ai vu en Allemagne, ce que je sais de la déportation des Juifs polonais. J'explique qu'il ne s'agit plus d'un pogrome, que ce n'est plus une banale haine — mais que ces hommes exécutent un véritable " travail " qui consiste à nous éliminer de la surface de la terre... Ils m'écoutent tous deux avec beaucoup d'attention. Mais vous imaginez ma tristesse et ma colère quand, quelques jours plus tard, j'entends le même Nahum Goldman déclarer à la radio : " Le problème des communautés juives européennes se pose davantage en termes de secours qu'en termes politiques. "

« En attendant, les manifestations contre l'engagement des États-Unis se poursuivent. Le fameux Charles Lindberg, celui-là même qui, le premier, traversa l'Atlantique en avion, accuse publiquement les Juifs de pousser l'Amérique à la guerre. Certains journaux, parmi les plus honorables, reprochent aux Juifs leur mauvaise grâce à s'assimiler... En Amérique ! la patrie des minorités !... De plus en plus désespéré, je songe même à me suicider...

« Heureusement pour nous tous, le Japon attaque l'Amérique. Oui, j'affirme que le 6 décembre 1941, à Pearl Harbour, les Japonais ont sauvé le monde. Car, croyez-en un homme qui vivait aux États-Unis en ces temps-là : sans cette humiliation militaire l'Amérique n'entrait pas en guerre. Pour ma part, j'exulte. Je respire enfin. Et, dès la fin 41, je suis l'un des premiers à me porter volontaire pour aller combattre les nazis. Je suis au Maroc. Puis en Tunisie où le général Omar Bradley réclame un interprète d'allemand et où je participe à la libération de Hammam Lif...

« Vous croyez connaître la guerre ? Vous ne la connaissez pas du côté de ceux qui tuent. A Hammam Lif, pour la première fois de ma vie, il m'a fallu tuer. Tuer des nazis, il est vrai, mais des êtres vivants, tout de même. Et j'avais aussi très peur de mourir. Je me revois avançant, avec le 11e corps d'armée, le long de la plage, sous le feu de l'artillerie ennemie placée sur les hauteurs de Bou Kornine. Je tire et je crie. Je crois que je crie très fort. Et je crois que c'est ce cri qui m'a sauvé. Il m'a sauvé de ma peur. Comme jamais auparavant, j'ai senti que j'étais un être vivant dans un monde grouillant de vie et que je n'avais d'autre devoir, d'autre but que de vivre. Coûte que coûte. Innocents, coupables, rien ne comptait plus, que la vie. A la fin de la journée, la ville et, bien sûr, le palais du bey de Tunis étaient libérés. Quelques centaines de soldats et officiers allemands, membres de l'Afrika Korps, hébétés, attendaient sur la place centrale d'être interrogés. Me croirez-vous ? Je n'éprouvais aucune haine à leur égard. Pour moi, ils appartenaient à un monde mort et j'avais hâte de retrouver les vivants.

« Le soir venu, parmi la foule qui se déversait sur les plages pour contempler les chars allemands, immobilisés dans les sables, un homme m'a béni. Musulman, chrétien, juif ? Je ne sais. Mais brusquement, je me suis souvenu que c'était samedi, jour de shabbat, et que Hammam Lif comptait une communauté nombreuse. Je choisis au hasard un vieillard et lui demande le chemin de la synagogue. Surpris par mon uniforme, il dit en anglais : “ *Jew ?* ” Je fais oui de la tête et, pointant le doigt sur sa poitrine, je demande à mon tour : “ *Jew ?* ” Pour seule réponse, il me prie de le suivre.

« Le jour, en Afrique, tombe brutalement, sans transition — et nous nous retrouvâmes bientôt, mon guide et moi, dans une petite cour déjà plongée dans l'obscurité, où il me sembla entendre une mélodie de mon enfance. Ému, je poussai une porte qui s'ouvrit sur une pièce carrée, basse de plafond où une famille était réunie autour d'une table. A l'évidence, c'était une famille arabe. Mon guide, qui s'appelait Salem, parla d'ailleurs en arabe. Et le maître de maison, lorsqu'il m'accueillit, présentait la parfaite image de cette hospitalité orientale dont il m'a souvent été donné, par la suite, d'apprécier l'incomparable qualité. Or savez-vous ce qu'il advint ? Les enfants s'approchèrent de moi. Les femmes se mirent à nettoyer la table. On me présenta un verre de vin. Des voisins arrivèrent. La pièce fut bientôt pleine. Quelqu'un se mit à chanter. La foule reprit en chœur. Et que croyez-vous qu'ils chantaient, ces Arabes de Hammam Lif ? *Al Irá Avdi Jakob* — “ Ne crains pas, mon serviteur Jacob ”.

« Un homme à la barbe blanche et rare comme celles des Chinois de Chinatown à New York m'adressa la parole en hébreu. C'était le père de mon hôte et il me demanda, en me montrant la radio posée sur un petit guéridon incrusté d'ivoire et de nacre, si je voulais connaître les nouvelles. On entendit d'abord des bruits de parasites. Puis des voix incertaines. Puis un grand vacarme de langues, d'accents qui se chevauchaient. Et puis enfin, dans un anglais à la prononciation lente et claire, une voix qui annonçait la destruction du ghetto de Varsovie.

« “ Qu'y a-t-il ? ” demanda le grand-père, en voyant ma stupeur, mon chagrin, mes sanglots. Les yeux dans le vague, je ne savais que répéter : “ Varsovie... ghetto... ma famille... ” Je murmurai le nom des miens, *vos* prénoms, cher Salomon, chère Perl. Je répétais, mais dans un grand désordre, ce que je vous avais dit, lors de cette fameuse nuit... Le vieil homme comprit. Il dit quelques mots en arabe. Et, tandis que de grosses larmes coulaient aussi sur ses joues, les femmes se mirent l'une à hurler à la mort, l'autre à se couvrir le visage, la troisième à se déchirer la poitrine. J'étais à Hammam Lif. Devant ces Juifs extravagants qui ressemblaient à s'y méprendre à des Arabes et qui pleuraient ma famille de Varsovie, je fus soudain envahi du plus inattendu des sentiments. Ce fut comme un basculement en moi. Ou comme une révélation. Ce fut comme si un invisible ressort se détendait brusquement. Je venais de comprendre que le judaïsme ne s'arrêtait pas au pied des murs du ghetto de Varsovie. Et malgré les morts, malgré la disparition du monde auquel j'appartenais, je ressentis une sorte de joie sauvage, cruelle, unique, miraculeuse... Pour la première fois depuis ma fuite de Berlin, j'étais sûr, oui sûr, que Hitler avait perdu la guerre. Du moins sa guerre contre les Juifs.

« " L'homme porte son destin attaché au cou ", disent les Arabes. Je portais, moi, mes chers cousins, la vieille sacoche de cuir dont vous vous souvenez peut-être et où j'avais glissé, cette fameuse nuit, les quelques pages du livre familial que le grand-père Abraham, à votre insu à tous mais en grande cérémonie, avait tenu à me remettre. Cette sacoche — et son précieux contenu —, je ne m'en dessaisirais plus. Chargé de mémoire, comme d'autres ont charge d'âme, je savais que j'étais le témoin, que dis-je ? le porte-flambeau et le prophète de notre entière lignée. Jamais, tout au long de ces années, ne me fit défaut cette conviction : je retournerais à Berlin, je reverrais Varsovie...

« Pour l'heure, il me restait une année à passer à Tunis. J'y connus quelques filles. Des étreintes rapides, furtives, comme pour tuer le temps, tromper l'inquiétude ou la mort. Je m'y fis aussi des amis — car " un ami fidèle, dit l'Écclésiaste, est une tour forte et qui l'a trouvé, a trouvé un trésor ". L'un d'eux, Marwan Assadi, avait un fils du nom de Hidar, qui était alors âgé d'une quinzaine d'années et dont l'intelligence, le charme peut-être et la grâce me faisaient parfois penser : " On dirait le fils que je n'ai pas eu et que peut-être je n'aurai jamais. " Hidar était arabe. Nous n'étions d'accord sur rien. Nous passions des nuits entières à discuter de cette Palestine qui n'avait jamais existé, lui expliquais-je, que dans les rêves absurdes d'Hadrien et, bien plus tard, des Britanniques — et où je ne me lassais pas de reconnaître, moi, la terre qui depuis deux mille ans attend le retour d'Abraham. Mais enfin, je l'aimais. Et il était, je vous le répète, comme un fils ou un jeune frère.

« En juillet 1944, j'arrive à Palerme. Un mois plus tard,

je pose le pied sur la côte française, aux abords d'une petite ville du nom de Saint-Raphaël. Je traverse la France au pas de course. Je me retrouve dans les Ardennes, officier de liaison d'un maréchal de fière allure. Je suis à Strasbourg sous les bombes, dans le fracas des mitrailleuses — trouvant néanmoins le temps de visiter la cathédrale, d'arpenter l'ancien quartier juif, de me promener sur les quais Finckwiller, avec, dans le cœur et la tête, quelques-uns des feuillets que m'a confiés Abraham. Ces pages, je les ai relues maintes fois dans les tranchées. Elles racontent l'histoire de notre famille, l'aventure de Gabriel, fils d'Aron, les débuts de l'imprimerie. Et à Strasbourg donc, voulant tout vérifier, tout revivre, voulant revoir cette " Montagne Verte " où, voici plus de cinq siècles, notre Gabriel apprenait le métier d'imprimeur dans l'atelier même de maître Gutenberg, je réquisitionne une jeep.

« Las ! Je m'égare dans les dédales de la guerre autant que dans ma mémoire. Un détachement de l'armée allemande me surprend à une vingtaine de kilomètres de la ville. Ma jeep est prise sous le feu allemand. Contraint de l'abandonner, blessé à l'épaule et au ventre, je me mets à courir à travers champs pour rejoindre les lignes alliées. Je saigne comme un bœuf. Je suis au bord de m'effondrer, de défaillir. Et c'est alors qu'une voiture, roulant à vive allure dans la direction du Rhin, me renverse. C'est Sigrid... Sigrid Furchmuller... En visite à Strasbourg chez une amie, elle a été surprise par l'avancée des forces françaises et tente, désespérément elle aussi, de retourner chez elle. Je ne me souviens pas très bien de la suite. Sigrid, paraît-il, n'était pas très intéressée par ma personne. Mais, la voiture ne démarrant pas et la guerre aiguisant le réflexe de survie, elle pensa, non sans raison, que soigner un officier américain pouvait lui être utile. Si les Alliés arrivaient d'abord, elle était en train de sauver l'un des leurs ; si c'étaient les Allemands...

Ce furent les Alliés, bien sûr. Sigrid me sauva la vie. Je témoignai, en retour, pour elle et sa famille. L'année suivante, elle me suit aux États-Unis, se convertit au judaïsme — et me voilà marié à une Allemande, fille d'un général nazi.

« " J'oublie de vous dire que le sang de ma blessure avait effacé l'encre des feuillets d'Abraham que je portais dans ma sacoche. J'avais eu la vie sauve, mais au prix de la mémoire. Je renouais avec le monde des vivants, mais en rompant avec celui des morts. Faut-il y voir un symbole ? C'est Sigrid, la jeune et belle épouse dont je me sentais si coupable, qui me persuada d'entreprendre la reconquête de cette histoire effacée.

« " Publie des appels dans la presse, me dit-elle, écris aux organisations internationales, à l'Office des réfugiés, à la Croix-Rouge, au Joint, à l'UNWRA... Chaque réponse que tu recevras sera comme un miracle, et ta fièvre baissera. "

« Sigrid avait raison. Mieux : elle devint une sorte d'intendante de cette mémoire en lambeaux — écrivant aux uns, relançant les autres, m'inspirant une lettre à celui-ci, une réponse à celui-là. La guerre était finie. Le nazisme était vaincu. Il me restait — il *nous* restait — à craindre cette autre source de malheur que les Juifs appellent l'oubli. Étrange que ce soit à moi, Hugo, le moins pieux des Halter, peut-être le moins juif, qu'incombe le devoir de renouer les fils. Tout est là, de nouveau. Sur mon cœur. Dans un petit carnet qui, déjà, en quelques pages, rassemble des siècles d'histoire. »

Quinze ans plus tard, en 1961, troisième et dernière séquence. Notre cousin s'est, officiellement du moins, installé en Amérique. Il est devenu metteur en pages à l'imprimerie du *Forward,* le quotidien américain de langue yiddish — ce qui, pour un homme de sa culture, reste un emploi curieusement modeste. Nous avons eu vent, de loin en loin, à travers les cartes postales qu'il nous adressait parfois, d'étranges et lointains voyages. A Beyrouth, par exemple. Au Caire. A Prague. Au Yémen. Un ami de mes parents affirme même l'avoir rencontré un jour à Francfort. Il portait une moustache, des lunettes d'écaille, il avait les cheveux teints en noir, un air de banquier ou de transitaire international — mais, pas de doute, c'était bien lui, il était attablé au fond de l'arrière-salle d'une brasserie et il était en grande discussion avec Israël Beer, qui passait en ce temps-là pour un proche conseiller de Ben Gourion. Pourquoi ces ruses ? Ces déguisements ? Pourquoi tous ces mystères ? Et pourquoi, surtout, Hugo ne trouvait-il jamais le temps de passer par Paris pour nous rendre visite ? Ces questions exaspéraient mes parents. Elles finissaient moi-même par me hanter. Jusqu'au jour où, en 1961, donc, l'énigmatique cousin vint enfin nous rendre visite. C'était la veille de Pâque. Ma mère était occupée à préparer le repas du Seder. Et le voilà qui, sans crier gare, flanqué de cette Sigrid que nous ne connaissions pas encore, sonne à la porte. Il semble à son aise. A peine vieilli. Les joues tout juste un peu creusées. Sa chevelure blonde un rien dégarnie. Mais à l'aise, oui. Heureux de pouvoir échanger quelques mots de yiddish avec nous. Et rivalisant avec mon père dans l'ordre de cette mémoire qu'ils ont l'un comme l'autre, au même moment, et sans la moindre concertation, décidé de reconstituer. Qu'a-t-il vraiment en tête, ce jour-là ? Qui est vraiment cet homme à l'allure d'intellectuel que je revois, appuyé sur le rebord de la fenêtre, ses longues jambes élégamment tendues et croisées devant lui ? Que cache cette drôle de voix de basse qui imprime des accents si modernes à la langue du ghetto et qui me renvoie irrésistiblement à ce jeune homme blond et déterminé qui m'avait pris dans ses bras un soir de janvier 1939, au cœur du ghetto ? Hugo est là. Il parle. Il nous a même présenté Sigrid, cette épouse qui, à distance, nous intriguait si fort. « Voici Sigrid, a-t-il dit... ma femme... la fille d'un général de l'ex-Wehrmacht. » Je revois ladite Sigrid, mince, blonde, vêtue d'un tailleur gris, de coupe masculine. Elle a un chemisier de soie blanche. Des escarpins en lézard qui mettent en valeur la finesse de ses chevilles. Elle sourit. S'adresse à ma mère. Plaisante. Bref Hugo et sa femme sont tout proches. Eux que nous soupçonnions de bouder, de snober la famille partagent en toute simplicité notre modeste dîner. Et pourtant rien n'y fait : on les sent, *je* les sens plus lointains qu'ils n'ont jamais été. Est-ce pour cela que leur mort, quelques semaines plus tard, en Israël même, sur les hauteurs d'Abou Gosh, m'apparaît à la fois épouvantable et « dans l'ordre » ? Quelque chose dans ces deux visages, ces silhouettes et ces destins qui les exempte du sort commun...

Peut-être faut-il que j'ajoute, pour être tout à fait complet, que c'est à nous, les Halter de Paris, que Mordekhaï envoie, juste après son télégramme, les effets personnels de Hugo. Pourquoi nous ? Je l'ignore. Mais toujours est-il que nous arrivent un matin le passeport, le portefeuille, le chéquier, les clés du mort — ainsi que ce fameux petit carnet où il avait entrepris de reconstituer et consigner notre commune mémoire familiale. Émotion de mon père. Ivresse de cette coïncidence. Je le revois le soir, le dimanche, plongé dans ce mince carnet, pelliculé de noir, où il retrouve des noms qu'il connaît, d'autres qu'il a oubliés, d'autres encore qui sont comme les pièces manquantes d'un puzzle dont il avait fini par désespérer de jamais achever le montage.

— Curieuse affaire que l'histoire de notre livre familial, me dit-il un soir, après dîner. Il a pris son volume au fil des siècles et il ne lui a pas fallu cinq ans pour se réduire aux dimensions d'un mince carnet d'adresses.

Et puis, un autre soir, sur un ton déterminé, presque brutal, que nous ne lui connaissions pas :

— Nous allons ensemble, grâce au carnet de Hugo, renouer enfin tous les fils d'Abraham.

Mon père est un homme simple et bon. Il est imprimeur, fils et petit-fils d'imprimeur et ainsi depuis des générations. Il aime passionnément ce rôle d'intercesseur entre le monde des signes et celui de la lecture. Lorsqu'il compose sur sa linotype le texte d'un article ou d'un livre, il lui arrive d'en modifier un mot, de rétablir la syntaxe d'une phrase. Et je crois que c'est là le pire « forfait » dont se soit jamais rendu coupable ce vieux Juif de principes et de vertu, dont l'entière existence semblait devoir s'écouler au rythme de ces menues corrections. C'est dire combien m'étonne cette détermination soudaine. Ainsi que le spectacle de ce modeste scribe devenant tout à coup le plus acharné, le plus furieux des archéologues de la mémoire. Mon père explorateur du passé ! Habité d'une mission si glorieuse ! Mon père architecte fervent de cette invisible maison qu'est la mémoire juive ! Ma mère et moi découvrons un homme nouveau. Et je n'oublierai jamais ma stupeur quand, une nuit, en entrant par surprise dans la petite mansarde où, les nuits d'insomnie, il aimait se réfugier, je le vois devant un grand panneau noirci de noms, certains rayés, d'autres soulignés, tel un comptable d'une entreprise en faillite essayant de retrouver ce qui demeure d'une richesse ancienne. Je découvre ce visage si déroutant, celui d'un homme exalté, possédé, travaillé par des sentiments contradictoires que je ne comprends pas mais qui me font dire — d'un air de fils soumis dont je ne suis pas davantage coutumier :

— Oui, père, nous ferons ensemble ce chemin... Ensemble nous saisirons le témoin que nous passe le cousin Hugo.

2.

New York-Tel-Aviv
SIDNEY ET MORDEKHAI

Juin 1961

C'est à Winnipeg, au Canada, où il est venu rendre visite à son père, que Sidney, notre cousin américain et le frère de Mordekhaï, apprend la mort de Hugo. Important, pour lui, ce voyage à Winnipeg. Sa famille, en effet, n'a jamais vraiment accepté son mariage avec Marjory. Elle est passionnée, certes, par le judaïsme. Elle observe, mieux qu'une vraie juive, tous les rites et cérémonies juifs. Mais enfin elle n'est pas juive. Elle est irlandaise catholique. Et l'introduction dans la famille d'une « goï », d'une étrangère, est ressentie comme une trahison, une sorte de scandale.

— Et Ruth, la Moabite, a coutume de dire Sidney, n'est-elle pas à l'origine de la lignée du roi David ?

— L'histoire ne se répète pas, répond invariablement son père.

— Comment se fait-il alors, renchérit-il, que tu en appelles à la Loi pour me condamner et que tu récuses la Tradition pour m'absoudre ?

Dialogue de sourds, bien sûr. Insurmontable malentendu. D'un côté, le vieux Samuel, frère cadet d'Abraham, fils de l'ancienne morale du ghetto, qui, malgré ce quart de siècle passé dans le Nouveau Monde, n'a jamais vraiment quitté Varsovie. De l'autre, un jeune Juif de quarante ans, roux comme un Écossais, solide comme un joueur de rugby, pour qui judaïsme rime avec modernisme et tradition avec adaptation. Américain jusqu'au bout des ongles, il croit au bonheur, au progrès. Et s'il est ici, à Winnipeg, s'il a quitté New York, sa clinique et ses malades, c'est que Marjory attend un nouvel enfant et qu'il veut que cet enfant naisse dans l'harmonie familiale retrouvée. Les choses se sont si mal passées pour le petit Richard, il y a sept ans ! Il a été si malheureux quand son père a refusé d'assister à la circoncision ! Et il a tellement envie, cette fois-ci, que le scénario soit différent ! A présent l'enfant est né. C'est une ravissante petite fille qu'on a décidé d'appeler Marilyn. Le vieux Samuel est content. Ses relations avec Marjory sont devenues presque courtoises. Et tout va pour le mieux lorsque arrive le télégramme de Mordekhaï.

Il faut savoir que, de tous les Halter, Sidney est probablement, à ce moment-là, celui qui se sent le plus proche de Hugo. Il l'a connu pendant la guerre, à New York. Il n'a, alors, que dix-neuf ans. Il ne s'intéresse qu'à ses études de médecine. Mais il est toute de suite fasciné par ce cousin venu d'ailleurs qui apparaît à ses coreligionnaires comme un mélange de provocateur et d'oiseau de mauvais augure. Il le croit, lui. Il sait que ce prédicateur froid est le seul à voir juste quand il brosse, de l'Europe nazifiée, ce tableau apocalyptique. Et il n'est pas rare alors de les retrouver tous les deux, le conspirateur et son jeune disciple, errant, à la nuit tombée, entre Washington Square et la 9e Rue.

A la Libération, ils se sont perdus de vue. Hugo a repris sa vie de nomade et de Cassandre, tandis que lui, Sidney, est peu à peu devenu la parfaite illustration de l'*american way of life.* Et ce, jusqu'à ce jour d'octobre 1960 (à quelques semaines, autrement dit, de son séjour au Canada) où l'énigmatique cousin ressurgit dans sa vie. Ils se sont retrouvés, comme à la grande époque, au White Horse Tavern, Downtown. Hugo a son éternelle allure de proscrit, d'homme traqué. Mais avec, dans le regard, une anxiété nouvelle qui fait grande impression au jeune médecin.

Il a besoin, explique-t-il, de trois cent mille dollars. Une banque a accepté de les lui prêter, mais il a besoin d'une caution... Sidney peut-il être cette caution ? Peut-il, au nom des liens sacrés qui les unissent, lui rendre ce service ? Sidney, ému mais effarouché, refuse. Il est prêt, comme il le fait souvent, à « marcher » dans une cause humanitaire. Mais il aime les causes claires, les affaires transparentes, il se méfie de ces mystères où semble se complaire son cousin. Pourquoi ces dollars ? A quel usage les destine-t-il ? Comment, quand les remboursera-t-il ? Il n'est pas très fier de ses réponses ni de ses arrière-pensées. Mais enfin, Marjory... Le futur bébé... Ce parfait *american boy* qu'il s'est tant appliqué à devenir... Il sent trop d'implications inavouées dans la requête de Hugo pour prendre le risque de le suivre...

Curieusement d'ailleurs, Hugo ne semble ni surpris ni fâché de sa réticence. Il semble s'y attendre. Le comprendre peut-être. Et le voici qui, changeant de ton, à voix soudain plus basse comme s'il lui confiait un secret, enchaîne : « Tu es ici, à New York, le seul représentant de notre famille... Peux-tu, s'il m'arrive quelque chose, veiller à ce que l'on m'enterre dans le cimetière de Jérusalem ? » Humour ? Provocation ? Pressentiment peut-être ? Sidney, sur le moment, feint de trouver la phrase absurde. Il part d'un de ces petits rires qui semblent vouloir dire : « Allons ! allons ! cher cousin, ne joue pas à cela avec moi... Mais enfin, si tu y tiens... » Et ce n'est qu'aujourd'hui, à Winnipeg, le télégramme de Mordekhaï sous les yeux, qu'il mesure le sens de tout cela — et l'ampleur de son aveuglement.

Un mot à Marjory... Un conciliabule avec son père...

Une nuit mélancolique auprès de son bébé... Sa décision est prise : les obsèques sont bien entendu passées ; mais il se doit d'y aller ; il doit à son cousin, comme promis, l'hommage de sa vigilance ; d'autant qu'il y a quelque chose d'étrange dans cette histoire... Oui, il ne peut s'empêcher de repenser, toute la nuit, toute la journée qui suit, à cette conversation qui, après coup, lui semble si atrocement prémonitoire. Ce qu'il va faire à Tel-Aviv ? Il n'en sait rien. Mais il ira.

C'est par une belle et chaude matinée de juillet qu'il débarque à l'aéroport de Lod où l'attend Mordekhaï. Les deux frères s'aiment bien. Ils se retrouvent de loin en loin, à Tel-Aviv ou New York. Ils partagent une même passion pour l'Histoire, quoiqu'ils n'en retiennent pas toujours les mêmes leçons. Bizarrement, pourtant, ils sont aussi dissemblables que possible. L'Américain est grand. Il a les cheveux roux tirés en arrière sur un front haut, des gestes précis de sportif. Il a les yeux noirs, pétillants de malice. Un sourire charmeur dans une barbe très courte, soigneusement entretenue. L'Israélien est plutôt petit. Il a le visage mobile, le regard agrandi par des lunettes, plissé par la myopie. Il parle sans cesse de « son » kibboutz et affecte volontiers un ton, une allure de paysan. A les voir installés tous deux dans le hall de l'hôtel Dan, au milieu des touristes et des officiers israéliens, impossible de deviner qu'ils sont l'un comme l'autre, au même titre l'un que l'autre, les héritiers et neveux d'Abraham Halter.

Tout de suite, dans la voiture, l'Israélien a affranchi son frère. Il lui a tout raconté... L'attentat... Les cadavres criblés de balles... L'enquête policière qui n'a mené à rien... Les obsèques, la veille, dans une petite tombe du cimetière du mont du Repos, à Jérusalem... La cérémonie si triste... La compagnie si peu nombreuse... Lui, Mordekhaï... Sa femme... Un ou deux vieux Juifs venus d'on ne sait où... Un écrivain arabe de Nazareth... Deux types qu'il n'avait jamais vus qui avaient l'air de flics ou de mouchards... Oui, oui, tout s'est passé dans les règles... Non, non, il n'a rien remarqué d'anormal... Bien sûr, il va le conduire au cimetière... C'est si gentil à lui d'être venu ! Ce pauvre cousin Hugo était, au fond, si seul.

Sidney a écouté sans rien dire, avec une attention extrême. Il a répondu que, non, il ne voulait pas revoir les lieux... que, oui, il voulait aller se recueillir sur la tombe... Et puis, sans révéler encore le détail de son histoire, il a expliqué qu'il « savait » quelque chose... Peut-être important, peut-être pas... Une conversation... Juste une conversation, mais qui peut intéresser la police... Est-ce que Mordekhaï peut arranger cela ? Est-ce qu'il connaît quelqu'un à qui il puisse faire son récit ?

Mordekhaï, intrigué, lui a dit qu'il connaît en effet quelqu'un... Pas très bien, mais il le connaît... C'est l'homme qui, au ministère de la Défense, suit le dossier Hugo... Il est venu deux ou trois fois l'interroger... Le passé du mort semble les intriguer... Ses amitiés arabes... Cet attentat si bizarre, tout près de Jérusalem... Sidney souhaite-t-il qu'on le contacte ? Si, si, c'est très simple... Les choses sont si faciles en Israël... Sans attendre la réponse, Mordekhaï s'est levé. Il est allé au téléphone et revient au bout d'une minute en disant d'un ton très naturel : « Il s'appelle Benjamin Ben Eliezer et il sera là dans une heure. On l'attend ? »... Oui, on l'attend. Echangeant, pour tuer le temps, les propos aimables et badins que tiennent deux frères lorsque, après une longue séparation, ils se retrouvent enfin.

— Toi aussi, tu as eu un fils, commence Sidney. Parle-moi de ton fils !

— Arié ? Il est l'âme de mon âme... La chair de ma

chair... Surtout imagine sa chance : il est né, ici, sur cette terre... Alors que nous... Enfin, moi...

— Et ton kibboutz ? Comment va ton kibboutz ? On dit, chez nous, aux États-Unis, que le moral n'y est plus tout à fait... Que ce n'est déjà plus l'héroïsme des tout débuts et que...

— Shtouiot ! Bêtises ! Cessez donc d'élucubrer et de vous faire du souci pour nous ! La seule inquiétude que nous avons est militaire : ce sont les incursions de plus en plus fréquentes des terroristes venus de Syrie et du Liban.

— Quand y retournes-tu ?

— Demain, après notre visite au cimetière.

La conversation continue longtemps sur ce ton, faussement badine et, en réalité, terriblement « lourde ». Ombre de la mort. Spectre de Hugo. Sidney, songe Mordekhaï, en a trop dit ou pas assez. Quel est ce nouveau détail qu'il veut révéler aux enquêteurs ? Pourquoi ces mystères ? Cette gêne ? A un moment, et tandis qu'il s'est lancé dans un récit lyrique des performances du kibboutz Dafné, Sidney le coupe pour demander :

— Que sont devenus les effets personnels de Hugo ?

— Je les ai envoyés à Salomon, à Paris...

Puis, d'un air rêveur :

— Salomon ? Il m'a adressé une lettre, un jour... Il y a longtemps... Je ne me souviens pas d'y avoir répondu... Tu le connais ?

— Oui, bien sûr. Nous nous écrivons quelquefois, il est d'ailleurs venu au kibboutz.

Puis encore, après un nouveau silence et sur un ton de plus en plus embarrassé :

— Avons-nous aussi de la famille à Moscou ?

— Oui.

— Tu la connais ?

— Non.

— Ce Khrouchtchev m'intéresse. Il semble décidé à changer, en Russie, l'ordre des choses. Il reconnaît les crimes de Staline. Mais on dit qu'il n'aime pas plus les Juifs que lui...

Mordekhaï se penche légèrement et plisse les yeux. Il n'a pas entendu la fin de la phrase, un groupe de touristes descendant à grand bruit la volée de marches qui, entre les jets d'eau, mène au salon.

Sidney répète :

— On dit que Khrouchtchev n'aime pas plus les Juifs que Staline.

Et, élevant la voix :

— Pourquoi les Juifs restent-ils en URSS ?

— Parce qu'ils aiment le KGB ! répond Mordekhaï en riant. Mais voici Benjamin. Je t'avais dit : une heure ! Vois comme les Israéliens sont ponctuels !

L'homme qui s'approche est jeune. Plus jeune qu'eux... Il a trente ans à peine, un sourire timide, il est tout de gris habillé et n'a vraiment pas l'air d'un baroudeur ou d'un agent. Il parle doucement, d'une voix neutre :

— Le terrorisme sera bientôt le principal moyen d'accès à la presse, à la radio, à la télévision ; une possibilité d'action sans pareille dans les zones sanctuarisées par l'arme nucléaire ; un effet pervers du progrès technique ; l'un des enjeux de l'affrontement entre super-puissances...

Content de son effet et manifestement heureux de s'étendre sur un sujet qu'il connaît bien, il enchaîne :

— Le terrorisme bénéficiera surtout du mauvais rapport qualité-prix des guerres conventionnelles... Au fond, ce n'est rien d'autre qu'un nouveau langage diplomatique ; il suffit de savoir le déchiffrer correctement et de préférence à temps...

Sidney est surpris par le personnage. Il s'attendait à rencontrer une sorte de flic à l'américaine... Un inspecteur... Un incorruptible... Et il se trouve en face d'un expert, d'un érudit qui lui parle de tout ça comme si c'étaient les règles d'une nouvelle science de la guerre.

C'est donc d'une voix moins assurée qu'il demande :

— A votre avis, que prétendaient nous dire les terroristes, en tuant notre cousin Hugo ?

— La police n'a encore rien trouvé de précis... Elle penche pour un attentat aveugle comme tous ceux commis jusqu'ici en Israël. Pourtant la personnalité complexe de votre cousin, ses liens avec certains dirigeants nationalistes arabes et, en particulier, son amitié avec un Tunisien qui a vécu dernièrement à Moscou, Hidar Assadi, agent de liaison entre les Soviétiques et la direction du MNA, le Mouvement nationaliste arabe, pourraient être aussi à l'origine de l'attentat.

Puis, se penchant vers Sidney :

— Mais votre frère m'a dit que vous saviez des choses, vous aussi. Sur son passé... Ses amitiés arabes... Toute information supplémentaire pourrait considérablement faciliter l'enquête.

— Oui... Non, fait Sidney, un peu gêné.

— Ce sont des choses sur sa vie pendant la guerre ? Après la guerre ?

— Après la guerre... Oui c'est ça, après la guerre... Hugo a épousé une Allemande...

— Oui, nous savons cela...

— La fille d'un général nazi, tout de même...

— Nous savons cela, répète l'Israélien avec une pointe d'impatience dans la voix. Ce n'est certes pas pour ça que vous êtes venu spécialement en Israël vous recueillir sur sa tombe...

— Mettons que c'est par mauvaise conscience...

— Le repentir et les bonnes actions sont les boucliers qui nous préservent de la colère du Ciel, dit Benjamin. Mais dites-m'en plus : pourquoi cette mauvaise conscience ?

Sidney, de plus en plus embarrassé, commence, sous l'œil sidéré de son frère :

Au mois d'octobre de l'année passée, Hugo m'a

demandé une garantie pour un prêt de trois cent mille dollars...

— Trois cent mille dollars ! C'est une somme considérable, dit Benjamin. Et vous la lui avez refusée ?

— Oui. Mais ce n'est pas tout...

— Ah !

— Il m'a aussi demandé de veiller, s'il mourait, à ce qu'il soit enterré en Israël, à Jérusalem.

— Il ne vous a rien dit d'autre ?

— Rien.

— Vous saviez qu'il était menacé ?

— Non, bien sûr. J'ai cru à une boutade.

— Qu'avez-vous fait donc ?

— J'ai éclaté de rire.

Benjamin ôte ses lunettes et, après quelques secondes de réflexion, reprend :

— Vous a-t-il dit quelle était la banque disposée à lui accorder le prêt ?

— Non.

— Il vous a bien dit « si je meurs » ?

— Non, il a dit exactement : « S'il m'arrivait quelque chose. »

Benjamin paraît de plus en plus pensif. Puis, après un silence et comme s'il était déçu de ne pas en apprendre davantage :

— Rien d'autre vraiment ? Vous êtes sûr de m'avoir tout dit ?

— Sûr.

Il s'apprête à prendre congé. Mordekhaï qui, depuis le début de la conversation, se tenait coi intervient à son tour :

— Le carnet... Etes-vous au courant du carnet ?

— Quel carnet ? demande le policier en se rasseyant.

— Un petit carnet d'adresses qui se trouvait sur Hugo le jour du meurtre et que j'ai envoyé, avec ses autres effets, à notre cousin de Paris.

Dire que le policier est intéressé serait peu dire. Il presse Mordekhaï de questions. L'interroge sur la forme de l'objet... Sa taille... Le nombre de noms qui y figuraient... S'il a eu, avant de l'expédier, la curiosité de le feuilleter... S'il se souvient de ce nom-ci... De celui-là... De ce troisième... S'il est possible de le récupérer... De le consulter... Où l'on peut joindre ce Salomon Halter... Comment... S'il acceptera de coopérer avec les services secrets israéliens... Que les policiers sont impardonnables d'avoir laissé échapper pareille pièce... Mais enfin grâce à vous, grâce à cette rencontre...

Comme la vie est étrange ! Mordekhaï avait le sentiment d'amener, avec son frère Sidney, la plus précieuse des informations. Et le voilà, lui, au centre de la curiosité du redoutable Ben Eliezer !

Cimetière. Entre les hauts cyprès, pointant vers le ciel, la lumière indécise du matin enveloppe le mont du Repos. Calme infini. Paix. L'air est merveilleusement transparent et Sidney peut admirer le paysage à ses pieds : le kibboutz Kiryat Anavim dans la vallée de l'Ayalon, et une succession de taches vertes, sur soixante-dix kilomètres vers l'ouest jusqu'à la mer.

Le secteur ashkénaze du cimetière est pris en tenailles entre celui des Juifs de Boukhara et celui des Juifs du Yémen. Placées côte à côte, les pierres tombales de Hugo et de Sigrid sont d'un blanc presque aveuglant et portent une inscription gravée en hébreu. Sidney ne peut s'empêcher de suivre les lettres du doigt. Le nom de son cousin... Son nom... Toute cette énigme autour de cette mort... Les pierres tombales à perte de vue... Qui sait si les pierres ne vont pas s'entrouvrir ? Si la résurrection de tous ces morts n'est pas pour aujourd'hui ? Sottises, bien sûr... Imaginations indécentes... Décidément, il n'aime pas beaucoup les cimetières et l'éternité ne lui sied guère.

Planté devant la tombe de Hugo, il se demande ce qu'il doit faire. Prier ? Réciter la Hachkaba ? Dire le Kaddish ? Mordekhaï voit son hésitation :

— Tu n'es pas obligé de prier. L'important, c'est d'être ici. Ici on ne meurt jamais...

— Jamais ?

— Pendant la guerre, j'étais avec la Brigade juive en Italie. Et, en passant par Capo di Bove, sous les bombes, parmi les cadavres des soldats américains, j'ai découvert une guinguette appelée « Qui non si muore mai »... « Ici on ne meurt jamais »... Depuis, chaque fois que je suis angoissé, je me souviens de la guinguette de Capo di Bove et cela me rassure.

— J'ignorais que tu te trouvais en Italie pendant la guerre... Au fond, tu aurais pu y rencontrer Hugo...

— Il n'y est pas resté assez longtemps. On l'a vite envoyé en France...

— Tu faisais donc partie du fameux groupe des Vengeurs ?

— Non. Tuer les nazis après la victoire n'allait pas ressusciter les morts. Traduire les nazis devant la justice pouvait contribuer, en revanche, à l'éducation des vivants...

— Moi, je suis pour la loi du talion, réplique Sidney avec vivacité. Les nazis ne comprennent rien d'autre... De même, aujourd'hui, les terroristes... On m'a dit que l'oncle Abraham voulait parler aux nazis dans le ghetto de Varsovie...

— Comme toi, j'admire notre aïeul... Mais on ne parle pas à ceux pour qui la vie n'est pas sacrée...

Sidney laisse son regard errer entre les monuments funéraires et les cyprès. Puis, passant une dernière fois de la tombe de Hugo au visage de Mordekhaï :

— Tu ne crois donc pas qu'il faudrait le venger ?

Mordekhaï hésite puis cite un proverbe grec où il est à

peu près dit que les dieux de la vengeance agissent en silence.

Les deux frères quittent le mont du Repos sur cette promesse et Sidney lâche un ultime regard en arrière. Est-il en train d'abandonner Hugo — ou s'apprête-t-il, au contraire, à le pister et le rejoindre ?

3.

Moscou
LES COUSINS SOVIÉTIQUES

Septembre 1961

La cousine Rachel apprit la mort de Hugo plusieurs mois après le drame.

En ce jour de Roch Hachanah 5721, elle écoute dc la musique à la radio. Mi-attentive, mi-absente, elle ouvre placards et tiroirs et commence à disposer les objets nécessaires à la fête. Tandis qu'elle s'affaire ainsi, sa fille Olga fait irruption dans la modeste cuisine en brandissant une lettre dont la seule existence a, pour une famille juive de Moscou, quelque chose d'incroyable :

— Maman ! Maman ! Ça vient de Paris !

— De Paris ? s'étonne Rachel tandis qu'elle s'essuie les mains dans son tablier et cherche fébrilement — mais en vain — ses lunettes.

— Ouvre, ordonne-t-elle.

— Je l'ai déjà ouverte, mais je ne sais par quel bout la prendre !... On dirait de l'hébreu... Ou peut-être du yiddish...

— Du yiddish ?

Rachel fixe Olga, qui ne sait si elle doit rire ou s'inquiéter, et lui retire l'enveloppe des mains. Toujours sans lunettes, elle demande à sa fille de lui lire l'adresse. C'est bien elle, oui... Sauf qu'il est écrit Rachel

Halter, son nom de jeune fille. Est-ce pour cela que la lettre a, d'après le cachet de la poste, mis six mois à arriver ?

De plus en plus excitées, la mère et la fille se précipitent l'une derrière l'autre vers le bout du couloir, là où travaille Aron, l'époux, le père. Elles le trouvent entouré de livres qui tapissent les murs de son bureau sans fenêtres. Il est occupé, comme tous les jours à la même heure, à préparer le cours d'antiquité gréco-romaine qu'il donne depuis dix ans au département d'histoire de l'université de Moscou.

Rachel lui tend l'objet.

— C'est du yiddish, dit-elle... Ça vient de Paris...

Aron retire la feuille de l'enveloppe et s'exclame :

— Elle est de ton cousin... Salomon Halter...

Puis d'une voix sourde, presque cassée par l'émotion, il commence à lire à voix haute.

Rachel l'écoute en silence, avidement. Puis attend qu'il ait résumé le contenu à l'intention d'Olga qui ignore le yiddish. Alors, elle soupire :

— Tant d'années... Tant d'années...

La vérité est qu'elle se sent vieille, tout à coup, de mille souffrances, de mille blessures. Elle revoit Salomon tout jeune... La famille... Le ghetto... Ces flammes qu'elle n'a pas connues mais qui la hantent tout de même... Et puis à nouveau Salomon.

— Oui, Salomon, reprend-elle, l'œil rêveur... Le petit Salomon... Le fils de l'oncle Abraham... Il devait avoir vingt ans quand j'ai quitté la Pologne, en 1930... Je me souviens très bien de l'oncle Abraham et de son imprimerie de la rue Nowolupje...

Puis, la main sur le bras d'Olga :

— Chez lui, les tracts révolutionnaires, on les imprimait aussi en yiddish... Ton père et toi vous n'êtes jamais allés à Varsovie, vous ne pouvez pas savoir... L'oncle Abraham a bien été le seul à ne pas chercher à me retenir quand j'ai voulu partir pour l'Union soviétique... Il m'a simplement dit, en me voyant faire mes valises : « Le bonheur, c'est comme l'écho. On l'entend, mais on ne le voit jamais... »

Le carillon de l'horloge de la tour du Sauveur, au Kremlin, sonne huit heures. Aron ramasse ses papiers. Boucle sa serviette :

— Au revoir, dit-il... Je dois aller...

— Ne rentre pas trop tard, répond sa femme : les enfants viennent dîner ce soir...

Et lui, sur le pas de la porte :

— Mais oui... La tradition n'exige-t-elle pas que nous soyons tous réunis ?

Les Lerner habitent à l'angle de la rue Kazakov et de la rue Tchkalov, à deux pas de chez l'académicien Sakharov, un appartement réservé aux scientifiques, au quatrième étage d'une maison du début du siècle. Aron Lerner est un homme sec au visage osseux, marqué aux commissures. Il a passé la cinquantaine. Sa famille, venue de Lituanie, s'est installée à Moscou plus d'un siècle auparavant. Et c'est donc là qu'il a rencontré et épousé Rachel Halter — cette toute jeune Juive originaire de Varsovie qui vint, avec beaucoup d'autres, rejoindre la patrie du socialisme et participer à la Révolution, à la construction du socialisme. En vérité, elle a vite déchanté et serait bien repartie pour la Pologne si sa découverte subite des traditions observées depuis toujours par ses parents et son amour pour Aron n'avaient remplacé en elle sa ferveur révolutionnaire.

Aron, lui, n'a jamais adhéré au Parti. Fâcheux pour sa carrière universitaire. Mais au moins en a-t-il profité pour rester à l'abri des épurations successives. Toutes les semaines, la *Literaturnaya Gazeta* fait l'éloge d'historiens dont l'absence de rigueur est patente — alors que l'excellent auteur d'une *République athénienne à l'époque de Périclès* et d'un *L'Art grec et Karl Marx* continue de végéter dans l'indifférence quasi totale. Il se protège de l'amertume par une manière d'ironie à l'égard de lui-même. Si bien qu'il offre, au bout du compte, l'étrange spectacle d'un homme à la fois désabusé et passionné, cynique et pourtant juvénile.

Dire qu'il est attaché au judaïsme serait exagéré. Il a bien parlé yiddish dans sa lointaine enfance. Mais Athènes lui est depuis longtemps devenue plus chère que Jérusalem. Et si la persécution par Staline des écrivains et des poètes juifs l'a bien évidemment heurté, si elle lui a mieux fait comprendre l'attachement de son épouse à cette tradition, cette culture martyrisées, il sait pertinemment que c'est l'humaniste en lui, plus que le Juif, qu'elle a ému et choqué.

Ses enfants ? Sacha, vingt-neuf ans et Olga, vingt-quatre, sont deux jeunes gens semblables à tous les jeunes gens de Moscou. L'un est un brillant étudiant du département des langues étrangères, l'autre fait sa médecine. Comme la majorité des Soviétiques, ils critiquent parfois l'État socialiste. Et ils sont assez attachés à leur mère pour subir de bonne grâce ce qu'ils appellent ses « superstitions ». Sur le fond, cependant, ils aiment l'URSS. Ils croient fermement qu'on y vit mieux qu'ailleurs. Olga est une jeune femme insouciante et « nature » qui ne pose pas trop de problèmes à son père ; Sacha, par contre, se montre à la fois secret et ambitieux. Il est doué, c'est sûr. Plein de talents. Mais il a quelque chose en lui qui inquiète le vieil homme. Comment être sûr qu'il se comportera avec loyauté dans un monde où les loups donnent l'exemple ?

Il fait froid tout à coup. Aron, qui approche du métro, presse le pas et rajuste son cache-nez. La lettre de Paris l'a troublé. C'est, quand il y pense, leur tout premier contact avec l'étranger depuis la guerre. Serait-il possible que les choses changent sous Khrouchtchev ? Il songe que dix ans plus tôt, un message venu d'Occident aurait été confisqué d'emblée. Il en est là de ses pensées quand, dans son dos, une voix crie :

— Aron Lazarevitch Lerner ! Aron Lazarevitch !

Il tourne la tête. C'est Vassili Slepakov, un collègue de l'université, qui le rattrape en trottinant.

— Aron Lazarevitch ! répète l'homme essoufflé. Je te suis, je t'appelle, mais tu n'entends rien... Qu'y a-t-il ? De mauvaises nouvelles ?

— Pourquoi, Vassili Petrovitch ? Pourquoi aurais-je de mauvaises nouvelles ?

— On dit que Rachel a reçu une lettre de Paris.

— Eh bien... Je vois que les nouvelles vont vite...

— Ici, tout se sait, mon ami... Surtout quand on a le même facteur !

Les deux hommes marchent un moment côte à côte, silencieux, évitant soigneusement les ornières creusées dans la chaussée par de récents travaux de voirie. Aron n'a pas très envie de parler à Vassili de la lettre de Paris. Il sait combien la moindre confidence, la moindre indiscrétion peuvent être fatales... Mais l'autre ne le lâche pas et, arrivé devant la station de métro « Lermontovskaya », il le tire par la manche et lui demande d'un air cauteleux :

— As-tu vu ton fils récemment ?

— Sacha ? Bien sûr... Tout à l'heure, quand j'ai quitté la maison, il dormait encore... Pourquoi cette question, Vassili Petrovitch ?

Vassili feint de réfléchir, et pesant son effet, dit :

— Parce que je l'ai vu, ton fils... Pas plus tard qu'hier soir... Et sais-tu avec qui ? Des hommes du KGB, mon cher... Oui, rue Gorki... Il montait dans une grande Tchaïka noire.

— Tu es sûr, Vassili Petrovitch ? Des hommes du KGB ?

— Allons, Aron Lazarevitch, nous sommes tous les deux de trop vieux Soviétiques pour ne pas les reconnaître au premier coup d'œil... L'imperméable kaki... Un air de ruse et de mauvais coup... Et puis cette arrogance...

Aron ne répondant rien, il toussote ; et, sur un ton faussement détaché, reprend :

— Mais si Sacha ne t'a rien dit, c'est qu'il n'y a rien à dire. Voilà... Oublie tout ça...

Aron, on l'imagine, fera tout sauf oublier. L'image de son fils encadré par deux Kagébistes l'accompagne toute la journée. Peut-être Vassili s'est-il trompé... Peut-être un malentendu... Une erreur de personne... Le soir venu, lorsqu'il rentre à la maison et trouve la table mise, les bougies allumées, il en a presque oublié que c'est Roch Hachanah... Un jour sacré... Le jour de l'an... C'est à peine si l'idée l'effleure que ces simples bougies allumées sur une nappe blanche représentent à Moscou un danger réel... A peine s'il songe qu'on peut être, pour moins que cela, dénoncé comme un adepte d'une religion cachée ou, pis, comme un agent sioniste... Croisant un voisin dans l'escalier, il ne prend même plus, comme chaque année, la précaution de dire que c'est son anniversaire de mariage... Quand arrive l'heure, pour Rachel, d'appeler les enfants à venir à table, il n'a pas un regard pour Olga qui a pourtant sa natte des grands soirs ; il écoute à peine Sacha s'extasiant, comme chaque année, sur les zakouskis que sa mère a dénichés Dieu sait où, en faisant la queue dans toutes les boutiques du quartier ; quand arrive la fin de la cérémonie et que toute la famille s'est copieusement régalée de ces belles et saintes histoires qu'on ne raconte vraiment qu'à la lueur des chandelles, il n'y tient plus et, repoussant son assiette, interroge son fils :

— Dis donc, Sacha, que faisais-tu, hier soir, rue Gorki, avec deux agents du KGB ?

Sacha, loin de se troubler, le regarde droit dans les yeux et, comme s'il cherchait à le narguer, vide consciencieusement son verre avant de demander à son tour :

— Comment le sais-tu ?

Et le père de répondre, en soutenant son regard :

— Ici, tout se sait.

Silence. Stupeur autour de la table. Rachel, au bord des larmes, qui implore son fils d'en dire davantage...

— Ne te fâche pas... Je comptais vous en parler tranquillement dimanche...

— Eh bien, parlons-en aujourd'hui !

— Bon, bon, ne vous inquiétez pas... je vais tout vous dire, bien sûr.

Sur quoi, il raconte comment le KGB, cherchant des experts pour le « Comité de Solidarité avec les peuples d'Afrique et d'Asie », a enquêté au département des langues étrangères de l'université. On leur a parlé de ses succès en perse et en arabe. On a certifié la qualité de ses sentiments prolétariens. Et ces messieurs sont venus le voir un beau matin pour lui offrir le poste de directeur de section. « C'est quelque chose qui ne se refuse pas, n'est-ce pas ? Des voyages... Une vie passionnante... Un idéal... Rassurez-vous, je ne suis pas un mouchard... C'est tellement merveilleux de se consacrer ainsi aux peuples en voie de développement... »

Le ton du jeune homme a changé. Il est émouvant, avec son enthousiasme. Et on le croirait presque. Son explication a détendu l'atmosphère lorsque Olga, mi-grave, mi-taquine, lui lance :

— Au fond, tu vas aider les Arabes à combattre Israël !

Sacha la foudroie du regard et, comme s'il voulait faire payer son audace à l'impudente, lui répond d'un ton sec :

— Tu peux parler, toi qui sors avec un Arabe !

C'en est trop pour Rachel et Aron qui se tournent alors vers leur fille, exigeant une explication.

— Oui... c'est vrai... bredouille-t-elle, en se tortillant sur sa chaise... Mais c'est un Tunisien... Il fait un stage dans un laboratoire de la faculté de médecine... Un garçon brillant, je vous assure... Il s'appelle Hidar...

Hidar Assadi... C'est vrai qu'il n'aime pas Israël... Il dit que c'est une terre arabe... Mais je vous jure qu'il n'est pas antisémite...

Puis, reprenant son souffle, et comme si c'était le maître argument qui allait à la fois la disculper et rasséréner ses parents :

— Figurez-vous qu'il était même très ami, à Tunis, avec un cousin de Maman !

— Un cousin à moi ? s'exclame Rachel.

— Oui, maman... Son nom était Hugo Halter... Un officier de l'armée américaine, basé à Tunis. C'était en 1943, en pleine guerre... Je n'ai jamais osé vous en parler, mais c'est vrai...

— Hugo Halter, répète Rachel... Hugo Halter...

Puis, se tournant vers son époux :

— Aron ! où est la lettre de Paris ? S'il te plaît, donne-nous cette lettre...

Olga la dévisage, comme si elle ne comprenait pas :

— Ça alors ! Je n'avais pas fait le rapprochement !

Sacha fronce les sourcils :

— Quelle lettre ? De quoi parlez-vous ?

Quant à Aron qui, lui, a dans la poche le message de Salomon, il prend aussitôt la mesure de l'hallucinante coïncidence. Olga et l'Arabe... L'Arabe et Hugo... Comme la vie est étrange... comme cette histoire est folle... Rachel fond en larmes. Olga reste hébétée. Sacha rapproche sa chaise de celle de sa mère et, avec un bon sourire compréhensif, cherche à la rassurer. Lui est perdu dans ses pensées. Il revoit les images du temps jadis. Et puis il observe ses enfants, longuement, l'un après l'autre.

« Je m'appelle Aron Lerner, songe-t-il... Des siècles et des siècles de mémoire... Toute la mémoire d'Abraham... Et voici la chair de ma chair, et voici le sang de mon sang : tous deux livrés aux adversaires les plus acharnés de ce que je n'ose appeler mon peuple... Tous deux, oui, avec leur candeur, leur inexpérience, leur jeunesse abjurant le saint souvenir. »

Aron Lerner aura grand-peine à s'endormir ce soir-là. Grand-peine aussi à chasser les spectres qui l'assaillent. En un seul jour, ses deux enfants. En une nuit, ces deux présages.

4.

Buenos Aires
DONA REGINA

Décembre 1961

La dernière de la famille à apprendre la mort de Hugo est Dona Regina, à Buenos Aires. La nouvelle lui arrive, elle aussi, par une lettre de son frère Salomon. Pour la vieille femme, cette mort prouve, une fois de plus, qu'Israël n'est pas ce pays miracle dont parlent les sionistes et qui garantit la vie et la sécurité à tout Juif.

Dona Regina est venue en Argentine en 1918, fuyant la police tsariste. Et, malgré ses quarante-trois ans passés sur les rives du Rio de la Plata, elle est restée fidèle à son idéal de jeunesse : elle est communiste et l'Union soviétique demeure son modèle. Buenos Aires ? Elle a appris à aimer Buenos Aires. Elle a vu se développer cette métropole de huit millions d'habitants, quadrillée comme New York par des avenues et des rues qui, en Amérique, se noient dans la mer et qui, ici, s'enlisent dans la poussière de la pampa. Mais son cœur, oui, bat à l'unisson de ses « camarades » soviétiques.

La mort de Hugo l'affecte plus qu'elle ne l'aurait imaginé. N'était-il pas le fils de l'oncle Joseph ? le neveu de son propre père ? Et n'est-il pas scandaleux que des choses pareilles arrivent, de nos jours, à Jérusalem, s'il vous plaît ? « La victoire de Stalingrad n'a servi à rien, dit-elle à Don Israël son mari, si l'on continue de tuer des Juifs de par le monde. » Elle sait qu'en disant cela elle est au bord du blasphème. Mais tant pis ! Elle le dit ! Dona Regina n'a pas peur des contradictions. Elle est d'une nature expansive et aime dire ce qu'elle pense. Au diable la logique !

A plus de soixante ans, elle a quelque chose de bourru qui interdit de l'imaginer en jeune fille gracieuse. En hiver, elle manie les aiguilles à tricoter avec une férocité digne de la lutte contre l'ennemi de classe. Il n'y a pas une activité qu'elle ne s'estime en mesure de mener à bien sans l'aide d'autrui. Ainsi, elle ne va jamais chez le coiffeur. Devant sa glace, elle est tout naturellement à la fois le coiffeur et la cliente. Elle ramène ses cheveux sur le front, au ras de ses yeux noirs et ronds et se fait la conversation. Toujours en mouvement, toujours occupée, elle se donne beaucoup de peine pour cacher, sous une apparence de sévérité, la tendresse qui l'anime.

Depuis leur arrivée de Pologne, Dona Regina et son mari, cordonnier de son état, n'ont plus quitté leur modeste maison avec patio, au fond de l'avenue San Martin, un quartier populaire où chacun sait tout sur tous les autres. Les nuits chaudes et humides, entre septembre et mars, on s'assied devant sa porte, les mains sur les genoux, échangeant avec les voisins des nouvelles sans importance ou écoutant religieusement les tangos de Carlos Gardel.

Don Israël est un petit homme rigolard, qui habite un immense pantalon retenu aux aisselles par des bretelles de couleur. Il a deux passions : Staline et les dominos. Staline mort, il ne lui reste plus que les dominos. Encore qu'une réunion de cellule peut, à elle seule, lui faire manquer de temps à autre une de ces parties acharnées qui l'opposent chaque jour, du soir au matin, à des amis qui, comme lui, sont des Argentins d'adoption. Ils s'expriment tous en yiddish. Et, avec leurs trois quotidiens, leurs revues, leurs cafés et leurs théâtres, ils vivent à Buenos Aires comme autrefois à Varsovie.

Dona Regina ne voit guère son mari et depuis le mariage de ses deux fils, elle se sent délaissée. Seule sa petite-fille, Anna-Maria, une jolie brune de quinze ans, vient lui rendre visite et égayer sa solitude. Anna-Maria va encore au lycée. Mais, comme sa grand-mère, elle veut déjà changer le monde, bâtir le socialisme etc. Elle n'est pas à proprement parler communiste. Mais elle milite dans la jeunesse péroniste, se dit persuadée que seule une révolution « justicialiste » saura faire disparaître l'antisémitisme. N'est-ce pas le fruit de l'inégalité sociale ? N'est-ce pas la colère des pauvres qui est déviée par les riches sur le bouc émissaire juif ?

Ce jour-là, Anna-Maria arrive à point. Dona Regina l'entraîne aussitôt à la cuisine, l'installe, verse du potage dans une assiette creuse à fleurs bleues et ordonne :

— Mange !

Puis elle s'assied en face de sa petite-fille et, sans plus de préambule, lui raconte la mort de son lointain cousin.

— Tu le connaissais ? demande Anna-Maria.

Dona Regina soupire :

— Je connaissais son existence. Tu sais, avant la guerre, on s'écrivait beaucoup dans la famille... On était au courant de tout... De chaque mariage, de chaque décès, de chaque déplacement... On n'était jamais seul, même si on était éloigné de la famille par des milliers de kilomètres. Quand on était heureux, on partageait avec elle son bonheur... En cas de besoin, on demandait de l'aide. Mais Hugo, oui, je savais qui c'était... Il était des nôtres, vois-tu... Va savoir si ce n'est pas cela qu'on a voulu lui faire payer...

Puis, voyant que l'assiette de sa petite-fille est vide :

— Mais tu ne manges pas !

— Mais si... Tu vois bien !

— Mon potage n'est pas bon ? Quand on grandit, il faut manger !

Voyant que sa petite-fille n'a décidément plus faim, elle hausse les épaules et range sa casserole.

— Et maintenant ? demande Anna-Maria.

— Maintenant ?

Dona Regina la regarde sans bien comprendre :

— Ah, maintenant ? Eh bien il ne nous reste presque plus de famille. Quelques membres éparpillés çà et là à travers le monde... Des survivants... Une pêche sans noyau, ça se défait...

— Et ton frère ?

— Salomon ? Lui, il m'écrit encore. Il tient même un registre des survivants... Mais à quoi bon ? La famille la plus proche peut se compter sur les doigts d'une main, quant aux autres...

Et brusquement :

— Tu as entendu la nouvelle ? Il paraît qu'une bombe a endommagé le bâtiment du journal *La Prensa*.

— Ah, fait Anna-Maria d'un air sceptique et vaguement dégoûté... Comment le sais-tu ?

— Je l'ai entendu à la radio.

— Encore de la provoc ! s'écrie la jeune fille. L'armée va accuser les péronistes. Depuis l'éviction de Peron et son départ en exil, elle cherche à nous éliminer, nous les militants, les dirigeants des organisations populaires...

Elle a dit cela du ton bravache qu'elle suppose être celui des grands révolutionnaires professionnels selon ses rêves. Puis, en regardant sa montre :

— Zut ! Zut ! Je suis en retard ! Nous avons justement une réunion à La Bocca, près du Vieux-Port...

— Fais quand même attention, dit Dona Regina avec une moue complice.

Mais l'enfant est déjà dehors, courant vers sa réunion et songeant une dernière fois, avant de se perdre dans la nuit, à ce cousin assassiné qui la fait déjà tant rêver. Quel dommage, songe-t-elle, de ne pas l'avoir connu !

Paris, janvier 1967

C'est à la fin de l'année 1961 que Benjamin Ben Eliezer nous rendit visite à Paris. L'ambassade avait téléphoné. Elle avait annoncé à ma mère qu'un diplomate israélien de passage souhaitait rencontrer mon père. Pourquoi ? La voix, au bout du fil, était restée évasive. Il fallait être là, voilà tout. Recevoir le diplomate. Et, dans la mesure du possible, répondre à ses questions. Mon père, quand il apprit la nouvelle, ne parut pas outre mesure étonné. Et, à ma grande surprise, il nous dit qu'il attendait cet homme, qu'il le recevrait volontiers.

Quand Benjamin Ben Eliezer vint, le lendemain ou le surlendemain, il fut reçu courtoisement. Mais de manière plus surprenante encore, mon père refusa de lui communiquer le fameux carnet qu'il venait chercher. « Nous en avons besoin, disait l'homme. Les noms qui y figurent peuvent aider l'enquête sur la mort de Hugo. » Mais par un étrange réflexe de méfiance, parce qu'il ne voulait pas, nous disait-il, voir notre nom mêlé à une affaire « pas nette », sans doute aussi pour des raisons plus obscures qui ne devaient m'apparaître que plus tard, mon père hochait la tête, répétait que ce carnet n'avait pas d'importance, que c'était un objet de famille et que, d'ailleurs, il l'avait égaré. Mon père n'était pas un homme de décision. La seule qu'il eût jamais prise avait été de demander ma mère en mariage. Aussi, cette brusque volonté de préserver, fût-ce au mépris d'une enquête et de l'indispensable recherche de la vérité, la mémoire et peut-être le secret du défunt, m'émut-elle profondément. Benjamin Ben Eliezer revint à la charge plusieurs jours de suite. Mon père était intraitable. Et l'autre finit par s'en aller, découragé et assez furieux. Pour ma part, cette insistance de l'un m'intriguait tout autant que le refus de l'autre. Qu'y avait-il dans ce carnet ? Pourquoi cet acharnement des deux côtés ? Pourquoi mon père, encore une fois, s'accrochait-il à ce petit objet noir qui, du coup, m'apparaissait nimbé du plus capiteux mystère ? Toutes les tentatives que je fis pour en savoir un peu plus se soldèrent par un échec. Et, les années passant, toute cette ténébreuse histoire s'éloignant peu à peu dans le temps, je finis par m'en désintéresser tout à fait.

Est-ce à dire que je cessai de penser à Hugo ? Non. Car c'est aussi l'époque où j'ai commencé de mener mon combat pour la paix. J'allai aux États-Unis, en Union soviétique, en Israël, dans les pays arabes. Partout je tenais le même langage. Partout, je me faisais le chantre des antiques valeurs prophétiques de la Parole et de la Loi face aux déferlements nouveaux de la violence et de la haine. Or il arrivait cette chose extraordinaire que, partout aussi, on me parlait de... Hugo ! « Vous me faites penser à Hugo », me disait-on dans toutes les langues.. « Vous parlez comme Hugo »... « Vous êtes aussi irréaliste que votre cousin Hugo »... Partout, oui, il semblait m'avoir précédé. Partout, je rencontrais son souvenir ou son fantôme. C'était comme un père ou un frère dont l'ombre portée était là, toujours là — quelque initiative que je prenne, quelque discours que je tienne. En sorte que, au lieu de m'éloigner de lui. l'écoulement des années et le tracé de mon propre destin ne faisaient paradoxalement — et sans que je prenne encore, bien sûr, toute la mesure de la chose — que m'en rapprocher davantage.

Parallèlement, d'ailleurs, venait s'interposer sans cesse l'ombre, elle bien vivante, d'un autre homme, Hidar Assadi. A lui aussi j'avais l'étrange impression, à chaque pas ou presque, de me cogner. Non pas qu'il militât dans le même sens que moi ou qu'il partageât cet exigeant souci de la paix qui était alors le mien. Mais il semblait mener une sorte d'*enquête* sur la mort de mon cousin. Que cherchait-il au juste ? Travaillait-il pour les Soviétiques ? Les Palestiniens ? Le fait, en tout cas, était là. Les responsables arabes me parlaient de lui. Les colombes israéliennes. Les cousins soviétiques. Olga, bien sûr. Quand je me rendais à Moscou, il était en Orient. Quand j'étais à Beyrouth, il rentrait à Moscou. Ce jeu de cache-cache m'exaspérait, mais m'intriguait aussi beaucoup.

J'ajoute enfin que Dona Regina, ma tante argentine, me fit, lors d'un bref séjour à Buenos Aires, en 1964, une révélation tout à fait extraordinaire. Hugo, me dit-elle, était dans sa jeunesse un bien bel homme. Pas une femme qui ne tressaillît à sa vue. Pas une qu'il ne réussît, quand il s'y employait, à séduire. Au point que ma mère elle-même, oui ma propre mère, lui avait été fiancée. C'est lui qui l'avait, selon ma tante, présentée à son cousin Salomon. Et celui-ci avait profité des fréquents voyages de Hugo à Berlin pour la demander en mariage. Une histoire banale, en somme, mais qui me trouble au-delà du raisonnable. Ainsi donc, me disais-je, Hugo aurait pu être mon père... Vraiment mon père... Cette idée m'envahit peu à peu, devint une obsession. Et c'est ainsi que ce personnage dont la mort, les derniers jours, la vie même s'enfuyaient petit à petit dans le lointain et la brume devenait, à mes yeux, un être fabuleux qui m'accompagnait presque partout. L'enquête policière était au point mort. Là-bas, à Tel-Aviv, un obscur fonctionnaire avait probablement dû classer le dossier avec l'une de ces mentions administratives qui sont comme une seconde pierre tombale. Dans ma tête à moi, il vivait. Et sans que je prenne encore le soin d'en deviner ou chercher la raison, il me devenait, au fil du temps, le plus familier des compagnons.

5.

Beyrouth
HIDAR ASSADI

Février 1967

C'est une année où le beau temps a été particulièrement précoce à Beyrouth. Hidar se réjouit d'être à nouveau là. Il est heureux de retrouver les tons bleutés et safranés de l'Orient, son soleil blanc, ses odeurs épaisses étalées comme des nappes et les appels à la prière des muezzins. Son bonheur, pourtant, est assombri par sa séparation avec Olga qu'il a dû laisser à Moscou. Nous sommes en 1967. Leur liaison dure déjà depuis plus de dix ans. Cette femme exquise est sa joie en même temps que sa mauvaise conscience. Quoi de plus exaltant que de se contempler dans un œil amoureux ? Quoi de comparable au bien-être que procure la libre disposition d'une chair laiteuse, pudique et facile à la fois, qui semble souvent même prendre plaisir aux douces tortures qu'il lui inflige. Où est-elle ? A quoi pense-t-elle ? Comment vit-elle cette liaison ? Elle semble accepter la situation d'un cœur léger. Mais il lui arrive de déceler dans le regard gris de la jeune femme une pointe d'amertume, toute proche de la réprobation. Olga n'est pas une « kulturnyi tchelovek », une « personne de culture ». Elle est naturelle, spontanée, presque ingénue. Et elle parvient mal à dissimuler sa déception, sa mélancolie.

Chaque fois qu'il revient à Moscou, il se précipite chez ses parents, rue Kazakov et chaque fois, elle a l'air de l'attendre. Il ne doute pas qu'elle ait d'autres amants. Mais au moins est-il certain qu'elle tient à lui plus qu'à quiconque. Lors de son dernier séjour, ils se sont rarement trouvés en tête-à-tête. Chez lui, à l'hôpital ou dans ses réunions politiques, il y avait toujours foule autour d'eux. Et la veille de son départ, alors qu'il espérait tant passer la nuit avec elle, une dispute a réduit le projet à néant. Une fois de plus il s'agissait d'Israël. Israël et le judaïsme ne sont-ils pas devenus leur thème de conversation principal ? La pierre d'achoppement de leur relation ? Hidar, ce soir-là, lui reprochait son soudain intérêt pour ses origines. Il ne comprenait pas pourquoi elle qui, jusque-là, refoulait si consciencieusement ses origines, était en train d'y revenir ? Le ton avait monté. Et la soirée était gâchée.

La vérité c'est que les Juifs, depuis toujours, fascinent Hidar. Il se souvient de ses amis Sultan, à Tunis, et de la Grande Synagogue qu'ils lui avaient fait un jour visiter. A les voir vivre, il avait l'impression d'avoir affaire à un peuple de frères, tous sortis du même homme et formant une même chair. Les musulmans eux-mêmes ne se disent-ils pas fils d'Abraham ? Oui, mais cette filiation unique semble nourrir chez les Juifs une étrange solidarité et d'extraordinaires réseaux d'entraide. Et puis il y a leur permanence. Loin de disparaître, tels les peuples de Grèce et d'Italie, de Lacédémone, d'Athènes ou de Rome, venus longtemps après, ils subsistent toujours. La Loi à laquelle ils sont attachés, les textes et les rites qu'ils pratiquent les ont tenus debout. Pérennité irritante pour les autres. Déconcertante. Pour Hidar les Juifs sont simultanément les hommes les plus transparents et les plus opaques. Tout le monde peut connaître leur histoire, leurs mœurs, leurs rêves et leurs désirs, sans comprendre, toutefois, le mystère de leur durée. Qui sait si ce n'est pas elle, cette durée, qui, plus encore que leur supposé amour de l'argent, suscite l'hostilité des nations ?

Antisémite, Hidar ? Il a lu Shakespeare et Balzac, Dostoïevski et Dickens, les historiens romains, le Coran et Marx. Il connaît tous ces textes qui n'en finissent pas de délirer à propos du vieux Juif sordide et crochu allant chercher son or dans les immondices de l'humanité. Et la vérité oblige à dire qu'il n'est pas toujours insensible ni sourd à ce discours. Les Juifs provoquent en lui des sentiments qu'il sait contradictoires mais qui, pourtant, se nourrissent mutuellement : l'admiration et l'envie, le désir et la haine... Hidar, cela dit, se défend contre l'emprise d'une idéologie qu'il sait pernicieuse. N'est-elle pas responsable du sionisme ? Pis : l'antisémitisme n'est-il pas son alibi, sa nourriture quotidienne ? Au fond de lui-même, il n'est pas loin de croire que l'intérêt d'Olga pour Israël et le judaïsme date de la fameuse lettre venue de Paris... Bien sûr, il a été sot de parler à Olga. Mais comment aurait-il pu deviner que Hugo était le cousin de sa mère et qu'il allait être tué un jour pour rien, sur une route israélienne ? Son père, Marwan, disait : « Ce qui arrive sans qu'on le fasse venir, c'est le destin... Mektoub. » Mais le destin n'explique pas tout.

Hidar essaye pour la énième fois de comprendre ce qui s'est réellement passé. Il aimait Hugo sincèrement. Et, même quand il n'approuvait pas ses initiatives, l'enthousiasme de son ami était si contagieux qu'il finissait toujours par l'aider. Quand, en 1960, Hidar céda une fois encore à la demande de son ami, il savait, il pressentait, qu'il se mettait en danger. Pourquoi, alors, accepta-t-il ? Succomba-t-il à nouveau au charme du Juif ? Crut-il que serait conjuré le danger qu'il prévoyait ? Ou désirait-il secrètement la mort de son ami ? Hugo est mort depuis six ans déjà et cette question le travaille encore.

Hugo, en ce temps-là, cherchait un contact avec la direction du MNA. Fort du soutien du conseiller personnel de David Ben Gourion, Israël Beer, il voulait persuader les Palestiniens d'accepter un dialogue avec leurs adversaires. En présentant Hugo à ses amis, lors d'une réunion à Beyrouth, Hidar savait qu'il lui faisait prendre un très gros risque. D'abord du côté soviétique, pour qui le MNA devait être soutenu non pas en vue d'un dialogue avec Israël, mais comme un outil de pression au Proche-Orient. Et ensuite du côté palestinien, où toute forme de dialogue avec Israël était une trahison à la cause arabe. Pour les premiers comme pour les seconds, le fait qu'un Juif pro-israélien puisse rencontrer les dirigeants du MNA et le dire un jour publiquement pouvait justifier sa mort.

Hidar a toujours su que la faute la plus pernicieuse est celle dont on ignore qu'elle est une faute ; mais plus dangereuse encore est celle que l'on prend pour un acte de vertu. Il se rend compte à présent qu'il ne connaissait pas vraiment les activités de Hugo. Pourquoi voulait-il tant cette rencontre ? Que s'est-il dit, au juste, dans cette mystérieuse maison de Beyrouth, près de l'aéroport ? Ensuite, dans les jours, les semaines qui ont suivi ? Sa seule certitude, c'est que les services israéliens enquêtent sur la mort de son ami et que, sans rien connaître apparemment de ces rencontres secrètes, ils l'imputent vaguement à leur amitié. Cette idée l'inquiète. Car si elle est juste, alors lui, Hidar Assadi, était aussi visé par l'attentat contre Hugo.

Il se souvient brusquement de l'explosion de sa voiture voici quelques mois à Beyrouth. Explosion à ce jour inexplicable et qui aurait pu lui coûter la vie si, au dernier moment, il n'avait décidé de se rendre à l'hôtel à pied. Voulait-on le tuer ou juste le menacer ? Peu importe ! Celui qui a exécuté Hugo le tient à l'œil. Si seulement il savait sa nationalité : Soviétique ? Palestinien ? C'est pour en avoir le cœur net que, ce matin, pour la millième fois, il a décidé de profiter d'une réunion de direction du MNA pour en parler carrément, ouvertement à ses amis.

Mais voici que, tel un amoureux qui, à l'heure du rendez-vous, tremble, prend peur et cherche une diversion, un délai, une excuse peut-être, Hidar, au fur et à mesure qu'il approche de l'hôtel Alcazar, où se tient la réunion, juge son projet stupide et dangereux. Et si l'un des membres présents était mêlé à l'histoire ? Et si, en parlant, il se découvrait et s'exposait ? Trouble. Tergiversation. Quand il arrive à l'Alcazar et qu'il embrasse tour à tour Georges Habbache, Waddi Haddad, Abdel Karim Hamad et Ahmed Yamani, réunis dans un salon ovale et sans fenêtres, rempli de poufs et de lourds tapis persans, sa décision est prise : il préfère encore ne rien dire. Tant pis pour l'honneur ! Stavroguine, son personnage favori, n'a-t-il pas réclamé pour lui et ses lontains descendants le « droit au déshonneur » ?

Hidar Assadi est un homme raffiné. Il a gardé de ses études de sociologie à la Sorbonne, puis à l'Université américaine de Beyrouth (où il a connu Georges Habbache et Waddi Haddad) une vraie culture bourgeoise. Mais il est aussi un redoutable guerrier de l'ombre. Un agent aux intuitions aiguisées par de longues années de clandestinité et il sait, aujourd'hui, en entrant dans ce salon, qu'il est en danger et qu'un mot, un seul mot de trop peut lui être fatal. Ses amis ? Oui, ses amis... Mais qui peuvent, d'une seconde à l'autre, devenir ses plus féroces adversaires... Pas un mot, non... Méfiance absolue... Un geste machinal pour s'assurer que son colt est bien là, à sa place, dans la poche intérieure du blouson... N'était la démarche un peu trop raide que lui donne sa jambe gauche atrophiée depuis l'enfance à la suite d'une attaque de poliomyélite, il pourrait presque faire une entrée impressionnante.

La réunion durera deux heures, l'avertit-on d'emblée. Un peu court, certes, vu la qualité des participants. Mais

Habbache part à Damas et a demandé que l'on veuille bien aller très vite. Waddi Haddad, venu la veille d'Aden où il a établi, pour les futurs feddayins, un camp de guérilla urbaine, commence par féliciter Hidar : les armes que celui-ci vient d'obtenir de la Tchécoslovaquie et de la Bulgarie, sur ordre de Moscou, sont parfaites. Puis il évoque les activités des trois groupes de guérilleros apparentés au MNA : « les Héros du retour », « la Jeunesse de la vengeance » et le Front de Libération de la Palestine. Et puis enfin, mine de rien, il lui lance une pique à propos de ses fréquentations juives.

Hidar frissonne. Il connaît les tendances policières de Waddi, son efficacité, son absence de scrupules. Il choisit de riposter — et de le faire la tête haute :

— Il faut connaître les Juifs... Il faut connaître leur histoire, leur organisation communautaire et les moyens qu'ils ont utilisés pour créer un État... Pendant la guerre, Staline conseillait aux Soviétiques d'apprendre la langue des Allemands, leur histoire et leur culture. On ne peut gagner une guerre contre quelqu'un qu'on ne connaît pas.

Georges Habbache approuve. Passant, d'un mouvement familier, son pouce droit sur sa moustache, il dit :

— Hidar a raison. Il serait bon que nos militants apprennent l'hébreu. C'est dans la presse israélienne qu'ils apprendront, mieux qu'ailleurs, ce qui se passe à Tel-Aviv...

— Il faut aller plus loin, surenchérit alors Hidar. Il faut copier l'organisation du mouvement sioniste d'avant-guerre, ses congrès, ses collectes, son parlement, sa direction, son armée et ses commandos de choc... ce qui était bon pour eux peut être bon pour nous... Je crois qu'il est temps pour vous de quitter le MNA et de créer un mouvement purement palestinien.

Georges Habbache estime l'idée bonne. Abdul Karim Hamad prématurée, mais intéressante. Après quelques minutes de débat, on s'accorde sur une hypothèse moyenne : créer, très vite, un groupe spécial « Région Palestine ». Hidar n'en voulait pas davantage. Et tout habité de ce merveilleux sentiment de puissance que donne une manipulation réussie et qu'il connaît fort bien, il ne peut réprimer un léger sourire de triomphe.

— Tu penses à quelque chose ? lui demande Waddi Haddad, soudain méfiant.

Jamais Hidar n'a senti, dans une de leurs réunions, une telle défiance, une telle tension. L'idée l'effleure tout à coup que ces hommes sont ses ennemis... Que son assassin pourrait même, allez savoir, se trouver parmi eux... Il chasse cette idée, décide de congédier de ses pensées l'encombrant fantôme de Hugo. Et la discussion reprend, comme si de rien n'était, sur l'attitude à avoir vis-à-vis de l'utilisation de combattants non arabes dans la lutte contre le sionisme. Deux questions qui ne trouveront pas de réponse unanime et dont l'examen est donc remis à plus tard.

A la tombée du jour, Hidar retrouvera sa table habituelle, à la terrasse du café « La Grotte aux Pigeons », d'où il peut contempler la mer. La mer vue de Tel-Aviv est-elle la même ? Connaîtra-t-il un jour Tel-Aviv ? Jaffa ? Haïfa ? En soupirant, il commande un arak. Il a rendez-vous avec son contact à l'ambassade d'URSS et a un peu de temps à tuer. Waddi Haddad a dit que la guerre entre les Arabes et Israël est imminente. Que voulait-il dire ? D'où venait son information ? Il sait que l'URSS prépare l'armée de Nasser à la guerre, mais il sait aussi que les spécialistes soviétiques jugent l'Égypte incapable d'affronter avec succès un adversaire parfaitement entraîné et maîtrisant les techniques de la guerre les plus sophistiquées.

Le brusque appel du muezzin à « El-Leil », la dernière prière de la journée, le fait sursauter. Un coup d'œil sur sa montre pour constater que son contact est en retard. Et tandis que les vagues, comme essoufflées par l'ascension de la rive, retombent une à une à la mer, il pense à nouveau à Olga. Doute et désir. Inquiétude et nostalgie. Il aime Olga, oui. Quand la reverra-t-il ?

6.

Israël
LA GUERRE

5 mai 1967

Mordekhaï conduit prudemment. La route de Dafné à Hagesharim est inégale. Elle se faufile entre des rochers et grimpe au milieu de chênes plusieurs fois millénaires, pour redescendre ensuite en ligne droite vers des lacs artificiels.

Arié s'impatiente :

— Plus vite, papa, plus vite !

— Rien ne sert de courir, mon fils, répond Mordekhaï en riant.

— Mais le match, papa, le match !...

Arié est un gamin au teint mat et aux cheveux bruns, et, malgré ses quatorze ans, déjà bâti en homme. Il appartient à l'équipe de football du kibboutz qui doit affronter celle de Hagesharim. Ayant raté l'autobus qu'ont pris ses coéquipiers, il a convaincu son père de le conduire au stade dans sa vieille camionnette Ford. Toujours en retard, Arié ! Et, en même temps, toujours si impatient !

Mordekhaï a mis la radio en se disant que ça le calmerait. On entend les Beatles... Les Rolling Stones... Des vieux tubes de l'année passée... Et puis, brusquement, plus rien. Mordekhaï peste déjà contre l'électricien du kibboutz qui a mal réparé l'engin lorsqu'une voix sourde, un peu dramatique, qui n'est manifestement plus celle du charmant disc-jockey de tout à l'heure, annonce : « Esther est malade, elle attend au kibboutz », puis : « David attend son père »... « David attend son père... »

— Qu'est-ce que c'est que ces conneries ? s'exclame le jeune homme. Ils sont devenus fous !

— C'est la guerre, Arié.

– La guerre ?

Arié regarde son père et voit que son visage a, en effet, changé de couleur.

— Oui, ce sont des messages codés... On mobilise, vois-tu... Tout le monde...

— Et toi ?

– Moi aussi.

– Et le match ?

— Après la guerre, mon fils, après la guerre...

Au premier carrefour, Mordekhaï rebrousse chemin.

Arié, alors grave :

– Tu vas te battre, papa ?

– Oui, te dis-je... comme tout le monde...

– Mais...

Mordekhaï devine l'extrême confusion des sentiments de son fils. Mais l'œil fixé sur le macadam, sa tête déjà ailleurs et le cœur battant à tout rompre, il n'a ni le désir ni la force d'en dire plus.

— N'aie pas peur, jette-t-il simplement. « Qui non si muore mai. »

— Qu'est-ce que ça veut dire ?

— C'est de l'italien. Ça veut dire : « Ici, on ne meurt plus. »

— Où, ici ?

— En Israël.

— Mais, qu'est-ce que tu racontes ? dit-il.

Et il se met à pleurer.

La route qui relie Quiryat Shemona au mont Hermon

que Mordekhaï doit traverser est déjà embouteillée. Par autobus, dans des camions laitiers, dans des camionnettes de blanchisseurs ou de boulangers, dans des fourgons découverts, des voitures particulières, d'antiques tacots, les membres des kibboutzim du plateau du Golan, alertés sur leur lieu de travail, dans les champs, les forêts et les viviers, répondent à l'appel.

Depuis plusieurs semaines, des clameurs de guerre retentissent aux frontières. On n'entend partout que des imprécations contre l'État juif, cet « ennemi du genre humain ». A la surprise des Égyptiens eux-mêmes, le président Nasser a massé ses troupes à la lisière du Neguev, expulsé les Casques bleus de la bande de Gaza et de Sharm el-Sheikh, fermé le détroit de Tiran à la navigation israélienne. La Syrie a mis ses troupes en alerte et le représentant des Palestiniens, Ahmed Chou-Keiry, promis à une foule en délire, massée sur la grand-place de Gaza, de jeter tous les Juifs à la mer.

Certes, ce n'est pas la première fois que les Arabes s'agitent. Et à l'heure où Mordekhaï et le petit Arié entendent le mystérieux appel radio, des informations contradictoires circulent encore quant aux objectifs réels de cette mobilisation. En diaspora, pourtant, on est inquiet. Plus inquiet peut-être qu'en Israël. Peut-être parce qu'on sait d'expérience qu'entre deux versions d'un danger c'est presque toujours la pire qui l'emporte. Peut-être aussi parce que la presse occidentale s'est complue depuis des semaines dans les analyses les plus alarmistes. Commentaires TV apocalyptiques... Pages entières dans les journaux où l'on démontre à l'envi combien le rapport de forces est défavorable à l'État juif... Cartes du Proche-Orient, où l'on souligne son tragique encerclement... Sidney, ce matin-là, n'en mène pas large. Assis sur le lit défait avec, ouvert devant lui, le énième article du *New York Times* démontrant que Tsahal ne résistera jamais à une attaque simultanée de toutes les forces arabes, il se sent terriblement impuissant.

— Dis papa, demande Richard qui vient d'entrer dans la pièce et qui est déjà au courant des nouvelles, pas vrai que l'Amérique ne laissera pas mourir Israël ?

— Je ne sais pas, mon fils, lui répond-il... Tu te rappelles ce que je t'ai expliqué un jour ? L'Amérique n'a pas fait grand-chose pendant la guerre pour les Juifs de Pologne.

— Mais, papa, nous aussi on est américains maintenant. On ne va pas laisser Israël perdre la guerre !

— Je compte beaucoup plus sur l'armée d'Israël que sur nous, Dick...

Richard s'apprête à répondre quand le téléphone sonne.

Comme dans toutes les maisons juives, depuis deux semaines, le téléphone ne cesse de sonner chez Sidney. Les frères, les oncles et les cousins du Canada, de Californie, appellent pour s'encourager mutuellement ou, le plus souvent, pour partager et commenter une information diffusée à la télévision ou lue dans la presse. Même les plus indifférents, les plus assimilés, commencent à avoir peur. Et là c'est Larry, son frère cadet de Los Angeles, qui vient d'apprendre que deux sous-marins soviétiques ont franchi le Bosphore en direction de la Méditerranée.

Sidney répond aux uns. Aux autres. Les nouvelles les plus fantaisistes se mêlent aux plus sérieuses. On discute. On s'affole. Jusqu'à ce que, n'y tenant plus, il décide de se rendre au Consulat. Des centaines de Juifs américains sont déjà là qui, comme lui, savent que du sort de l'État juif dépend leur propre destin — et qui, du coup, se portent volontaires pour aller combattre dans les rangs de Tsahal. Ils sont tous là. Jeunes et vieux. Grands et petits. Beaux jeunes gens au physique sportif dont on devine déjà les soldats qu'ils feront — ou hommes d'affaires au physique plus enveloppé qui rêvent eux aussi d'en découdre. Sidney est du nombre. Il sait que son devoir est de se porter au secours de cet État si fragile dont son père lui disait autrefois qu'il serait le refuge des Juifs et qu'il s'agit pourtant, maintenant, d'aller défendre. Défendre l'État refuge ! Soutenir ce pays qui était supposé soutenir, lui, tous les Juifs du monde ! C'est le cœur à la fois léger et terriblement anxieux que, de retour chez lui, il appelle Mordekhaï pour l'informer de sa décision.

Une fois rentré, une double surprise l'attend. C'est d'abord Marjory qui, affolée, apparemment trop émue pour prononcer un mot, l'entraîne jusqu'à la chambre de Marilyn. C'est une jolie pièce toute simple, aux rideaux tirés, meublée d'une petite table, d'un coffre à jouets, d'un guéridon et d'un spot rose qui éclaire des dessins d'enfant punaisés sur les murs. Marilyn dort. Mais elle a les lèvres blêmes, de la sueur qui perle sur son visage. Et quand Sidney s'approche d'elle pour l'embrasser, il s'aperçoit qu'elle a le front brûlant.

Marjory, baissant la voix :

— Richard a participé à une collecte pour Tsahal et il est resté dormir chez un camarade. Marilyn, elle, voulait partir pour Israël... J'ai eu beau lui dire que c'était impossible, qu'une petite fille de six ans ne pouvait pas faire un vrai soldat, sa déception a été énorme. Elle a passé deux heures à pleurer. Elle vient juste de s'endormir.

Et puis, deuxième surprise : allumant la télévision, Sidney tombe sur le maréchal Grechko, chef d'état-major soviétique, qui menace Israël d'une intervention militaire. Marilyn... Israël... Tout cela se mêle dans sa pauvre tête... Sidney, pour la première fois depuis longtemps, se surprend à tourner autour de la question que ses ancêtres, depuis des siècles, posaient inlassablement : qu'est-ce, au juste, qu'être juif ?

7.

Moscou
GUERRE DANS LA FAMILLE

Mai 1967

Retransmis à la télévision soviétique, le discours de Grechko met Rachel Lerner hors d'elle.

— Comment peut-il mentir ainsi ! Qui croira que trois millions de Juifs menacent cent millions d'Arabes ! Je réentends Hitler annonçant que cinq cent mille Juifs allemands menaçaient soixante millions d'Aryens. En finirons-nous donc jamais ? L'histoire est-elle vouée à recommencer — toujours, inlassablement, de la même façon ?

C'est dimanche. La famille est réunie, au grand complet, rue Kazakov. Olga, bien sûr... Mais aussi Sacha, son épouse Sonia et leurs deux enfants... Rachel, en bonne grand-mère, a préparé le thé, disposé quelques gâteaux sur un plateau. Mais sa colère est si vive, sa nervosité si grande, qu'elle en fait déborder les tasses...

— Allons, Rachel, calme-toi, murmure Aron... Tu sais bien que de t'énerver ainsi ne te vaut rien...

— Comment veux-tu ne pas s'énerver ? Comment peux-tu toi-même rester comme ça, impassible ? Tu as vu ? Tu as entendu ce qu'il a dit ?

Sacha ricane :

— Maman est incroyable. Pour elle tout ce que font les

Juifs est sacré. Demain les Israéliens construiront des camps de concentration pour les Arabes et elle nous dira qu'il s'agit de jardins d'enfants... C'est grotesque...

Aron se lève d'un bond. Ses yeux — signe de grande colère — ont viré au noir. Et la commissure de ses lèvres s'est creusée un peu plus.

— Comment peux-tu parler ainsi à ta mère ? Et où as-tu appris ce discours ? En écoutant les gens de ton espèce, on en deviendrait presque sioniste...

— Eh bien vas-y, répond le jeune homme de plus en plus insolent... Mais si, vas-y puisque tu en rêves... L'Union soviétique n'a pas besoin de citoyens comme toi.

Aron est devenu blême. Il tremble de la tête aux pieds. Il a les yeux tout embués de larmes.

— Mon pauvre enfant, lance-t-il d'une voix soudain plus sourde... Qu'es-tu donc devenu ? Réalises-tu ce que tu dis ? Tu parles comme un adjudant ou un kapo... Ignores-tu que ta mère est venue ici pour participer à la Révolution ? Tu m'entends : la Ré-vo-lu-tion ! Elle espérait le bonheur pour tous... La société sans classes... Elle voulait vous voir, ta sœur et toi, vivre un jour dans la société de nos rêves... Résultat ? Tu connais le résultat...

Et puis, comme Sacha ne répond rien :

— Tu veux qu'on parte en Israël ? Pourquoi donc ? Parce que nous te gênons ? Parce que ce que nous avons fait, ce dont nous avons rêvé, vous fait honte aujourd'hui ? Ah ! mon fils... Je pleure de te voir ainsi, mêlé à ces gens, arriviste comme eux, corrompu demain...

Rachel semble, en quelques minutes, avoir vieilli de dix ans. Elle s'efforce en vain de s'interposer entre les deux hommes, de les faire taire. Elle tente, sans trop y croire, de leur parler des voisins, des mouchards, du danger qu'il y a à parler de ces choses...

— Laisse-les crier, dit Olga presque aussi bouleversée qu'elle. Peut-être apprendra-t-on enfin ce que Sacha a dans le ventre...

— Toi et tes Arabes, fait Sacha d'une voix devenue dangereusement calme... Veux-tu que je dise à nos parents tout ce que je sais...

Puis, haussant les épaules et se tournant vers ses enfants, Natacha et Boris, qui commencent à pleurer :

— Venez, goloubtchikis... Venez, mes petits pigeons... On s'en va...

Sonia fait un pas vers Aron, s'arrête. Les enfants font le geste d'aller l'embrasser, se tournent vers leur père, s'arrêtent aussi. Aron les regarde avec tristesse. Il sait qu'à cet instant quelque chose s'est cassé dans l'ordre non écrit qui régissait jusque-là la vie de la famille.

Rachel ne dormira pas cette nuit-là. Vers trois heures du matin, épuisée, à bout de nerfs, elle se lèvera et, sur la pointe des pieds, ira jusqu'au salon. Un livre... Un autre... Quel est le livre qui saurait apaiser cette épouvantable sensation d'angoisse que lui a donnée son fils ? Le matin venu, elle se souvient qu'un collègue de son mari, Vássili Slepakov, doit se rendre bientôt en Argentine pour un congrès sur les Indiens de l'époque précolombienne. Et s'il acceptait de rendre visite à la famille ? S'il se chargeait d'une mission ? L'idée, Dieu sait pourquoi, la rassure et l'exalte. Elle cherche du papier. Un stylo. Et commence à rédiger, dans ce yiddish qu'elle manie si mal, une longue lettre à Dona Regina. Elle ne connaît pas Regina. Ni son mari. Ni, d'ailleurs, aucun de ses cousins d'Amérique, d'Israël et de France. Six ans ont passé depuis la mort de Hugo. Mais elle y repense tout à coup en se disant qu'ils sont tous, aux quatre coins du monde, les cousins de Hugo. Cette idée l'amuse. Puis l'apaise. Elle lui donne, soudain, un sentiment de puissance et de joie dont elle avait, depuis bien des années, oublié la saveur.

8.

Moscou
LA LETTRE DE RACHEL LERNER

6 mai 1967

Chère famille,

Je ne vous connais pas, mais vous êtes mes cousins et vous êtes aussi les seuls Juifs dont je connaisse l'existence à l'étranger. Nos frères en Israël sont en danger et j'ai besoin de partager mon angoisse avec ceux qui la ressentent comme moi et pour les mêmes raisons que moi. Mon mari, Aron, qui enseigne l'antiquité gréco-romaine à l'université, aime citer Sophocle disant que les parents sont les seuls témoins capables de partager les souffrances d'un parent. Je suis sûre que nous aussi, nous ne pouvons, en ce moment, compter que sur nos parents.

Ici, la presse, la télévision, la radio font sans cesse de la propagande anti-israélienne. Avec quelques amis, nous avons créé un cercle d'étude de l'hébreu. Aron l'ignore. Je pense qu'il s'y serait opposé. L'ami chez qui nous nous réunissons, une fois par semaine, a fait sensation, à son travail, en se déclarant favorable à Israël. Presque toutes ses fréquentations l'ont immédiatement traité en paria. Elles se sont détournées de lui comme on se détournait, jadis, des lépreux. Quelques personnes fidèles et courageuses, des Russes ou des

Juifs, continuent à le rencontrer, chez lui, presque chaque soir. Mais c'est bien téméraire. Les méchantes langues du KGB surveillent continuellement sa porte. Des micros enregistrent sûrement ses moindres paroles. Les invités n'ont donc rien d'autre à faire qu'à boire et ils boivent à la santé d'Israël. Je suis, bien sûr, au nombre de ces invités.

L'antisémitisme n'a jamais disparu en Union soviétique. Mais il a pris des formes toujours différentes. Ainsi à l'époque de Staline il y avait des Juifs parmi les policiers et le pouvoir avait le culot de se servir de cela pour nous faire porter la responsabilité de la Terreur. Aujourd'hui nous savons bien ce qu'était la folie de cet homme. Cette folie-là a liquidé toute une culture : la culture yiddish. Combien de fois je me suis demandé ce qui nous a donné la force de nous battre ! De tout risquer ! Je ne peux trouver de réponse à cette question. Je ne la cherche même pas. Après la déception de mes vingt ans, j'ai voulu retrouver la tradition juive, comme on s'accroche à un radeau. J'ai été aussitôt entraînée dans les rapides, poussée par la force du courant, me heurtant contre les pierres mais suffoquant de joie devant ce sentiment éprouvé pour la première fois : celui d'une vraie liberté !

Voulez-vous, mes chers cousins, que je vous en dise plus ? Ce réveil juif s'est manifesté d'abord comme une forme de protestation. Le sentiment national a également joué un rôle important. Car l'antisémitisme du gouvernement est devenu plus actif à partir de l'année 1948, à la naissance de l'État d'Israël. Les attaques de la propagande contre Israël, grossières et monstrueuses, dans leur haine et leur hypocrisie, nous offensèrent et nous indignèrent. Et c'est pourquoi, entre nous et le pays dans lequel nous vivions, il y a eu une sorte de divorce. Un exemple : quand je voyais les menaces, toujours grandissantes, que faisait peser l'Union soviétique sur Israël, j'imaginais la possibilité d'une guerre et la peu enviable situation qui serait celle d'Aron, officier de réserve étant conduit malgré lui à se battre contre Israël et à tuer ces Juifs qui avaient survécu miraculeusement à l'entreprise des nazis. C'était là, pour moi, une perspective absolument effroyable. Je voulais que nous puissions être parmi les défenseurs d'Israël plutôt que les complices, même involontaires, de ses ennemis.

Pour mon fils Sacha cette question ne se pose pas : il est soviétique et communiste. Ma fille, Olga, est en train de changer. Depuis la mort de notre cousin Hugo, tué par un commando palestinien sur une route d'Israël (vous avez appris la nouvelle, je suppose ?), son intérêt pour Israël et l'histoire juive va grandissant. L'ami d'Olga est un Arabe. Il s'appelle Hidar. Je ne sais pas ce qu'il fait. Mais il est souvent au Proche-Orient. Naguère, il a connu Hugo, en Tunisie. D'après les quelques réflexions de Hidar, j'ai cru comprendre qu'ils étaient liés. La politique, je suppose... Toujours la politique... Hugo œuvrait-il pour la paix ? Organisait-il des rencontres entre les Arabes et les Juifs ? C'est une attitude digne d'estime mais qui, dans ce monde d'abus, de violences et d'iniquités est aussi dangereuse que la guerre.

Si seulement on nous laissait partir pour aider nos frères en Israël !

La création de l'État d'Israël nous a certes causé des problèmes, mais, après les massacres que nous avons subis, elle nous a aussi rendu notre dignité.

Un collègue d'Aron se rend à un congrès à Buenos Aires. Je lui demanderai d'emporter cette lettre. Le fera-t-il ? Je le crois. Il s'appelle Vassili Slepakov. Il n'est pas juif. C'est un honnête homme. Je sais que Regina et son mari sont communistes et qu'ils ont fui la Pologne à l'époque de la contre-révolution. Je le dirai à Vassili Slepakov. Il sera ainsi, je l'espère, tranquillisé.

Si vous pouvez prévenir notre cousin israélien, Mordekhaï, de notre solidarité, je vous en serais reconnaissante.

J'espère que nous nous verrons tous un jour. A Jérusalem.

Rachel Lerner (Halter).

9.

Buenos Aires
UNE VISITE AVORTÉE

Mai 1967

A peine est-elle informée de la visite de Vassili Slepakov que Dona Regina donne les signes de la plus vive excitation. Un professeur ! Et soviétique ! Quelle meilleure preuve qu'il y a des savants en Union soviétique ! Qu'ils sont libres de leurs mouvements ! Que la propagande impérialiste est, là aussi, un tissu de mensonges ! Ceux qui, jusque dans sa propre famille, parlent du pays des Soviets comme d'une vaste prison vont en être pour leurs frais. Dona Regina exulte, oui. Elle est au moins aussi émue que pour une veille de Pâque. Et lorsque Dona Regina est émue, Dieu sait si cela se voit !

Pour l'heure elle s'active comme une petite abeille, en prévision de l'événement. Nettoyage à fond de la maison. Dépoussiérage du grand portrait de Staline qui trône dans le vestibule. Révision accélérée de quelques classiques qu'il conviendra de citer le moment venu. Don Israël lui-même n'échappe pas à la remise en ordre et se voit convié à changer de pantalon, à astiquer ses bretelles, à apprendre quelques mots de russe. L'essentiel de la partie se jouant néanmoins en cuisine où la chère matrone s'emploie, deux jours durant, à préparer ses meilleurs gâteaux.

— Qui va manger tous les gâteaux que tu prépares, grand-maman ? s'inquiète gentiment Anna-Maria. Le Soviétique ne vient que pour t'apporter une lettre de Moscou...

— Ce n'est rien, répond-elle sans se démonter. Je lui ferai un paquet pour la cousine Rachel...

— Parce que tu penses que les Soviétiques n'ont rien à manger ? renchérit la jeune fille d'un air faussement ingénu et en sachant fort bien qu'elle va la piquer au vif.

— Ah non ! Ça, c'est de la propagande antisoviétique. Je t'interdis de dire cela...

Le grand jour arrive. La famille au complet est réunie pour accueillir le visiteur. Don Israël a ses nouvelles bretelles. Don Regina une robe de taffetas rouge, pleine de frou-frous et de dentelles qu'elle n'a pas portée depuis des années et où elle est si engoncée qu'elle a peine à respirer. Ses gâteaux sont dans les plats. Sa maison tout entière respire la fête et l'encaustique. Et l'absurde, c'est que... Slepakov ne vient pas mais, à sa place, un banal coursier de l'ambassade porteur de la fameuse lettre. Ô honte ! Ô désespoir ! Dona Regina ose à peine regarder ses enfants en face. Don Israël part se réfugier dans sa chambre, convaincu que c'est contre lui que toute l'affaire va se retourner. Et les gâteaux reprennent le chemin de la cuisine.

— Cela ne fait rien, dit Dona Regina... Nous les mangerons à sa place... Nous sommes assez bien pour ça, vous ne trouvez pas...

Et pour sauver sinon l'honneur, du moins la face, elle rappelle son mari, lui tend la lettre en lui demandant de la traduire. Et, retrouvant soudain un terrain familier, se met à commenter « la ligne politique » des cousins soviétiques.

— Je ne comprends vraiment pas notre cousine Rachel. Pourquoi ne pourrait-on pas être prosoviétique et pro-israélien à la fois ? Nous, par exemple...

— Mais, justement, vous n'êtes pas en Union soviétique ! dit Anna-Maria en souriant et en privant la grand-mère de tout son « effet ».

Marcos qui ne manque jamais l'occasion de prendre sa fille en défaut dans l'espoir qu'elle abandonne ses engagements révolutionnaires :

— Toi, tu es de gauche et tu es antisoviétique. Révolutionnaire et péroniste. Avec tes copains, vous êtes antisionistes et tu trembles pour Israël...

— Ne te fatigue pas, papa. Tu n'entends rien à la contradiction dialectique. Quant à Israël, c'est plus compliqué... C'est un fait qu'il possède un prolétariat puissant, qui maintient la lutte des classes, tandis que les pays qui le menacent sont réellement réactionnaires, mais...

Dona Regina revient avec une théière et des tasses :

— L'URSS réactionnaire ? Tu ne sais plus ce que tu dis, ma petite... J'y étais, moi, pendant la Révolution, en Union soviétique. Avant, c'était la misère. Et je les ai vues, de mes yeux, les transformations révolutionnaires apportées à l'existence des gens...

Martin est, comme toujours, à la fois amusé et irrité de voir que, dans cette famille, personne n'écoute vraiment personne. Pour changer de conversation il annonce une nouvelle qui lui tient à cœur :

— Le cousin Mordekhaï, du kibboutz Dafné, viendra sans doute, lui, l'année prochaine pour enseigner l'hébreu à l'école Sholem Aleikhem...

— S'il survit à la guerre, remarque Miguel, son frère cadet.

— Ne dis pas de bêtises, dit Dona Regina en crachant trois fois par terre pour conjurer le sort.

Il se fait un silence.

— Bon, dit Miguel, ce n'est pas tout : qui se chargera de photocopier la lettre de Rachel et de l'envoyer au reste de la famille ainsi qu'elle nous demande de le faire ?

Paris, juin 1967

C'est la fin de la journée. Je suis dans ma voiture, coincé dans un embouteillage. La radio annonce une sensible montée de la tension autour du conflit au Proche-Orient. Le président des États-Unis, Lyndon Johnson, a décidé l'envoi d'un porte-avions en mer Rouge tandis que deux nouveaux sous-marins soviétiques ont franchi le Bosphore en direction de la Méditerranée. La guerre semble imminente. Les divisions égyptiennes avancent dans le Sinaï. Israël mobilise. Les chefs d'État arabes multiplient les déclarations belliqueuses et Ahmed Choukeiry, le leader des Palestiniens, promet de jeter les Juifs à la mer — tout au moins, ceux qui survivraient à l'offensive arabe. La guerre ! Des explosions, des flammes, des cris, des cadavres : j'ai l'impression que mon cauchemar n'en finira donc jamais et que ma génération n'est pas quitte, encore, de l'étrange tribut qu'elle doit à la tragédie, à l'horreur. Si cette guerre éclate, quelle sera ma position ? Je n'ai rien contre les Arabes. Je ne nourris, cela va sans dire, aucune espèce d'hostilité à leur égard et les appels de muezzins à Kokand, en Asie centrale soviétique où nous nous sommes réfugiés, mes parents et moi, après notre fuite de

Varsovie, me les ont rendus, infiniment et à jamais, proches. Mais je ne peux accepter l'idée de la destruction d'Israël. Je ne peux concevoir que tant d'efforts, tant d'espérances, une telle renaissance après tant d'épreuves soient ainsi annihilés. Je n'ai pas connu la guerre d'Espagne. Je suis né trop tard pour cela. Mais si je vibre toujours aux récits que j'en lis, ce n'est pas seulement pour les montagnes arides de Ronda, et les bruns brûlés de Tolède, la Juderia à Cordoue et les poèmes d'Antonio Machado : c'est aussi — surtout — à cause de la solidarité que la République espagnole a suscitée à travers le monde. Des dizaines de milliers d'hommes et de femmes qui n'avaient jamais auparavant visité l'Espagne vinrent mourir pour elle. Quarante ans après la Shoah, la survie d'Israël ne vaut-elle pas le même élan fraternel ?

Reste, pour le moment, ma foi dans les vertus de la parole et de l'explication. Ne suffit-il pas de faire pression sur les uns et sur les autres pour qu'ils cessent de se combattre ? Pour qu'ils se reconnaissent ? Et pour que nous fassions, donc, l'économie d'une telle épreuve ? Plein de ferveur et d'impatience, je rameute des proches et des moins proches qui partagent au moins mon souci. Le soir même, nous sommes près de soixante-dix dans mon atelier. Et nous discutons à perte de vue des moyens d'expliquer l'embrasement partout annoncé. Le hasard ayant voulu que je reçoive, quelques heures plus tôt, une photocopie de la lettre de Rachel en provenance de Moscou via Buenos Aires, j'en donne la lecture à mes amis avant de les quitter. Nous avons tous la tête politique et c'est d'un débat proprement politique que nous sortons. La peur que nous ressentons n'en est pas moins celle, terriblement affective et sentimentale, de membres d'une même famille, appartenant à la même culture, tributaires de la même mémoire.

Le lendemain, je me rends près de mes parents pour recueillir leur sentiment.

— Je comprends Rachel, dit mon père après avoir lu la lettre. Si j'étais plus jeune, je m'engagerais pour Israël.

— Mais on n'a pas besoin de nous, là-bas, lui fais-je remarquer. Israël a une armée puissante et organisée. Nous ne ferions qu'y mettre la pagaille.

— Peu importe... Tu ne peux pas comprendre... Quand, en 1939, Hugo nous a mis en garde contre le danger nazi, nous ne l'avons pas cru. Quand il nous a recommandé de partir ou de nous organiser pour le combat, nous n'avons fait ni l'un ni l'autre. Tu connais la suite...

— Mais, père, les Juifs en Israël sont organisés et les Arabes ne sont pas des nazis...

— Ils parlent comme des nazis... Tu as entendu Choukeiry et Nasser? On n'évoque pas le feu devant un homme qui vient d'échapper à un incendie...

Mon père retire de sa poche le petit carnet de Hugo qui ne l'a pas quitté depuis six ans.

— Je commence à recomposer l'histoire.

Et puis comme je fais le geste de lui prendre le carnet des mains :

— Non, non... Tu sais bien... Ce carnet est mon affaire...

Puis :

— Je dois m'en aller... On m'attend à l'imprimerie... Mais écoute donc les nouvelles...

Il met la radio. Et, à cet instant précis, comme par un fait exprès, arrive un speaker qui, sur un ton inhabituellement grave, annonce :

— La guerre vient d'éclater entre Israël et les pays arabes.

10.

Liban
LE CHOUF

5 juin 1967

La vieille Mercedes file le long des pistes infestées de nids-de-poule dans les montagnes violettes et tristes du Chouf. C'est un paysage violent et désolé, terriblement austère. On est le 5 juin, à l'aube. Et pour la première fois de sa longue et tumultueuse vie, Hidar se rend dans le fief des Druzes où il a rendez-vous avec l'émir Kamal Joumblatt en personne — ce patriarche mirifique qui collectionne, dit-on, les secrets et les ruses.

A une dizaine de kilomètres de Moukhtara, où habite la famille Joumblatt, il est arrêté par cinq Druzes armés jusqu'aux dents, qui exigent de voir ses papiers. Puis par d'autres. Et par d'autres encore. Au quatrième barrage, Hidar doit s'expliquer : Kamal Joumblatt l'attend, il est en train de prendre du retard. Et ce n'est qu'après de longs palabres, doublés d'une interminable inspection, qu'ils le laissent enfin passer et accéder au saint des saints.

Là, Kamal Joumblatt règne. Il trône dans son fief, au milieu des siens. Roi dont chaque sujet est la couronne, il connaît les mille dangers qui naissent de la gloire. Il sait les jalousies qui couvent quand un homme est obéi, redouté, ou même aimé. Il mesure avec gourmandise la fureur impuissante de ses ennemis. L'émir a toujours choisi le moment et le lieu pour changer d'adversaire ou d'allié. Avec son port altier, son air de grand seigneur défiant les siècles et leur tumulte, dans cette vaste demeure de pierres roses qui tient du repaire et du palais, du nid d'aigle et du dédale resplendissant, il fait à Hidar la plus forte des impressions.

« Autre chose que Habbache ou Waddi Haddad », se dit-il tandis que le vieux chef, aux manières de lettré et de soldat, lui propose de l'arak (qu'il accepte) et du hasch (qu'il décline).

— Comment les choses se présentent-elles à Moscou ? interroge à brûle-pourpoint l'émir.

— Bien... Très bien même...

— Brejnev s'installe ?

— Oui, fait prudemment Hidar.

— Il a mis Gretchko à la tête de l'armée et Andropov à la tête du KGB. Ça, je comprends. En revanche, je ne comprends pas pourquoi il pousse Nasser à la guerre... J'ai rencontré l'autre jour, à Nicosie, l'ambassadeur soviétique à Tel-Aviv, Tchoubakine, qui a tenté de me persuader qu'en cas de guerre, Israël serait battu, et en vingt-quatre heures.

— Il exagère...

— Il manipule !

Kamal Joumblatt éclate de rire. Un rire sec, comme le cri d'un oiseau de proie. Puis, d'un geste de la main, il fait apporter un narguilé et l'odeur du hasch enveloppe agréablement les deux hommes. Kamal tire quelques bouffées avant de montrer la vallée, d'un geste large de la main.

— Le plus prodigieux des paysages, n'est-ce pas ? C'était l'avis de Gustave Flaubert. Vous avez lu Gustave Flaubert ? Vous savez qu'il a visité le Liban en 1850 ? Croyez-moi, il s'y connaissait en paysages.

Hidar, un peu surpris du tour que prend l'entretien,

tourne la tête vers son hôte. Il rencontre un regard dur et amusé. Il juge le moment venu d'entrer dans le vif du sujet :

— Si vous receviez une invitation du Comité de Solidarité avec les Peuples d'Afrique et d'Asie, accepteriez-vous de vous rendre à Moscou ?

— On vous a chargé de m'inviter ?

— On m'a chargé de vous poser la question.

Au loin, se fait entendre l'appel du muezzin. Kamal Joumblatt, sans répondre, se lève :

— Je voudrais vous présenter quelqu'un.

En l'attendant, Hidar admire une nouvelle fois le lever du soleil derrière la chaîne de montagnes, et le jeu subtil des couleurs sur les protubérances rocheuses. Il n'entend pas Kamal Joumblatt revenir.

— Je vous présente Samirah, l'entend-il dire. C'est une jeune Palestinienne, prête à tout. Elle sera parfaite pour vos actions. Présentez-la donc à vos amis...

Hidar regarde la fille dont l'uniforme kaki laisse deviner un corps gracieux. Ses yeux noirs brillent d'une surprenante intensité.

— Elle va à Beyrouth... Pourriez-vous l'emmener ?

Et, sans attendre la réponse :

— J'ai demandé qu'on nous prépare à manger. L'air de la montagne donne faim et vous n'avez pas pris votre petit déjeuner.

Sur quoi Samirah les quitte sans avoir prononcé un seul mot.

— Drôle de fille, remarque Hidar.

— Forte fille, répond Joumblatt.

Et, faisant pivoter son fauteuil pour mieux observer Hidar :

— Et vous, ça va ?

— Oui, bien sûr. Pourquoi ?

— Vous avez retrouvé le meurtrier de votre ami tué en Israël ?

La question est si surprenante, que Hidar en perd, sur le moment, le sens de la réplique.

— Quand on ne sait pas protéger un ami, on perd de son influence ; quand on ne sait pas le venger, on perd ses amis, ajoute Joumblatt d'une voix douce. Je crains qu'il ne soit mort pour rien, votre ami...

— Ah ? fait Hidar.

Puis, jugeant que le vieil homme en prend un peu trop à son aise et qu'il ne serait pas mauvais de le déstabiliser à son tour :

— Et votre fils Walid... Comment va-t-il ?

Deux serviteurs apportent une table basse qu'ils posent entre Hidar et le vieux Joumblatt. Trois autres commencent à servir. Kamal Joumblatt déchire une pita toute chaude et en trempe un morceau dans une assiette pleine de houmous. Et c'est alors seulement que, en prenant bien son temps, il répond :

— Mon fils Walid va bien, merci. Il court les filles et il boit. Il lui manque un peu de culture. Un aigle doit pouvoir survoler la vallée.

— Ne le sait-il pas ?

— Peut-être. Mais il ne sait pas apprécier la beauté de la vallée.

Et, en se penchant légèrement vers son interlocuteur.

— On attrape les oiseaux avec les oiseaux. Il y a un homme qui connaît bien les activités de Hugo Halter. C'était en quelque sorte son Arabe de confiance... Il s'appelle Jemil el-Okby. C'est un médecin, directeur de l'hôpital de Gaza. Je parierais un narguilé en or que ce médecin-là a une idée bien précise sur la mort de votre ami juif.

Un homme armé surgit. Kamal Joumblatt demeure parfaitement placide. L'homme s'approche, baise la main du Patriarche et lui chuchote quelques mots à l'oreille. L'émir se lève alors.

— Venez écouter la radio, dit-il à Hidar, tandis qu'arrivent d'autres hommes, tous armés.

En un clin d'œil, tout ce monde se rassemble à l'intérieur de la maison, dans une grande salle, au sol dallé de marbre gris. A la radio, Oum Kalsoum psalmodie : « Égorge les Juifs ! Égorge ! » Puis, soudain, la voix de Nasser retentit : « Le monde a les yeux sur nous dans notre glorieuse guerre contre l'agression impérialiste israélienne sur le sol de notre patrie... Notre guerre sainte pour récupérer les droits de la Nation arabe... Reconquérir le pays volé de Palestine... La victoire est pour demain... »

— L'imbécile, pense Hidar.

Paris, novembre 1967

Israël, comme chacun sait, gagna la guerre en six jours et je perdis, moi, mon père juste une semaine plus tard. Trop d'émotions ? Une angoisse insoutenable venue soudain s'ajouter à toute une vie d'angoisse ? C'est probable. Toujours est-il que son cœur a lâché et qu'il n'a pas survécu bien longtemps à la grande peur du peuple juif.

Combien de fois ai-je essayé de décrire sa mort ? Combien de fois me suis-je efforcé, en songe ou en pensée, de me la remémorer et représenter ? Je n'y suis jamais parvenu. Je ne faisais, chaque fois, que décrire « la » mort, mille fois évoquée par d'autres. Je ne parvenais qu'à ajouter ma note, ma version, à ce grand roman collectif et abstrait qu'est la mort générique des humains. Alors qu'il s'agissait de ce mort-ci. Ce mort unique, bien précis. Et que ce mort c'était mon père. La mort de mon père ? Un événement très simple et très complexe, classique et pourtant indicible dont je ne saurais, à ce stade du récit, donner meilleure relation que celle du pur procès-verbal.

C'est ma mère qui m'a alerté. C'était la fin d'une de ces journées d'été parisien, si chaudes au soleil, si froides à l'ombre, dont il n'avait cessé de dire, toute la semaine, qu'elles ne lui valaient rien de bon. Le trafic, dans les rues, était plus lent que d'habitude. Les hommes moins aimables. Le bloc où nous habitions, près d'une porte de Paris, semblait plus abandonné que jamais. Et moi, quand j'ai gravi l'escalier et ouvert la porte, quand j'ai crié, comme je faisais chaque jour, ces mots allègres et alertes dont je pensais qu'ils égayaient mes parents, je ne me doutais bien entendu de rien. L'entrée à peine éclairée débouchait sur une pièce étrangement illuminée. Ma mère se tenait dans le passage, à contre-jour. Sans un mot, le visage impassible, elle m'a précédé dans la chambre à coucher. En passant, sans un mot moi non plus, et comme si je m'obstinais à ne pas vouloir comprendre, j'ai corrigé l'alignement sur le mur d'un tableau mal accroché. Mon père était là. Immobile. Allongé sur le dos. Et il n'a pas réagi à mon arrivée. « Crise cardiaque », a chuchoté un homme qui était auprès de lui et refermait une mallette lorsque je suis entré. J'ai compris que c'était le médecin. J'ai compris aussi que c'était grave. Sans un mot, non, sans même regarder son visage, j'ai réalisé que la mort était là. Moi qui la connaissais à peine je l'ai aussitôt reconnue. Elle emplissait la chambre. Elle bouleversait ses perspectives. Elle infestait et dénaturait jusqu'à l'air qu'on y respirait.

Mon père était pâle. Il fixait le plafond. Je levai les yeux moi aussi et remarquai, je ne sais pourquoi, quelques taches de rouille dues à la vapeur. « Il faudrait repeindre l'appartement », dis-je machinalement. Mon père me regarda et sourit. Ses lèvres remuèrent sans bruit. Puis deux mots en sortirent : « Et maintenant ? »

Que répondre à un père qui meurt et qui vous dit : « Et maintenant ? » Je n'ai pas voulu répondre. J'ai pensé qu'il ne *fallait* pas que je réponde. Car je savais qu'il ne mourrait pas tant qu'il n'aurait pas la réponse. Et pourtant, j'ai dit : « Tu verras, tout ira bien. » Et j'ai aussitôt regretté cette phrase inutile et banale. Hélas, c'était trop tard. La phrase était dite. Et je me sentais, pour l'avoir dite, déjà responsable de la mort de mon père.

Sur le coup rien ne s'est produit. L'homme qui devait être le médecin était planté derrière moi, à ma droite, sa mallette à la main. Je me demandais ce qu'il faisait encore là. Ma mère se tenait elle aussi près de moi, mais à ma gauche. Elle regardait. Elle souriait. Mon père nous regardait et souriait aussi. Et puis, il a levé la main. Doucement d'abord, avec difficulté. Puis d'un geste si impérieux que j'ai suivi son mouvement. Il désignait la commode, en face du lit, où était posé le carnet d'Hugo.

Je dis : « Le carnet ? » Il a hoché la tête et laissé retomber sa main. Du regard j'embrasse cette pièce qui longtemps avait été ma propre chambre. Un tableau gris que j'ai peint à notre arrivée à Paris occupait une partie du mur au-dessus de la commode. A côté du tableau il y avait ma photo. La seule photographie qui restait de moi, avant la guerre. Sur la commode même se trouvaient d'autres photos. Celle de ma mère, jeune, belle. Puis une autre : mon père, ma mère et moi, squelettiques à la fin de la guerre. Mais à côté des photos il y avait donc le carnet — que je pris et lui apportai.

Du regard, il me remercia. Puis posant ses doigts pâles sur l'objet comme s'il voulait le protéger ou le sanctifier, il commença :

— Continue, mon fils. Oui, continue. Nous les Halter avons toujours été les gardiens des registres...

Comme je le comprenais à peine, je dus me pencher pour l'entendre continuer :

— Nous sommes si peu nombreux, n'est-ce pas... Il ne faut jamais abandonner un Juif... Même mort...

Puis, plus bas encore, et reprenant son souffle à grand-peine :

— Six ans ont passé depuis la mort de Hugo. Dans la

vie, six ans c'est beaucoup. Pour la mémoire ce n'est même pas une seconde...

Brusquement son débit devint normal. Sa voix cessa de trembler. Je crus même déceler quelques couleurs sur ses joues creuses :

— Continue à chercher, mon fils. Et quand tu auras trouvé, fais-en un livre. Souviens-toi : l'Histoire est écrite pour raconter, pas pour prouver.

Du coup, le voyant mieux, j'eus envie d'en savoir plus. Je le questionnai sur son refus de collaborer avec Benjamin Ben Eliezer. Sur sa volonté de garder ce carnet pour lui seul.

— Ton secret est ton esclave, me répondit-il. Mais si tu le laisses échapper il deviendra ton maître.

— Ton maître ? dis-je, interloqué.

Mais, étrangement, il en resta là. Sa voix mourut dans sa gorge. Son regard se figea. Sa main, dans la mienne, devint lourde. Je la posai doucement sur le bras. Et observai à nouveau, longuement, la chambre morte autour de moi.

Nous passâmes la nuit, ma mère et moi, à veiller le corps. Au petit matin elle s'assoupit. Et moi, à ce moment-là, je ressortis le petit carnet que j'avais, sans trop y songer, mis dans ma poche. Je venais de comprendre que, entre cette guerre des Six Jours et cette agonie si brève, j'avais, moi, perdu mon adolescence.

Si je devais généraliser, je dirais que ces jours qui précédèrent et suivirent les six jours de la guerre marquèrent comme jamais l'histoire moderne du peuple juif.

La peur que les Juifs ont alors ressentie était la première grande peur depuis la Shoa. Ainsi donc, malgré les camps de la mort, malgré leur défaite et malgré leur souvenir, on pouvait, encore et toujours, nous menacer d'extermination : la génération d'après-guerre, qui avait cru à la normalité, venait brutalement, et sans aucun préparatif, de découvrir dans le fracas des armes et l'enchevêtrement des images télévisées, son insoutenable précarité. La nouvelle conscience juive sera marquée par cette découverte-là.

Pour nous, les Halter, cette prise de conscience, ce sentiment de fragilité de l'homme juif dans le monde contemporain dataient de l'assassinat de Hugo. Mais, du coup, l'expérience familiale devenait comme le signe, le pressentiment d'une expérience plus globale. La mort de Hugo et la guerre des Six Jours se confondaient. La quête de la paix à laquelle je consacrais de plus en plus de mon temps se mêlait à mon enquête sur les causes, les mystères, les circonstances de la mort d'un cousin. Tout cela se croisait, se brouillait, se répondait, sans que je susse, parfois, sur quelle piste j'errais, dans le cadre de quelle recherche. Six ans après sa mort je me retrouvais en tout cas, et à nouveau, sur ses traces. Mais muni, cette fois, d'un carnet, d'un testament paternel, d'une farouche volonté d'aboutir — ainsi que des leçons d'une guerre dont je ne parvenais pas à croire, je le répète, qu'elles fussent contingentes et gratuites.

11.

New York
UNE AVENTURE DE SIDNEY

20 juillet 1969

Les rapports de Marjory et Sidney sont au beau fixe. S'il a pu arriver à la jeune femme de marquer quelque réserve à l'endroit du judaïsme de son mari c'est maintenant bien fini. Elle connaît les fêtes juives, leur signification, leurs rites. Elle est de ces femmes qui, par amour, se sont pliées corps et âme à ce qu'elles supposent des secrets désirs de leur époux. Au point que c'est à présent sa famille à elle — son père James, son frère George, ses oncles, ses tantes — qui s'inquiète et lui reproche son « enjuivement ».

— Jésus n'était-il pas juif ? s'obstine-t-elle à leur opposer. Et les apôtres ?

Mais rien n'y fait. Chacune de leurs rencontres tourne au débat passionné. D'un côté, on évoque l'abandon de Jésus par les Juifs ; de l'autre, l'attitude de Ponce Pilate ; là, on fait flèche de tout bois, et notamment des territoires occupés ; ici, avec un mélange de candeur et de rouerie militante, on objecte : « Occupés... occupés... occupés par qui, au juste ? » Et Sidney voit, non sans inquiétude, sa jeune femme, et donc ses enfants (Richard, mais aussi la petite Marilyn) s'éloigner petit à petit de l'une des sources de leur vie. Ne sait-il pas gré à Marjory de cet hommage qu'elle lui rend ? Oui et non. Il se surprend parfois à songer qu'elle aliène peut-être aussi une part de son mystère et de sa séduction. Pis, il se demande si ce n'est pas cette étrangeté, cette obscure rébellion de l'être qui le séduisaient le plus en elle. Mais enfin, tout cela reste implicite, tout juste avoué et formulé. Et Sidney demeure un époux exemplaire, attaché à son foyer qui, s'il rit parfois de bon cœur aux blagues de carabins de ses collègues, a toujours refusé d'imiter leurs aventures extra-conjugales. « Seuls les morts n'ont pas d'aventures », dit toujours son frère Larry. « OK, lui répond-il... Mais il faut croire, alors, que je suis mort d'amour. »

Arrive l'été 1969. Marjory séjourne avec les enfants dans le Vermont, chez ses parents. Sidney est resté à New York. Il mène une vie de célibataire paisible. Et le voici qui, un soir de juillet, aux alentours de cinq heures, quitte l'hôpital. Il fait beau. Il descend Madison à sa gauche jusqu'à la 59e Rue, oblique à droite devant l'hôtel Plaza et, porté par la foule, dévale allégrement la Cinquième Avenue. A la hauteur de la 53e Rue, l'immense oriflamme du musée d'Art moderne lui fait soudain regretter de n'y avoir pas mis les pieds depuis, au moins, deux ans ; et, sans trop savoir comment, mené par la délicieuse insouciance que dégage ce début d'été, il se retrouve dans le hall du musée, prend un billet et se laisse conduire par le flux des visiteurs jusqu'à ce monde de couleurs et de lignes qui le rend toujours si heureux. Un tableau. Un autre. Un autre encore. Toute une ronde de formes qu'il aime bien voir « en bloc », sans trop les distinguer — comme un gigantesque bain de beauté aux unités indistinctes et rêveuses. Et ce jusqu'au moment où, parvenu sans y prendre garde dans les salles du troisième étage, il entend une voix près de lui qui murmure :

— Guernica... Vous ne reconnaissez pas Guernica ?

Non, bien sûr, il ne « voyait » pas Guernica. Mais, à sa

place, des visages difformes... Le cheval... La lampe... Et puis, comme dans les récits de Hugo, le bombardement de Varsovie, les cris des Juifs fuyant les synagogues en flammes, les pleurs des mères cherchant dans le néant, à la lueur des lampes à pétrole, les corps de leurs enfants ensevelis... Et encore ce cheval, tué au coin d'une rue par l'éclat d'une bombe et dépecé par une foule affamée...

— C'est fort comme la mort, continue la voix, avec un léger accent oriental qu'il n'avait pas tout de suite remarqué...

— Comme la mort, oui, sans doute... Encore que, de cette mort-là...

Quand il se retourne, il voit une silhouette élancée, serrée dans un tailleur gris clair, puis un regard, un sourire, un regard souriant...

— Touriste ? demande-t-il, parce qu'il faut bien demander quelque chose...

— Pas tout à fait... J'ai grandi à Detroit, mais je vis depuis des années à Beyrouth.

— Ah ?... fait-il, un peu surpris d'un ton aussi direct.

— Et vous, continue-t-elle... La peinture ? Vous aimez la peinture ?

— Oui, je crois...

— Moi, je suis passionnée d'art. Quand je viens à New York, je ne rate pas une exposition. Mon mari a une collection d'icônes anciennes... Mais aussi des Klee... Des Kandinsky... Vous connaissez ?

— Oui, fait-il de la tête.

— Vous aimez ?

— Oui... Bien sûr. Mais je préfère Rothko, Sol Lewitt...

— Vous collectionnez ?

— Un peu... Il faut beaucoup de moyens...

Regard amusé de la femme qui se lance dans un discours sur l'art, l'argent, les collections. Mais Sidney ne l'entend plus. Il regarde, fasciné, ces lèvres charnues, parfaitement dessinées, qui s'entrouvrent régulièrement pour laisser échapper une voix dont la seule sonorité l'exalte. La femme, tout à coup, s'arrête — comme si elle était contrariée :

— Mais je vous importune, dit-elle... Veuillez m'en excuser... J'aime tant parler de ces choses...

Sortant de son rêve, Sidney dit alors :

— Mais pas du tout... Vous ne m'importunez pas... Je réfléchissais... Je suis réellement content de bavarder avec vous...

Et, preuve de son intérêt :

— Où habitez-vous, à New York ?

— Au Westbury, entre Madison et la 69ᵉ...

— Ce n'est pas loin de chez moi, remarque-t-il, à nouveau rêveur. Vous aimez marcher ?

— Beaucoup.

Elle a dit « beaucoup » avec un petit rire de gorge ouvertement séducteur et coquin qui lui a fait regretter, sur l'instant, son audace. Avisant, sur Madison, à la hauteur de la 62ᵉ Rue, quelques tables d'un café posées sur le trottoir, il songe que c'est la providence qui les a disposées là et propose d'y faire une petite halte.

— Comment vous appelez-vous ? demande-t-il, à peine installé.

— Leïla. Leïla Chehab.

— Vous êtes arabe ?

— Oui. Libanaise. Chrétienne. Mon grand-père est né à Haïfa. Vous savez, en Palestine ? Il a connu ma grand-mère à Beyrouth. En 1947, mes parents ont émigré aux Etats-Unis. J'avais sept ans. Ils se sont installés à Detroit. Mon père travaillait chez Ford...

La présentation de Leïla surprend Sidney. Cette phrase, peut-être innocente : « Il est né à Haïfa, vous savez, en Palestine ? » sonne comme une déclaration de guerre.

— Moi, je suis juif, enchaîne-t-il, d'un ton de défi. Mes grands-parents ont fui les persécutions en Pologne, en 1832. Ils se sont installés à Winnipeg, au Canada. Leurs cousins ont, à la même époque, émigré en Palestine. Leurs enfants ont créé un kibboutz — Dafné — en Galilée...

Leïla sourit, comme si elle voulait lui signifier qu'elle le comprend :

— Mon grand-père racontait qu'à Staton Street, où il habitait — tout près de Hadar, les Champs-Élysées de Haïfa — il y avait beaucoup de Juifs et qu'il entretenait avec eux des relations cordiales. Je connaissais moi-même des enfants juifs à Beyrouth. Tamara, l'une de mes meilleures amies, était juive. Mais en 1947, la Palestine a cessé d'être une terre arabe... Tamara a gagné une patrie, moi, j'ai perdu la mienne.

Leïla parle doucement, sans passion. Plus trace de la moindre coquetterie, de la moindre rêverie féminine. Sidney s'exclame :

— Mais que dites-vous là ? Votre amie Tamara était libanaise, comme vous. En 1947, il y a eu un partage de la Palestine. Un partage juste, entre deux États : juif et arabe. Les Juifs ont accepté le leur, les Arabes non. Avec l'espoir de chasser les Juifs et de récupérer tout le territoire...

Cette fois, les yeux de Leïla lancent des flammes :

— Vous oubliez Deïr Yassin ! Le massacre de tout un village arabe par les sionistes ! Deux cent cinquante-quatre personnes, femmes et enfants compris ! Les Arabes de Haïfa ont eu peur et ont quitté la ville...

— Votre famille avait quitté Haïfa avant 1947.

— C'est vrai. N'empêche que je me sens proche de cette terre, la terre de mes ancêtres.

Et, rapprochant son visage de celui de cet inconnu, si aimable tout à l'heure, et qu'un mur d'incompréhension semble maintenant séparer du sien :

— J'ai maintenant vingt-neuf ans et depuis 1947, l'année d'affliction nationale pour la Palestine, je n'ai célébré aucun de mes anniversaires.

— Mais vous êtes dangereuse ! Vous êtes une vraie fanatique !

Leurs visages se touchent presque, à présent. Elle esquisse le geste de le gifler. Il lui saisit la main. Ils restent ainsi un court instant, sous le regard amusé des passants. Et, brusquement, sans que ni l'un ni l'autre ne sachent vraiment pourquoi, leurs lèvres se touchent. Sidney sent unc morsure et un goût de sang dans la bouche :

— Vous êtes folle !

— Pardon, fait Leïla, en dégageant la main. Il ne fallait pas me provoquer. La Palestine est un sujet sacré pour moi.

Sidney paye les consommations en silence, tout en se tamponnant les lèvres avec une petite serviette en papier...

— Vous êtes vraiment folle, peste-t-il.

Leïla ne dit rien. Elle ramasse son sac et, d'un geste rapide, remet ses cheveux en place. Que va faire Sidney ? Que *doit*-il faire ? Leïla, debout, décide pour lui :

— Vous voulez toujours m'accompagner ?

Ils parcourent, toujours silencieux, les quelques blocs qui les séparent du Westbury. Quand ils atteignent enfin la 69e Rue, le jour est tout à fait tombé. Il fait presque frais tout à coup.

Devant l'hôtel, ils s'arrêtent. Sidney consulte sa montre :

— Shit ! s'cxclame-t-il. Et devant le regard interrogateur de Leïla : J'ai complètement oublié : la télévision retransmet aujourd'hui, en direct, l'arrivée des premiers hommes sur la Lune...

— Eh bien, c'est parfait ; pourquoi ne viendriez-vous pas la regarder dans ma chambre ?

La chambre du Westbury. Ses laques jaunes et brunes. Sa moquette épaisse. Sa salle de bains de marbre gris tout imprégnée du parfum de la jeune femme. Son grand lit où, un peu emprunté, Sidney est venu s'asseoir.

« Comme dans un film », se dit-il, tandis que le sol lunaire et ses cratères apparaissent sur l'écran et que la main blanche de Leïla se pose sur sa poitrine, ses lèvres sur ses lèvres puis son ventre contre son ventre. Deux minutes plus tard, le module se pose, dans un halo de poussière grise. Et Sidney, fasciné, découvre les seins, le ventre, les cuisses fuselées de la jeune femme qui s'offre à lui. Est-ce cette émotion-ci ? celle-là ? Le premier homme à poser le pied sur la Lune ? La première femme à poser le sien dans le fragile équilibre qu'était sa vie ? Il ne peut s'empêcher de pousser un cri d'émotion :

— Ouaouh !

Leïla éclate d'un rire léger, perlé, tendre. Lui, sans quitter l'écran des yeux, murmure quelques mots dont il pensait avoir désappris le sens. Là-bas, sur la Lune, commence un fantastique ballet. Un homme flotte autour d'un module blanc. Un autre le rejoint. On entend leurs voix. On touche presque leurs visages. Neil A. Armstrong et le colonel Aldrin échangent des propos sans importance avec la base de Houston. Quelle aventure ! Enfin, les deux hommes en scaphandre plantent sur le sol lunaire la bannière étoilée. Et pendant ce temps, oui, un autre homme ici-bas, sur la modeste planète Terre, part à la conquête d'un autre monde inconnu.

Le reste de la nuit, ils parlent encore d'Israël et de la Palestine. Toujours pas d'accord, non. Mais à mesure que s'aggrave leur désaccord, grandit aussi leur désir.

— Je quitte New York dans quelques heures, dira Leïla doucement quand les premières lueurs du jour se refléteront dans les vitres. Pourquoi ne viendriez-vous pas, un jour, à Beyrouth ? C'est une ville si charmeuse... Et moi... Moi, je serais heureuse de vous revoir.

Sidney opine, bien sûr. Il viendra, oui, il viendra à Beyrouth. Sans savoir qu'il vient peut-être de sceller son destin.

Sdé Boker, août 1969

— Vous voulez que je vous parle de votre cousin Hugo, me demande Ben Gourion. Je ne le connaissais pas très bien, vous savez... Il est venu me voir à plusieurs reprises... Chaque fois, pour me proposer des rencontres avec des Arabes. Il en connaissait quelques-uns... Des leaders... Je crois bien que je ne l'ai pas vu depuis 1959... Il m'avait été présenté par mon conseiller Israël Beer.

La scène se passe donc en août 1969, deux ans après la guerre des Six Jours. Je suis allé voir le vieux chef dans son kibboutz de Sdé Boker, au cœur du désert du Néguev, sur la route de Beersheva-Eilat. Il est installé là depuis sa retraite politique, et habite une simple baraque de bois, gardée par une sentinelle.

Il a un visage large et jovial, auréolé de touffes de cheveux blancs. Il est vêtu d'un pantalon et d'un blazer kaki qui semblent dater de l'époque de la Hagana. Il évoque des souvenirs lointains. Des visages d'autrefois. Parfois, il me donne le sentiment d'avoir oublié ma présence. Parfois, au contraire, il revient vers moi et, à propos de telle ou telle question d'actualité, réagit avec une intelligence, une ouverture d'esprit peu communes.

Vous voulez que je vous parle de votre cousin Hugo,

reprend-il... Hugo, oui... Hugo... Je le vois encore, le corps sec et les yeux brillants. Il me rappelait les jeunes idéalistes des années 30... Vous savez, les membres de Brit-Shalom, l'Alliance pour la Paix... Judah Magnes... Martin Buber... Eux aussi croyaient à la vertu de la parole... Ils espéraient pouvoir créer un État en dialoguant avec les Arabes... Je le pensais aussi... Mais moi, je n'ai pas attendu ce dialogue pour couler les fondations du pays...

» C'est grâce à eux, vous savez, que j'ai pu rencontrer le grand leader palestinien Moussa Alami... C'était... C'était... C'était, il me semble, en août 1934. Et j'ai aussi parlé avec Georges Antonius, en avril 1936... A l'époque, Antonius était le théoricien le plus connu du nationalisme arabe... Nous nous sommes rencontrés... Nous nous sommes parlé... Et cela n'a rien donné... Votre Hugo, lui, avait des projets précis...

— Des projets ?

— Des projets ? répète Ben Gourion en me fixant bizarrement. De quoi parlions-nous donc ?

— Des projets de Hugo.

— Nous parlions polonais ?

Ben Gourion, né en Pologne quatre-vingts ans plus tôt, est, à l'évidence, déjà ailleurs. Le garde me fait des grands signes et s'approche doucement de nous. Il m'explique qu'il est tard et que le médecin interdit au vieil homme de veiller aussi longtemps.

Quand je me lève pour partir, Ben Gourion ne bouge pas de sa chaise. Il dort, le visage figé dans un relief aussi antique que celui de cette vallée qui borde le kibboutz et où, loin des immeubles résidentiels, il a choisi de vivre le reste de ses rêves.

12.

Buenos Aires
UN AMOUR PRÉCOCE

Septembre 1969

Mordekhaï arrive à Buenos Aires au printemps 1969. En Israël c'est déjà l'automne. Seul, Arié, son fils, l'accompagne. Sarah, sa femme, un peu souffrante, est restée au kibboutz, en compagnie de Dina, leur fille, âgée de sept ans. La direction de l'école Sholem Aleïkhem a mis à sa disposition un petit appartement, propre mais humide, rue Montevideo, au coin de la rue Cangallo. A Buenos Aires, l'humidité est partout ; on enferme le sucre dans des boîtes métalliques pour éviter qu'il ne se transforme en sirop.

Comme tous les visiteurs, Mordekhaï est d'abord surpris par les dimensions de la ville. Puis par celles, d'un autre ordre, mais tout aussi impressionnantes, de la communauté juive. Il la trouve plus proche, par la langue et les mœurs, des communautés disparues de Pologne et de Russie que de l'*american way of life.* Mais c'est surtout son importance, sa vitalité qui le frappent.

Arié, de son côté, se sent à la fois exalté et perdu... Tandis que son père prend ses classes en main, il se promène jusqu'à la fatigue. De préférence d'un pas pressé afin qu'on ne le prenne pas pour un étranger. Il parcourt ainsi le quai du Rio de la Plata, la fameuse avenue

Corrientes, l'avenue du 9 de Julio et la place de la Republica où, comme sur la place de la Concorde à Paris, se dresse un obélisque. Le jeune garçon observe, admire, écoute. S'il ne se sentait pas si seul, s'il parlait quelques mots d'espagnol, il serait parfaitement heureux.

Dès le lendemain de leur arrivée, Dona Regina organise un dîner en leur honneur. Toute la famille est là. Plus quelques amis bien choisis. « Des sionistes, dit-elle à son mari, d'un air mi-entendu, mi-méprisant... Pour faire plaisir aux cousins venus d'Israël. »

Arié, qui ne comprend pas un mot de yiddish, s'ennuie ferme. Il rêve. Observe les uns et les autres. S'enivre doucement de cette langue inconnue et qui, à la lettre, ne lui dit rien. Et ce, jusqu'à l'arrivée d'Anna-Maria. Ce sont d'abord ses yeux qu'il remarque. Des yeux noirs, brillants, ironiques. Très grands. Puis un corsage blanc légèrement entrouvert. Puis le dessin d'une épaule, la naissance du cou, une pointe d'arrogance dans la cambrure du dos.

— Je te présente ma petite-fille, Anna-Maria, lui dit Dona Regina. N'est-ce pas qu'elle est belle ?

— Comme si c'était ça, l'important ! s'exclame l'intéressée, agacée.

Arié rougit. Anna-Maria s'en aperçoit et lui lance, en souriant :

— Tu parles espagnol ?

Comme il fait non de la tête, c'est en anglais qu'elle engage la conversation.

— Je suis Anna-Maria... C'est toi, le fils de Mordekhaï, le kibboutznik ? Je ne te voyais pas comme ça...

— Comment « comme ça » ?

— Je t'imaginais plus paysan.

Arié éclate de rire, pense, ainsi, reprendre l'avantage ; mais rougit à nouveau quand la jeune femme poursuit :

— Tu n'es pas mal quand même, tu sais.

Et s'asseyant à côté de lui :

— Tu aimes le tango ?

— Depuis que je suis à Buenos Aires, je n'entends que ça...

— Mais encore ?

— Je crois que je l'aime...

— Tu veux voir une boîte à tango ?

— Mais...

— Tu as peut-être peur de rater cette délicieuse carpe farcie... Grand-mère dit que c'est la carpe « comme-seuls-les-Halter-de-Varsovie-savent-la-faire »...

Arié, piqué, se lève. Debout, il domine Anna-Maria d'une tête. Il n'a que seize ans et elle en a dix-sept, mais il paraît soudain plus adulte, plus mûr.

— Je vais faire visiter Buenos Aires *by night* à notre petit cousin, annonce la jeune fille.

Dona Regina proteste :

— Comment ! Partir sans manger ? Traîner dans les rues à cette heure-ci ?

Et, grondeuse :

— Laisse donc ce gamin tranquille...

— Que dit ma tante ? demande le « gamin ».

Anna-Maria traduit. Arié marque le coup : il déteste qu'on le traite en enfant et particulièrement devant une jeune fille. Aussi bombe-t-il le torse et rejette-t-il sa mèche en arrière de l'air le plus crâne qu'il peut.

— Allez, petite, *vamos,* dit-il à Anna-Maria, sous l'œil sidéré de Mordekhaï.

Une demi-heure plus tard les deux jeunes gens entrent dans une immense salle enfumée, bourrée de monde, dont Anna-Maria a dit : « C'est l'endroit le plus sympa de la ville. » Au plafond, les pales d'un ventilateur géant bercent des guirlandes de papier crépon rouge et rose. Au mur, un paysage naïf au pastel adoucit la lumière crue des projecteurs. Sur une colonne, au milieu de la salle, Carlos Gardel, roi du tango, sourit au-dessus d'un nœud papillon à pois blancs. Et derrière le bar, une affiche représentant une chanteuse penchée sur un micro indique *Gran concurso de tango.*

Anna-Maria trouve une place. Ils s'assoient. Sur l'estrade, dans un halo orange, une chanteuse, trop vieille et un peu grasse, interprète *Adios Muchachos* tandis que son accompagnateur disparaît derrière un immense piano ; on ne voit que ses pieds qui rebondissent, en mesure, sur les pédales.

— Ça te plaît ? demande Anna-Maria.

Abasourdi par le bruit, la fumée, Arié ne répond pas.

— Tu aimes ? redemande Anna-Maria, en se penchant légèrement vers lui.

— Oui, dit-il.

Et sur sa lancée :

— Tu me plais.

Anna-Maria le toise, comme s'il avait dit quelque chose de parfaitement inconvenant :

— Tu vas un peu vite, tu ne trouves pas ? N'oublie pas que nous sommes cousins.

— Très lointains...

— C'est comme ça qu'on fait au kibboutz ?

— Tu as une drôle d'idée du kibboutz...

— Ch..., taisez-vous, fait un *criollo,* assis à une table voisine.

— Il a raison, renchérit un homme à lunettes. Écoutez ou sortez.

Une voix chante :

« Je soupire pour toi, Buenos Aires
Sous le soleil d'autres cieux... »

— Sortons, dit Arié.

Dehors, les enseignes lumineuses des *Ciné Novedades, Ciné Continuado, Pizzerias* et autres, se reflètent sur l'asphalte mouillé.

— Tu t'intéresses à la politique ? demande Anna-Maria, à brûle-pourpoint.

— A la politique ? Chez nous, tout le monde s'intéresse à la politique... Notre vie en dépend.

— En Israël, OK. Mais ailleurs ? Est-ce que tu sais, par exemple, qui est le président de l'Argentine ?

— Non.

— Un général. Il s'appelle Ongania. Tu vois que tu ne t'intéresses pas à la politique !

— Et toi, tu sais qui est le Premier ministre d'Israël ?

— Non.

— Une femme. Golda Meïr. Tu vois que toi non plus, tu ne...

Anna-Maria ne le laisse pas finir. Elle part d'un grand rire complice en lui donnant un coup de coude dans les côtes. Et, de nouveau, sans transition, demande :

— As-tu connu notre cousin Hugo ?

— Non, mais j'en ai entendu parler. Il a fait la guerre en Europe contre les nazis... Il s'est battu, lui... pas comme les autres Juifs de Pologne et d'ailleurs...

— Mais la révolte du ghetto de Varsovie... Le grand-père Abraham...

— Une minorité.

La voix d'Arié se fait passionnée :

— Les Juifs doivent apprendre à se battre, comme tout le monde, pour leur pays, leur dignité... Maintenant qu'Israël existe, les Juifs n'iront plus comme des moutons à l'abattoir...

Anna-Maria s'est arrêtée — sans explication, d'un seul coup, comme quelqu'un que vient de frapper une évidence longtemps inaperçue. Dans la faible lumière d'un réverbère, Arié remarque son visage fermé :

— Tu ne parles que des Juifs, dit-elle, les Juifs et encore les Juifs... Et les autres ? Ici, en Argentine, des millions d'hommes vivent dans des *villas miserias*... Des milliers d'autres sont emprisonnés pour délit d'opinion... Tu penses quelquefois à eux ? Et à ceux qui meurent de faim dans d'autres pays d'Amérique latine ?

— Et toi, tu es vraiment sûre d'y penser plus que moi ?

— Bien entendu. Non seulement je pense à eux, mais je vais me *battre* pour eux.

— Pourquoi ?

— Parce que... parce que je suis un être humain. Peut-être aussi parce que je suis juive...

— Si tu veux te battre, viens en Israël. Des filles comme toi, on en a besoin.

— Et qui se battra ici ?

— Les Argentins.

— Mais moi, je suis argentine !

— Et qui se battra pour Israël ?

Arié est partagé entre la colère et l'admiration. Il trouve Anna-Maria bornée mais très belle. Beaucoup plus belle que toutes les filles du kibboutz Dafné et même de Hagecharim. Il s'approche. La regarde. Croit, dans son regard, deviner un consentement. S'approche encore. L'embrasse. Et arrive ce qui devait arriver : une belle, une grande, une gigantesque gifle qui interrompt net son élan. Humilié comme jamais, le jeune homme reste une seconde immobile les bras ballants — puis tourne les talons et s'enfuit en courant.

Arrivé sur le quai du Rio de la Plata, il s'arrête, un peu essoufflé et s'assied sur un banc. Il suit un moment les bruits de la circulation, les chuintements des pneus, les klaxons, le lointain appel des bateaux et il se dit qu'il n'aime pas Buenos Aires. Non, il n'aime décidément pas cette ville qui ne dort jamais. Et il meurt d'envie, tout à coup, de retourner en Galilée dans son kibboutz chéri. Il remarque un gros cafard et le suit du regard jusqu'à la balustrade du pont.

— Alors, kibboutznik, fâché ?

C'est Anna-Maria. Comment l'a-t-elle trouvé ?

— Je t'ai suivi, tout simplement. Tu permets ?

Elle s'assied à côté de lui ; et aussitôt, comme si elle reprenait le fil d'une conversation banalement interrompue .

— Mes amis me poussent à entrer dans la clandestinité. Qu'en penses-tu ?

A quoi joue-t-elle ? Veut-elle, par cette confidence, effacer l'incident ? lui manifester sa confiance ? l'impressionner ? Arié, en tout cas, tombe dans le panneau et, oubliant, comme par enchantement, chagrin, humiliation, nostalgie, répète :

— Clandestinité ? Comment ça : clandestinité ? Tu veux devenir terroriste ?

Anna-Maria sent à nouveau tout l'ascendant qu'elle exerce sur cet adolescent charmant mais mal dégrossi, dont l'horizon n'a jamais dépassé les frontières du kibboutz Dafné :

— Non, combattante !

Et, grande dame à la limite de la morgue :

— Je ne sais pas pourquoi je te raconte ça : tu ne t'intéresses pas à la justice dans le monde, ni à la guerre du Vietnam, tu ne sais rien de l'Amérique latine, tu ne connais pas le Che ni la répression militaire, tu... Pour toi, il n'y a au monde qu'Israël !

— Ce n'est pas vrai, proteste Arié qui, sous le choc, retrouve un peu de son assurance. Je m'intéresse à la justice dans le monde et Israël en fait partie. Mais tuer comme on a tué notre cousin Hugo ou d'innocents passagers d'un Boeing israélien à l'aéroport de Zurich, ce n'est pas le meilleur moyen de faire avancer la justice.

Anna-Maria sursaute : trois cafards escaladent paisiblement, à la queue leu leu, le pied du banc. Arié les chasse d'un revers de la main. Anna-Maria se lève. Lui se lève à son tour. Et d'un geste naturel, ayant perdu toute réserve mais aussi toute gaucherie, il la serre dans ses bras et l'embrasse longuement.

Paris, septembre 1969

— Hugo, je ne le connaissais pas très bien. Je connaissais surtout la famille de sa femme et, en particulier, son frère, un certain Hans Furchmuller. Nous avons fait nos études ensemble. Il est médecin et dirige actuellement un hôpital à Berlin-Est. C'est lui qui, à l'époque, a donné mon nom et mon numéro de téléphone à Hugo.

La femme qui me parle ainsi est âgée d'une soixantaine d'années et en la regardant, je pense avec un rien de nostalgie combien elle a dû être belle. Elle s'appelle Ursula von Thadden et elle couvre pour le quotidien munichois *Suddeutsche Zeitung* un colloque international sur les droits de l'homme en URSS, qui se tient à Paris et auquel je participe. C'est en entendant son nom que je me suis souvenu de l'avoir lu dans le carnet d'adresses d'Hugo.

— Il est venu en Allemagne à plusieurs reprises, avec sa femme, poursuit Ursula von Thadden. Je travaillais à l'époque à Bonn. C'était au printemps 1960. Hugo voulait rencontrer le chancelier Adenauer. Il disait que l'Allemagne était responsable de la vie et de la sécurité des enfants dont elle avait massacré les parents. Il pensait que Konrad Adenauer, qui avait d'excellentes relations aussi bien avec Israël qu'avec les pays arabes, pouvait aider à l'instauration de la paix au Proche-Orient. En promettant de financer un projet de développement régional, une sorte de Plan Marshall nouvelle manière. Hugo était un homme passionné et tenace. Les obstacles ne lui faisaient pas peur. Les contradicteurs l'irritaient, mais il était trop sociable pour le manifester. Je crois qu'il a rencontré le chancelier, mais ayant été obligée de retourner à Munich, je n'ai pas suivi ses démarches jusqu'à la fin.

A quoi ressemblait-il ? je demande. S'il avait l'air inquiet ? Traqué ? S'il donnait le sentiment d'être en danger, de se savoir entouré d'ennemis ? Ça, mon interlocutrice n'en sait rien. Elle a beau chercher, elle ne sait pas. Tout ce qu'elle peut me dire c'est qu'il était, à l'époque, follement séduisant.

— Oh ! n'allez rien supposer, s'excuse-t-elle... J'étais liée à sa femme, vous dis-je... Et puis ces petits jeux n'étaient déjà plus de mon âge... Mais il est vrai qu'on ne pouvait pas le voir sans être impressionné par le magnétisme qu'il dégageait. Un regard pénétrant, insistant... Une bouche légèrement ironique, presque amère, à la façon de ces hommes qui ont tout vu, tout connu, mais qui n'en gardent pas moins comme une nostalgie d'idéal... La chevelure abondante, peu coiffée... Les gestes précis... Des mains que remarquaient toujours les femmes... Et puis cet air d'éternel voyageur qu'on avait peine à imaginer installé, enraciné, marié même...

Ursula von Thadden s'arrête, consciente d'en dire peut-être un peu trop — et de trop montrer, surtout, l'effet que, presque dix ans plus tard, continue de lui faire cette évocation. Elle pouffe. Bredouille quelques propos légers. Et, prétextant le colloque qui reprend, me plante là — sans m'avoir, il faut bien le dire, appris grand-chose que je ne connusse.

13.

Moscou
HIDAR ET OLGA

Septembre 1969

— Mais vous êtes complètement fou ! Nous sommes sur un projet audacieux qui, s'il réussit, changera la face du Proche-Orient et vous prenez le risque de gâcher tout cela pour un voyage d'agrément ?

L'homme qui parle ainsi à Hidar Assadi s'appelle Victor Tchebrikov. C'est l'un des dirigeants du Comité de Solidarité avec les Peuples d'Asie et d'Afrique. Et son pouvoir lui vient surtout de l'amitié qui le lie au chef du KGB, Youri Andropov.

Le bureau où se trouvent les deux hommes, au troisième étage d'un immeuble moderne de la rue Kropotkine, est une pièce vaste et sombre. La grande baie, qui perce tout un pan de mur, est cachée par une tenture opaque, décorée de fleurs ocre. Un rayon de soleil tardif s'infiltre entre deux rideaux et joue sur le cadre en verre du portrait de Lénine.

Hidar déplace légèrement sa chaise et répond avec le sourire :

— Il ne s'agit pas d'un voyage d'agrément, Victor Alexandrovitch, mais de travail. J'ai été chargé d'une mission et je l'accomplis, me semble-t-il, à la grande satisfaction de nos supérieurs. La venue d'Olga Lerner à

Beyrouth ne pourra que troubler nos adversaires. Vous savez très bien que, depuis un an, les services américains et israéliens ne me quittent plus d'une semelle. Si nous voulons réussir notre opération en Jordanie, il faut que je retourne au Proche-Orient. Et venir avec une femme...

— Une Juive... corrige Victor Tchebrikov.

— Précisément !

— Comment cela : précisément ?

— Les services israéliens réagiront exactement comme vous et le doute s'installera dans leur esprit. Ils me soupçonnent, je le sais. Mais ils n'ont aucune certitude et, a fortiori, aucune preuve. Je reconnais que je tiens à la personne d'Olga Lerner, mais si je vous demande aujourd'hui de lui obtenir un visa de sortie, c'est que j'ai impérativement besoin d'elle...

Un homme comme Victor Tchebrikov n'est pas de ceux que l'on convainc. Tout au plus transmettra-t-il. Et, de fait, le voici qui prend une feuille de papier, une plume et entreprend de résumer par écrit les arguments d'Hidar. Quand il a terminé, il lève la tête vers son visiteur :

— Quant à votre rapport sur « le terrorisme médiatique », il a été jugé fort intéressant en haut lieu. Sacha Aronovitch vous en a-t-il parlé ? Vous passez tout votre temps chez ses parents, rue Kazakov...

— Vous êtes bien informé.

— J'espère que ce n'est pas un secret.

— Non, bien sûr, mais Sacha Lerner et moi...

— Vous n'êtes pas en bons termes...

Victor Tchebrikov sourit, satisfait :

— Vous n'avez pas tort. Sacha Aronovitch était le seul à s'opposer à votre projet. Il ne croit pas les Arabes capables de le réaliser.

Et, tendant la main à Hidar :

— J'espère pour vous qu'il se trompe. Car vos amis, à Beyrouth, sont déjà au courant. A votre prochaine rencontre, ils vous présenteront le projet comme s'il était le leur... C'est ce que vous vouliez, n'est-ce pas ?

En retrouvant la rue, Hidar Assadi est plutôt content de lui. Son rapport a été apprécié. Son idée approuvée. Et la promesse faite à Olga va pouvoir enfin se réaliser : ils iront ensemble au Liban. Hidar n'ignore pas les risques d'un tel voyage. Il sait surtout que, à la frontière d'Israël, Olga peut avoir des réactions tout à fait imprévisibles. Mais il chasse son inquiétude ; s'oblige à allonger le pas ; lève ostensiblement la tête pour contempler la façade ancienne des maisons de cette rue qu'il aime tant et qui, au début du siècle, s'appelait encore la rue de la Vierge-Immaculée ; s'arrête un moment, comme il le fait toujours, pour rendre un muet hommage à Tolstoï, devant l'Hôtel de Denis Davidoff ; et, le cœur en fête, prend la direction de la Moskowa.

Olga l'attend près du pont Borodinski.

— Alors ? demande-t-elle, en se jetant à son cou.

— Ça marchera... Nous aurons cette année un automne ensoleillé...

Il la prend par le bras et ils traversent le pont en silence.

— J'ai promis à mes parents de passer les voir avant le dîner, fait Olga. Veux-tu venir avec moi, dis ?

— Tes parents ne m'aiment pas beaucoup. Ils pensent que tu gâches ta vie pour moi... Ta mère surtout... Elle voit, derrière moi, cent millions d'Arabes qui la menacent...

— Qu'est-ce que tu racontes ? Elle sait que tu es tunisien et que tu n'as rien à voir avec le conflit du Proche-Orient...

Hidar s'arrête et observe son amante. Elle a bien changé, songe-t-il. En quoi ? Il ne saurait le dire. Mais il sent ce changement. C'est comme une maturité nouvelle. Un apaisement. Un accomplissement. C'est comme une proximité charnelle qui s'impose à lui, à elle, chaque fois qu'ils se revoient et à l'instant même des retrouvailles.

Olga approche son visage du sien et, en l'espace d'un éclair, il se voit dans les yeux bleu-gris.

— D'accord, d'accord, dit-il... Je viens avec toi... Mais prenons un taxi, veux-tu ? Je n'ai pas le courage de traverser Moscou à pied...

Par chance, une voiture passe — ornée d'un damier noir sur la carrosserie. Un taxi ! Ils s'y installent gaiement. Direction la maison des Lerner — où ils arrivent après dix minutes d'une course tranquille dans les avenues désertes de Moscou.

A la surprise de Hidar, Rachel Lerner a l'air heureuse de le revoir. Aussitôt, elle prépare le thé.

— Alors ? demande Rachel, quand tout le monde est assis autour de la table. Alors ? répète-t-elle en s'adressant à Hidar.

— Que voulez-vous savoir, Rachel Davidovna ?

Rachel fait, avec sa tête, quelques mouvements de balançoire.

— Je sais que nous ne sommes pas d'accord, Hidar... Je sais... Lorsqu'il s'agit d'Israël, nous sommes même des adversaires, mais vous, vous allez en Orient et moi pas... Je risque même d'être obligée, un de ces jours, de faire le voyage dans le sens inverse, en Sibérie...

Elle sourit gravement. Soupire. Et, approchant son visage tout près de celui de Hidar :

— Je voudrais que vous me parliez du Liban, de l'Égypte... Comment voit-on Israël là-bas ? Prépare-t-on la guerre ? Y a-t-il une chance de préserver la paix ? Parlez, je vous en prie...

Devant tant de franchise, de naïveté, Hidar se sent soudain désemparé.

— Je veux bien vous raconter ce que j'ai vu au Liban, mais je tiens d'abord à vous rassurer, Rachel Davidovna ; je ne suis nullement favorable à la destruction d'Israël. Quant à la politique, laissons-la de côté, voulez-vous. Nous allons nous disputer.

Sur quoi, il se met à raconter Beyrouth et les camps palestiniens, le mont Liban et Le Caire, le Nil et les Pyramides...

Rachel, Aron et Olga écoutent, fascinés, comme s'il s'agissait des Mille et Une Nuits. Quand Hidar a terminé, Rachel soupire :

— Vous êtes pour nous comme cette « branche de Palestine » dans le poème de Lermontov...

Puis, rajustant son châle et fixant son vis-à-vis, droit dans les yeux :

— A propos, comment était Hugo ?

Hidar se raidit :

— Hugo... Pourquoi Hugo ? J'étais très jeune quand je l'ai connu...

— Mais encore ?

— Pourquoi cet intérêt pour un homme que vous n'avez jamais connu, Rachel Davidovna ?

— Parce qu'il représente, je crois, un pont... Un pont entre le monde d'hier et celui qui est en train de naître... Un pont aussi...

Rachel cherche ses mots :

— ... entre deux abîmes, entre la guerre et le terrorisme... Mais vous ne pouvez pas comprendre.

— Pourquoi ne pourrais-je pas comprendre, Rachel Davidovna ?

Rachel se lève, traverse la pièce à tout petits pas et, arrivée à la fenêtre, se retourne :

— Parce que tant bien que mal, votre monde à vous n'a jamais cessé d'exister... Celui de votre culture, de vos rêves. Tandis que nous... Notre culture a été déracinée par les nazis... Et quant à nos rêves ils ont été saccagés par...

— Par Staline ? achève Hidar, avec une pointe d'ironie dans la voix.

Rachel fait oui de la tête et revient à sa place.

— Vous rendez-vous compte, poursuit-il, que Staline est mort depuis seize ans !

Puis, s'adressant à Aron :

— Vous, Aron Lazarevitch, que pensez-vous de la théorie des « ponts » de votre femme ? Et cette référence constante au grand-père Abraham... Dans un monde qui bouge sans cesse, ne croyez-vous pas que c'est un brin ridicule ?

Aron Lerner sourit, se passe la main sur des cheveux soigneusement plaqués et, d'un ton presque gêné, comme s'il sollicitait d'avance l'indulgence ou le pardon :

— Vous ne pouvez pas comprendre... Nous parlions hier encore avec notre voisin, l'académicien S... Quand d'un monde ancien il ne subsiste rien, ce qui revient et surgit, c'est ce furieux désir d'ancêtres...

Puis, plus résolu et se levant tout à coup — signe que le débat, pour lui, est clos :

— Sachez-le, Hidar : « omnia risus, omnia pulvis, et omnia nihil sunt »... tout est dérision, tout est poussière et tout n'est rien.

— Tu n'aurais pas dû provoquer mon père, fera Olga quand elle se retrouvera, seule avec son amant, dans l'ombre de la rue.

— Pourquoi ?

— Mon père est un faux cynique. D'une certaine manière, cela l'a sauvé à l'époque des grandes purges à l'université. Mais il en a gardé, comment te dire ? une inguérissable mélancolie... Il faut que tu comprennes que, parce que tu n'es pas soviétique, tu peux te permettre des choses que lui ne peut pas affirmer sans risques. Vous ne vivez pas de la même manière. Tu peux voyager, par exemple, à ta guise et...

— ... Et avec toi, *milaya,* enchaîne Hidar d'un ton câlin — avant de l'entraîner en direction du restaurant Bakou, rue Gorki...

14.

New York
SIDNEY :
UNE RENCONTRE PROVIDENTIELLE

Septembre 1969

Sidney a l'impression de tourner en rond. Sa courte « aventure » avec Leïla l'a beaucoup plus marqué qu'il ne veut le reconnaître. Depuis « le jour où l'homme a marché sur la Lune », il se sent tendu, nerveux.

Marjory, le voyant préoccupé, se donne beaucoup de mal pour lui faire plaisir, le séduire. Mais au lieu de s'en réjouir, Sidney en est irrité. Et s'en voulant de son impatience, il devient plus irritable encore. Comme cette situation l'accable ! Comme il aimerait pouvoir s'en ouvrir à quelqu'un ! Mais à qui ? Comment se confier à tous ces vrais ou faux amis dont il refusait, hier encore, d'écouter les confidences.

En quittant l'hôpital, par cette claire journée de septembre, il se heurte à Jérémie Cohen.

— Sidney ! s'exclame celui-ci en sautillant sur un pied. Non mais dis-moi, espèce de cinglé : tu m'as écrasé l'orteil ! Tu me paies un verre pour te racheter ?...

Jérémie Cohen et Sidney se connaissent depuis des années. Ils ont même fait une partie de leurs études ensemble et depuis qu'ils sont installés, ils ont participé ensemble à mille actions de médecins pour le tiers monde, contre la faim, contre la torture... Jérémie est le meilleur anesthésiste de l'hôpital, mais Marjory le trouve bizarre et ses collègues le considèrent comme un phénomène. Il habite Soho, au 350, Broadway, entre Broom et Spring Street, dans un immeuble délabré, sentant l'urine, où des « hassidim » font commerce d'appareils photographiques importés d'Extrême-Orient et où il occupe, en vérité, un loft superbe.

— Belle journée, hein, fait-il. L'automne s'annonce divin. On va au Plazza ?

Entièrement recouvert de cuir noir, l' « Oak Bar » de l'hôtel Plazza bénéficie depuis la sortie des *Plus belles années de notre vie* d'une notoriété dont les habitués se seraient bien passés.

— Je préfère le Polo-bar du Westbury... C'est plus près... dit Sidney machinalement.

— Va pour le Westbury, fait Jérémie — qui entreprend aussitôt, tout en marchant, de raconter sa dernière conquête à Sidney :

— Tu ne vas pas me croire, mon vieux, mais pendant trois mois j'ai été amoureux fou de Sophie, la petite économe de l'hôpital...

— La Française ?

— Oui ! Nous faisions l'amour partout, dans les dépôts, sur les paniers à linge, au milieu des caisses de médicaments. Je ne sais pas comment son mari l'a su... Mais il est venu me trouver un jour et m'a solennellement déclaré qu'il me remettait sa femme ainsi que sa bénédiction. Et du coup, tu sais ce qui s'est passé ? J'ai compris que je n'aimais pas Sophie et je me suis senti aussi libre et léger que l'air.

Et, prenant son ami par les épaules :

— Voilà ! On est arrivés. Oublions ma chaussure, Sid, et mon orteil aussi, je t'offre le champagne pour fêter ma première heure de liberté depuis trois mois !

— Champagne ! commande-t-il, en se laissant tomber dans un large fauteuil de cuir rouge.

Et, dès qu'ils sont servis :

— A nos amours !

Puis, changeant de sujet :

— Figure-toi que je viens de recevoir une invitation à donner quelques conférences à l'Université américaine de Beyrouth. Qu'en dis-tu ?

Sidney sursaute et renverse son verre :

— Pardon...

— Ce n'est rien, ça porte bonheur et ça ne tache pas, fait Jérémie en épongeant la veste avec une serviette.

— Alors, tu vas partir ? demanda Sidney, en se remettant de la surprise.

— Comment cela, si je vais partir ? Je n'en sais rien... Mais qu'est-ce que tu as à me regarder comme ça ? Tu as l'air bizarre...

Et, vidant son verre :

— Je suis sûr que tu as une « affaire »... Je te connais ! Quand on était à l'université, je devinais tout, rien qu'à regarder ton visage. Tu te souviens de la petite Mexicaine que tu as connue au Salvador quand nous y sommes allés après le tremblement de terre ? Elle me plaisait bien, mais c'est toi qu'elle a préféré...

Sidney sourit, flatté :

— Ne parlons pas de ça...

— Et pourquoi pas ? Tu crois peut-être qu'on est là pour parler de l'avenir du monde, de la guerre au Vietnam et de l'assassinat de Sharon Tate ? Ah ! sacré vieux farceur...

— Ce n'est pas ça, répond Sidney en se grattant la barbe. Tu sais bien : pour les Juifs, la famille, les enfants, la fidélité, tout ça, sont des valeurs intangibles.

— OK, épargne-moi le portrait-robot du Juif éternel ; être juif, ce n'est pas toujours une preuve d'intelligence. Combien d'Einstein y a-t-il parmi nos enfants ? Aujourd'hui, on fait ou l'amour ou de la recherche. Einstein tenait les deux fronts... C'était son génie.

— Si ce n'est que cela être génial, alors nous le sommes tous les deux.

Ils éclatent de rire.

— C'est comme ça que je t'aime, Sid !

Jérémie tape sur la cuisse de son ami et commande une autre bouteille de champagne. Puis, rapprochant son visage :

— Raconte !

— Bon, c'est vrai, il y a longtemps que ça ne m'était pas arrivé...

Quand le récit est terminé, Jérémie se laisse aller dans son fauteuil, offre un cigare à Sidney, qui refuse, en choisit un qu'il allume, puis déclare :

— Eh bien, mon vieux ! Je crois que tu vas partir à Beyrouth.

— Qu'est-ce que tu racontes ?

— Je n'ai jamais été aussi sérieux. Ton histoire est belle, bien plus belle que mes aventures avec l'économe de l'hôpital ou les serveuses de chez Wolff. Une histoire comme celle-là, on ne l'interrompt pas en plein milieu.

— Mais comment pourrai-je expliquer...

— Tu n'auras rien à expliquer. Tu seras invité à donner des conférences à l'Université américaine de Beyrouth, à ma place. Tout le monde sait que les Juifs aiment les voyages.

15.

Moscou
OLGA A BEYROUTH

Octobre 1969

Quitter l'URSS, Olga n'aurait jamais cru qu'une telle aventure fût possible. A l'aéroport de Cheremetievo, malgré l'arrogance de la police et la bousculade des passagers, tour à tour excités ou inertes, tout s'est bien passé. Ou presque. En effet, elle venait à peine de passer le contrôle d'identité qu'un homme d'une vingtaine d'années, à la voix impérieuse, se disant policier en civil, a exigé de voir à nouveau son passeport. L'homme s'est emparé du document et, sans autre commentaire, a disparu derrière une porte, à l'autre bout de l'aéroport. Olga a pris peur. Elle s'est vue refoulée, arrêtée. D'instinct, elle s'est coulée dans la peau d'un coupable ; a revu en pensée, et en un dixième de seconde, tous les menus crimes qu'elle avait ou aurait pu commettre ; elle a eu honte, presque aussitôt, de cette réaction stupide, mais enfin elle l'a eue. Et c'est au bout de vingt minutes d'une attente longue comme une interminable douleur qu'elle a enfin récupéré son passeport des mains de Hidar à qui un officier l'a remis sans un mot d'excuse. Cet incident, en soi mineur, l'a pourtant beaucoup troublée. La colère et l'angoisse ne l'ont plus quittée de tout le voyage. Et ce n'est qu'à l'escale de Londres qu'elle s'est enfin ressaisie et que, dans un de ces mouvements d'affection dont elle est coutumière, elle a chuchoté à l'oreille de Hidar quelques mots câlins et osés — du type de ceux qu'il lui est arrivé de lire, par-dessus son épaule, dans les romans d'espionnage qu'il rapporte parfois de ses voyages.

Bref, les voici à Beyrouth, Hidar l'avait promis : le soleil est au rendez-vous, ainsi que cette gaieté dolente dont elle a toujours imaginé qu'elle est l'apanage de l'Orient. Pas très différent de l'aéroport de Cheremetievo, celui de Khaldé est également assiégé par une foule de gens. Porteurs... Badauds... Voyageurs éberlués que la préoccupation de retrouver leurs bagages, au milieu d'une immense pagaille, rend moroses... Femmes en maraude... Soldats... Individus louches aux allures de terroristes et de tueurs. Très à son aise, Hidar fend la foule ; écarte du geste mendiants et importuns ; avise un taxi ; négocie le prix ! et demande au chauffeur, un jeune homme en maillot de corps qui conduit une Mercedes climatisée, de les conduire à l'hôtel Saint-Georges par la corniche, le long de la mer. Intrigué par ce couple étrange, qui s'exprime dans une langue absolument inconnue de lui, le jeune homme ne cesse de leur poser des questions, tantôt en français, tantôt en anglais, auxquelles Hidar réplique par monosyllabes avec une évidente mauvaise volonté. Et ce jusqu'à ce que, trop occupé à observer ces braves clients dans son rétroviseur, il rate un virage, dérape et emboutisse un chariot rempli de cages à poules. La querelle du chauffeur et du propriétaire du chariot — fortement encouragée par une foule curieuse et nerveuse — durera près d'une heure. Assez pour que nos deux voyageurs n'arrivent à l'hôtel qu'à la tombée du jour...

Un homme y attend déjà Hidar. Olga le prend d'abord pour un mendiant. Ou, au moins, un vague coursier. Mais, à la manière dont Hidar s'adresse à lui, elle comprend que l'homme est porteur d'un message important. Palabres... Front soucieux de Hidar qui prend l'air du Monsieur à qui on vient d'annoncer une nouvelle catastrophique...

La chambre est si belle... La vue sur les lumières du port si romanesque... Eh bien non ! Il n'y a pas de roman qui tienne :

— Mes collègues du Comité pour la Paix se réunissent demain matin. Ils me prient de les rejoindre.

Olga se lève d'un bond :

— Comment demain ? Tu vas me quitter dès le lendemain de notre arrivée !

— Non, *milaya,* non... Une heure ou deux... Peut-être moins... Tu verras : je partirai très tôt... Tu dormiras encore... Tu ne t'en apercevras même pas...

Hidar, du reste, est sincèrement contrarié. Ne comptait-il pas consacrer ces deux premiers jours à faire découvrir Beyrouth à Olga ? Et n'y a-t-il pas, surtout, quelque chose d'inquiétant dans cette soudaine précipitation ?

— Oui, *milaya,* continue-t-il, comme s'il voulait se convaincre lui-même... Pardonne-moi pour ce contretemps... Je te promets d'être là à ton réveil...

— Si j'arrive à dormir !... Maintenant que je sais !...

— *Milaya...* répète Hidar avant de l'enlacer et de la pousser, à reculons, vers le grand lit à baldaquin qui fait face à la mer...

La réunion se tient au siège du FPLP, sur la corniche Mazraa. Sur les murs du bureau de Georges Habbache des posters de Guevara côtoient des portraits de Lénine et une immense carte de la Palestine où le nom d'Israël ne figure pas.

Parmi les participants, deux nouveaux : Ghassan

Kanafani, un poète au visage pensif et pâle, et puis Bassam Abou Sharif, un garçon de taille moyenne, brun et vif, dont Hidar a entendu dire qu'il est le responsable des « actions spéciales ».

— Et Hawatmeh ? demande-t-il en s'asseyant. J'ai entendu dire qu'il avait quitté le mouvement.

— Il a voulu créer un groupe à lui, répond Habbache. Qu'Allah le protège ! Mais le moment venu, il sera avec nous...

— Et El Fath ?

— Abou Iyad passera tout à l'heure.

On sert du café turc. On s'observe un moment en silence. Et, au bout de quelques minutes, Waddi Haddad vient se mettre à côté de Hidar :

— Que dit-on, à Moscou, de la mort de Hô Chi-Min ?

— C'est un deuil national.

— Pour nous aussi c'est un choc !

Et, en fixant Hidar de ses yeux noirs sans éclat :

— Et que pensent les Soviétiques de l'opération jordanienne ?

— Ils sont d'accord, répond Hidar sans ciller. Mais à l'expresse condition que tout se déroule selon les plans que nous avons établis et que j'ai présentés hier à Moscou.

— Ils nous promettent quoi ?

— Les armes et les informations.

— Les informations, fait doucement Ghassan Kanafani, nous les avons...

— Il n'y pas que ça, poursuit Hidar feignant de n'avoir pas entendu. Ils nous offrent aussi des garanties contre une éventuelle intervention des États-Unis ou d'autres pays arabes.

Ghassan Kanafani élève la voix :

— Pour les pays arabes, nous n'avons pas besoin de l'Union soviétique... Pour les États-Unis, c'est différent... Nixon et Kissinger ne laisseront pas facilement tomber leur allié Hussein... Mais...

Le sourire satisfait de Habbache, visiblement content de l'intervention du poète, irrite Hidar :

— Commenceriez-vous à douter, par hasard ?

— De nous, non, répond Kanafani.

Hidar fait à nouveau semblant de n'avoir pas entendu.

— Les Syriens vous aideront, poursuit-il. Ils ont reçu des ordres. Dès l'annonce de l'offensive contre le Palais Royal à Amman, les chars syriens fonceront sur Irbid...

— Et Moscou ?

— Brejnev adressera à Nixon unc mise en garde contre toute intervention de la 6e flotte... Mais il faut le savoir : les Soviétiques ne vous laisseront pas beaucoup de temps.

— Combien ? demande sèchement Waddi Haddad.

Il est en treillis militaire et porte une casquette kaki qui cache son crâne dégarni.

— Une semaine au plus.

— Ça suffira.

C'est Jael el-Ardja qui, cette fois, a pris la parole. Sa présence a surpris Hidar. Natif de Beit Jallah, près de Bethléem, il habite à présent à Lima, au Pérou, et représente le Front en Amérique latine. Que fait-il là ? Qu'cst-ce que l'Amérique latine a à voir avec le règlement de comptes jordano-palestinien qui se prépare ?

— C'est moi qui lui ai demandé de venir, intervient Waddi Haddad, comme s'il avait lu dans ses pensées. Il a, lui aussi, un projet intéressant. Et j'ai pensé qu'il serait bon qu'il nous en parle.

Tous les regards se tournent vers Jael el-Ardja qui explique alors comment le Front a décidé l'assassinat de David Ben Gourion lors de son voyage à Buenos Aires. Ben Gourion, certes, n'cst plus qu'un simple citoyen. Mais n'incarne-t-il pas toujours, aux yeux du monde, l'État juif ? et, donc, le sionisme ? Le projet, de fait, est au point. On a même trouvé les exécutants : un certain

Ismaël Souhail, et un militant gauchiste suédois. Qu'en pense la compagnie ?

— J'en pense que vous êtes complètement fous ! s'exclame Hidar sans laisser aux autres le temps de réagir.

— Et pourquoi ? demande Haddad.

— Parce que l'opinion publique dans le monde ne comprendra pas l'exécution d'un vieillard pendant un voyage privé en Argentine.

— Mais l'opinion israélienne, elle, le comprendra très bien !

Hidar prend sa voix la plus posée :

— Vous êtes des combattants révolutionnaires, non des assassins et vous devez gagner une double bataille : celle contre Israël et celle contre les médias. Avec ce projet fou, vous perdrez les deux...

Waddi Haddad grimace :

— Tu penses vraiment que parce que tu viens de Moscou tu sais, tu comprends tout !

Le ton monte. Habbache intervient. Puis Jael el-Ardja. Puis Ghassan Kanafani qui, cette fois-ci, se retrouve du côté de Hidar, mais n'arrive pas à se faire entendre. Seul l'arrivée d'Abou Iyad réussit à détendre l'atmosphère. Les salutations et les embrassades durent plusieurs bonnes minutes. Le numéro deux d'El Fath, avec sa chemisette blanche à col ouvert, son paquet de cigarettes dans la pochette, ses cheveux soigneusement coiffés, ressemble à un brave professeur de collège, égaré parmi les comploteurs. Et une sorte d'accord tacite se fait pour laisser cette épineuse affaire Ben Gourion à la discrétion et responsabilité des camarades latino-américains.

— C'est bien ainsi, fait alors Habbache en balayant sa moustache de son geste familier...

Puis, se penchant vers Hidar, comme pour partager un secret :

Il paraît qu'elle est belle...

— C'est vrai.

— Etait-il bien prudent de l'amener à Beyrouth ?

Hidar sourit de toutes ses dents :

— Tu connais le proverbe arabe. « Pour bien aimer une vivante, il faut l'aimer comme si elle devait mourir demain. »

— Je parle de ta sécurité à toi.

— Olga représente mon meilleur alibi.

Comment faire sentir à ce butor que ses remarques l'agacent ? Comment leur faire comprendre à tous qu'avant d'être un danger, un alibi ou Dieu sait quoi, Olga est *d'abord* la femme qu'il aime — et que cela, qu'ils le veuillent ou non, le regarde lui, et lui seulement ? Agacé, mais ne voulant pas le montrer, et préférant ignorer le vilain sourire mielleux de son interlocuteur, il décide de poser *la* question qui le préoccupe depuis une heure :

— Pourquoi cette réunion aujourd'hui ?

— Waddi Haddad y tenait. Il a un projet spectaculaire... Un événement qui précédera la prise d'Amman... Il voulait nous en parler d'urgence...

— Peux-tu en dire un peu plus ?

— C'est une histoire de détournement d'avions. Mais je préfère qu'il nous en parle lui-même.

Hidar sourit, brusquement rassuré. Ainsi donc, c'était cela ! Les camarades soviétiques ont bien travaillé et l'information est passée...

Waddi Haddad s'approche à ce moment-là, une tasse de café à la main.

— Vous parlez de l'amie de Hidar ?

— Non, répond Hidar, nous parlions de toi.

Waddi prend une chaise et s'assied :

— Moi, je ne présente aucun intérêt, tandis que ton amie... Je voulais te prévenir...

— Prévenir de quoi ?

— Je comprends ta stratégie... Les services secrets

sionistes seront peut-être déroutés... Mais toi, tu risques d'avoir des problèmes...

— J'ai pleine confiance en Olga.

— Tu as tort. Je te l'ai déjà dit : on ne pactise pas avec l'ennemi.

— Mais je ne combats pas les Juifs !

— Si, bien sûr. Les sionistes à travers le monde représentent le vivier d'Israël. Tous les Juifs sont sionistes, ou presque. Même ceux qui ne le savent pas encore.

— Tu veux donc combattre les Juifs du monde entier ?

— Pourquoi pas ?... A ce jeu-là aussi, nous serions gagnants. Ne sommes-nous pas plus nombreux ?

Il se lève en riant, repose sa tasse sur le bureau et, avec un geste vague de la main qui semble vouloir dire « après tout, c'est ton affaire, j'ai bien tort de te faire la leçon et de me soucier de ton sort », entreprend d'exposer le « projet spectaculaire » dont vient de parler Habbache.

— Qu'en penses-tu ? demande-t-il à Hidar.

— Très bonne idée, dit celui-ci en réprimant un sourire de triomphe. Nous inaugurerons ainsi l'ère du terrorisme médiatique. Quel coup de génie si nous parvenons à faire que les télévisions deviennent enfin les véhicules obligés des causes révolutionnaires !

— J'aime ta formule, grommelle Habbache. Est-ce que je me trompe ou est-ce que le « terrorisme médiatique » n'est pas la guerre la moins chère et la plus payante ?

Voyant tout le monde se lever, Hidar hausse la voix :

— Encore un mot, avant de nous quitter : pas de violence inutile, pas de ségrégation. N'oublions pas que des millions d'hommes et de femmes observent nos faits et gestes.

Et s'adressant à Waddi Haddad :

— N'oublie pas non plus Samirah, c'est une fille courageuse. Est-ce qu'elle ne l'a pas prouvé, l'autre semaine, en détournant à Rome le Boeing de la TWA ?

— J'y pense, fait Waddi, songeur... J'y pense... Mais il

faut d'abord la sortir de Syrie... Les Syriens ne veulent pas la relâcher... Quelle idée d'avoir posé le Boeing à Damas ?

— Eh bien, occupe-t'en, tranche Hidar. C'est ton affaire. Je veux voir cette fille libre — et à Beyrouth.

A son retour, il trouve Olga levée depuis longtemps. Et, contre toute attente, de bonne humeur.

— J'ai trouvé ce livre dans un tiroir, dit-elle, en montrant la Bible. Je ne l'avais jamais lu... C'est passionnant, tu sais ?...

— Et c'est ce qui te rend si heureuse ?

— Oui, pourquoi ?

— Je suis étonné, voilà tout.

— Étonné qu'on admire ce qui est admirable ? Écoute donc ce verset !

« *Le Juste sera dans la joie, à la vue de la vengeance ;*
Il baignera ses pieds dans le sang des méchants. »

— C'est effrayant, n'est-ce pas ? Je me demande qui a écrit cela...

— Dieu.

— Ne ris pas, Hidar.

— Je ne ris pas.

Elle s'approche de lui, le livre à la main. L'ouvre au hasard sur *Le cantique des cantiques.* Et lit :

« *Mon bien-aimé est blanc et vermeil ;*
Il se distingue entre dix mille,
Sa tête est de l'or pur,
Ses boucles sont flottantes,
Noires comme le corbeau. »

— C'est, en effet, un joli verset, et tu l'as fort bien choisi, dit Hidar en posant ses lèvres sur celles d'Olga. Mais, pour ta première venue ici, ne vaudrait-il pas mieux visiter la ville plutôt que les pages, certes belles, mais poussiéreuses, d'un livre du passé ?

— Mais ces pages parlent du Liban ! Écoute encore :

> « *Ton cou est comme une tour d'ivoire ;*
> *Tes yeux sont comme les étangs de Hesbon,*
> *Près de la porte de Bath-Rabbim ;*
> *Ton nez est comme la tour du Liban,*
> *Qui regarde du côté de Damas...* »

Chère Olga ! Chère chérie ! Elle est si belle quand elle lit ! Si belle, sous le casque d'or de sa natte blonde ! Et c'est si étrange de l'entendre parler, en effet, du Liban, de Damas — qui sait si, dans une minute, elle ne va pas trouver un verset où il sera question de Habbache, Waddi Haddad et Samirah ? Comme chaque fois qu'une femme lui fait un peu pitié, Hidar est pris d'une de ces furieuses volontés de meurtrir qu'elles prennent en général pour du désir. Il lui retire le livre des mains. Empoigne la belle natte. Lui tire la tête en arrière comme s'il voulait lui déboîter la gorge. Et, la déshabillant à peine, négligeant de se dévêtir lui-même au-delà du strict nécessaire, se force brutalement un chemin entre les deux cuisses bien tendues...

Ils passeront le reste de la journée dans la rue. Olga est gaie. Elle récite à tout bout de champ le verset du *Cantique des cantiques* sur le « bien-aimé blanc et vermeil ». Ils visitent la place des Canons, aux arbres fatigués. Traversent la fameuse rue Bab Edriss et son marché aux fleurs. Le quartier d'Al Hamra avec ses cinémas, ses galeries et ses magasins européens, arrache à Olga des cris passionnés. Pas une boutique qui ne l'émerveille. Pas un café où elle n'ait envie d'entrer pour y picorer des douceurs. A proximité d'un vaste parc s'étendant sur les pentes du promontoire du Râs Beyrouth, ils s'arrêtent enfin, épuisés.

— Si on se reposait un peu, « mon bien-aimé aux boucles noires comme le corbeau » ? dit Olga en se laissant tomber sur le gazon.

— Non, *milaya,* répond Hidar. C'est l'Université américaine de Beyrouth...

— Une université américaine à Beyrouth !

— Enfin, « américaine », façon de parler... Elle a été construite il y a un siècle par une mission presbytérienne américaine...

« Façon de parler » ou pas, l'idée enchante manifestement la jeune femme qui, retrouvant toute son énergie, décide d'aller y voir de plus près. Le hall est plein d'étudiants. Ce ne sont partout que clameurs, cris, interpellations joyeuses dans toutes les langues.

— Allons regarder, dit-elle en montrant à son ami un grand panneau d'affichage devant lequel se presse une foule de jeunes gens.

Puis, surexcitée, en désignant une petite affiche du doigt :

— Lis... Oh ! oui lis... Est-ce que ce n'est pas extraordinaire ?

Hidar lit et ce qu'il lit lui semble en effet tout à fait extravagant : « 22 septembre 1969. Grand amphithéâtre de la Faculté de Médecine. Conférence du Docteur Sidney Halter, de Manhattan Eye, Ear and Throat Hospital (New York). »

16.

Beyrouth
LE JEU DU HASARD

Octobre 1969

Quel ennui, s'est dit Sidney lorsque, chez le concierge de l'hôtel Saint-Georges, il a trouvé le petit mot que lui avait laissé Olga ! Déjà ce séjour lui pesait. Il le « sentait » de moins en moins. N'avait-il pas dû annuler sa participation promise à un voyage en Éthiopie ? N'avait-il pas dû renoncer à la grande conférence médicale de Francfort ? Et puis mentir à Marjory n'avait pas été si facile non plus... Images de la jeune femme... Images des deux enfants... Remords... Mauvaise conscience... Au moins ce voyage avait-il le mérite d'éloigner le théâtre de la faute et il ne cessait de se répéter, depuis son arrivée, les mots rassurants de Jérémie : « Beyrouth est si loin, personne ne saura jamais rien car personne, là-bas, ne te connaît. » Or, patatras ! Voici qu'il se retrouve avec une parente sur les bras. Il aurait été heureux de la rencontrer, cette parente, dans d'autres circonstances. Mais pas là ! Pas ainsi ! Pas dans cette effroyable situation où le sentiment de sa culpabilité l'accompagne à chaque seconde. Cela fait deux jours qu'il a trouvé le fameux mot. Et il ne peut plus faire un pas, entrer dans un lieu public, il ne peut plus, comme aujourd'hui, s'asseoir par exemple à la terrasse de cette Grotte aux Pigeons, où

Leïla lui a fixé rendez-vous, sans se dire que la cousine va surgir, le héler, l'accoster et... il préfère ne pas imaginer la suite.

Aime-t-il Beyrouth au moins ? Hum... Ce n'est pas sûr. Depuis qu'il est ici, il a vu la misère de certains quartiers, les nuées d'enfants qui se jettent sur les passants pour obtenir une pièce, les estropiés, les vieillards demandant l'aumône. Ce matin même, non loin de la Grande Mosquée qu'il voulait visiter, il a croisé un groupe de touristes américains, les a observés, et il s'est dit qu'il enviait leur détachement, leur joie, leur désinvolture. « Il n'y a que les Américains, a-t-il pensé, pour évoluer avec tant d'aisance au milieu de gens sales, affamés, malheureux. Au fond, ce sont de vrais optimistes... Je dois être, moi, une sorte d'atrabilaire... » Bref, il avait toutes les raisons d'être chagrin lorsqu'il est arrivé à la Grotte aux Pigeons et il s'est même surpris à souhaiter, le temps d'un éclair, que Leïla ne vînt pas au rendez-vous, qu'un mystérieux obstacle se soit interposé entre eux. Mais elle était là, bien sûr. Assise à l'ombre d'un parasol. En la voyant, il n'a pas pu retenir son émotion. Il n'a pas pu ne pas se dire que c'était la plus belle femme du monde. Et c'est finalement elle qui, lorsqu'il s'est approché et qu'il a voulu l'embrasser, l'a repoussé :

— Pas ici, Sidney, pas en public... Nous sommes en Orient... Allons à votre hôtel.

— Vous ne voulez pas dîner ?

— On se fera monter quelque chose dans votre chambre. J'ai peur, Sidney... Mon mari m'a paru bizarre, ce matin. Il a fait quelques remarques sur mon voyage aux États-Unis... Mon mari est extrêmement puissant ici.

Sidney a sursauté :

— Vous avez peur de votre mari ou vous avez peur d'être vue avec un sioniste ?

— Ne dites pas de bêtises...

Elle a effleuré rapidement sa main de ses doigts pâles :

— Je suis heureuse que vous soyez là, mais vous devez comprendre... Ici, tout le monde connaît mon mari. Comme pour vous, dans votre hôpital de New York.

Ils allaient partir, quand une voix, au fort accent slave, s'est écriée en anglais :

— Mais oui ! C'est lui ! Bon Dieu, c'est le cousin Sidney !

Leïla, un peu surprise, a levé vers Sidney un regard interrogateur. Et Sidney terriblement embarrassé a répondu quelque chose comme :

— Ne vous inquiétez pas, je crois que c'est la fille de ma cousine soviétique.

Et, de fait, Olga était déjà près d'eux. Elle s'est étonnée d'avoir « une aussi belle cousine » ; il a répondu, d'un ton sec, que ce n'était pas sa cousine mais une simple « amie libanaise ». Elle lui a raconté comment elle avait fait tous les hôtels de la ville, avant de le localiser au Saint-Georges ; il a observé que « oui, c'était là que venaient souvent les journalistes, les touristes, les hommes d'affaires américains ». Elle s'est extasiée de l'avoir reconnu là, tout de suite, sans hésiter une seule seconde, alors qu'elle ne connaissait qu'une photo de lui — et encore une vieille photo, datant de quinze ou vingt ans, que Rachel, sa mère, avait gardée dans leur album ! Et lui a dit que oui, c'était curieux... le miracle des familles sans doute... la voix muette du sang... lui aussi l'avait repérée, sans même une photo ou rien du tout — à cause d'une ressemblance, simplement, d'une familiarité obscure mais évidente... Et lorsque, enfin, prenant son cousin par le bras, elle a minaudé : « Ne partez pas, je vous en prie, venez prendre de l'arak avec nous... Je voudrais vous présenter Hidar... Mon ami... » Il a consulté Leïla du regard, a feint de ne pas voir son désarroi et, piégé jusqu'au bout, s'est entendu consentir : « Bon... bon... rien qu'un petit moment, alors. » Sidney, maintenant, s'est levé. Il est à la table d'Olga. Et se trouve donc, par la force des choses, face à Hidar Assadi.

Hidar est surpris par ce Juif d'un mètre quatre-vingt-dix, blond et roux. Mais la présence de Leïla l'étonne plus encore. Que fait la femme du puissant Michel Chehab, magnat de la presse, au bras de ce sioniste ? Pour une fois, il ne maudit pas le hasard.

Olga, cllc, cst heureuse comme une enfant :

— Mes parents ne me croiront jamais ! Ils avaient si peur pour moi ! Vous comprenez, une Juive dans un pays arabe... Et voilà que je rencontre le cousin Sidney, de New York, et que nous prenons ensemble de l'arak, dans le plus fameux café de Beyrouth. N'est-ce pas extraordinaire ?

— Vous êtes ici pour longtemps ? demande Hidar à Sidney.

Sidney se cale dans sa chaise, mal à l'aise :

— Pour quelques jours encore... J'ai accepté une invitation de l'Université américaine...

— Je sais, nous avons vu votre nom sur un tableau de service. Vous êtes venu seul ?

L'accent de Hidar en anglais est rocailleux, mi-arabe, mi-russe.

— Oui, fait Sidney, de plus en plus gêné. Nous venons d'avoir une fille et ma femme ne pouvait m'accompagner...

Il jette un regard à Leïla et sent le rouge lui monter au visage. Il avale le contenu du verre que le garçon vient de poser sur la table devant lui et demande :

— Et vous ?

— Jc suis ici avec Olga.

— Oui, mais êtes-vous marié ?

— Avec Olga ?

Oui, avec Olga.

— Non, pas vraiment...

— Je croyais qu'en Union soviétique, on était très strict sur ce chapitre.

— On dit tout et le contraire de tout à propos de l'Union soviétique...

Il y eut un silence, comme si cet échange rapide avait épuisé tous les sujets de conversation possibles. C'est Sidney qui le rompt :

— Quel est exactement votre nom ?

— Hidar Assadi.

— Assadi... Assadi... Pouvez-vous l'épeler ?

— Pourquoi ?

— Parce que ce nom me rappelle quelque chose...

— Tu as peut-être vu le nom de Hidar dans la presse, intervient Olga. Il est très important dans le Comité de Solidarité avec les peuples d'Afrique et d'Asie où travaille Sacha. Tu sais, Sacha — mon frère... Hidar, lui, voyage beaucoup, organise des conférences...

Hidar pose gentiment sa main sur la bouche d'Olga et dit :

— Elle exagère.

Mais Sidney qui passe et repasse les doigts dans ses cheveux roux semble ailleurs :

— Assadi... Assadi... Ne seriez-vous pas tunisien, par hasard ?

— Oui, pourquoi ?

Sidney rayonne :

— Alors, vous êtes certainement cet Hidar Assadi dont parlait le cousin Hugo !

Deux hommes, assis à la table voisine, se retournent comme s'ils avaient suivi la conversation. Pour gagner du temps, Hidar avale une gorgée du liquide laiteux. Olga répond à sa place :

— Oui, bien sûr. Ils étaient amis. Sauf que Hidar avait treize ou quatorze ans, à l'époque...

Vous ne l'avez jamais revu ? demande Sidney.

— Non, fait Hidar, en reposant son verre vide. Mais j'ai été très peiné à l'annonce de sa mort.

— De son assassinat !

Hidar sourit d'un air paternel, ce qui a le don d'irriter Sidney.

— Assassinat ou non, le résultat est malheureusement le même.

— Mais ce sont vos amis qui l'ont tué !

Sidney sent la colère monter en lui. Cet homme à la belle tête crépue lui déplaît. Il se demande ce qu'Olga fait avec lui.

Hidar fait signe au garçon, commande une nouvelle tournée et répond doucement :

— Non, monsieur Sidney Halter, ce ne sont pas *mes amis* qui ont tué Hugo. Je pourrais même affirmer le contraire : ceux qui ont tué Hugo appartiennent au clan de mes ennemis.

Et d'une voix qui se veut neutre :

— Mais vous avez un frère en Israël, n'est-ce pas ?

— Comment le savez-vous ?

— Par la mère d'Olga, Rachel Lerner. Elle est très attachée à tout ce qui est la famille...

Hidar arrête d'un geste le garçon qui va s'éloigner et lui tend un billet de cent livres. Sidney veut protester, mais Hidar s'est déjà levé :

— Laissez... Cela me fait plaisir...

Et, en tendant la main à Sidney :

— J'espère que nous nous reverrons avant votre départ.

— Volontiers, répond Sidney.

Et, se souvenant de Benjamin Ben Eliezer, risque :

— Si vous pouviez, avant mon départ, me parler un peu de Hugo, j'en serais très heureux. Ce cousin m'a depuis toujours fasciné.

Hidar hésite une seconde :

Je vais essayer, mais je crains de vous décevoir. J'ai

connu Hugo il y a plus de vingt-cinq ans. C'était un ami de mon père. Vous trouverez peut-être plus d'informations dans la famille de sa femme. L'avez-vous connue ?

— Non. Notre famille a refusé de la recevoir.

— Pourquoi ?

— C'est idiot... Mais il faut comprendre... c'était au lendemain de la guerre et elle était la fille d'un général nazi...

— Ce n'est pas une tache indélébile, fit Hidar. Sigrid était une femme bien...

Sidney sursaute :

— Vous la connaissiez donc ?

— J'en ai entendu parler...

Et, se levant à nouveau :

— Cette fois, il faut vraiment qu'on parte.

Il tend la main à Sidney.

— Je comprends, dit Sidney, en retenant la main de Hidar. Nous aussi, nous devons partir... Mais... Olga n'avait pas tort, un Juif ne rencontre pas tous les jours une cousine soviétique dans un pays arabe. Aujourd'hui, nos familles sont éclatées, comme un de ces vases anciens qu'on peut admirer ici, au musée de Beyrouth, dans la salle des trésors de Byblos... Pour ressouder une famille, il faut une colle bien forte. Hugo, je crois, disposait d'une ténacité suffisante. Mais le désir ne suffit pas, il faut aussi retrouver les morceaux...

Beyrouth, 6 octobre 1969

Lendemain, donc, de cette rencontre Sidney-Olga. Pourquoi suis-je, à mon tour, là ? Que viens-je réellement faire ? Et qu'est-ce qui l'emporte en moi de l'infatigable pèlerin de la paix venant, pour la énième fois, consulter, nouer des contacts, poursuivre un interminable dialogue avec les chefs palestiniens — ou du fils de Salomon venant honorer une promesse sacrée et profiter de ces contacts pour retrouver la trace du cousin Hugo ? La vérité est que je ne le sais pas très bien moi-même et que, comme chaque fois, j'ai peine à démêler en moi ce qui ressortit à l'une ou l'autre préoccupation. Je suis là en tout cas. Je débarque à Khaldé en début d'après-midi. Même mélange de douaniers débordés, de voyageurs en *galabiah* et turbans blancs, attendant l'avion pour Koweit, d'enfants en pleurs et de cages bourrées de volailles affolées. Et, au milieu de ce capharnaüm, un homme qui gesticule dans ma direction puis se fraye un chemin vers moi :

— Marek Halter ? Je suis votre oncle séfarade, Jacob. L'oncle de votre cousine Gloria d'Argentine. Elle m'a prévenu de votre arrivée.

L'oncle Jacob m'a réservé une chambre à l'hôtel

Alcazar. « C'est juste à côté de l'hôtel Saint-Georges, a-t-il dit d'un ton fier, et c'est moins cher. » Il m'y conduit en taxi. M'y installe. Donne un pourboire au portier. Ferme la porte à clé. Attend un moment encore, comme aux aguets. Puis s'approche de moi et murmure tel un conspirateur :

— Savez-vous que le cousin Sidney est là ?

— Comment cela, le cousin Sidney ?

— Oui, notre cousin d'Amérique... Regardez plutôt...

En ouvrant le journal qu'il avait dans la poche à la page des « nouvelles du jour », il me montre un entrefilet soigneusement entouré d'un trait de bic bleu :

— Lisez... Mais lisez donc... C'est lui... Sidney Halter... Il a fait sa conférence hier soir... Trop tard, hein ! Vous auriez adoré l'écouter.

Puis, se rengorgeant et ménageant bien ses effets :

— Et puis, ce n'est pas tout... Il y a notre cousine Olga aussi... Vous savez bien, Olga... La fille de Rachel Lerner... Non, non, ils ne sont pas venus ensemble... Hasard, je vous dis... Pur et simple hasard... Mais elle était hier à la conférence et je les ai vus tous les deux ensemble... Je leur ai parlé de votre venue bien sûr... Sidney n'a pas été plus content que ça, notez bien... Préoccupé, je dirais... A moins que ce soit la réserve censément américaine... mais bon... J'ai tout arrangé... Taratata, je lui ai dit... C'est pas tous les jours la fête... On va se boire un arak après-demain soir à la terrasse du Saint-Georges avec le cousin français Marek...

Merci à l'oncle Jacob. Félicitations pour sa diligence. Un léger sourire intérieur, aussi, à l'idée de ces parents inconnus qui attendaient ce séjour à Beyrouth pour m'être révélés. L'essentiel pourtant n'est pas là. Si je suis venu ici c'est pour des raisons autrement plus sérieuses. Et c'est l'esprit ailleurs, d'un ton probablement détaché, que je réponds : « Oui, oncle Jacob, je me réjouis de ce verre » — avant de me jeter sur mon téléphone et de commencer, incontinent, mon enquête.

J'avais, en arrivant, quelques introductions. Quelques amitiés. Un écrivain français m'a recommandé à Marwan Dajani, un homme d'affaires palestinien, propriétaire du Strand Building, un énorme complexe commercial du quartier chic de Hamraa où Arafat et ses amis viennent régulièrement. Je m'y rends. La réceptionniste m'oriente vers une porte devant laquelle des feddayin armés filtrent les visiteurs. C'est le bureau de Marwan. Mobilier moderne. Téléphones. Secrétaires hyper-sexy. Marwan incarne, avec une visible satisfaction, l'image du businessman compétent et dynamique.

— Arafat et Abou Iyad seront ici demain, dit-il. Téléphonez-moi dans la matinée, je vous dirai quand vous pourrez passer.

Sur quoi, il appelle le bureau de Georges Habbache, discute un instant en arabe et me dit sans raccrocher :

— Habbache, lui, est parti pour Bagdad. En attendant son retour, Kanafani va vous recevoir...

Va pour Kanafani qui me reçoit dans le bureau même de Habbache. Préliminaires... Arak... Politesses en tout genre... Après un bref échange sur les mérites comparés des poésies française et arabe, nous entrons dans le vif du sujet :

— La révolution arabe peut éclater n'importe où ailleurs qu'en Palestine, commence-t-il. Mais la Palestine est son ferment.

— Vous voulez dire en Jordanie ?

— C'est à envisager.

Ghassan Kanafani est plein de contradictions. Et, pour cette raison peut-être, plus intéressant et plus attachant que ses camarades. Poète, il aime les mots.

Mais, militant, il s'en méfie et leur préfère l'action.

— Le verbe n'est-il pas action ?

Il ne le croit pas, il ne croit donc pas aux vertus d'un dialogue avec les Israéliens. Pour lui, parler avec les Israéliens équivaudrait à les reconnaître. Et de cette reconnaissance, il ne veut à aucun prix. Ce qu'il pense de mes démarches dans ce cas ? « On ne sait jamais... Continuez toujours... Des fois que les Israéliens abandonnent le sionisme. » La vérité est qu'il préfère les Juifs aux Israéliens. Eux sont loin. Ils habitent à Moscou, Buenos Aires, New York, tandis que les Israéliens...

— Je vous ramène à l'hôtel ? propose-t-il quand il juge m'avoir tout dit.

Puis, ironique :

— A moins que vous n'ayez peur...

— De quoi aurais-je peur ?

— Je ne sais pas... Ma voiture est vieille et ses freins incertains...

— Et puis ?

— Et puis vous avez peut-être peur des terroristes ?

— Parce que vous êtes un terroriste ?

Il éclate de rire :

— Non, vous avez raison... Je suis un résistant... Un résistant à l'oppression impérialiste...

— Quelle oppression impérialiste ?

— Celle d'Israël.

— En tuant des innocents ?

— Pourquoi des innocents ?

Pensant le troubler, ou au moins le désarçonner, je lui raconte alors la mort de Hugo.

— Hugo Halter, répète-t-il, pensif... Hugo Halter... C'était certainement un malentendu... Que voulez-vous : quand on fait la guerre, il y a des balles perdues...

— Je vois que vous connaissez cette histoire... Dites-moi donc ce que vous savez.

Ghassan Kanafani sourit imperceptiblement :

— Tout cela est si loin maintenant... Je vous ai dit que c'est un malentendu...

Puis, comme j'insiste :

— Bon... Je vais vous donner une piste... Et vous verrez, du même coup, comme nous sommes bien renseignés... Vous avez des cousins Lerner... Si, si, ne faites pas cette tête... Nos dossiers sont à jour, vous savez... Eh bien la jeune Olga Lerner est ici... Oui, j'ai bien dit ici, à Beyrouth... Et l'extraordinaire, imaginez-vous, c'est qu'elle a un bon ami qui s'appelle Hidar Assadi et qui, lui, en sait long sur votre affaire...

Hidar Assadi... Bien sûr... Toujours les mêmes ! Ne faisait-il pas partie, donc, des intimes ou des contacts de Hugo ?

— Vous connaissez ce voyou ? me demandera l'oncle Jacob lorsque nous nous retrouverons.

— Quel voyou ?

— Celui qui vous a déposé à l'hôtel. Je le connais, vous savez... Ils veulent détruire Israël, mais ils vont détruire le Liban, vous verrez... J'espère seulement qu'ils ne vous feront pas de mal. Faites très attention...

— Ne vous inquiétez pas, cher oncle, lui dis-je en riant.

Et moi qui, le matin même, m'étais si peu intéressé à ses histoires de cousins miraculeusement rassemblés à Beyrouth, je le presse à présent de questions, lui demande comment était Sidney ; à quoi ressemble Olga ; avec qui elle était ; s'il a vu son compagnon ; et à ma grande surprise, je lui demande de bien vouloir avancer à aujourd'hui le rendez-vous familial du Saint-Georges.

17.

Buenos Aires
UN AMOUR PRÉCOCE (suite)

Octobre 1969

— Je viens de recevoir une lettre de mon oncle Jacob, annonce Gloria au dîner. Il a accueilli notre cousin français. Tout va pour le mieux.

— Que fait le cousin à Beyrouth ? demande Anna-Maria.

— L'oncle ne le dit pas. Il dit seulement qu'il essaye de l'empêcher de « faire des bêtises ».

Anna-Maria éclate de rire :

— Les bêtises pour ton vieil oncle, c'est la politique ou l'amour. Alors de quoi s'agit-il ? Et à quoi ressemble le cousin français ? L'amour ? La politique ?

En parlant, elle frôle de son genou, sous la table, le genou d'Arié.

— Que sais-tu à ton âge de la politique et de l'amour ? lui demande ironiquement Martin.

— Je sais beaucoup de choses, papa... Je sais par exemple que toi, tu es et contre l'amour et contre la politique... Je me trompe ?

Sans l'avoir voulu, elle a élevé la voix. Personne plus que son père n'arrive à la mettre en colère.

— Pour l'amour, tu es trop jeune, lui répond-il ; quant à la politique, nous connaissons les résultats de son action. Auschwitz, Hiroshima, le goulag, ça ne te dit rien ?

Les yeux d'Anna-Maria deviennent plus noirs encore :

— Ce sont les horreurs du passé. Nous, nous luttons justement pour que cela ne se reproduise plus jamais...

— En tuant les gens ?

— En tuant les assassins.

— Qui décide qu'on est un assassin ?

— Certainement pas les petits-bourgeois comme toi !

La discussion, de badine, est devenue presque violente. Anna-Maria, furieuse, repousse sa chaise.

— On ne peut jamais manger tranquillement ici, crie-t-elle avec cette formidable mauvaise foi qu'elle a toujours dans ces cas-là et qu'elle n'est pas très loin de tenir pour une forme de l'esprit « dialectique ».

— Tu vois à quoi mène ce genre de discussions, fait Gloria à Martin, tandis que leur fille prend son manteau et s'apprête à sortir.

— Je l'accompagne, dit Arié en se levant à son tour et en se précipitant sur ses talons.

— Tu as fini de me courir après, gémit-elle, quand, à la hauteur de la rue Rodriguez Péna, il la rattrape.

— Pardon... Je ne savais pas que tu voulais être seule...

Anna-Maria fait encore quelques pas en direction de l'avenue Corrientes, avant de se retourner :

— Tu vas rester planté là jusqu'à ton retour en Israël ?

Arié s'approche :

— Je croyais...

— Tu n'as rien à croire...

L'avenue Corrientes est une grande avenue très animée, bordée de cafés et de magasins en tout genre où Arié s'attarde parfois quand, de l'école, il rentre à pied à la maison.

— Je suis content d'être ici avec toi, dit-il à mi-voix...

Puis, voyant qu'elle ne répond rien mais qu'elle a l'air plus calme :

— Dis-moi : je ne voudrais pas t'énerver, mais tu ne trouves pas que tu es dure avec ton père ?

— Tu ne vas tout de même pas prendre la défense de ce petit-bourgeois !

— Pourquoi pas, s'il a raison...

— Il a tort !

Ils font encore quelques pas et s'arrêtent à nouveau pour laisser passer le flot des voitures sur l'avenue 9 de Julio.

— Tu as dit tout à l'heure, que pour toi...

— Quoi pour moi ?

— L'amour et la politique sont les seules choses qui donnent un sens à la vie...

— Oui, je l'ai dit.

Et, en l'embrassant du bout des lèvres :

— Pour l'amour, vous, les Israéliens, vous êtes forts. Mais pour la politique, zéro. Vous pensez qu'en défendant votre État, vous réglez les problèmes de l'humanité.

— Ne reparlons pas de ça, je t'en prie... Tu sais bien que tu ne connais pas Israël ! Tu penses que les Israéliens ne manifestent pas contre la guerre du Vietnam, comme toi ici, à Buenos Aires ? Tu crois que nous ne savons pas que les gens meurent de faim dans les favelas du Brésil ?

— Va donc ! Vous ne savez même pas protéger les Juifs qui viennent vous rendre visite !

— Tu parles de Hugo ?

— Oui, Hugo que tu admires tant !...

Le feu est passé au vert et une foule de piétons les entraîne en direction de l'élégante rue Florida. Anna-Maria s'arrête et, comme si elle s'éveillait d'un rêve, consulte soudain sa montre :

— Zut et zut et zut... Elle est arrêtée !

Et s'adressant à Arié :

— Tu as l'heure ?

— Oui, dix heures dix.

— Dix heures dix ? Mon Dieu ! c'est épouvantable ! Je ne savais pas qu'il était si tard... Rentrons... Rentrons vite, je t'en prie...

— Pourquoi si vite ? Il est encore très tôt...

— Mais non ! Viens... Ne pose pas de questions... Je t'expliquerai plus tard... Je t'en supplie...

Et de fait, ils n'ont pas parcouru plus de cent mètres au milieu de cette foule incroyablement dense qui se presse sur le trottoir, ils n'ont pas échangé plus de deux ou trois phrases, qu'ils entendent une déflagration terrible. Les vitres des magasins alentour volent en éclats. La foule est prise de folie. En une seconde, la panique y creuse des vagues contraires, des tourbillons irrésistibles. Les klaxons se mettent à hurler. Les enfants à pleurer. Les sirènes des voitures de police et des ambulances à retentir dans le lointain.

— Que se passe-t-il ? Que se passe-t-il ? demandent les gens autour d'eux...

— Une bombe ! dit quelqu'un.

— Une bombe ! répète la foule.

— Oui, une bombe d'une puissance incroyable qui a éclaté devant l'ambassade des Etats-Unis, rue Sarmiento... Il y a deux morts... Non, dix... Non, cent...

Arié, abasourdi, suit Anna-Maria comme un automate :

— Où m'emmènes-tu ? Dis-moi, où m'emmènes-tu ? Où allons-nous ?

Anna-Maria, hagarde elle aussi, échevelée, semble ne pas entendre. Elle court. Elle vole. Et ce n'est que place Lavalle, loin de la foule des grands boulevards, devant une vieille maison coloniale au portail de bois sculpté, qu'elle consent à s'arrêter.

— Ah, oui ! fait-elle, comme si elle s'apercevait seulement de la présence du jeune garçon à ses côtés... Tu es là.. Bon. Ne bouge pas... Je dois entrer ici... Je reviens tout de suite... N'aie pas peur...

Arié attend quelques minutes, devant le portail, comme elle le lui a demandé. Puis, curieux, traverse la rue pour mieux voir. Des lumières se sont allumées au premier étage. Il distingue plusieurs personnes pénétrant dans une pièce. Il lui semble reconnaître, au milieu de ces gens, Anna-Maria gesticulant avec violence. Que font-ils ? Se disputent-ils ? Arié en est à déchiffrer cet étrange théâtre d'ombres lorsque la sirène d'une voiture de police retentit dans l'avenue voisine. L'obscurité se fait instantanément dans l'appartement. Guidé par son instinct, il s'éloigne légèrement et se dissimule dans l'ombre d'un autre portail abrité sous un porche. La voiture de la police est là. Elle s'arrête juste devant la maison face à laquelle il se tenait il y a un instant. Des policiers — ils sont cinq — disparaissent aussitôt dans l'embrasure de la porte. On entend une cavalcade. Des appels. Des ordres. Arié voit un groupe de jeunes gens qui sortent par une porte latérale. Les policiers qui ressortent deux secondes plus tard, à leur suite. Cavalcade à nouveau. Coups de feu. Un cri. Un juron.

— Anna-Maria ! appelle-t-il doucement à l'instant où le groupe passe à sa hauteur.

Anna-Maria l'entend. S'arrête un dixième de seconde. Le voit. Fait un pas de côté, dans l'ombre du porche où il est caché. Et comme dans cette scène qu'il a maintes fois vue au cinéma, il serre la jeune fille contre lui et l'embrasse longuement tandis que les « policia militar » se lancent à la poursuite des jeunes gens. Un coup de revolver. Un autre. Une voiture qui démarre, suivie d'une seconde. Quand, enfin, il desserre son étreinte, la rue est déserte.

— Maintenant, on peut partir, dit-il calmement.

Mais, c'est seulement lorsqu'ils se mêlent à la foule de l'avenue Corrientes qu'Anna-Maria se détend :

Merci, dit-elle. Tu as été formidable...

Puis, après quelques pas, retrouvant cette soif étrange que seule l'action assouvit :

— Maintenant, il faut vérifier que personne ne s'est fait prendre.

Et, comme son jeune cousin l'interroge du regard :

— Eh oui ! Nous aussi, tu vois, nous sommes en guerre...

Arié fait un bond !

— Ainsi donc, c'était vous !

— Oui, bien sûr, c'était nous...

— Nous, on fait la guerre quand il n'y a plus d'autre moyen... « B'ein Breïra », dit mon père, tandis que vous..

— Nous c'est pareil, Arié. C'est la même chose...

Le visage mat d'Arié rougit d'émotion. Ses yeux se plissent, il élève la voix :

— Comment peux-tu dire cela ! C'est de la démence ! C'est ignoble !

— Ne crie pas... Calme-toi... Les gens vont nous entendre...

Arié s'approche tout près d'elle et lui siffle dans le visage :

— Quand on est en guerre, on est en face de soldats armés. Vous, vous tuez des gens désarmés. Des passants. Peut-être vos propres amis... Comment peux-tu soutenir des actes aussi irresponsables ?

Il en pleure presque. Il ne sait trop si c'est de rage, d'effroi, d'amour — ou bien des trois...

— Calme-toi, répète Anna-Maria. J'ai bien vu que tu ne comprenais rien à la politique.

Elle essaye de garder le même ton décidé mais le cœur n'y est pas. Elle aussi est bouleversée. Ses grands yeux noirs ont perdu leur étincelle d'ironie. Et elle marche à présent d'un pas nerveux, saccadé.

— Comment peux-tu défendre une telle chose ? répète Arié derrière elle. Oui, comment ?

Anna-Maria ne répond pas. A la hauteur du théâtre

municipal San Martin, elle lui dit simplement — sans oser le regarder en face :

— Maintenant tu peux rentrer.

— Et toi ?

— J'ai encore un rendez-vous.

— Du même genre que celui de tout à l'heure ?

Elle fait non de la tête et sourit tristement :

— J'ai promis à une amie communiste de passer la voir. Il y aura quelques Cubains, Soviétiques...

— Comment ça, des communistes ? C'est bien ce que je dis : les mêmes gens que tout à l'heure...

— Mais non ! Les communistes, ici, s'entendent très bien avec les militaires... Ils font même de très bonnes affaires ensemble.

— Mais... N'aident-ils pas la guérilla ?

Anna-Maria passe tendrement la main dans la noire tignasse d'Arié :

— Je t'ai bien dit que tu ne connaissais rien en politique. Va, on se verra demain...

— Je pensais...

Arié s'appuie contre un arbre et la regarde droit dans les yeux, avec une insolence qu'elle ne lui a jamais connue :

— Qu'y a-t-il ? demande-t-elle.

— Je voudrais t'accompagner.

— Eh bien oui, après tout, si tu veux...

Deux pièces au quatrième étage. De la fumée de cigarette. Un spot qui éclaire à peine un tableau du peintre communiste argentin Castanina. Des hommes, des femmes, la plupart jeunes, discutant un verre à la main.

— Mais c'est Anna-Maria ! s'exclame une fille rondelette, à lunettes. Qui est ce jeune homme ?

— Mon cousin.

— Bienvenue au cousin d'Anna-Maria, dit-elle dans un grand sourire.

Elle sort de la poche de son jean un paquet de cigarettes, en allume une et dit tout bas, sur un ton de fausse confidence :

— La discussion était vraiment passionnante. Ces Soviétiques sont des hommes admirables. Un pays qui produit de tels hommes, bravo !

18.

Beyrouth
LA QUÊTE DU PASSÉ

Octobre 1969

Ces deux rencontres, coup sur coup, ont bien évidemment troublé Sidney. Olga d'abord à la Grotte aux Pigeons. Puis le cousin français, deux jours plus tard, au Saint-Georges. Comment cela est-il possible ? Quel est ce destin capable de réunir trois survivants éparpillés à travers le monde, d'une seule et même famille juive sur cette terre hostile qu'est Beyrouth ?

Si Olga, avec sa gaieté et sa spontanéité naturelle, l'a tout à fait séduit, il se méfie, en revanche, de Hidar qui en sait manifestement plus qu'il ne veut l'admettre sur les dernières années de Hugo. Quant à Marek, il l'a sans doute trouvé sympathique, même s'il refuse sa démarche. Il ne croit pas en l'efficacité de la parole face au déferlement de la violence. Vouloir parler à tout prix de paix avec des terroristes qui ne pensent qu'à tuer lui paraît l'expression d'une inconscience d'autant moins pardonnable qu'elle est lourde de dangers. Vous me rappelez Hugo, lui a-t-il dit. Pourquoi ? Il n'aurait su l'expliquer exactement. C'était juste une intuition. Mais c'était assez pour marquer entre eux cette *distance* qui interdit les complicités véritables. « Faire la paix en parlant... » ricane-t-il encore, seul dans sa chambre après leur départ à tous... « Et pourquoi pas, tant qu'on y est, gagner la guerre en parlant ? Si cela pouvait marcher, on n'aurait plus besoin d'envoyer des GI's au Vietnam, on y enverrait des phraseurs... » Il trouve cette idée fort drôle, se déshabille, prend sa douche et repense à nouveau aux événements des derniers jours. « Incroyable, se répète-t-il... Oui, incroyable... La vie est vraiment ironie. » Et comme s'il lui fallait absolument raconter à quelqu'un la vie « inouïe » qui est la sienne, il décide tout à coup d'appeler Jérémie Cohen.

— Alors comment va l'amour ? s'écrie celui-ci quand il l'a au bout du fil. C'est gentil de me téléphoner... Quelle surprise !

— Devine qui j'ai rencontré aujourd'hui à Beyrouth ?

— Pas Marjory. Je l'ai vue tout à l'heure sur Madison, avec ta fille. Très mignonne.

— C'est vrai ? Comment vont-elles ?

— Très bien. Mais je présume que ce n'est pas pour ça que tu m'appelles. Alors, qui as-tu rencontré ?

— Ma cousine de Moscou et mon cousin de Paris.

— Vous aviez un conseil de famille ?

— Il n'y a pas de quoi rigoler, Jérémie !

— Pourquoi, c'était si triste ?

— Disons que ça m'a compliqué la vie pour Leïla... Tu vois ce que je veux dire : comme discrétion, on a fait mieux !

— OK, mon pote... Tu arrangeras ça demain, tu sais bien...

— Oui, mais il y a autre chose.

— Vas-y !

— Tu te souviens de mon cousin Hugo ?

— Non, mais tu m'en as parlé. Celui qui s'est fait tuer en Israël ?

— Exact.

— Tu l'as rencontré à Beyrouth ?

— Jérémie !

— Bon, bon... Mais accouche ! Qu'est-ce qui t'arrive avec ton fichu cousin Hugo ?

— Écoute... C'est difficile à expliquer... Mais j'ai vu ces cousins... On avait mille choses à se dire... Et alors que cette histoire est déjà vieille de huit ans, c'est quand même d'elle qu'on a parlé le plus... Tu ne trouves pas ça étrange ?

— Les histoires de famille, tu sais...

— Non, non, ce n'est pas une histoire de famille comme les autres ! Car voici le plus curieux : on a eu beau parler, échanger chacun nos informations, ça ne nous a menés à rien. Moi, par exemple, au lieu d'obtenir des réponses, j'ai eu l'impression de buter sur mes propres questions...

— Ouais...

— Je vais peut-être te paraître abscons. Mais on dirait que Hugo, chargé par le grand-père de veiller sur le Livre, a, par sa mystérieuse disparition, dépossédé la famille de la connaissance de sa propre histoire, suscitant chez tous une égale frustration du passé. Ou bien, si tu préfères : c'est comme dans les romans d'Agatha Christie où l'on n'est pas apaisé avant le dénouement du mystère ; Hugo, tué, a transformé tous ses cousins et cousines en détectives à la recherche d'indices contre l'oubli.

Sidney n'a pas tort. Car à l'instant même où il expose son trouble à Jérémie, je campe, moi, à la pâtisserie Pierrot, rue Georges-Picot, non loin de l'hôtel Alcazar où, parmi les secrétaires des ambassades toutes proches qui avalent leurs gâteaux au miel en papotant, je discute avec... Hidar. Enfin. Importante, cette rencontre avec Hidar. De toute évidence, lui se méfie de moi. Suis-je membre des services secrets israéliens, américains ou français, cela il ne le sait pas. Mais il est persuadé que je suis l'un des trois. Quelle raison pourrait pousser un jeune homme qui n'était ni israélien ni arabe dans pareil bourbier ? Encore que Hugo... C'est fou, me dit-il lui aussi, combien je lui rappelle Hugo. Non pas physiquement. Mais à ma manière de parler, de regarder, d'agir, et justement à mon accent. Est-ce qu'un même homme peut ainsi revenir en plusieurs incarnations ? me demande-t-il en riant. Pour moi, en tout cas, la rencontre est, je le répète, importante car cet Hidar, je le sens, sait des choses. Il est dépositaire d'une part, au moins, du secret. Et puisque le destin, en la personne de ma cousine Oga, l'a mis sur mon chemin...

Pour le mettre en confiance, je commence par lui parler du carnet de Hugo.

— Un carnet d'adresses ?

— Oui, une sorte de carnet d'adresses.

— Et mon nom y figure ?

— Votre nom y figure.

— Avec d'autres ?

— Avec d'autres.

Hidar s'accoude lourdement sur la table, manquant la déséquilibrer et me fixe de ses yeux noirs, presque bridés :

— Et avez-vous retrouvé tous les gens qui figurent dans le carnet ?

Le ton trop appuyé me met sur mes gardes. Je prends un moment pour répondre.

— Presque...

— Pourquoi presque ?

— Parce que...

— Cela veut dire pas tous ?

— En effet.

Hidar se détend :

— C'est une histoire inouïe. Si vous aviez le carnet avec vous, je pourrais peut-être vous aider à situer les noms que vous ne connaissez pas...

Je souris...

— Non ! Ce carnet est la seule source de notre savoir familial. Je préfère ne pas le faire circuler.

Et comme Hidar fronce les sourcils, se sentant ostensiblement attaqué, j'ajoute :

— Je suis persuadé, quant à moi, que vous connaissez les raisons de sa mort et que vous ne voulez ou ne pouvez pas les révéler.

Hidar sursaute :

— De quoi parlez-vous ?

— Pardonnez ma franchise. Mais je répète : vous savez des choses que je ne sais pas et...

— Je ne vois pas ce qui vous permet de dire ça.

— Un sentiment, juste un sentiment.

— Eh bien, franchise pour franchise, je voudrais vous dire que je n'aime ni les voyants ni les prophètes...

Puis, après un silence et en me saisissant par l'épaule :

— J'aimais beaucoup Hugo. C'était le meilleur ami de mon père. Et c'est grâce à sa générosité que j'ai pu commencer mes études...

— Vous l'avez donc revu après la guerre ?

Hidar paraît méditer. Un sourire plisse ses lèvres.

— Je vous l'ai dit : vous me rappelez Hugo. Lui aussi avait cette sorte de franchise agressive et cependant, amicale. C'est quelqu'un qui croyait au pouvoir de la vérité.

Puis, encore :

— Je vous assure qu'avec son carnet vous avez beaucoup plus d'informations que moi qui l'ai connu !

Et changeant de sujet :

— Je sais que vous connaissez beaucoup de monde. Comment est Golda Meïr ? Vous l'avez rencontrée ? Et Moshé Dayan ?

Mais il se fait tard et les jours sont courts en septembre. Brusquement, la lumière jaillit des néons. Éblouis, nous fermons les yeux et les rouvrons en même temps dans un grand éclat de rire.

— Pour les contacts entre les Israéliens et les Palestiniens, vous pouvez compter sur moi, dit Hidar presque solennellement. A Moscou, on est intéressé. Il n'y a sans doute pas d'autres solutions au conflit.

A ce moment, on frappe avec insistance contre la vitre de la pâtisserie, Hidar se lève. C'est Olga.

— Bonjour, cousin, dit-elle en sautant à mon cou.

Et, à Hidar :

— Je commençais à m'impatienter.

Elle contemple le plateau chargé de gâteaux et s'exclame :

— Merci de n'avoir pas tout mangé !

En rentrant à l'hôtel, j'appelle ma mère pour lui faire part de ma rencontre et pour lui demander, aussi, d'aller récupérer chez moi le carnet de Hugo et de le déposer dans un coffre à la banque.

Beyrouth, octobre 1969

— Hugo était votre cousin ? Alors, pardonnez-moi ma franchise : je ne vous félicite pas.

Le rabbin Ben Moussa pointe vers moi sa barbe, comme un oiseau son bec. Il trépigne de colère :

— Il est écrit dans Pirkeï Avot : « Soyez sur vos gardes dans vos rapports avec les puissants car c'est dans leur intérêt qu'ils se rendent accessibles. » Votre cousin était bien trop heureux de parvenir à les fréquenter pour s'apercevoir du danger. Et pis : du danger qu'il faisait courir à son prochain. Car écoutez bien cela : pour atteindre les grands de ce monde, il utilisait des gens, des *humbles,* sans songer au péril où il les mettait. Je vous le dis : Hugo Halter était un fou dangereux.

La scène se passe dans une petite synagogue de Beyrouth-Est. Une salle obscure avec quelques bancs et une armoire qui abrite les Rouleaux de la Loi.

— Tenez... Un exemple... Pour contacter Kamal Joumblatt, continue le rabbin Ben Moussa, Hugo s'est servi d'un marchand juif, David Stara, qui alimentait en farine les boulangeries du Shouff. Eh bien, comme il a rencontré par la suite les Frangié et les Gemayel, les Druzes ont cru qu'il espionnait pour le compte des chrétiens, et à qui en ont-ils voulu ? A Stara !

— Et alors ?

— Et alors, on a retrouvé le pauvre Stara égorgé dans les environs de Moukhtara.

— Et pour vous, c'est Hugo le responsable ?

— Ce n'est pas sûr que oui et ce n'est pas sûr que non On a volé de l'argent à David Stara, mais cela ne veut rien dire. Sa mort est là. Hugo, lui, a pu continuer à parader avec les puissants tandis que le pauvre Stara n'est plus de ce monde.

— Hugo a été tué lui aussi.

Le rabbin Ben Moussa, manifestement, l'ignore.

— Tué ? Tué où ?

— En Israël, au cours d'un attentat palestinien.

D'un geste rapide, il frôle les poils de sa barbe et, aussitôt, cite un psaume : « Ils avaient tendu un filet sous mes pas, mon âme se courbait ; ils avaient creusé un fossé devant moi : ils y sont tombés. »

Puis, en me raccompagnant à la porte :

— Hugo est mort, alors n'en parlons plus. Respectons le commandement : « Quand le mort repose, laisse reposer sa mémoire. » Mais attention, jeune homme : il n'y a pas de saints... Il n'y a pas de héros... ici-bas, dans la vallée de larmes et de misères, la perfection n'est pas... et vous auriez grand tort d'idéaliser ce cousin jusqu'à en faire un de nos prophètes... Voilà ce que j'ai voulu vous dire.

19.

Beyrouth-New York
LE RETOUR A NEW YORK

Novembre 1969

Sidney quitte Beyrouth, le cœur barbouillé d'angoisse. Il est devenu un homme divisé. Le corps de Leïla commence à lui manquer avant même les adieux et il se demande avec inquiétude comment il va pouvoir reprendre une liaison normale avec son épouse. De plus, cette rencontre familiale si inattendue n'a fait que le troubler. Ce qu'Olga lui a dit de ses parents, de leur vie, de leur volonté de partir pour Israël et de leurs rapports difficiles avec Sacha lui semble dramatique. La course pathétique de Salomon à la recherche du passé et sa mort avant de l'avoir retrouvé, tout cela le bouleverse. Le carnet d'adresses de Hugo l'intrigue et quant aux mystérieux préparatifs des Palestiniens dont j'ai eu vent et dont je lui ai — peut-être à tort — parlé, ils lui font peur. Peur pour Israël. Peur pour le monde. Peur pour Mordekhaï, là-bas en Galilée, dans son kibboutz de Dafné.

Sidney ne croit pas que ces organisations terroristes palestiniennes puissent jamais s'orienter vers la paix. Il sait, bien sûr, que si je vois tous ces hommes c'est pour la bonne cause. Il sait que c'est dans l'espoir d'arriver un jour à la paix, fût-ce en leur concédant le droit à un État indépendant à côté d'Israël. Mais est-ce que tous ces efforts en valent la peine ? La force militaire d'Israël n'est-elle pas la meilleure, la seule garantie de survie ? Sidney est convaincu que si la paix vient un jour ce sera le triomphe, non de la morale, mais de l'intérêt bien compris de diverses puissances. Et c'est, selon lui, une perspective bien lointaine. En attendant ? En attendant il faut gagner du temps, c'est-à-dire aider Israël à se défendre et à se développer. Juste avant son départ il a été impressionné par une manifestation d'étudiants palestiniens à l'Université américaine. Sympathiques, de prime abord... Envie de les défendre, de les aimer... En les voyant remplir le campus avec leurs drapeaux et leurs chants, il a pensé instantanément aux jeunes sionistes d'avant la naissance de l'État d'Israël... Mais pourquoi a-t-il fallu que ceux auxquels il a parlé soient partis dans des diatribes antijuives ? Pourquoi cette jeune fille, si belle avec ses yeux gris, ses nattes brunes, ses formes provocantes, lui a-t-elle expliqué que l'holocauste est une invention des sionistes ? Pourquoi faut-il, pour réclamer le droit à un État, dénier aux Juifs le droit au leur ? Pis : le droit à un passé, à *leur* passé ?

Arrive l'heure du dîner. C'est le meilleur moment du voyage en avion. Comme à l'hôpital. Les deux seuls endroits où il fait bon se laisser prendre en charge. Il demande un whisky à l'hôtesse. Voyant que son voisin préfère le champagne, il regrette aussitôt son choix. Mais un orgueil imbécile lui interdisant de changer sa commande, il vide son verre qu'il trouve particulièrement amer. Il attend ensuite que l'hôtesse le débarrasse du plateau et que le commandant finisse d'assener des informations sans importance. Quand, enfin, le haut-parleur se tait, il s'étire voluptueusement sur son siège et tente de chasser Beyrouth de son esprit...

— Vous êtes de New York ? lui demande brusquement son voisin.

Oui, répond Sidney à contrecœur.

— Vous étiez à Beyrouth en visite ou pour le travail ?
— Pour le travail.
L'homme se mouche soigneusement et s'excuse :
— Je suis enrhumé.
Puis :
— Quel travail ?
— Conférences à l'Université américaine...
— Vous êtes professeur ?
— Non, je suis médecin.
L'homme parle anglais avec un accent arabe fort prononcé. Sidney l'observe un moment. Il a le front dégarni, les yeux légèrement globuleux, la taille corpulente, de la sueur sur le visage.
— Vous êtes libanais ? demande à son tour Sidney.
— Non, péruvien.
— Ah bon. Mais avant ?
L'homme éclate de rire.
— Avant quoi ?
Sidney ne répond pas. Il n'a pas envie de poursuivre et s'en veut déjà de cet « avant ». Mais son voisin, lui, tient visiblement à lier connaissance :
— Je vis à Lima, depuis plusieurs années. Mais vous avez raison, je ne suis pas péruvien.
— Alors, vous êtes arabe.
— Comment l'avez-vous deviné ?
— A votre accent.
— Oui, je suis arabe. Mais arabe de quel pays ?
— Je ne sais pas.
Cet aveu d'ignorance paraît clore la conversation et Sidney profite du silence retrouvé pour s'assoupir. Mais non ! L'autre revient à la charge :
— Connaissez-vous Bethléem ?
— Hum...
— Je suis originaire de Beït Jallah, près de Bethléem.
— Ah ?
— Oui.

L'homme de Bethléem tend cérémonieusement la main :

— Je m'appelle Jael el-Ardja.

— Et moi, Sidney Halter.

— Juif ?

— Juif.

— Vous aimez Israël ?

— Évidemment !

— Colonie américaine !

— Eh oui...

Sidney fait tout pour fuir le débat. Mais l'autre semble en veine de confidence :

— Remarquez, j'admire les Juifs. Ils sont les seuls à avoir eu assez de génie pour récrire l'histoire.

— Quelle histoire ?

— Celle de la dernière guerre. L'invention des chambres à gaz, par exemple, leur a permis de monter et de réussir une gigantesque fraude politique et financière dont le principal bénéficiaire est Israël et le sionisme international.

Cette fois, Sidney sursaute. Il s'apprête à répondre mais une secousse puis la voix du commandant, qui demande « pour cause de turbulences » d'attacher les ceintures, l'en empêchent. Pour la seconde fois en quarante-huit heures, il rencontre chez des Arabes cette étrange volonté de négation : non par sympathie pour le criminel mais par antipathie pour la victime...

Mais Jael el-Ardja reprend. Malgré son anti-américanisme, il aime séjourner en Amérique. Et sur le chemin de Lima, il ne manque jamais de s'arrêter à New York où il descend au Méridien. Est-ce que Sidney connaît le Méridien ? Le Hilton ? Bien sûr, ce n'est pas pareil quand on est soi-même américain...

— Je serais content de vous revoir, conclut-il à la fin du voyage.

— Je vous ai pourtant dit que je suis juif...

— Mes meilleurs amis sont juifs...

Et, brusquement :

— Connaissez-vous Ben Gourion ?

— Oui, bien sûr.

— Personnellement ?

— Oh non, je n'ai pas cette chance...

— Il paraît qu'il doit bientôt se rendre en Amérique latine. J'aurai peut-être, moi, la chance de le rencontrer.

— Oui ? fait Sidney.

Il a l'impression que son voisin lui jette un regard ironique mais le sommeil le gagne et il s'endort enfin.

Le New York qu'il retrouve est paralysé par une énorme manifestation contre la guerre du Vietnam. La presse américaine parle d'une journée historique. Les organisateurs, d'un « succès sans précédent ». La radio du taxi, qui avance péniblement dans les embouteillages, annonce un grand discours du président Nixon pour le 3 novembre. Marjory attend à la maison. Elle a acheté des fleurs, préparé le gâteau au fromage qu'il préfère.

— Ton frère Larry et sa femme sont à New York, annonce-t-elle. Je les ai invités à venir fêter ton retour. Il y aura aussi ton cousin David et sa nouvelle « girlfriend ». Elle travaille à l'ONU. Il paraît que c'est une brave fille...

Comme on est loin de Beyrouth !

20.

Buenos Aires
L'AMOUR PRÉCOCE (fin)

Novembre 1969

C'est un beau dimanche d'hiver, très chaud, comme il y en a parfois à Buenos Aires. Dona Regina a dû remplacer le bouillon rituel par un gaspacho espagnol qui a l'avantage de se manger froid. Don Israël arbore sur son maillot de corps deux larges bretelles rouges et s'expose avec volupté au courant d'air provoqué par les hélices d'un antique ventilateur bourdonnant sans répit sur la commode. La famille est réunie pour souhaiter l'anniversaire d'Arié. Dix-sept ans, ça se fête !

Anna-Maria, comme à son habitude, taquine sa grand-mère. Martin la gronde. Anna-Maria lui répond. Martin se fâche et pour changer de sujet lance à la compagnie :

— Gloria a reçu hier une seconde lettre de son oncle du Liban. Imaginez-vous qu'il a fait connaissance avec le cousin Sidney de New York et la cousine Olga de Moscou.

— Olga, la sœur de Sacha ? demande Dona Regina.

— Oui.

— Le communiste ?

— C'est ça.

— Décidément, la famille nous envahit, remarque Anna-Maria.

Arié sursaute :

— Merci pour la famille !

Son espagnol s'améliore tous les jours. Et son accent devient de plus en plus celui de Buenos Aires, l'accent « porteño », reconnaissable entre tous.

— Ne sois pas susceptible, dit la jeune fille en lui pinçant le bout du nez.

Mais Gloria leur lit déjà la lettre. Et, une fois la lecture faite, tout le monde se met à parler à la fois. Don Israël s'étonne de cette brusque floraison familiale. Anna-Maria ironise sur « l'hostilité primaire » de l'oncle Jacob envers les Palestiniens. Et Arié, qui connaît Sidney, se demande ce qu'il fait à Beyrouth. Mais, le plus touché, visiblement, par le contenu de la lettre de l'oncle Jacob, est encore Mordekhaï.

— Qu'est-ce que tu as, papa ? demande Arié.

Mordekhaï, qui est demeuré silencieux depuis le début du repas, plisse les yeux.

— Hidar, Hidar Assadi... dit-il ému. Cet Hidar dont parle l'oncle de Gloria n'est-il pas celui-là même qui, encore presque enfant, a connu Hugo à Tunis ?

— Le cousin Hugo qui s'est fait tuer en Israël ? demande Martin.

— Oui. Le père de Hidar et lui étaient très amis pendant la guerre. Et j'ai cru comprendre... Oui, on m'a dit, en Israël, que Hidar connaissait sans doute les assassins de Hugo.

L'information apportée par Mordekhaï occupe tout le reste de l'après-midi. Des amis de Dona Regina venus pour le thé participent bruyamment au débat. On parle aussi du conflit israélo-arabe, de la Varsovie d'avant-guerre, de la fuite du temps. Don Israël, qui aime les blagues, en raconte quelques-unes. Anna-Maria, au bout d'un moment, s'approche d'Arié :

— Je dois partir, lui dit-elle.

Il croit percevoir dans sa voix une sourde inquiétude.

— Je t'accompagne.

N'a-t-il pas été assez ferme ? Assez mâle résolu ? Sa jolie cousine, inflexible, secoue la tête :

— Non.

— C'est une réunion secrète ?

— Très secrète.

— Je te revois ?

— Je t'appellerai.

Dona Regina les regarde depuis une minute avec un mélange d'indulgence et de curiosité :

— Alors, les jeunes, vous complotez ?

Anna-Maria se lève :

— J'ai un rendez-vous.

— Tu rentres tard ?

— Je ne sais pas encore.

— Ah, ces jeunes... soupire Dona Regina...

Et, à la cantonade :

— Le bel âge, n'est-ce pas ? Moi, quand j'avais vingt ans...

La réunion a lieu rue Chacabuco, dans un vaste appartement loué récemment par le mouvement. C'est un appartement bourgeois, très simplement meublé et les fleurs bordeaux qui courent sur les lourds rideaux se retrouvent à l'identique sur tous les tissus d'ameublement. Seul un poster de Che Guevara témoigne des convictions des nouveaux occupants. Les responsables des FAR (Forces armées péronistes) et des Montoneros (Jeunesses péronistes) s'y réunissent depuis quelques jours pour coordonner leurs actions.

Quand Anna-Maria entre, ils sont tous déjà là. Sauf le poète Julio Feldman qui doit venir en compagnie d'un nouveau fournisseur d'armes. De fait, les deux hommes arrivent quelques minutes plus tard. Julio est un grand jeune homme aux yeux bruns, à la moustache grisonnante. Son compagnon a le teint basané, de grosses lunettes fumées qui cachent mal un regard globuleux et, très affairé, il ne cesse de parler à l'oreille d'un Julio très pâle et discrètement attentif.

Mario, qui est apparemment le « leader » du groupe, commence :

— La lutte que nous menons n'est pas facile. Et elle le sera de moins en moins. Après la série d'attentats que nous préparons, on peut prédire une terrible répression.

Il regarde autour de lui :

— Aussi, ceux qui veulent abandonner le peuvent encore.

— Il n'est pas question d'abandonner, Mario, fait Julio en lançant un coup d'œil craintif en direction de son compagnon aux lunettes fumées. Nous n'allons pas compromettre notre lutte à cause de la faiblesse ou de la lâcheté de tel ou tel.

— Vous avez peur d'une dénonciation ? demande quelqu'un.

Julio, l'air sombre, ne répond d'abord pas. Tout le monde est suspendu à ses lèvres :

— Je n'ai pas peur d'une dénonciation, dit-il enfin, mais de la faiblesse humaine... D'une naturelle faiblesse humaine... Il y a des gens qui préfèrent être lâches que malheureux...

— Allons, poète !

Mario pose sa main sur l'épaule de Julio :

— Il ne s'agit ni de lâcheté ni de malheur. Se battre pour une société meilleure est un bonheur et tout le monde n'a pas cette chance. Mais il faut reconnaître que cette lutte est difficile. Alors, autant prévenir...

— Il n'y a pas de bonheur qui tienne, insiste Julio. Ce que nous faisons est un devoir. Et si nous sommes là, c'est que nous en acceptons le risque.

— Ça va ! Ça va ! s'écrie un petit bonhomme grassouillet dans le fond de la pièce. Nous n'avons pas de temps à perdre en parlotes !

— En parlotes ? demande Mario, en rejetant d'un mouvement de tête les cheveux qui cachaient son regard. Un révolutionnaire n'est pas un tueur. Quand il accepte de poser une bombe, il doit savoir pourquoi et le faire en toute conscience...

— Et moi, l'interrompt le petit gros en s'approchant, je ne suis pas d'accord. Mais pas d'accord du tout... Il y a le temps pour la théorie et le temps pour l'action. La théorie c'était hier... Julio nous a amené le « compañero » palestinien... Qu'il fasse état de ses propositions.

L'homme aux lunettes fumées s'agite légèrement, comme s'il allait parler. Mais, après réflexion, il se tasse sur lui-même, glisse les mains dans ses poches et attend placidement comme si la question posée concernait un autre que lui. Julio répond à sa place :

— Le compañero Jael nous a fourni quatre caisses de bâtons de dynamite, cinquante-deux revolvers et un millier de cartouches.

— Qu'est-ce que nous donnons en échange ? demande Mario.

— Nous nous sommes engagés à rembourser tous les frais occasionnés par le transport d'armes.

— Et qui paiera les armes ?

Julio se frotte le front à plusieurs reprises, geste familier qu'il oppose toujours aux situations embarrassantes.

— Des « compañeros » palestiniens luttent contre l'impérialisme au Proche-Orient. Leur représentant en Amérique latine, Jael el-Ardja, est avec nous ce soir. Mais la lutte anti-impérialiste est aujourd'hui planétaire... Ils ont donc besoin... comment dire ?... d'un relais en Amérique latine. Nous serons ce relais.

— Comment cela ? demande Anna-Maria qui n'a pas encore pris la parole. Devrons-nous plastiquer l'ambassadeur d'Israël ?

Mouvement parmi les présents. Julio se frotte le front à nouveau et dit :

— Non, nos amis palestiniens ne nous demandent pas ça. Il s'agit de contrecarrer la propagande sioniste... Faire connaître les positions révolutionnaires arabes...

— Et moi, interrompt le petit gros, je proteste... Je proteste de toutes mes forces... Je veux... Je veux qu'on dise franchement aux compañeros du Proche-Orient que nous les soutenons, que nous sommes prêts s'il le faut à aller dans les camps palestiniens en Jordanie pour les entraîner — mais que l'action internationale d'un révolutionnaire argentin ne peut pas se limiter à une propagande anti-israélienne. Surtout que, en Israël, existe aussi un prolétariat qui lutte, une gauche qui partage nos idées...

Il reprend son souffle et lâche :

— Que le diable l'emporte, compañeros ! C'est stupide ce que vous nous proposez ! Votre attitude n'est pas du tout révolutionnaire !

Mario intervient brutalement :

— Cesse de gueuler, Roberto ! Tu voulais de l'action et pas de théories ? Alors, sache que pour l'action nous avons besoin d'armes, que pour les armes il faut payer et que pour payer... D'ailleurs, va au diable ! Tu ne fais que m'embrouiller...

La discussion se prolonge. Le Palestinien n'a pas ouvert la bouche mais tout le monde a compris que si l'on veut des armes, il faut en payer le prix...

Pendant toute la discussion, Anna-Maria a pensé à Arié et cette pensée l'a rendue malheureuse. Julio, le poète, a-t-il deviné son tourment ? Avant de la quitter, il lui conseille d'un ton amical mais ferme :

— A ce stade de notre action, tu ferais mieux de lâcher ton cousin israélien. Sauf si tu décides de nous abandonner... Tu ne peux concilier les deux.

— Et si j'abandonne l'action ?

Julio la regarde longuement et son sourire devient mauvais :

— Tu sais bien que personne n'a le droit d'abandonner la cause.

— Pauvre Arié, pense Anna-Maria.

Tel-Aviv, mai 1970

La veille de la fête de Chavouot, je débarque d'un 747 d'Air France à l'aéroport de Lod où, prévenu par ma mère, le cousin Mordekhaï m'attend. Il y a plus de deux ans que je ne suis pas venu en Israël et le simple fait de revoir des lettres hébraïques au fronton d'un bâtiment me procure une émotion merveilleuse.

C'est la première fois que je vois le cousin Mordekhaï. Lors de mon dernier voyage, il n'a pas pu venir à Tel-Aviv et, mon séjour étant très court, je n'ai pas eu le temps non plus de lui rendre visite dans son kibboutz de Galilée. Suis-je content de le voir ? Oui et non. Ce voyage-ci, comme le précédent, est motivé par mon combat pour la paix. Après avoir rencontré à Beyrouth presque tous les dirigeants palestiniens, y compris Arafat, je suis venu en parler aux dirigeants israéliens. Et il est clair que, pour cela, je me serais bien volontiers passé de ce bruyant cousin. Ah ! les initiatives de ma mère ! Cette manie qu'elle a de tenir la famille entière au courant de nos moindres faits et gestes ! Comprendra-t-elle un jour qu'on peut aimer sa maison sans en chevaucher le toit ? Grâce au ciel, Mordekhaï me plaît tout de suite. Plein de faconde et cependant capable de gravité, il correspond au personnage mythique du kibboutznik : il a les préoccupations d'un intellectuel et vit comme un paysan. Rentré depuis peu, il est encore tout excité par son séjour à l'autre bout du monde. Il me parle de Dona Regina. De la « petite » Anna-Maria. Mais la situation en Israël fournit le fond de la conversation. Je connais peu de pays au monde où la politique passionne autant chaque citoyen.

— Es-tu au courant de l'affaire Goldmann ? me demande-t-il comme nous entrons dans Tel-Aviv.

Puis, devant mon air interloqué :

— Ah bon, tu ne sais pas ? Je te raconterai quand nous serons à l'hôtel. Au fait, quel hôtel as-tu réservé ?

— L'hôtel Bazel.

— Pourquoi pas Dan ? Sidney y descend.

— Parce que Dan est trop cher pour moi.

L'hôtel Bazel, comme l'hôtel Dan, se trouve dans la rue Hayarkon, le long de la mer. C'est un hôtel de cinq étages, neuf et propre, mais sans vue sur la plage. Je dépose ma valise et nous allons manger au coin de la rue Frichman.

— Alors, cette affaire Goldmann ? demandé-je dès que nous sommes installés à la terrasse d'un petit restaurant oriental.

Mordekhaï ajuste ses lunettes comme pour mieux enregistrer ma réaction et annonce :

— Abdel Nasser a invité Nahum Goldmann au Caire.

Je ne partage pas son enthousiasme.

— Ce genre de rencontres, on ne les annonce que lorsqu'elles ont eu lieu.

Mordekhaï hausse les épaules comme s'il voulait s'excuser d'avoir transmis la nouvelle :

— Tu penses que c'est raté ?

— Je le pense, en effet.

— Golda a l'air d'accord avec toi. Elle lui refuse sa bénédiction.

Mordekhaï semble étonné par le refus de Golda Meïr de donner sa caution à Nahum Goldmann. Mais moi, ce qui me surprend, c'est que le président du Congrès juif mondial, titulaire de trois passeports, ait eu besoin de l'autorisation du gouvernement israélien pour se rendre au Caire. A moins qu'il ne prétende y représenter officiellement Israël.

— Goldmann, dis-je, est une personnalité juive attachante. Sa rencontre avec Nasser aurait, sans doute, créé l'événement. Je pense pourtant que les Égyptiens qui ne font pas la guerre aux Juifs mais aux Israéliens, ont intérêt à parler avec leurs adversaires :

— Les Israéliens ne sont-ils pas des Juifs ?

— Oui, mais des Juifs israéliens.

J'éclate de rire.

— Que t'arrive-t-il ? demande Mordekhaï, surpris.

— Je viens de me rendre compte que je te répète ce que j'ai dit voici exactement trois jours à un diplomate égyptien à Paris.

— T'a-t-il invité au Caire ?

— Oui.

— Et tu as l'intention de t'y rendre !

— Oui.

— Alors, pourquoi reprocher son voyage à Goldmann ?

— Parce que je n'irai pas au Caire en tant que partie prenante ! Je ne pourrai être qu'un modeste intermédiaire, une passerelle éventuelle entre des ennemis qui devront un jour se rencontrer s'ils veulent aboutir à la paix...

— Passerelle, dis-tu ? C'est drôle, tu parles comme Hugo... Hugo aussi se voulait une passerelle...

Vingt-quatre heures plus tard, je me présente chez le directeur du cabinet du Premier ministre. Il m'écoute. Me prie d'attendre. Revient au bout d'un moment. « Golda, dit-il, a gardé un bon souvenir de votre dernière dispute. Elle vous attend. »

Golda est là, oui. Forte, carrée, derrière un grand bureau, paraissant ne faire qu'un avec le meuble. Elle sourit, écrase sa cigarette, se lève et, la main tendue, dit simplement :

— Je suis contente de vous revoir...

Quel extraordinaire changement chez cette femme ! Deux ans plus tôt, j'avais rencontré une vieille femme malade qu'il fallait soutenir et ménager. Je la retrouve solide comme un rocher du désert, volontaire, déterminée, grillant cigarette sur cigarette. Je le lui dis. Je me demande, à haute voix, si l'exercice du pouvoir ne serait pas le plus puissant des toniques. Nous philosophons un peu. Nous jouons à parler yiddish. A échanger quelques mots sans importance. Et ces préliminaires passés, elle me demande enfin ce qui m'amène en Israël. Je parle calmement maintenant. Posément. Je sais que le moindre de mes mots sera lourd de sens et d'équivoque. Et je propose donc cette rencontre entre un diplomate israélien et le président égyptien Gamal Abdel Nasser qui pourrait, à mes yeux, préparer un voyage de ce dernier à Jérusalem.

— Vous êtes fou ! s'exclame-t-elle alors. Complètement fou !

Et comme je plaide que c'est avec ce genre de folie que l'on rompt parfois l'ordre du monde, comme j'insiste que ce genre d'idées semblent toujours « insensées » avant, mais s'imposent, lorsqu'elles ont réussi, avec la force de l'évidence, elle m'observe d'un œil rêveur et laisse tomber :

— C'est drôle... Vous me faites penser à votre cousin Hugo... Il était bien votre cousin, n'est-ce pas ? Après tout, pourquoi pas... Oui, pourquoi pas ?

Puis elle éclate de rire, comme si elle voulait éviter de donner trop de poids à ce qu'elle va dire :

— Vous avez déjà parlé de votre idée à un responsable égyptien ?

— Oui, à Mohammed Hassan el-Toukhami, l'adjoint à la présidence du Conseil des Ministres. C'est un « officier libre ». Il a participé avec Nasser à la révolution contre le roi Farouk. Je l'ai rencontré à Paris.

— Bien sûr, murmure-t-elle, après un nouveau silence qui me semble durer une éternité, je ne peux vous demander de me donner des garanties. Mais j'espère que vous comprenez à quel point il m'est difficile de me lancer dans une aventure pareille.

Puis, comme je lui réponds qu'Israël n'a rien à perdre mais tout à gagner, en prouvant sa volonté de saisir la moindre chance de dialogue, et comme, non sans malice, je lui fais surtout observer que tout le monde, depuis mon arrivée, me parle de cette « opération Goldmann » dont l'échec semble lui être personnellement attribué :

— Votre ami égyptien parlait sérieusement d'un voyage israélien au Caire ?

— Tout à fait !

Elle se fait silencieuse encore une fois, et répond :

— Personnellement, je n'ai rien contre... Tout ce qui peut faire avancer la paix est important... Depuis que je suis responsable de cet État et de tous les Juifs qui y vivent, je ne pense qu'à cela, croyez-moi... Mais je ne peux m'engager seule. Notre gouvernement est un gouvernement d'union nationale. Si votre entreprise réussit, le gouvernement sautera. Cela m'est égal, mais je ne voudrais pas qu'il saute pour rien... Je voudrais être sûre que nous ayons quelques chances de succès... Je vais réunir quelques amis du cabinet... Revenez me voir demain à dix-sept heures, à mon bureau de Tel-Aviv...

Elle se lève :

— Pouvez-vous inscrire le nom du diplomate égyptien ?

Puis, me tendant la main :

— Bonne chance...

— Bonne chance à vous aussi...

MAI 1970

J'ai vingt-quatre heures devant moi. Vingt-quatre heures à tuer. Je ne comprends pas comment on peut tuer la chose la plus précieuse que l'on ait jamais reçue : le temps. Mais enfin, c'est bien cela que je dois faire. Je rentre donc à l'hôtel et consulte la liste de noms israéliens et arabes que je me suis faite d'après le carnet de Hugo. Beaucoup d'entre eux sont déjà barrés : disparus ou n'ayant pas grand-chose à raconter. D'autres ne me disent rien. D'autres encore me semblent si mystérieux que je les devine, d'avance, indéchiffrables. Et mon regard s'arrête, Dieu sait pourquoi, sur le nom d'un certain docteur Jemil el-Okby, à Gaza. Pourquoi ce nom m'arrête-t-il ? Encore une fois, je ne le sais pas. Mais une brusque intuition me dit qu'il y a quelque chose à chercher de ce côté-là. Quatre-vingts kilomètres... Cent soixante aller et retour... Pas trop difficile à faire en un après-midi, même sur une route encombrée — et je décide d'y aller. Mai est le meilleur mois pour visiter Israël. La lumière est transparente, le soleil blond dans un ciel bleu, et il ne fait pas trop chaud. Jusqu'à Yavné, la route s'enroule autour des vignobles. Puis, les vignobles laissent place aux plantations d'orangers. Je vais tranquillement, sans me presser, prenant même le temps de m'arrêter ici, de méditer là, d'invoquer un peu plus loin la sainte mémoire de Yohanan ben Zakaï qui, prévoyant la destruction de Jérusalem et demandant à Titus le droit de fonder son école, abandonne les insurgés, pour que le judaïsme survive ! Tourner le dos aux Juifs de chair pour que soit sauvée la Bible, fondé le premier livre du Talmud ! Quel choix ! Quel atroce, tragique dilemme ! J'en suis là de mes réflexions quand j'arrive aux portes de Gaza. Une patrouille israélienne me demande mes papiers. Je gare la voiture sur la grand-place, près de la Mosquée. Un vent léger chasse la poussière vers le bas de la place, légèrement en pente, en direction du marché. C'est l'heure de la sieste et pourtant, il y a foule. Je suis aussitôt entouré par des hommes qui appartiennent presque tous à un camp de réfugiés palestiniens, collé à la ville. Je demande :

— L'hôpital ?

Ils parlent tous en même temps, mais personne ne répond. Légèrement en retrait, deux soldats israéliens nous observent. Un homme se détache enfin, plutôt jeune, en chemise blanche, jean et sandales :

— Pourquoi l'hôpital ? demande-t-il en anglais.

— Je cherche le docteur Jemil el-Okby.

Sans un regard pour les autres, il me fait signe de le suivre. Nous faisons quelques dizaines de mètres en silence, entrons dans un café au sol de terre battue et nous nous asseyons sur des tabourets bas, près d'une petite table en bois, placée à côté d'une ouverture faisant office de fenêtre.

— Café ?

Je fais signe que oui.

— Vous connaissez Jemil ? demande-t-il après qu'on a posé devant nous deux tasses remplies du liquide noir.

— Non, dis-je. C'était un ami de mon cousin Hugo.

Le garçon tressaille :

— Juste avant la guerre, quelqu'un est venu le voir... Lui aussi de la part de ce Hugo...

Et, me regardant droit dans les yeux :

— Qui est Hugo ?

Cette fois, c'est moi qui suis surpris. Qui a bien pu se réclamer de Hugo ? Qui est passé ici, comme d'habitude, avant moi ? Poser la question, c'est y répondre.

— L'homme qui cherchait Jemil était grand, plutôt beau, avec une jambe raide ?

— Exact... Comment le savez-vous ? C'est aussi un de vos amis ?

— Si on veut... C'est un Tunisien... Hidar Assadi... Et Jemil, où est-il ?

— Vous ne savez pas ?

— Non.

Il repose délicatement sur la table la tasse qu'il portait à ses lèvres :

— Mort à la prise de Gaza... Tué dans dans sa voiture... Un obus... Il se rendait à l'hôpital...

J'encaisse, et demande :

— Et le Tunisien ? L'homme qui est venu le voir juste avant la guerre ? Lui a-t-il parlé ?

— Je ne sais pas... Je crois...

— Avait-il de la famille ?

— Qui ça ?

— Jemil.

— Non, il était originaire de Tunis. Il est venu ici en 1959 ou 60, je ne sais pas très bien. Il voulait travailler à l'hôpital, aider les réfugiés...

— Vous le connaissiez ?

— Oui, bien sûr. Tout le monde le connaissait...

— Le connaissiez-vous personnellement, lui, son histoire, sa famille ?

L'homme hausse les épaules :

— Non... Mais c'était quelqu'un de bien.

Manifestement il n'a pas tout dit. Je n'en tirerai plus grand-chose, je le vois bien. Quel dommage de toucher ainsi au but et de le voir, ce but, se dérober ! Découragé, un peu triste, je ne peux m'empêcher de penser qu'il y a comme un charme malin qui s'acharne contre moi et mon enquête. Et le soir venu, rentré à l'hôtel, je barre sur ma liste le nom de Jemil el-Okby.

Le lendemain, fatigué et préoccupé, je reviens, longtemps avant l'heure du rendez-vous, autour de la Kirya. Dix fois, vingt fois j'entre et sors du café qui fait l'angle d'Ibn Gvirol et de Kaplan. Et c'est avec un quart d'heure d'avance que je me présente enfin au bureau de Golda Meïr. Vingt minutes passent encore. Je vois sortir le général Dayan. Et cinq minutes plus tard, Golda Meïr me reçoit, toute souriante :

— Mes amis sont d'accord, dit-elle... Nous avons confiance en vous... Je voudrais seulement que vous me rendiez compte, à moi directement, de la suite des événements...

Elle ajoute :

— J'espère que vous réussirez. Pour nous... Pour les Arabes... Pour nous tous...

Comment exprimer la joie qui est la mienne lorsque je sors du petit bureau ? Je cours. Non : je vole. Je me sens littéralement des ailes. Et s'il n'y avait pas cette exigence de secret, je brûlerais de crier mon bonheur alentour. Rentré à l'hôtel, dans le hall, je me heurte à Mordekhaï et à un jeune homme brun qui l'accompagne.

— Mon fils Arié... Je voulais te le présenter avant notre retour au kibboutz.

Et, me prenant par le bras, non sans s'apercevoir que j'ai manifestement l'esprit ailleurs.

— J'espère que nous ne te dérangeons pas...

— Non, pas du tout, dis-je, je suis content de vous revoir...

— As-tu un moment pour prendre un verre ?

Une fois installés à la terrasse de notre restaurant « habituel », il me demande d'un air malin :

— Alors ?

Je le regarde, étonné.

— Tu étais chez Golda, n'est-ce pas ?

— Comment le sais-tu ?

— J'ai un ami, Benjamin Ben Eliezer... C'est son travail, comment te dire, de savoir. Tu vas donc en Égypte ?

— Oui.

— Golda est d'accord ?

— Oui.

Alors, c'est gagné ! s'exclame-t-il en me secouant la main.

Et moi je prends conscience que rien n'est gagné du tout et que l'essentiel reste à faire. Ne suis-je pas semblable à ce marieur qui a passé des heures et des heures à essayer de convaincre un pauvre paysan de marier sa fille avec le fils de Rothschild, qui y a usé tout son talent, toute son expérience, toute sa persuasion, qui a finalement obtenu, à force d'arguments, l'acceptation du paysan et qui conclut alors :

— Bon, il ne me reste plus qu'à convaincre Rothschild...

21.

New York
SI DIEU LE VEUT

Octobre 1969

Le Trinity College est situé à l'angle de la 91e Rue et de la Columbus Avenue. C'est un immense carré en briques rouges, parcouru de longs couloirs bordés de bancs en bois, aussi durs que ceux de pénitents. Richard aime l'atmosphère, Old England, de son école qui est aussi la plus ancienne école new-yorkaise. Il s'amuse de la plaque un peu moisie qui orne le hall d'entrée et qui désigne l'établissement par son nom d'origine : « The Episcopal Charity School, 1794. » Aujourd'hui, c'est une école de riches et, malgré son nom et sa tradition, plus de la moitié de ses élèves sont juifs.

Richard y a deux amis, très proches — John Kinsey et Alexandre Seaver — qui sont tous deux goyim et qui font partie de la même équipe de football. Le Trinity College est réservé aux garçons. L'amitié y remplace l'amour. Et s'il arrive à Richard de rencontrer parfois des filles au Green Bar, à un bloc de l'école, la vérité oblige à dire qu'elles ne l'intéressent pas beaucoup. Les études, les jeux, le sport et les amis suffisent amplement à occuper son temps et à remplir ses pensées.

A la fin d'un après-midi d'octobre 1969, par une journée ensoleillée mais froide, Richard et ses deux camarades, en sortant de l'école, sont attirés par un attroupement sur la Columbus Avenue. C'est l'heure de plus forte fièvre quand, à New York, tout paraît s'accélérer ; les hommes, le trafic, le temps. Une violence diffuse émane de la foule. Ce ne sont partout que rafales de klaxon, sirènes de voitures de police et d'ambulances. Les gens vont, viennent, se heurtent et se cognent les uns aux autres dans une sorte de mouvement sans fin, sans ordre, sans direction. Richard aime cela. Il aime cette atmosphère électrique. Et c'est tout naturellement qu'il s'approche donc du groupe.

Une demi-douzaine de jeunes gens barbus sont là. Ils ont la tête couverte de chapeaux noirs d'où sortent des papillottes. Deux petites boucles qui se balancent devant les oreilles. Et ils sont en train de persuader un élève de la classe terminale de Trinity College de mettre les *Tefilline.*

Les *Tefilline* (ou phylactères), Richard sait vaguement ce que c'est. Il en a vu dans la synagogue de son grand-père à Winnipeg. Il se souvient comment les Juifs les enroulent sur leur bras gauche avant la prière. Ce sont deux écrins carrés, faits de cuir teint en noir et munis de lanières noircies sur un côté. Les lanières servent à fixer les écrins. Et c'est par ce « ligotage » quotidien que, d'après son grand-père, le fidèle vivifie et justifie sa foi. « Mettre les *Tefilline,* c'est graver Son nom sur soi », disait-il. Et l'opération leur a toujours paru, de fait, aussi mystérieuse que sacrée.

En attendant, c'est l'élève de terminale qui semble bien mal à l'aise. Il se tortille devant les jeunes barbus. On voit qu'il ne veut pas les froisser, mais qu'il préférerait être à mille lieux d'ici.

— Je suis pressé, bégaye-t-il. On m'attend à la maison...

— Ça ne prendra que cinq minutes, le tranquillise l'un des religieux.

A proximité, au bord du trottoir, stationne une camionnette blanche. Sur son flanc est écrit — en anglais et en yiddish ce simple mot : « Lubavitch ».

— Je suis pressé... redit gauchement l'élève du Trinity College.

A force de répéter qu'il est pressé, il devient presque comique et la foule rit de bon cœur.

— Tu es bien juif, n'est-ce pas ? demande le religieux, d'une voix douce.

— Bien sûr, je suis juif... Mais...

— Tu n'as pas honte de l'être ?

— Non... Mais...

— Tu sais que pour être juif, il faut respecter les *Mitzvot,* les bonnes actions ?

— Je les respecte.

— C'est bien, mais il faut aussi respecter la *Mitzva* envers l'Éternel...

Alexandre Seaver tire Richard par la manche :

— Viens, j'ai froid. Ça risque d'être long...

Alexandre Seaver est un grand garçon brun, au regard étonné et clair. Il habite à deux blocs de l'école, au coin de Central Park West et de la 93e Rue.

— Et si on faisait escale chez moi ? demande-t-il.

Ses deux amis le suivent sans commentaires. Car ils savent que c'est chez lui que l'on prend le meilleur goûter et que les fins d'après-midi y sont généralement les plus douces.

— Je croyais que les Juifs n'étaient pas prosélytes... commence John, une fois installé dans la chambre d'Alexandre, tapissée de lithos de Warhol.

John est fils de pasteur et, des trois, à la fois le plus petit et le plus impertinent.

— C'est vrai, reconnaît Richard. Mais il ne s'agissait pas pour ce jeune religieux de convertir des chrétiens, mais de ramener à la religion quelques Juifs.

— Et quand il se trompe ? Quand il s'adresse à un chrétien ?

— C'est la raison pour laquelle ils demandent d'abord si la personne est juive ou non...

— As-tu déjà été accosté par eux ?

— Non, jamais.

Alexandre allume la télévision. Les cris exaltés d'une jeune femme, qui vient de gagner cinq mille dollars à un jeu télévisé, remplissent la pièce. Alexandre, excédé, coupe le son. Et il ne reste sur l'écran qu'un visage grimaçant de joie, une bouche grande ouverte, un corps en quasi-convulsion.

— Dis-donc, reprend-il : et si tu acceptais de mettre ces *Tefilline,* ces lacets, en disant, après coup, que tu n'es pas juif ? Je serais curieux de voir la réaction de ces illuminés !

— Tu n'as qu'à le faire.

— Mais non ! Toi, ce serait plus normal ! Et plus drôle ! Car tu es juif tout en ne l'étant pas — c'est bien ce que tu nous as expliqué, pas vrai ?

— Chiche !

Une semaine s'écoule. Tous les jours, en sortant du collège, les trois amis cherchent, en vain, les Lubavitch et la camionnette, qu'il ont surnommée le « *Mitzva* mobile ». Et ce n'est qu'une quinzaine de jours plus tard, alors qu'ils ont presque oublié leur projet, qu'ils retrouvent les Lubavitch à proximité du Trinity College. Ils sont deux cette fois-ci. Comble de malchance, il pleut légèrement et c'est à grand-peine qu'ils arrivent à attirer l'attention des passants. Joie quand ils reconnaissent Richard et ses amis... Visages illuminés... Sentiment, manifeste, d'être en terrain connu... Richard qui s'en aperçoit et qui en ressent du remords ralentit le pas. Mais John et Alexandre le poussent en avant :

— Tu ne vas pas te dégonfler, hein ?

L'un des deux Lubavitch, un garçon robuste, avec une barbe en éventail et un caftan noir mouillé sur une chemise blanche, se précipite à la rencontre de Richard :

— Tu es bien juif ?

— C'est ça, oui.

— Et tu as déjà mis les *Tefilline ?*

— Non.

— Mais c'est la *Mitzva* suprême pour tout Juif !

— Je sais.

— Comment t'appelles-tu ?

— Richard, Richard Halter.

Le barbu sourit :

— Moi, c'est Mendel Fogelman.

Il n'a que quelques années de plus que Richard et semble, au fond, assez sympathique.

— Il pleut, continue-t-il. Voulez-vous entrer dans notre camionnette ? Nous y serons à l'abri.

— La pluie ne me gêne pas, bredouille Richard.

L'homme a-t-il compris le manège ? Toujours est-il que, d'une voix chantante, entraînante, comme celle des conteurs orientaux, il commence d'expliquer la signification des *Tefilline :*

— Les *Tefilline* sont une *Mitzva* de nos jours très négligée. Pourtant peu de rites sont aussi riches, peu recèlent ce pouvoir d'édification et de sanctification...

Une foule s'est agglutinée autour d'eux. Visiblement, Mendel Fogelman aime parler en public. Il lève les bras, branle du chef, s'avance, recule, s'avance encore, feint de prendre à témoin les gens qui l'écoutent :

— Quand Rabbi Nahman ben Isaac demanda à Rabbi Hiya bar Abin : « Que contiennent les *Tefilline* du Maître de l'Univers ? », ce dernier répondit par ce verset : « Qui est comme ton peuple Israël, nation unique sur la terre ? » ; et, à la question : « L'Éternel, béni soit Son nom, se glorifie-t-il des louanges d'Israël ? » il répondit :

« Oui, car l'Éternel, béni soit Son nom, dit à Israël : " Vous m'avez conféré un caractère unique, en proclamant : ' Écoute, Israël, le Seigneur est notre Dieu, le Seigneur est Un ! ' Et moi, en retour, je vous accorde un caractère unique : ' Qui est comme ton peuple, Israël ? '... " »

La pluie a cessé et un timide rayon de soleil se faufile entre deux nuages gris. Mendel Fogelman baisse une dernière fois les bras et sourit à Richard :

— Alors, vous avez compris ? Les *Tefilline,* c'est comme un anneau de mariage entre l'Éternel, béni soit Son nom, et l'homme. Quoi de plus beau que de se lier à la Beauté ? Quoi de plus fort que de s'associer avec la Justice ?

Puis, s'approchant du jeune homme qui sent l'odeur moisie de sa redingote mouillée :

— On attache d'abord les *Tefilline chel yad,* les philactères du bras... Puis les *Tefilline chel roch,* les philactères de la tête... Car ainsi se manifeste la préséance de l'acte, de la pratique, sur la méditation et la théorie. N'est-il pas écrit : « Tout ce que l'Éternel, béni soit-Il, a dit, nous le ferons et nous le comprendrons ? » C'est en accomplissant les commandements que nous en pénétrons véritablement le sens...

Là-dessus, il s'interrompt. Regarde Richard droit dans les yeux. Celui-ci le regarde aussi. Découvre qu'il a les yeux verts. Se dit : « Tiens, comme c'est curieux, ce garçon a de beaux yeux verts. » Et quand le Lubavitch lui fait : « Alors ? », il tourne légèrement la tête, distingue, comme dans un rêve, ses deux amis qui lui sourient et, tel un somnambule, ne sachant très bien ce qu'il dit ou ce qu'il fait, s'entend répondre :

— D'accord.

C'est le soir, à présent. Allongé sur son lit, Richard n'arrive pas à s'endormir. Il lui semble que la lueur des réverbères traverse, avec plus de netteté que d'ordinaire, les persiennes de sa chambre. Il n'est pas fier de lui. Ah ! que non, il n'est pas fier de lui. Il a suivi toutes les indications de Mendel Fogelman. Il a enfilé les *Tefilline* et, en enroulant la lanière autour de son médius, comme un anneau de mariage, il a récité ce verset qui l'a tant impressionné : « Je te fiance à Moi à jamais. Je te fiance à Moi pour la Justice et le Droit, par la grâce et la miséricorde. Je te fiance à Moi par la fidélité et toi, tu connaîtras le Seigneur. » Il se revoit si troublé. Si respectueux tout à coup. Il se revoit subjugué par le rite, la voix du Lubavitch. Et puis il revoit l'étonnement de Mendel Fogelman quand, après la cérémonie, il lui a annoncé qu'il n'était pas juif. Il s'attendait, en disant cela, à un scandale, un coup de colère. Or il n'a reçu qu'un regard triste doublé d'un sourire désolé. Et de cela aussi il se sent navré et honteux.

Il attend l'aube pour s'endormir et quand sa mère le réveille, il a l'impression de n'avoir par dormi du tout. Il prend une douche. Avale un café. Téléphone, de sa chambre, aux renseignements pour demander le numéro des Lubavitch à Brooklyn. Va-t-il y trouver Mendel Fogelman ? Non, car, à Brooklyn, on lui dit qu'il n'est plus là, qu'il est parti pour Boston. Et ce n'est qu'au bout d'une semaine qu'il réussira enfin à joindre le jeune religieux. Mendel Fogelman écoutera en silence la confession de Richard. Puis citera les Proverbes : « Celui qui cache ses transgressions ne prospère point, mais celui qui les avoue et les délaisse obtient la miséricorde. » Et c'est ainsi qu'ils se rencontrent, deux jours plus tard, un dimanche matin, devant l'hôtel Plaza : « Nous traverserons Central Park à pied », avait dit Fogelman. Et Richard est venu au rendez-vous tremblant et impressionné...

Il fait froid ce matin-là. Le parc, cette énorme nappe de verdure que l'on dirait enfermée dans un carcan de béton et d'acier, se reflète dans la palette des *Nymphéas* de

Monet. Toute la gamme des verts, des bleus, des bruns, des gris et des rouilles y caresse le regard. Et dans les allées, fermées à la circulation et sillonnées par la police montée, des centaines de New-Yorkais font tranquillement leur jogging. Mendel Fogelman porte son habituel chapeau noir et sa redingote usée. Il a la même barbe, peut-être un peu plus ordonnée. Il est gai et ne semble pas en vouloir à Richard.

— Tu sais ce qu'est le Hassid ? demande-t-il à brûle-pourpoint.

— Non.

— Et qui était Baal-Chem-Tov ?

— Non.

Ses yeux, mi-clos, laissent paraître le début d'un étonnement.

— Baal-Chem-Tov naquit en l'an 5458 après la création du monde par l'Éternel, béni soit-Il... En 1698 de notre ère...

La voix de Mendel Fogelman a repris d'un seul coup son rythme incantatoire. Son corps se balance. Ses yeux se ferment tout à fait.

— C'était après les grands massacres par les Cosaques de Bogdan Khmelnitski... Des millions de Juifs d'Europe centrale et de l'Est vivaient dans de petits villages miséreux. Les enfants en bas âge travaillaient durement. Ils n'avaient guère le temps de fréquenter les écoles. Aussi, des centaines de milliers de Juifs se mirent-ils bientôt en marge de la connaissance...

Mendel Fogelman lève les bras au ciel, comme s'il allait s'envoler :

— Connaissance... Connaissance... Pour les Juifs c'est le devoir suprême. Car il est écrit : « Avant tout, étudiez ! Quels que soient les motifs qui vous animent d'abord, vous aimerez bientôt l'étude pour elle-même. » Alors, Baal-Chem-Tov vint. Il vit que les Juifs étaient désespérés et tenta de leur redonner la foi. Il leur dit que ce qui est agréable à l'Éternel, c'est l'intention et non la connaissance elle-même ; il leur dit que, parfois, un chant sincère, un cri rempli de piété approchent plus sûrement la volonté du Maître de l'Univers que la lecture insensible des Textes, fût-elle théâtrale et belle. Et les pauvres se mirent à danser...

Près de Bow Bridge qui surplombe le lac, Mendel Fogelman s'immobilise puis, à la grande surprise de Richard, se met à danser les mains en l'air, la tête légèrement inclinée en avant et les yeux toujours clos. Les gens, autour d'eux, s'arrêtent. Ils ont l'air stupéfaits du spectacle. Et Richard, à dire vrai, se sent terriblement gêné.

Très vite, pourtant, il s'aperçoit que les badauds le sont beaucoup moins que lui. Ils ne rient pas. Ils ne se moquent pas. Mais leurs regards sont emplis d'un visible respect. La danse de Mendel Fogelman n'est pas un jeu, non. C'est un rite. Une cérémonie. C'est une communion avec l'Éternel. Au fur et à mesure qu'il tournoie sur lui-même, que son corps devient plus léger, plus aérien, il se met à ressembler aux oiseaux qui tournent au-dessus du lac. Séduit par la scène, emporté par le rythme de la danse, Richard se met à la ponctuer en tapant dans ses mains. La foule suit son exemple. Un guitariste, surgi on ne sait d'où, se joint au mouvement. Une mélodie juive, entendue il y a longtemps chez son grand-père à Winnipeg, jaillit des cordes, et, entraîné par une mystérieuse nostalgie d'ancêtres ainsi que par les évolutions de plus en plus rapides de Mendel Fogelman, il se met lui aussi à danser.

Quand, plus tard, ils se retrouveront, tous deux, essoufflés, sur un banc du Shakespeare Garden, en face de l'American Museum of National History, Mendel Fogelman dira simplement, comme si cela allait de soi :

— Dimanche prochain, nous irons chez le rabbi de Lubavitch, à Brooklyn.

22.

Francfort
SUR LES TRACES DE HUGO

Septembre 1970

En un an, Sidney n'a revu Leïla qu'une seule fois, à la fin du mois de mai, lorsque, en route pour Mexico où elle devait rejoindre son mari, la belle Arabe s'est arrêtée deux jours à New York. Prétextant un congrès, Sidney l'a emmenée à Washington. Ils sont restés enfermés, au Four Seasons Hotel, sans songer à sortir pour admirer les arbres en fleurs ou se promener dans les ruelles animées de Georgetown. Leïla se proclamait toujours anti-israélienne et Sidney avait toujours autant envie d'elle.

Au début du mois, l'armée américaine avait envahi le Cambodge et, contrairement à ses amis, et particulièrement Jérémie Cohen, Sidney n'a pas trouvé cela d'emblée choquant : « Du jour où le Cambodge a accepté de servir de base pour le Vietminh, il est, de fait, entré en guerre », disait-il... Et s'il reconnaissait que cette guerre était « moche » (la presse en apportait tous les jours la preuve) il demandait à qui voulait l'entendre si l'on avait jamais vu une « jolie guerre ». Ce n'est que deux semaines plus tard quand David, le fils de son frère Larry, fut mobilisé et envoyé au Vietnam qu'il changea d'opinion. Bien que demeuré hostile au régime en place à Hanoi, il en venait à éprouver des doutes sur le sens de l'engagement américain. Cela provoqua quelques heurts supplémentaires avec Leïla, inconditionnelle de la « révolution » vietnamienne. Leurs divergences politiques, ce faisant, paraissaient augmenter d'autant le désir qu'ils ressentaient l'un pour l'autre.

Après le départ de Leïla, la vie à New York lui parut si fade qu'il accepta brusquement, et à la grande surprise de Marjory, de se rendre à un congrès médical à Francfort. L'invitation traînait sur son bureau depuis des mois. Il s'agissait du Congrès annuel de la chirurgie ophtalmologique qu'il avait manqué l'année précédente à cause de ce voyage à Beyrouth. Et l'idée d'y assister cette année lui paraissait à la fois exaltante et troublante.

Francfort donc. 3 septembre 1970. Il descend, comme prévu, à l'Intercontinental. Dans le hall, particulièrement animé, sous un énorme lustre, deux hôtesses blondes accueillent les congressistes avec une efficacité souriante. Comme aux États-Unis, chacun reçoit un badge avec son nom, le programme des débats et un guide de la ville.

On est samedi matin. Le congrès ne commence vraiment que ce soir. Remarquant dans le guide l'adresse de plusieurs synagogues, Sidney décide d'en visiter une. La plus proche est celle de la Freiherr von Stein Strasse ? Parfait. Va pour la plus proche. L'immeuble est gardé par quelques policiers en uniforme. Et Sidney est effrayé de constater que trente-cinq ans après la guerre, il faut encore, dans le pays du nazisme, protéger les Juifs. Dans l'entrée, Sidney rencontre un groupe de croyants qui bavardent après l'office du Shabbat. Il y a là des jeunes gens, mais aussi quelques personnes âgées. Pour la première fois en Allemagne, Sidney s'adresse à des Juifs dans son mauvais yiddish :

— Pourquoi vivez-vous encore ici ?

Les vieux sourient, embarrassés, et l'interrogent à leur tour. Ils veulent savoir d'où il vient, ce qu'il fait à

Francfort, ce qu'il compte y faire. Mais ils ne répondent pas à sa question.

Un homme le rejoint sur le seuil :

— Il faut les comprendre, dit-il. Ils sont tous malades... Malades dans leur tête. Ils vivent en Allemagne, mais ils en éprouvent de la honte. Pour la plupart d'entre eux, ce pays n'est pas celui de leurs pères, c'est la patrie de leurs bourreaux.

Le soir, après la lecture de quelques discours inauguraux, Sidney prend place à une table de l'immense restaurant de l'hôtel, avec sept autres congressistes de différentes nationalités. A sa gauche, se trouve le rabbin Lewinson, le grand rabbin de Baden et de Hambourg et son épouse, ophtalmologue à Heidelberg. Né en Allemagne, exilé en 1933 aux États-Unis et revenu en Allemagne sous l'uniforme américain, le rabbin Lewinson confirme le diagnostic du jeune homme de la synagogue :

— Oui, c'est vrai, les Juifs qui vivent actuellement en Allemagne sont malades, mais je souhaite qu'ils restent en Allemagne. Pour priver au moins Hitler de cette ultime et essentielle victoire : une Allemagne *judenrein* !

— C'est une remarque pertinente ! remarque un homme d'une soixantaine d'années, aux cheveux blancs, séparés soigneusement par une raie et assis à la droite de Sidney.

Sidney tourne la tête et l'homme lui sourit amicalement en montrant du doigt son badge : « Hans Furchmuller, RDA. »

Sidney a tout de suite le sentiment d'avoir déjà entendu ce nom quelque part.

— Vous venez d'Allemagne de l'Est ? demande-t-il.

— Oui, j'habite Berlin...

— Je croyais qu'il était difficile aux Allemands de l'Est de venir à l'Ouest...

— Pas pour des congrès scientifiques.

Puis, en se penchant vers Sidney :

— En réalité, je suis là à cause de vous.

Et, voyant l'étonnement du médecin juif :

— J'ai vu votre nom sur la liste des participants au Congrès, alors j'ai demandé à mes supérieurs de m'y déléguer aussi...

Il se lève cérémonieusement et se présente :

— Docteur Hans Furchmuller, le beau-frère de votre cousin Hugo.

Les conversations à table se sont tues et un jeune médecin français lève spontanément son verre :

— Buvons à cette rencontre familiale !

Puis, voyant l'air embarrassé de Sidney, il demande :

— Ai-je commis un impair ?

— Non, répond Sidney. Mais Hugo Halter a été tué voici quelques années lors d'un attentat en Israël.

— Attentat terroriste ? demande le rabbin Lewinson.

— Oui.

Un silence accueille cette révélation. On présente le dessert mais personne n'ose plus y toucher maintenant. Hans Furchmuller intervient alors :

— Avez-vous connu ma sœur ?

— Non.

— Et Hugo, l'avez-vous rencontré ?

— Je l'ai peu connu et, pourtant, sa mort m'a beaucoup affecté.

Hans Furchmuller le regarde. Hoche la tête, pensif. Et comme s'il avait une illumination, soudain :

— Si vous n'êtes pas trop fatigué par le voyage, nous pourrions prendre une bière dans un bar et parler ensemble de Hugo...

C'est ainsi que, dans un vieux café de la vieille ville rempli de bruit et d'odeurs rances, Sidney apprend deux ou trois petites choses qu'il ignorait sur son cousin.

Le docteur Hans Furchmuller lui parle d'abord de lui-même. Il est l'aîné d'une famille de quatre enfants. Lui, mobilisé en 1941, a été envoyé sur le front de l'Est. Son frère aîné, Peter, a été tué en Yougoslavie et son cadet, Wilfrid, est aujourd'hui pharmacien à Kiel. A la fin de la guerre, Hans a été blessé à Berlin. Il y a été soigné et y a connu une fille qu'il a épousée. Pas très heureux de vivre sous un régime communiste. Pas trop malheureux non plus. Le directeur d'un hôpital n'est-il pas, naturellement, un privilégié ? Les membres de sa famille ne viennent-ils pas, à tour de rôle, lui rendre visite ? C'est ainsi, d'ailleurs, qu'il a revu, en 1959, à la veille de Noël, sa sœur Sigrid accompagnée de son époux. Bonne impression dudit époux. Sympathie, estime immédiates. Admiration pour cette culture, cet extraordinaire souci de la paix. « N'a-t-il pas su, malgré les incompréhensions et les haines, nouer d'excellents rapports avec les Israéliens et les Arabes ? N'a-t-il pas le mérite, immense, d'avoir su dépasser les frontières de sa race, de son peuple, de sa mémoire ? » Hans Furchmuller, de fait, ne traîne pas : il présente son nouvel ami à un certain Wolfgang Knopff, qui travaillait, à l'époque, au HVA, le Haupt Verwaltung Aufklärung et qui était probablement un agent. Knopff s'intéresse à Hugo. Il apprécie ses tentatives. Il l'encourage à poursuivre son effort et lui signale un jour la présence à Francfort d'Israël Beer, important conseiller de Ben Gourion, et « un homme de grande envergure ». Ne fallait-il pas l'approcher ? Le mettre en contact avec des amis arabes ? Hugo suit, semble-t-il, le conseil de Knopff. Il négocie avec Israël Beer. Et il est aussi surpris que lui, Furchmuller, quand, deux ans plus tard, il apprend par la presse l'arrestation en Israël de ce même Israël Beer, accusé d'espionnage au profit de l'URSS !

Quelle étrange histoire ! songe Sidney. Quel effroyable embrouillamini ! Furchmuller continuera, jusqu'à la fin de la soirée, à broder sur les mêmes motifs, à détailler les portraits croisés de Hugo, de Beer, de Sigrid. Naïf ? Roublard ? Le médecin allemand est-il en train de l'informer ou de le tromper ? De le mettre sur la bonne ou sur une fausse piste ? Que veut-il savoir au juste ? Pourquoi a-t-il présenté Hugo à ce Knopff ? Pourquoi aujourd'hui, pourquoi dix ans après, désirait-il le rencontrer, lui, Sidney ? Voulait-il connaître l'état de l'enquête policière ? Savoir ce que la police, la famille ont découvert ? Et la mort de son cousin avait-elle un arrière-plan plus compliqué qu'il ne l'avait jusqu'alors imaginé ? Ces questions le poursuivront toute la nuit. En sorte qu'au petit matin, sitôt son déjeuner avalé, il décide d'appeler Benjamin Ben Eliezer en Israël.

Celui-ci paraît moins troublé par ce récit que Sidney ne s'y attendait. Il confirmera les informations de Hans Furchmuller concernant le conseiller de David Ben Gourion, Israël Beer, arrêté trois jours à peine après la mort de Hugo et de Sigrid. Mais il se gardera d'établir, dans l'état actuel de ses informations, la moindre relation entre ces morts et la trahison d'Israël Beer. A moins que...

— Oui, à moins que, répète-t-il, brusquement, à l'autre bout du fil... J'ai peut-être une idée... Restez-vous quelque temps à Francfort ?

— Non, fait Sidney. Je pars le 6 septembre par le vol TWA pour New York.

— Je vous appellerai là-bas, dans ce cas, dit Benjamin.

Le dimanche 6 septembre, comme prévu, Sidney quitte l'Allemagne. Il a acheté quelques cadeaux à l'aéroport. Fait provision de journaux. Il s'est confortablement installé dans son siège de la classe « Ambassador ». Il a feuilleté le *Time* et *Newsweek*. Bu une coupe de champagne. Et c'est alors qu'il est distrait de sa lecture par le passage brusque de deux hommes en direction de la première classe. Il entend des cris et voit un troisième homme, plutôt petit, brun, assis à deux rangs devant lui, se lever et braquer sur les passagers un énorme revolver.

— Ne bougez pas ! crie-t-il.

On entend des pleurs d'enfants dans la classe économique. Un bruit de bagarre en première. Un hurlement hystérique ici. Un homme qui proteste. Un autre qui s'indigne. Un coup de crosse au premier. Une menace au second. L'avion plonge. Quelques paquets tombent par terre et le haut-parleur se met à grésiller :

— Mesdames, messieurs, nous vous demandons votre attention, s'il vous plaît. Veuillez attacher vos ceintures...

La voix est tranquille, l'anglais correct :

— Votre nouveau commandant de bord vous parle. Le Front Populaire pour la Libération de la Palestine, qui a pris en main la direction de ce vol de la TWA, demande à tous les passagers de respecter les instructions suivantes...

L'avion se stabilise. Sidney regarde ses voisins, un couple de Pakistanais qui n'osent ni bouger ni respirer.

— Restez assis et gardez votre calme, poursuit la voix. Pour votre propre sécurité, placez vos mains sur vos têtes. Ne faites aucun mouvement qui pourrait mettre en danger votre vie ou celle des autres passagers de l'avion...

C'est alors seulement que Sidney prend la mesure de la situation : un détournement ! « Il ne manquait plus que cela », se dit-il et, comme ses voisins, il met les mains sur sa tête.

New York, septembre 1970

Début septembre, peu de temps avant le Roch Hachanah, je me rends à nouveau à New York. Ayant découvert dans le carnet de Hugo, à la lettre T, à côté du mot « taxi », le nom de Benny Mendelson et son numéro de téléphone, je l'ai appelé de Paris et lui ai demandé de m'attendre à la sortie du hall d'Air-France à l'aéroport J.F. Kennedy.

Je suis impatient de le rencontrer. Impatient de retrouver cette nouvelle « trace », cette nouvelle « piste ». Encore que quelque chose me dise, par avance, que je serai à nouveau déçu. J'ai hâte aussi de revoir New York, la seule ville au monde où le présent est déjà le passé et où le passé est tellement dépassé qu'on le relègue à la périphérie, dans ces quartiers-musées que l'on dirait voués à conserver la mémoire de la ville. Le Washington Square de Henry James, d'Edith Wharton et de Dos Passos avec ses maisons de briques rouges et son effervescence bon enfant... Le « village », avec ses rues qui ont encore des noms, un commencement, une fin et des maisons importées du vieux continent... Chelsea... Little Italy, ses cafés avec terrasse, ses capucinos... Lower East Side, ses synagogues, ses magasins de « shmates »...

China Town, pour les orphelins de l'Asie... Soho pour ceux qui confondent la bohème de Puccini avec la vie d'artiste... Et puis l'*autre* cité, bien sûr — celle qui grimpe toujours plus haut dans le ciel, le repoussant sans cesse, déchirant les nuages, forçant son bleu, donnant à l'homme de plus en plus de clarté, de plus en plus de liberté, mais aussi de plus en plus d'angoisse... Et puis encore, contre l'angoisse justement, cherchant à toute force à en exorciser le poids, toutes ces minuscules églises, ces temples, ces synagogues comme incrustés dans les blocs luisants et glacés des gratte-ciel — étranges collages urbains ! corps étrangers à cette ville que l'on dirait bâtie sans eux, contre eux ! Imaginez la Loire dans le Grand Canyon ! la place de la Concorde au cœur du désert du Neguev ! New York, suprême artifice... Et si New York était la Babylone moderne ? Si elle était en passe de réussir là où la cité biblique a échoué ? La chance, le génie de New York : avoir su et voulu couler tous les accents du monde dans le moule d'une seule et même langue...

New York, donc. Je débarque vers midi. Il fait beau. Le chauffeur de taxi est là. C'est un homme chauve, corpulent, qui brandit une pancarte avec mon nom et qui, sitôt sur l'autoroute, engage lui-même la conversation :

— D'où venez-vous ? demande-t-il avec un fort accent yiddish.

— De Paris

— Et avant ?

J'éclate de rire. Je lui parle de Varsovie, de la Pologne, de l'Argentine, du reste. Il me dit qu'il connaît la Russie. Que ses parents viennent d'Odessa. Il me redemande mon nom, puisque le sien est là, affiché sur le tableau de bord.

— Halter, lui dis-je, guettant sur son visage l'émotion, le frémissement au moins que ce nom doit susciter.

— J'ai connu un Halter, dit-il, en tournant légèrement

vers moi son visage mal rasé. Il travaillait au *Forward.*

— Hugo, je sais, oui... C'était un cousin... Voulez-vous me parler de lui ?

Et voilà le brave homme qui, pas plus étonné que cela, ne cherchant à savoir ni comment ni pourquoi je « sais » qu'il a connu mon cousin, se met à raconter.

— Je travaillais souvent avec les gens du *Forward.* Ils m'appelaient pour toutes sortes de petites courses. Je stationnais juste en face du building. Aujourd'hui, c'est un temple chinois. Les choses vont si vite de notre temps. Mais à l'époque, parole que c'était le siège d'un foutu journal yiddish. C'est comme ça, en tout cas, que j'ai transporté votre cousin. C'était un homme gentil, prévenant, mais sa femme... Ah sa femme ! Dans le taxi, vous comprenez, les gens font pas attention au chauffeur. Ils parlent... Ils se laissent aller... Ils se disputent... Ils se chamaillent... Sans parler de ces choses qu'ils font des fois, quand ils croient qu'on les voit pas... Enfin là, c'était pas ça... La femme de votre cousin avait un accent allemand, comme celui de Henry Kissinger... Elle dominait complètement son mari et je suis sûr que votre cousin faisait exactement ce qu'elle voulait... Oh ! je me trompe jamais, moi, vous savez ! A force d'interroger les gens, on devient un petit Sigmund. Vous savez de qui je parle ? Hein, vous savez ? C'était l'un des nôtres, lui aussi, pas vrai ? Pour moi donc, l'espèce masculine se partage entre les hommes et les maris. Votre cousin, lui, était un mari. Alors là, complètement.

— Vous vous souvenez de l'objet de leur conversation ?

— Pensez-vous ! C'était il y a longtemps. Je me souviens seulement de leur comportement, du ton sur lequel ils se parlaient.

Et, en se tournant à nouveau vers moi :

— Vous ne les connaissiez pas ?

— Presque pas.

SEPTEMBRE 1970

— Alors, je regrette de ne pas pouvoir vous donner plus de précisions. Je présume qu'ils sont morts, hein ? J'ai deviné, n'est-ce pas ? Vous voyez : un petit Sigmund ! Et voilà : vous êtes arrivé. Ça fait quinze dollars et cinquante *cents*.

23.

Israël
ARIÉ

Septembre 1970

Depuis qu'il est rentré au kibboutz, Arié n'a presque pas desserré les lèvres. Et aux questions de ses amis qu'intéresse son séjour en Argentine, il répond par monosyllabes, grognements, moues évasives. Anna-Maria ne lui a-t-elle pas froidement annoncé qu'elle ne l'aimait plus ? N'est-ce pas les mots eux-mêmes qui, dès lors, sont porteurs de fausseté, de mensonge ? Arié a retiré sa confiance au langage comme on se fâche avec un ami.

— Il faudrait peut-être l'emmener à l'hôpital de Kyriat Shemona et le montrer à un spécialiste, suggère de temps en temps sa mère.

Mais Mordekhaï éclate de rire :

— Allons, Sarah ! As-tu déjà oublié ce que c'est que l'amour ? Ce n'est pas un médecin qu'il lui faut, mais une fille.

— Mordekhaï !...

— Ne te fâche pas, Sarah... Ne te fâche pas... La sagesse populaire a tout dit là-dessus... Il faut du temps, voilà tout... Le temps voilà la clé... Tu le sais bien : « Un temps pour tuer et un temps pour guérir... un temps pour aimer et un temps pour haïr... »

— C'est dans la Bible, Mordekhaï.

— Je sais. La Bible, c'est la vie...

— Comment cela, « la Bible c'est la vie » ? Tu es devenu religieux, maintenant ?

— Tu n'as rien compris, mon amie... La Bible n'est pas religion, la Bible c'est...

— Je n'ai peut-être rien compris... Mais je sais au moins une chose : c'est que le petit souffre et qu'il faut l'aider... Qu'est-ce que tu proposes pour ça ?

Le pauvre Mordekhaï n'a, hélas, pas grand-chose à proposer. Pas de remède miracle. Et il ne trouve rien de mieux à faire que d'emmener le jeune garçon à Tel-Aviv accueillir le « cousin venu de Paris ». Ne suis-je pas le plus « exotique » des cousins ? Le plus nourri de mémoire, de projets politiques propres à le fasciner ? N'ai-je pas l'avantage, surtout, de bien connaître et Anna-Maria, et l'Argentine, et les terroristes ? Mordekhaï, malheureusement, ne me dit rien. Et trop occupé de moi-même, de mes stratégies et de mes rêves, je ne prends ni le temps, ni la peine de prêter attention au jeune garçon. En sorte que, sur le chemin du retour, la déception s'ajoutant au chagrin, et l'humiliation à la déception, son mutisme, loin de disparaître, est devenu quasi hostile.

Mordekhaï a pris la route qui longe la mer, via Haïfa et Akko. Près de la station d'essence, à l'entrée d'Akko, quelques soldats et soldates sont là, qui font du stop.

— On en prend un ? demande Mordekhaï à son fils qui, de plus en plus boudeur, ne daigne pas répondre.

Puis, stoppant dans un grand crissement de pneus et après que l'une des soldates a couru jusqu'à eux : « Allez, allez, montez... Si vous allez à Kyriat Shemona, c'est la providence qui nous envoie ! »

La fille s'appelle Judith. Judith Ben Aharon. Ses parents sont arrivés du Yémen juste après la proclamation de l'indépendance d'Israël, lors de l' « opération Tapis Volant ». « Sur les ailes de l'aigle, dit le prophète, je vous ai ramenés vers moi »... « Sur les ailes des avions israéliens, dit Judith, ma famille a été ramenée en Terre sainte. »

Mordekhaï observe cette étrange prophétesse dans son rétroviseur. Il la trouve étonnamment jolie, avec sa natte brune, ses yeux noirs, son visage hâlé, sa poitrine bien moulée dans la vareuse militaire.

— Dans une semaine, dit-il, Arié sera aussi sous l'uniforme.

— C'est vrai ? demande la fille.

— C'est vrai, grommelle Arié sans la regarder.

A Nahariya, Mordekhaï emprunte la route de Sasa. Là, ils aperçoivent enfin, à leur droite, le mont Meron. Le soleil, qui avait, un moment, semblé s'être figé et qui les éblouissait dangereusement, commence sa descente rapide derrière le mont Hermon, laissant sur le sommet enneigé quelques taches couleur de sang.

— C'est beau, dit Judith. Je n'ai jamais vu le Hermon de près.

Mordekhaï lui sourit, de plus en plus séduit. Arié lève aussi les yeux, rencontre dans le rétroviseur le regard de la jeune fille — mais, se rappelant tout à coup le visage d'Anna-Maria, tourne la tête et grogne à nouveau.

— Venez nous voir au kibboutz Dafné, lance à tout hasard Mordekhaï, au moment où il la dépose.

Mais la jeune fille l'entend à peine. Et après un dernier coup d'œil au fils qui conserve les yeux obstinément baissés, elle salue distraitement le père et s'en va vers Kyriat Shemona.

Quelques semaines plus tard, c'est le grand jour. Arié est toujours aussi triste. Toujours aussi silencieux. Ce sont toujours les mêmes images, les mêmes regrets, qu'il ressasse. Mais voici qu'est arrivé le moment de partir pour l'armée.

La Ford à nouveau. Mordekhaï au volant. Son fils à côté de lui. La route ensoleillée. Les nuages de poussière derrière eux. Les soldats auto-stoppeurs qui, nonchalamment, leur font signe. Et puis à mi-chemin, tout près du village de Tel Kedesh, une circulation qui se fait un peu trop dense pour l'endroit. Que se passe-t-il ? Un accident ? Un embouteillage ? Quelque chose de plus grave, de plus inhabituel encore ?

— Il y a quelque chose, grommelle Mordekhaï avec cette espèce d'« instinct des catastrophes » dont il aime bien dire qu'il est le propre des pionniers...

A peine a-t-il terminé sa phrase qu'on entend des sirènes de police toutes proches. Des klaxons. Et puis, à la radio, une interruption brutale aux chansons qu'ils écoutent depuis une heure :

« Aujourd'hui, dix minutes avant midi, trois obus de bazooka ont atteint un autobus qui transportait des écoliers sur la route de Tel Kedesh à Baram, le long de la frontière libanaise. Sept enfants ont été tués, vingt et un blessés. Le conducteur de l'autobus de la compagnie Eged, Rami Yarkoni, de Safed, et l'institutrice Deborah Ben Aharon, de Kyriat Shemona, ont succombé à leurs blessures... »

Quelques centaines de mètres plus loin, la route est barrée et la police dévie la circulation vers Ramot Naftali. Mordekhaï suit le flot des voitures. Mais, dès qu'il le peut, il tourne à droite, reprend la route de Tel Kedesh en sens inverse et se retrouve ainsi, sans l'avoir voulu ni prévu, à la hauteur de l'autobus endommagé. Ambulances. Voitures de police. Foule de parents en larmes. Cris, gémissements des curieux et des témoins du drame.

— Circulez ! circulez ! crie un policier au bord de la crise de nerfs.

— Je ne peux pas, dit Mordekhaï, la route est coupée.

— Alors, attendez... Non, circulez... Enfin bon : restez là... On va vous la dégager, cette route... Pour l'instant, y a rien d'autre à faire qu'à attendre et fermer sa gueule !

Mordekhaï et Arié, bloqués en effet, sortent de la voiture et s'approchent de la carcasse de l'autobus.

— Les amis d'Anna-Maria... peste Arié.

— Que dis-tu ? demande Mordekhaï.

Il retire ses lunettes et d'un revers de la main essuie les larmes qui lui embuent les yeux.

— Je dis que ce sont les amis d'Anna-Maria, répète Arié.

— De qui parles-tu ?

— Des salauds qui ont fait cela... Les terroristes...

Et brusquement :

— Regarde, papa, c'est Judith !

La jeune Yéménite est là en effet, perdue dans la foule, tel un bel oiseau noir aux ailes cassées, immobilisée dans un geste de désespoir. Arié s'approche d'elle et la prend aux épaules. Elle se retourne, surprise. Et leurs regards se croisent comme quelques jours plus tôt dans le rétroviseur de la vieille Ford. Cette fois, Arié ne détourne pas la tête.

Le premier Shabbat après la mobilisation, Arié reviendra inopinément au kibboutz. Ses parents sont à la maison. Son père lit en se balançant sur une vieille chaise cannée, sa mère donne à manger à Dina, sa petite sœur.

— Que se passe-t-il ? s'écrie-t-elle en le voyant.

— Tout va bien, maman, ne t'inquiète pas. J'avais besoin de voir papa.

— Tu aurais pu téléphoner.

— C'est vrai... Mais c'est personnel... Il fallait que je voie papa... que je lui parle d'homme à homme.

— Bon, bon, fait Sarah, vexée, je m'en vais...

Puis, un radieux sourire aux lèvres :

— Mais au fait, tu parles maintenant ! Regarde, Mordekhaï, il a retrouvé sa langue !

Sur quoi, elle prend la petite Dina par la main. Et, la mine faussement grondeuse, laisse les deux hommes en tête à tête.

— Alors ? dit Mordekhaï.

— Alors, j'ai une chose à te demander.

— Je t'écoute, mon fils.

— Est-ce que je pourrais travailler avec Benjamin ?

Mordekhaï répète, surpris :

— Travailler avec Benjamin ?

— Oui, Benjamin, ton ami. Il fait partie du Mossad, n'est-ce pas ?

— C'est à peu près cela.

— Eh bien voilà, je voudrais travailler avec lui.

Et, comme Mordekhaï le fixe d'un air de plus en plus sidéré :

— Ce ne sont pas les soldats, ni les policiers qui pourront prévenir des attentats tels que ceux qui ont coûté la vie à ton cousin Hugo ou à la mère de Judith... Contre les terroristes, il faut employer d'autres moyens. Les terroristes qui nous combattent ne cantonnent pas seulement au Liban. Ils sont en Europe, ils sont en Argentine... Ce sont des jeunes comme moi... Je les connais...

Mordekhaï n'a jamais vu son fils dans cet état. Il n'a jamais vu, dans ses yeux, cette lueur mauvaise, presque perverse. A quoi pense-t-il ? A qui ? Pourquoi cet accent de reproche, presque de haine ? Et d'où lui vient cet étrange appétit de vengeance qu'il croit discerner dans ses mots ? Le jeune homme, de fait, continue :

— Est-ce que tu sais, papa, qu'Anna-Maria est une terroriste. Est-ce que tu sais que ses amis posent des bombes ? Tu vois, tu ne le sais pas ! La majorité des terroristes sont comme ça. Certains y croient vraiment. C'est pour cela qu'ils sont dangereux...

Et, prenant son père par le bras, comme s'il se ressouvenait tout à coup de sa présence :

— Tu parleras à Benjamin, dis ? Je crois que je saurai combattre ces salauds.

Chose promise, chose due. Le 6 septembre 1970, Arié reçoit l'ordre de se présenter au ministère de la Défense à Tel-Aviv. A l'accueil, un soldat l'attend et l'invite à le suivre. Le bureau exigu de Benjamin Ben Eliezer se trouve au troisième étage, au bout d'un long couloir. Sur la table, plusieurs téléphones. Au plafond, un énorme ventilateur. Benjamin porte son éternel costume gris et ses grosses lunettes en écaille. Il invite le jeune homme à s'asseoir et lui demande de raconter ce qu'il sait des activités d'Anna-Maria et de ses amis. Quand Arié a terminé, il se lève :

— Tu es ici dans un bureau de l'« Aman », qui est une abréviation d'Agaf Modiin (Service de renseignements de l'armée). Ton père m'a parlé de ton désir de travailler dans les services de renseignements. Ce n'est pas impossible, mais il faut que tu finisses d'abord la première année de ton service militaire. Tu parles arabe ?

— Oui.

— Bien ?

— Je crois.

Le téléphone sonne. Benjamin s'excuse et soulève le récepteur. Le second téléphone retentit, il le décroche aussi et demande de patienter. Une oreille au premier. Une autre au second. En vingt secondes, tout est dit :

— Viens avec moi, Arié... Dans la salle des télex... Deux avions viennent d'être détournés par les Palestiniens... Un El Al et un TWA...

24.

Beyrouth
SEPTEMBRE NOIR

Septembre 1970

En ce début de septembre 1970, Hidar séjourne à nouveau à Beyrouth. Il est seul cette fois. Il a fini par promettre à Olga le mariage. Il l'a fait sincèrement, d'ailleurs. En pleine connaissance de cause. Sachant parfaitement que sa décision, une fois connue, sera critiquée aussi bien par les Soviétiques que par les Arabes. Mais enfin, pour le moment Olga n'est pas là. Et il est seul donc, en face de ses tourments.

Ce qui le préoccupe, c'est l'« Opération Jordanie ». Il en a défendu le principe à Moscou et se sent responsable de son succès. Cette opération, plusieurs fois repoussée, va enfin se réaliser ! Et pour la suivre de plus près, il s'est installé dans un studio au-dessus de l'appartement que Waddi Haddad a aménagé au troisième étage du Kataraji Building. Une opération aussi importante que celle de Jordanie ne peut être sérieusement suivie de la Centrale, sur la colline Mazraa, dans un va-et-vient incessant de journalistes et de feddayin. Waddi Haddad, lui, est depuis une semaine déjà en Jordanie, faisant la navette entre le camp de Wahdat et Amman. Et c'est Ghassan Kanafani et Bassam Abou Sharif qui assurent la permanence à la Centrale.

Oui, le Tunisien est inquiet. L'opération Ben Gourion a capoté. Le commando qui devait partir pour Buenos Aires de Copenhague a été surpris par la police, en train d'emballer les armes, au domicile d'une jeune peintre arabe. En outre, il y a tout juste deux mois, Haddad lui-même a échappé, par miracle, à un mystérieux tir d'obus qui a ravagé son salon, atteint sa chambre à coucher et blessé sa femme et son fils. En soi, l'échec de l'attentat contre Ben Gourion a plutôt réjoui Hidar. Mais pas la découverte aussi rapide du commando. Ni cet attentat contre un appartement dont personne, sauf les plus proches amis de Haddad, ne connaissait l'adresse. A croire que les Israéliens sont parfaitement renseignés. Mieux : infiltrés jusque dans les instances dirigeantes du Front. Cette conclusion, il n'est certainement pas seul, il le sait bien, à la tirer. Et il sait aussi qu'elle ne peut, à terme, que semer la méfiance entre eux tous et aboutir à de sanglants règlements de comptes.

Bref, ce 6 septembre, jour J, Hidar se tient dans son repaire. C'est un deux-pièces-cuisine tout blanc. Une table en teck, quelques chaises et un canapé en constituent le mobilier. Sur la table il y a trois téléphones noirs, avec leurs batteries de fils. Sur le rebord de la fenêtre, caché par une persienne, le télex. L'atmosphère est tendue. Il fait chaud. Le gros ventilateur ne parvient qu'à faire voleter les feuilles de papier, posées près des téléphones. La chemise en soie de Habbache est tachée de sueur. Ghassan Kanafani s'éponge nerveusement le front. Personne ne dit mot.

A 14 h 5, enfin, le télex se met à bourdonner et, presque en même temps, le téléphone à sonner. Kanafani décroche :

— Ça y est ! s'écrie-t-il. Samirah et Patrick ont détourné l'avion d'El Al.

Hidar essaie de sourire, mais son visage tendu par

l'angoisse ne laisse paraître qu'une faible grimace. Comme tout le monde, il attend la suite.

14 h 12. Le télex et le téléphone s'ébranlent en même temps. Un feddayin arrache la dépêche qui vient de tomber. On annonce de Francfort le détournement d'un Boeing 707 de la compagnie américaine TWA, qui transportait 140 passagers vers New York.

14 h 27. Ça y est, le DC 8 de la Swissair, qui allait de Zurich à New York, vient lui aussi d'être arraisonné. Pour la première fois, Hidar et ses amis laissent un peu de leur joie éclater. On se lève. On danse presque. Bassam Abou Sharif débouche une bouteille de champagne. Habbache prend Kanafani dans ses bras. Les embrassades succèdent aux félicitations.

Mais voici qu'il est 15 h 3. Les trois téléphones sonnent tous ensemble. Kanafani décroche :

— Quoi ? demande-t-il.

Puis :

— Non... Ce n'est pas possible...

Il ne comprend visiblement pas ce qu'on lui dit. Ou mieux : il ne peut, ne *veut* pas comprendre. Quand Hidar s'approche de lui, il est tout pâle et semble sur le point de défaillir :

— L'avion d'El Al vient de se poser à Londres, dit-il simplement.

Habbache sursaute :

— A Londres ! Ce n'est pas possible, voyons !

Mais Kanafani fait un geste d'impuissance :

— Patrick a été mortellement blessé par les gardes sionistes. Samirah a été désarmée. Tous deux sont actuellement entre les mains de Scotland Yard...

Et, parcourant le paquet de dépêches qui tombent maintenant à un rythme de plus en plus rapide :

— Si les autres réussissent, ce sera quand même une victoire...

— Il faut qu'ils réussissent ! siffle Habbache entre ses dents.

Hidar arrache à Kanafani l'un des télex :

— Les avions de la Swissair et de la TWA viennent d'entrer en contact avec la tour de contrôle de Beyrouth.

— Et les autres dépêches ? demande Habbache.

— Elles disent la même chose. Il semble que les avions se dirigent actuellement sur Bagdad.

Silence dans la pièce. Chacun retient son souffle. Bassam Abou Sharif, pour tuer le temps, va préparer un peu de café. La tension est à son comble quand le téléphone, qui s'était tu, recommence à sonner. Hidar sursaute.

— Ça doit être Amsterdam, dit Ghassan Kanafani.

— Mais oui, fait Hidar en décrochant, j'en avais presque oublié Amsterdam.

Une voix lointaine, venue d'Amsterdam en effet, annonce le détournement d'un Jumbo-Jet de la Pan Am, qui effectuait la liaison Bruxelles-New York.

Le large visage de Habbache s'illumine. Il prend Hidar par les épaules :

— Nous sommes en train de réussir, Hidar ! Nous allons secouer le monde et le forcer de tenir compte de la Palestine ! Ce sera notre guerre des Six Jours...

Il commence à faire sombre. Le café a refroidi. Mais Bassam Abou Sharif le sert quand même. Et il règne maintenant dans la pièce un climat, sinon d'euphorie, du moins d'optimisme et d'enthousiasme. A 20 h 50 enfin, Waddi Haddad téléphone d'Amman pour annoncer l'atterrissage réussi de l'appareil de la TWA à l'« aéroport de la Révolution » où se trouve déjà l'avion de la Swissair.

— Le Jumbo-Jet, en revanche, ne pourra jamais atterrir ici. La piste est trop courte.

— Fais-le poser à Amman, conseille Habbache.

— Impossible. Nous tenons la ville, mais les blindés du Roi contrôlent l'aéroport... Je rappelle à minuit.

A l'heure dite, nouvel appel. Ce n'est que deux heures plus tard qu'un représentant du Front au Caire téléphone pour dire que le Jumbo-Jet s'est posé à 1 h 21 à l'aéroport du Caire et que, après avoir évacué tous les passagers et l'équipage, les feddayin l'ont fait sauter.

— Voilà ! fait Hidar. La première manche est gagnée. Demain, le monde entier n'aura d'yeux que pour nous.

Et Habbache :

— Voyons d'abord comment ils réagiront à notre ultimatum. Il faut vite demander la libération de Samirah.

Puis, comme s'il tenait à donner la preuve de son extrême sérénité :

— Et maintenant, je vous conseille d'aller dormir. La journée de demain sera longue.

Le lendemain, quand Hidar descend à la permanence, on lui remet un message de Habbache lui demandant de passer à la Centrale. Une extraordinaire effervescence y règne. Dans la cour, dans les étages, les feddayin pavoisent. Les journaux sont favorables. Tous, ou presque, estiment que les preneurs d'otages usent du seul moyen à leur disposition pour attirer l'attention. Le communiqué du Front figure partout, en bonne place. Et le fait est que, jamais, on n'avait tant imprimé les mots Palestine et Palestiniens.

Hidar se fraie un chemin au milieu des feddayin en armes, des journalistes, des photographes et des équipes de télévision. Il repousse du pied un câble. Bouscule un cameraman. Manque se battre avec un autre. Et, après avoir poussé une porte derrière laquelle Kanafani répond aux questions de la télévision japonaise, il arrive devant le bureau de Georges Habbache, que gardent deux feddayin arborant chacun une Kalachnikov.

Habbache est assis. Il fait face à un jeune homme brun, à moustaches, prématurément grisonnant. Bassam Abou Sharif, debout derrière lui, présente :

— C'est un camarade argentin... L'un des dirigeants des fameux Montoneros...

Le jeune homme se lève :

— Julio Feldman.

— Enchanté, dit Hidar en anglais, tout en serrant la main tendue.

— Je disais au docteur Habbache, dit Feldman, que les Palestiniens viennent de donner une grande leçon au monde. Ce monde qui dort tranquillement sur un lit fait d'injustices, vous l'avez enfin réveillé.

— Julio Feldman est un grand poète, précise Habbache avec une pointe de moquerie dans la voix... Son mouvement est prêt à nous aider.

Puis, prenant Hidar par le bras et l'entraînant vers la fenêtre.

— J'ai parcouru la liste des passagers de l'avion que nous avons détourné. Bassam te la donnera tout à l'heure. Tu risques d'avoir une surprise.

— Une surprise ?

— Oui, une surprise. Mais ne t'énerve pas. N'oublie pas qu'un homme surpris est un homme à moitié pris. Je te téléphonerai d'Amman. En attendant, appelle Moscou pour connaître leur réaction...

Embrassades. Adieux. Fausses protestations d'amitié. Quand Habbache quittera la pièce, Hidar s'approchera de Bassam Abou Sharif qui discute encore avec l'Argentin, et lui demandera la liste des passagers de l'avion détourné vers la Jordanie. Hidar a compris très vite à qui Habbache faisait allusion : parmi les passagers de la TWA, il y a bien entendu Sidney.

25.

Jordanie
DANS LE DÉSERT DE ZARKA

Septembre 1970

Il fait chaud. L'air est immobile. Les portes de l'avion grandes ouvertes ne laissent entrer dans la carlingue aucun courant d'air, aucune brise. A travers un hublot, que les rayons du soleil matinal prennent pour miroir, Sidney n'aperçoit qu'une étendue de sable jaune. Parfois, quelques hommes en armes apparaissent dans son champ de mire, comme sur la scène d'un théâtre, pour disparaître aussitôt derrière les coulisses. Devant lui, une femme aux cheveux défaits, sur lesquels quelques épingles pendent lamentablement, tente de calmer un enfant qui, depuis plus d'une heure déjà, crie à gorge déployée. Le commandant Caroll Woods, un homme d'une cinquantaine d'années, au dos légèrement voûté, repasse pour la troisième fois entre les rangées sans prononcer un mot, comme s'il pensait que sa seule présence rassurera les passagers.

A côté de Sidney, le rabbin Jonathan David, de Brooklyn, a tranquillement sorti un châle de prière d'une sacoche de toile grise, s'en est couvert la tête et murmure :

— Combien précieuse est Ta grâce ô Dieu ! Les fils de l'homme s'abritent à l'ombre de Tes ailes...

Puis, d'un geste mesuré, il sort les phylactères. Les enroule sur son avant-bras gauche. Se tourne vers Jérusalem, tout proche. Et dit la *chaharith,* la prière du matin.

Une rafale de mitraillette vient pourtant l'interrompre et fait sursauter Sidney. L'enfant sur la banquette avant se remet à crier de plus belle. Sidney regarde à travers le hublot : au loin, sur le fond bleu du firmament, quelques chars sombres, aux couleurs jordaniennes, se placent en position de combat.

Le rabbin Jonathan David reprend :

— Toi, que la miséricorde apaise et que la prière fléchit, laisse-Toi apaiser et fléchir par une génération malheureuse car il n'y a point de secours.

Sidney regarde le rabbin avec envie et admiration. Il ne connaît apparemment ni angoisses ni états d'âme. Comme le grand-oncle Abraham, là-bas, dans le ghetto de Varsovie ? Oui, exactement. Comme Abraham. Lui aussi se sentait protégé. Cela ne l'a pas préservé de la mort, mais lui a, au moins, épargné la peur. Et Sidney, à sa propre surprise, couvre sa tête d'un mouchoir et joint sa voix à celle du rabbin :

— Écoute, Israël, l'Éternel est notre Dieu, l'Éternel est Un !

Il revoit l'avion, la veille au soir, brutalement posé sur la piste d'un aérodrome inconnu, éclairé par des phares de voitures. Il revoit les trois hommes armés qui sont alors montés à bord. L'un d'entre eux, jeune, souriant, une chemise kaki largement ouverte sur une poitrine bronzée, informe les passagers dans un anglais correct que l'avion se trouve désormais entre les mains du Front Populaire de Libération de la Palestine. Il promet aux gens qu'ils seront bien traités. Mais ajoute qu'ils ne seront pas libérés tant que l'Angleterre, la RFA, la Suisse et Israël n'auront pas remis en liberté les combattants palestiniens détenus dans les prisons de ces différents pays.

La nuit, ensuite, a été particulièrement froide. Sidney a sorti un pull de sa sacoche, mis sa veste; et, toujours tremblotant, il a enfilé la veste rayée de son pyjama en flanelle.

— Vous le faites exprès? lui a demandé le rabbin Jonathan David, après avoir rangé son châle de prière et ses phylactères.

— Exprès?

— Oui, votre veste de pyjama...

Et comme Sidney ne comprend pas :

— Avec votre visage fatigué, votre barbe mal taillée et votre pyjama rayé, vous faites penser à un déporté...

Et, hochant tristement la tête :

— Mais vous n'avez peut-être pas tort. Ce qui nous arrive procède de la même démarche que ce qui est arrivé à la génération de nos parents en Europe, voici à peine trente ans...

Oui, il revoit tout ça. Repense à tout ça. Il mesure, surtout, l'absurdité de la situation. Lui, Sidney Halter... Médecin tout ce qu'il y a de plus ordinaire... Lui, l'époux de Marjory, le père de Richard et de Marilyn, bloqué là, en plein désert, comme dans un film ou un roman... Ce genre de mésaventure n'arrive jamais qu'aux autres, se disait-il jusqu'à présent... Eh bien, non... Voilà... Ça lui est arrivé à lui... Et la vérité c'est qu'il n'en revient toujours pas...

A présent la nuit est finie. Le soleil s'est tout à fait levé et la chaleur est déjà étouffante. Sidney est en manches de chemise. Il a soif.

— Pouvez-vous me donner un peu d'eau? demande-t-il à une hôtesse qui passe.

— Je vous en apporte un verre, mais il faudra dorénavant économiser l'eau. Nous ne savons pas combien de temps nous resterons ici... Le désert, vous comprenez...

Après avoir bu son verre, Sidney somnole un peu. Il a le

temps de s'étonner de la phénoménale capacité d'adaptation des hommes. Une nouvelle fois, il repense au grand-oncle Abraham et au ghetto de Varsovie. Il revoit même, Dieu sait pourquoi, ce pauvre Hugo le jour de leur dernière rencontre, quand il est venu à New York, le taper de ces fameux 300 000 dollars. Et puis il finit par s'endormir.

C'est le haut-parleur qui le réveille. Il a peine, d'abord, à se rappeler où il est. Plusieurs feddayin se tiennent à l'avant de l'avion. Le jeune Palestinien, qu'il connaît déjà, énumère au micro des noms de passagers.

— Que se passe-t-il ? demande-t-il au rabbin Jonathan David.

— Le terroriste lit la liste des passagers qui seront emmenés à Amman.

— Ils seront libérés ?

— Il ne le dit pas...

Dès que le Palestinien a fini d'égrener les noms et les nationalités des voyageurs concernés, un tumulte assourdissant remplit la carlingue. Les passagers dont les noms ont été prononcés rassemblent leurs bagages. Certains d'entre eux s'inquiètent de leur destination. Ceux qui restent se mettent à écrire fébrilement des messages pour leurs familles avec l'espoir que ceux qui partent parviendront à les transmettre. Les enfants crient, les tablettes claquent et Sidney pense, encore une fois, au ghetto de Varsovie. Troublé par cette comparaison démesurée, il écrit, lui aussi, un bout de lettre aux siens, et prie une jeune femme, au nombre des passagers « libérés », de le poster à Amman.

Tout doucement, l'avion se vide. Ceux qui restent marquent leur stupeur en gardant le silence. Sidney voit à travers le hublot quelques camions chargés d'hommes, de femmes et d'enfants, quitter la piste en direction des chars jordaniens. Il les suit du regard jusqu'à ce qu'il ne reste d'eux qu'un épais nuage de poussière.

Quand il se retourne, le rabbin Jonathan David prie à nouveau :

— « Ô Éternel, secours-nous, que le Roi nous exauce au jour où nous L'invoquons. »

Une femme s'approche. Elle est petite, ses cheveux gris sont tirés en arrière et ses lunettes, accrochées à une cordelette rouge, se balancent sur sa grosse poitrine.

— Je m'appelle Sarah Malka, dit-elle. De North Bergen, New Jersey.

— Enchantée, répond la femme du rabbin.

— N'avez-vous pas remarqué, demande Sarah Malka, que ceux qui sont restés sont presque tous juifs ?

— Non, fait le rabbin.

— Mais si, mais si, dit-elle en triturant nerveusement la grosse bague verte qu'elle porte à l'auriculaire gauche, j'ai fait le tour de l'avion ; derrière, à quelques rangées de vous, il y a Mme Beeber, de Brooklyn et le rabbin Drillman et aussi M. Benjamin Finstin, de Whiteston, New York...

— Mais moi, je ne suis pas juive, proteste une fille en minijupe. Si on ne retient ici que les Juifs, il faudrait qu'ils me libèrent !

Le rabbin Jonathan David tente de la calmer :

— Allons, allons ! Je suis sûr que vous n'êtes pas la seule « goï » dans l'avion. Faites un tour pour vous en assurer.

Sidney sourit. Puis, il se lève pour se dégourdir les jambes. La chaleur est de plus en plus étouffante. Le soleil brûle le duralumin de la carlingue. Et il faut attendre la fin de la journée, puis la nuit, pour que la température redevienne à peu près supportable.

Le lendemain, la situation n'a toujours pas évolué. Par contre, les toilettes sont de plus en plus sales et l'eau vient à manquer. Mais le pire, c'est l'incertitude, le manque d'informations, l'angoisse. Les hommes ruminent. Des femmes, de plus en plus nombreuses, craquent et ont des crises de nerfs. Le commandant leur distribue des calmants. L'équipage tente de les apaiser. Mais en vain. L'attente devient, d'heure en heure, plus intolérable, plus lourde.

Vers 11 heures, nouvelle visite des feddayin. Celui qui parle anglais a une seconde liste de noms. Il les égrène sur le même ton monocorde que la première fois. Sidney est du nombre. Et sans rien savoir de ce qu'on lui veut, sans poser la moindre question, il obéit et se lève.

— Avec les bagages ? demande-t-il.

— Non. Sans les bagages.

Il ressent un picotement dans la gorge, la peau sous sa barbe qui se contracte. Mais il se lève et s'apprête à suivre le commando. En arrivant à la porte, il est frappé de plein fouet par une lumière si forte qu'il doit fermer les yeux et trébuche sur la première marche de l'échelle.

Il est sur la piste maintenant. Une quinzaine de passagers parmi lesquels un homme à la barbe noire, une calotte sur la tête, attendent résignés la suite des événements. Sidney découvre avec étonnement, juste devant l'avion de la TWA, un autre appareil, suisse. Autour des deux avions, une centaine de feddayin armés montent la garde. Un peu en retrait sont alignés une douzaine de nids de mitrailleuses ainsi que plusieurs jeeps armées de mitraillettes lourdes, et une ambulance du Croissant rouge palestinien.

L'atmosphère est tendue. Les feddayin — dont l'un porte sur sa veste de treillis l'insigne de la Swissair — conservent le doigt sur la détente de leurs armes. Le petit groupe de passagers paraît écrasé par l'ombre du Boeing. Sidney, bien sûr, est en nage.

— Ils vont nous fusiller ? demande la jeune femme en minijupe.

Ce n'est qu'au bout d'un moment — qui semble à Sidney aussi long que la traversée du désert — qu'une jeune Palestinienne s'approche du groupe :

— Des journalistes vont vous interviewer. Mais que ce soit clair : pas de messages personnels, pas de discours, ni de proclamations. Sachez que la vie de tous les passagers est entre vos mains.

Elle fait ensuite signe aux feddayin de s'éloigner des avions. Ils la suivent sur la piste en terre battue, craquelée par l'effet de la chaleur. Sidney remarque que le commandant de bord porte l'insigne du Front Populaire pour la Libération de la Palestine épinglé sur sa chemise blanche, sale et froissée. Puis il aperçoit les pieds nus d'une des hôtesses de la TWA et se souvient d'une phrase du Talmud que son père citait souvent : « Quand les hommes ne respectent pas la Loi, ils se dévorent vivants. »

Quelques minutes plus tard, les journalistes arrivent. Les feddayin les placent à bonne distance du petit groupe de passagers. Drôle de conférence de presse ! Les journalistes, comme les voyageurs, doivent employer des haut-parleurs pour se faire entendre.

— Comment allez-vous ? crie un journaliste.

Le chef de cabine du DC 8 de la Swissair répond dans un anglais marqué par un fort accent suisse :

— Nos gardes sont très gentils. Ils font tout ce qu'ils peuvent pour nous. Les conditions d'hygiène à bord sont cependant inacceptables. Les toilettes ne peuvent plus être utilisées. Nous avons de quoi manger, mais plus rien à boire...

Pas de photos. Pas d'interventions intempestives. Juste ce soleil torride. Cette douleur à la tête, qui gagne. Cette impression, persistante, de cauchemar et d'horreur. Sidney se sent si mal qu'il n'est, à dire vrai, pas fâché du tout quand arrive l'instant de remonter dans l'appareil. Au moment, pourtant, où il s'apprête à grimper à l'échelle, un Palestinien d'une quarantaine d'années, en uniforme kaki, au front dégarni et à la moustache noire, l'interpelle :

– Vous êtes bien Sidney Halter ?

— Oui.

— Vous avez beaucoup de bagages ?

— Non, une sacoche...

— Alors, prenez-la et revenez. Je vous emmène à Amman.

26.

Beyrouth
LA DISPARITION DE SIDNEY

Septembre 1970

Depuis que les téléscripteurs ont fait tomber les premières dépêches annonçant au monde le détournement simultané des avions d'El Al, de la TWA et de la Swissair, Hidar Assadi est sur le qui-vive. Cette « opération Jordanie » est son opération. Pourtant, il n'en a aucunement le contrôle et ne peut en modifier le cours. Spectateur d'une pièce qu'il a imaginée et qui, à présent, se déroule sans lui, il est un peu l'otage des otages de Zarka et court donc après les informations de la Centrale, sur la colline de Mazraa, à la permanence dans le Kataragii Building.

Le 9 septembre, à 11 h 30, il apprend le détournement du DC 10 de la BOAC, qui relie Bahrein à Londres. Cette nouvelle opération de détournement a été décidée avec son consentement : les Britanniques refusant de libérer Samirah et nul citoyen britannique ne figurant parmi les otages de Zarka, il fallait se donner rapidement une véritable monnaie d'échange. Cependant, les événements ne s'enchaînent pas aussi rapidement qu'il l'avait prévu et voulu. Les négociations pour la libération des otages en échange des prisonniers palestiniens en Suisse, Angleterre, Allemagne et Israël traînent en longueur et quant à l'offensive militaire déclenchée contre le roi de

Jordanie, elle semble piétiner. Le temps donné par Moscou pour réussir est en train de s'écouler et Hidar, impuissant, se ronge les sangs à Beyrouth. « N'allez surtout pas en Jordanie, lui a dit son contact à l'ambassade d'URSS... il ne faut pas qu'un homme lié à Moscou soit vu parmi les Palestiniens à Zarka ou dans les camps des environs d'Amman. » Moyennant quoi il en est là — désespérément inactif et anxieux. C'est un appel de Moscou qui le réveille. Olga à l'appareil... Ce coup de téléphone le sidère. Personne, sauf quelques responsables soviétiques haut placés, ne pouvait connaître son numéro à Beyrouth. Et en effet, Olga lui avoue en minaudant l'avoir obtenu de son frère Sacha. Que celui-ci communique un numéro de téléphone secret, même à sa propre sœur, est incompréhensible ! Sauf s'il voulait ainsi lui nuire. La nouvelle annoncée par Olga confirme cette hypothèse : Rachel Halter, ayant appris par sa fille que le cousin Sidney de New York était un spécialiste des maladies des yeux et qu'il utilisait des traitements peu connus en Union soviétique contre le glaucome, a appelé les États-Unis pour lui demander conseil et a appris son enlèvement.

— Son enlèvement ? s'exclame Hidar. Je sais qu'il voyageait à bord de l'un des avions détournés par la résistance palestinienne...

— Pas du tout...

— Que dis-tu ?

Olga parle plus fort :

— Je dis : pas du tout... Sidney se trouvait, en effet, dans l'avion de la TWA, détourné par les terroristes, mais il n'y est plus...

Hidar s'impatiente :

— Sois plus précise, *milaya*. Je t'en prie.

— Je te dis ce que m'a raconté maman. La femme de Sidney a reçu un coup de fil d'Amman, d'une passagère de la TWA, libérée par les Palestiniens et à qui Sidney aurait confié une lettre.

— Que dit la lettre ?

— Ne crie pas, Hidar. Je t'entends très bien ! Je ne sais pas ce que dit la lettre. Mais il paraît que tous les passagers ont déjà été libérés sauf les passagers juifs...

— Et Sidney est parmi eux ?

— Justement, non. Un responsable terroriste serait venu le chercher à l'avion juste après la conférence de presse organisée par les Palestiniens. Et depuis, personne ne l'a revu...

Cette affaire déplaît profondément à Hidar. D'abord parce qu'il n'aime pas cette idée d'une discrimination à l'encontre des otages juifs. Mais, ensuite, parce qu'il a beau n'avoir aucune sympathie particulière pour ce Sidney, sa disparition le gêne. Mieux, elle l'inquiète. Car il ne peut s'empêcher de penser qu'elle le vise lui, Hidar, comme déjà on avait cherché à l'atteindre en tuant Hugo. Il se souvient de la remarque de Kamal Joumblatt : « Quand on ne sait pas protéger un ami, on perd de son influence ; quand on ne sait pas le venger, on perd ses amis. » Et, pour la énième fois, il s'interroge sur la mystérieuse haine qu'un dirigeant du Front semble lui porter.

Après quoi, il prend une douche, s'habille et descend à la permanence. Ghassan Kanafani est déjà là. L'un des feddayin préposés au télex leur apporte des cafés et Kanafani lui tend les dépêches. La première annonce une démarche de l'Irak auprès du FPLP pour obtenir la libération des passagers des avions détournés. La seconde fait état de la déclaration du président américain, Richard Nixon, dans laquelle celui-ci promet solennellement d'obtenir la liberté de tous les otages, sans distinction de nationalité, de race ou de religion...

— Les cons ! peste Hidar.

— De qui parles-tu ? demande Ghassan.

— Je parle de nos amis. Ils devaient organiser un événement médiatique propre, sans bavures et gagner ainsi la sympathie du monde. Au lieu de cela, ils apportent sur un plateau d'argent des arguments, médiatiques justement, au président américain. Celui-ci a beau jeu de les accuser d'antisémitisme ! Il a même l'air d'avoir raison...

— Ils n'ont certainement pas pu faire autrement, fait Kanafani doucement, sans lâcher Hidar des yeux. Israël n'est sensible qu'à la menace exercée contre les Juifs. Et c'est Israël qui retient le plus grand nombre de nos camarades.

Hidar se fâche :

— Mais de quoi parles-tu ? Tu sais aussi bien que moi que cette opération n'avait pas pour but la libération de nos camarades, mais la conquête de l'opinion publique internationale et la prise du pouvoir à Amman.

— Et nos camarades ?

— En réalisant nos deux objectifs, on obtenait automatiquement leur libération.

Hidar fait quelques pas dans la pièce, nerveusement, en fléchissant chaque fois sur sa jambe malade et, posant les dépêches sur la table à côté du téléphone, il se plante devant Kanafani :

— Pourquoi me regardes-tu comme ça ?

Le visage de Kanafani se détend :

— J'aime bien ta manière de poser les questions. A la russe. Tu es le seul Arabe, à ma connaissance, qui s'exprime comme un personnage de Dostoïevski.

— Ce n'est pas pour ça que tu me regardes de cette façon depuis mon arrivée, tout de même !

— C'est vrai... C'est vrai... Mais disons que j'essaie de comprendre pourquoi Waddi Haddad te déteste autant...

Voilà... Nous y sommes... Hidar vient enfin de voir confirmé ce qu'il soupçonne depuis longtemps : quelqu'un essaie de le compromettre, de faire planer sur lui, parmi les dirigeants du Front, une suspicion obscure. Et ce quelqu'un c'est Haddad.

— Oui... ? dit-il, sans se troubler. Et quelle est, selon toi, la raison de sa haine ?

— Tes amitiés juives.

— Et pourquoi me dis-tu, toi, tout cela ?

Kanafani ne répond pas tout de suite. Il s'assied sur la table, regarde un moment les trois téléphones, se relève, s'approche du téléscripteur, arrache une dépêche, la parcourt des yeux et se tournant vers Hidar, la lit :

— La direction du FPLP à Zarka accorde un nouveau délai de soixante-douze heures aux pays détenteurs de prisonniers palestiniens...

Puis, en se rapprochant de Hidar :

— Je te dis tout cela parce que je te comprends. Je ne connais pas de Juifs personnellement, mais je connais leurs écrivains...

La confidence de Kanafani fait plaisir à Hidar. Il recule pourtant d'un pas : l'odeur de la mousse à raser du Palestinien l'incommode. L'autre, prenant ce retrait pour une marque d'hostilité, hausse les épaules et quitte la pièce.

Hidar, après son départ, essaiera à plusieurs reprises de joindre au téléphone Haddad et Habbache en Jordanie. En vain. Vers 6 heures de l'après-midi, il reçoit une enveloppe apportée par un garçonnet. Dans l'enveloppe il y a une feuille de papier quadrillé avec cette simple phrase : « Les oiseaux ont peur des vagues. » C'est le message convenu avec son contact à l'ambassade soviétique à Beyrouth. Il quitte à son tour la pièce et se rend sans tarder à la Grotte aux Pigeons.

Dès la terrasse, il reconnaît le crâne chauve du chef des services secrets soviétiques au Proche-Orient. L'homme est accoudé à une table près de la balustrade et contemple la mer. Hidar s'assied à la table voisine et commande de l'arak.

— Il fait beau, dit-il en anglais, en se tournant vers l'homme.

— Ça dépend pour qui, fait celui-ci... Moi je trouve qu'il fait trop chaud.

Et, s'assurant que personne ne les écoute :

— Nos amis pensent que l'opération dure trop longtemps.

— On m'a donné une semaine.

— Telle qu'elle est partie, cette opération dépassera la semaine et peut-être la suivante. Les passagers... Ils doivent être libérés. L'opinion publique commence à protester. Il s'agit de la liberté de la navigation aérienne. Nos amis ne peuvent la remettre en question. Nous avons des engagements internationaux.

Deux mouettes filent au-dessus de leurs têtes. Elles se jettent à l'eau en criant.

— Il faudrait que j'aille sur place, dit Hidar. Je n'arrive pas à contacter mes amis par téléphone.

L'homme tourne vers lui deux yeux bleus menaçants :

— Pas question ! Vous m'avez compris : pas question ! Si vous êtes repéré, nous serons accusés d'avoir monté l'opération. Débrouillez-vous pour faire passer le message autrement.

Sur quoi il se lève. Pose un billet sur la table. Scrute les quelques groupes de consommateurs présents sur la terrasse. Et lâche, sans presque desserrer les lèvres :

— Dans une semaine, le 17, ici, à la même heure.

Puis, d'une voix plus forte — comme s'il parlait à la cantonade :

— J'ai été ravi de faire votre connaissance, monsieur. Et j'espère vous revoir bientôt. J'espère aussi que vos problèmes seront alors résolus...

Hidar le regarde sortir, attend un moment et se lève à son tour.

Devant l'entrée du café, il cherche des yeux un taxi. N'en voit pas. Il fixe la route, où défilent les voitures. Et soudain, une petite Morris surgit, qu'il voit déboîter et se diriger sur lui en klaxonnant. Instinctivement, il fait un saut en arrière. La voiture le frôle et se fige dans un grincement de pneus sur le trottoir. Cris des autres automobilistes... Insultes... Puis son nom, hurlé par une voix féminine... Relevant la tête, il voit Leïla Chehab surgir de la petite voiture et courir à sa rencontre.

— Vous m'avez fait peur, dit-il simplement en guise de bonjour.

— Je suis désolée, répond Leïla. Mais j'espérais vous trouver là. Je vous ai cherché partout. Il fallait que je vous voie.

Sa voix est légèrement tremblante. Elle porte une robe légère en soie blanche, qui moule parfaitement son corps et Hidar ne peut s'empêcher de la trouver désirable.

— Sidney... dit-elle. Vous avez entendu, pour Sidney...

Et, comme si elle n'était pas sûre qu'il ait compris :

— Vous vous souvenez ? Sidney, mon ami américain... Le médecin... Le cousin de votre amie russe... Nous nous sommes rencontrés ici même, à la Grotte aux Pigeons...

— Oui, oui, je me souviens. Il se trouvait en effet dans l'avion de la TWA.

Leïla l'interrompt :

— Mais non !... Je veux dire : oui, bien sûr ! Il se trouvait dans l'avion de la TWA... Mais la radio vient d'annoncer qu'il a été enlevé par des inconnus... Plus de nouvelles de lui depuis deux jours... Il n'est plus parmi les otages...

Et comme son interlocuteur ne répond rien :

— Je vous cherchais... Je vous cherchais... Vous êtes le seul à pouvoir m'aider... Il faut le retrouver ! Vous m'entendez : le retrouver !

— Pourquoi moi ? demanda Hidar, brusquement calmé.

Une voiture s'arrête à ce moment-là. Une Chevrolet. Deux couples en sortent en riant. Ils observent un moment Hidar et Leïla, font une remarque inaudible et pénètrent dans le café.

— Parce que, dit Leïla, vous le connaissez. Parce que vous travaillez avec le FPLP. Parce que vous représentez les Soviétiques...

Hidar pâlit et s'arrache à la prise de la jeune femme.

— Que racontez-vous là ?

— Mon mari me l'a dit...

Elle pose sur Hidar ses grands yeux noirs embués de larmes et ajoute doucement :

— Mon mari est bien renseigné.

Hidar hésite une seconde puis, avec un sourire forcé :

— Je m'en occuperai...

— Je vous en supplie...

27.

Tel-Aviv
ARIÉ DANS LA TOURMENTE

Septembre 1970

Arié a l'impression de vivre les jours les plus importants de sa vie. Depuis le moment où les premières dépêches sont tombées, il est devenu l'ombre de Benjamin. Pris dans le tourbillon des événements, réceptionnant les télex, les faisant porter à Dayan et à Ygal Alon, celui-ci ne s'est pas avisé, ou a fait mine de ne pas s'aviser, de la présence constante du jeune homme à ses côtés. Ce n'est que tard dans la soirée, après qu'ils ont recueilli le témoignage de l'agent de sécurité israélien d'El Al qui a maîtrisé la terroriste palestinienne, qu'il se tourne vers Arié et demande :

— Comment vas-tu rentrer à cette heure-ci à la base ?

Arié, à la vérité, n'y a pas encore songé.

— Bon, bon, je vais prévenir tes supérieurs que tu restes à Tel-Aviv, puis nous mangerons quelque chose. Tu dois mourir de faim.

Quand ils se retrouvent dans le petit restaurant près de la Maison des Journalistes, rue Lessin, où Benjamin a manifestement ses habitudes, Arié remarque que son patron a noué sa cravate, qu'il s'est soigneusement recoiffé et qu'il ressemble de nouveau à un parfait fonctionnaire accompagnant un parent venu d'un lointain kibboutz.

— Pourquoi me regardes-tu comme ça ? demande-t-il.

— Parce que tu changes tellement, tellement... Je t'ai vu tout à l'heure au ministère, sans veste, sans cravate, affairé.

— En effet, oui. Quand je travaille, je m'oublie un peu...

Et, en essuyant ses lunettes :

— Mon père a fui l'Allemagne et le nazisme en 1935. Il a traversé clandestinement plusieurs frontières et mis plus de cinq mois à rejoindre la Palestine. Mais, quand il est arrivé à Haïfa, il portait un costume, qu'il avait lavé et repassé lui-même pendant la traversée, et une cravate. « Il ne faut jamais se laisser aller... disait-il, par respect pour autrui. »

Malgré l'heure tardive, le petit restaurant où ils s'intallent déborde de monde. Sur le bar en formica un ventilateur tourne, sans raison. La radio transmet de la musique arabe. Une jeune serveuse brune se faufile gracieusement entre les tables, les assiettes à la main.

— Elle te plaît ? demande Benjamin, visiblement mal à l'aise dans ce genre de conversation, mais voulant se montrer cordial avec le fils de son ami.

— Non, fait Arié. Elle me fait penser à Judith.

Et il relate sa rencontre avec la jeune Yéménite... leur regard... rien qu'un regard, oui, le jour de l'attentat de Baram... Et il conclut :

— C'est pour ça que je voulais travailler avec toi !

Benjamin sourit mais ne dit rien. Le repas terminé, il annonce :

— J'ai demandé à Myriam, ma secrétaire, de te réserver une chambre dans un hôtel, pas loin d'ici, rue Ibn Gvirol. Moi, je dois retourner au bureau. Le monde continue de tourner...

C'est ainsi donc, aux côtés de Benjamin Ben Eliezer, qu'Arié suivra les événements de Jordanie. Il sera informé heure par heure, minute par minute, de la suite des événements tant à Zarka que dans les camps autour d'Amman ou à Amman même. Imaginait-il ainsi l'univers des services secrets ? Oui et non. Ce qu'il découvre ressemble plutôt aux bureaux d'une banale entreprise. Mais que d'informations en même temps ! Quelle quantité de nouvelles inouïes ! En portant les dépêches d'une pièce à l'autre et en s'attardant parfois à écouter les conversations, Arié apprend ce que la presse ne divulgue jamais : qu'Ygal Alon vient par exemple de rencontrer longuement le roi Hussein à Akaba, mais que Dayan ne considère pas le petit roi comme l'interlocuteur idéal. Myriam, la secrétaire de Benjamin, une grande femme d'une quarantaine d'années, aux cheveux noirs tirés en chignon et aux grands yeux verts en amande, s'amuse de son enthousiasme :

— Je pensais que les jeunes d'aujourd'hui ne s'intéressaient qu'au rock et aux surprises-parties...

Le 12 septembre au matin, les dépêches annoncent la libération des otages et la destruction par les Palestiniens des trois avions détournés. Il ne reste plus, aux mains des ravisseurs, que les 56 otages d'origine juive.

— La première faute commise depuis le début de l'opération, dit Benjamin en apprenant la nouvelle.

Et, voyant l'étonnement d'Arié :

— Les Palestiniens ont entrepris une double offensive : médiatique et militaire. L'offensive médiatique était destinée à gagner la sympathie de l'opinion publique et elle était bien évidemment essentielle au succès de l'offensive proprement militaire contre Hussein. S'ils apparaissent aux yeux du monde comme des racistes, établissant une distinction entre les hommes de différentes religions, de différentes origines, alors...

Benjamin, comme pour mieux le convaincre, l'envoie au deuxième étage, service informatique, chercher les noms de ces 56 Juifs retenus par les Palestiniens en Jordanie.

Quand Arié lui apporte la liste, il la parcourt rapidement. Mais au lieu de se réjouir, au lieu de se répéter que le commandement palestinien a commis une erreur et que c'est la chance d'Israël, il blêmit et s'écrie :

— Que le diable les emporte ! Qu'est-ce qu'ils ont fait de Sidney ?

— Sidney ?

— Oui, le frère de ton père... Sidney Halter.

— Qu'est-ce qu'il a à voir avec le détournement ?

— Il se trouvait parmi les passagers de la TWA et il ne figure plus sur la liste des passagers retenus.

Après quoi, sans plus prêter attention à Arié, il décroche le téléphone, compose un numéro, donne un ou deux ordres brefs dont Arié ne comprend tout à coup plus le sens. Puis, se rasseyant :

— Attendons les nouvelles.

— Benjamin ? Pour Sidney... tu savais depuis le début ?

— Oui.

— Comment ?

— Nous avions la liste des passagers des avions détournés.

— Alors, pourquoi ne m'as-tu rien dit ?

— Pourquoi t'aurais-je dit quoi que ce soit ?

— Mais c'est mon oncle !

Et, gêné de son emportement :

— Les Arabes disent : « Celui qui a une seule goutte de votre sang ne manque pas de s'intéresser à vous. »

Les deux hommes se taisent. Benjamin, pour passer le

temps, essuie comme d'habitude ses lunettes et Arié regarde le ventilateur brasser l'air du bureau. Quand le téléphone sonne, ils sursautent en même temps. Benjamin décroche, écoute un moment et peste :

— Mon Dieu ! Sidney a été enlevé par Waddi Haddad.

— Mais pourquoi ?

— Bonne question !

Arié se lève alors :

— Je peux prévenir mon père ?

Benjamin, après une seconde ou deux d'hésitation :

— Attends deux jours.

Deux jours après, c'est tout le paysage qui a basculé. Les Palestiniens ont occupé Irbid. Le roi Hussein a quitté Amman. Le service de renseignement de l'armée s'est transformé en une véritable ruche. Arié croise dans le couloir le général Dayan, les généraux Sharon et Bar Lev, des ministres religieux, des officiers gradés, de simples soldats. Benjamin va de réunion en réunion. De briefing en briefing. Mais les heures, les jours ont beau passer — on ne sait toujours rien de Sidney.

Le gouvernement américain s'est officiellement ému. La Croix-Rouge internationale s'est adressée à la Centrale palestinienne. Les médias se mobilisent. La télévision montre, tous les jours, son portrait. Et il n'est pas jusqu'à la famille qui, en la personne de Mordekhaï, n'entre dans la danse. Arié lui a parlé plusieurs fois. Marjory elle-même, inquiète, l'a déjà appelé de New York. Et quand il arrive à Tel-Aviv, le 16 septembre, en fin de matinée, tout ébranlé, comme accablé par le choc, il faut toute l'éloquence de Benjamin pour le convaincre que les choses vont s'arranger... Que Sidney n'est pas bien loin... Que cet enlèvement, d'ailleurs, visait quelqu'un d'autre à travers lui... Quel autre ? Hidar Assadi, bien sûr. Le représentant officieux des Soviétiques auprès des organisations palestiniennes. Qui sait, même, si cette disparition ne serait pas secrètement liée à l'assassinat de Hugo Halter ?

Dans la journée du 17 septembre, les événements s'accélèrent. Le roi Hussein, se sentant menacé par l'offensive des Palestiniens à l'intérieur et des Syriens à l'extérieur de ses frontières, appelle au secours les Américains. Les services secrets israéliens captent sa conversation avec Henry Kissinger. Lequel contacte aussitôt Itzhak Rabin, ambassadeur d'Israël à Washington, qui organise un rendez-vous téléphonique entre le secrétaire d'État américain et le Premier ministre israélien Golda Meïr qui se trouve par hasard être, à ce moment-là, au Hilton de New York. L'Américain veut la promesse d'une intervention israélienne pour sauver le roi de Jordanie. Golda Meïr demande vingt-quatre heures de réflexion et prévient Jérusalem.

— C'est une vraie guerre psychologique, remarque Benjamin en épluchant les dépêches.

— Pour faire peur aux Palestiniens ? demande Arié.

— Non. Pour impressionner les Soviétiques.

— Et Sidney ?

— Toujours rien. Mais nous avons appris qu'Hidar Assadi séjourne actuellement à Beyrouth. Il vient de rencontrer le deuxième secrétaire de l'ambassade soviétique, qui n'est autre que le chef des services secrets d'URSS pour le Proche-Orient.

Et, en ôtant ses lunettes :

— J'ai bien l'impression qu'en enlevant Sidney, Waddi Haddad a commis sa seconde faute.

28.

Buenos Aires
LES DOUTES D'UNE TERRORISTE

Septembre 1970

Anna-Maria et Mario quittent la ville par la route du Nord. Mario conduit. Anna-Maria est assise tout près de lui et retient difficilement son exaltation. Elle aime quitter Buenos Aires, affronter la pampa, la route sans fin. Elle aime cet asphalte craquelé, bosselé, lézardé, traversé de vagues de sable où la voiture part en embardée. Aujourd'hui les crevasses débordent d'eau de pluie. La route est terriblement glissante. Mais son bonheur est identique. Et c'est le cœur incroyablement léger qu'elle aborde la centaine de kilomètres qui la sépare de Belen de Escobar, où doit se tenir la réunion. « Une réunion importante », a dit Mario. Pardi, oui, elle en a conscience — et pour rien au monde elle n'aurait renoncé à ce voyage.

La vérité est que, depuis le départ d'Arié, elle s'est entièrement donnée au travail clandestin. Elle a passé un mois dans un camp d'entraînement, près de Cordoba, et elle connaît à présent le maniement de toutes les sortes d'armes que la guérilla reçoit des pays du Pacte de Varsovie. Elle sait distinguer le fusil Kalachnikov AK-47 du modèle AKM, légèrement modifié. Elle sait démonter la mitraillette hongroise, munie d'une crosse de métal

156 pliante, mais elle lui préfère sa version tchèque, la VZ-58, beaucoup plus légère, avec une crosse en fibre de verre. Elle a même appris à lancer des grenades et son moniteur l'a initiée au maniement des V 40, les grenades hollandaises à fragmentation, plus légères et « plus maniables » pour une femme. Elle a participé à des opérations mineures. Et, presque toujours, en dépit de l'opposition de ses camarades, elle se promène armée d'un pistolet 9 mm égyptien, baptisé le TO Kagypt. « On ne m'aura pas vivante », répète-t-elle à tout bout de champ — à la façon d'un enfant qui s'émerveille de prononcer une énormité.

Dix kilomètres après Buenos Aires, le couple tombe sur un barrage. Les policiers arrêtent les voitures sur deux files et Mario doit freiner derrière une grosse Chevrolet immatriculée à Mendoza.

— Holà, où allez-vous ?

— A Rosario.

— Vos papiers !

Le policier, grand type costaud au visage très jeune, examine la carte d'identité de Mario, puis celle d'Anna-Maria. Il les montre ensuite à son compagnon, un petit joufflu, lui aussi très jeune, et les leur rend comme à regret :

— Pourquoi arrêtez-vous les voitures ? demande Anna-Maria.

Les deux policiers se regardent. C'est le grand qui répond :

— Vous savez, señorita, il n'y a pas que des touristes qui prennent cette route. Malheureusement, nous avons aussi en Argentine des bandits et des terroristes.

— Vous en avez déjà arrêté ici ?

— Oui, cela nous arrive. Allez, filez !

— *Gracias.*

Mario contourne la grosse Chevrolet dont le chauffeur est en train de vider le coffre et reprend la route. Ils roulent un moment, en silence, entre des pâturages clôturés par des barbelés.

— Qu'est-ce qui t'a pris de questionner le flic ? proteste Mario. Tu te crois en reportage...

Anna-Maria éclate de rire. Un peu trop fort...

— Il n'y a pas de quoi rire ! Imagine que les flics aient fouillé la voiture et qu'ils aient mis la main sur les tracts. Et puis ton revolver... Tu imagines leur tronche s'ils étaient tombés sur ton revolver !

Mario est fou de fureur. Et, jetant un coup d'œil à sa montre, il grommelle :

— Les camarades ont certainement déjà commencé la réunion. Julio doit rendre compte de son voyage à Beyrouth...

Car c'est bien vrai : tout le monde chez les Montoneros attend depuis plusieurs jours le retour de Julio Feldman. On veut savoir... On veut comprendre... Le détournement simultané de quatre avions par les Palestiniens a provoqué l'enthousiasme et l'annonce de la prise par les fedayyin d'Irbid et de Zarka a été accueillie par une véritable explosion de joie. Les Palestiniens ne participent-ils pas à la lutte commune contre l'impérialisme ? Ne donnent-ils pas un magnifique exemple à tous les peuples en lutte de par le monde ? Anna-Maria a bien essayé de faire des réserves. En apprenant cette histoire de ségrégation entre otages juifs et non juifs, elle a bien émis quelques doutes sur les qualités révolutionnaires des camarades palestiniens. « Il est plus facile de critiquer à Buenos Aires que de se battre à Amman », lui a-t-on fait remarquer. Moyennant quoi elle s'est tue et se retrouve aujourd'hui sur cette route de Belen de Escobar.

Mario et la jeune femme arrivent sur le lieu du rendez-vous à la tombée du jour. Il ne pleut plus. Une étoile est apparue entre les nuages Mario gare l'automobile devant une sorte de manoir anglais. Et tous deux sortent — plutôt soulagés de se dégourdir enfin les jambes.

— Bonne mère ! Vous voilà enfin...

Anna-Maria reconnaît tout de suite le petit bonhomme qui court à leur rencontre.

— Roberto ! fait-elle sur le ton de quelqu'un retrouvant un ami d'enfance...

— Oui, répond Roberto, tout essoufflé... On commençait à être inquiet. Avec tous ces barrages de police, tu comprends... On ne sait pas ce qui peut se passer...

Et de les mener à grandes enjambées, entre des pelouses soigneusement entretenues, jusqu'au perron de la maison.

— Belle maison ! s'exclame Mario.

— Oui, un *casco*... une véritable maison de maître... elle appartient aux parents de l'un de nos camarades...

Une belle porte en bronze... Un long couloir tapissé, tout au long, de gravures équestres... Un hall couvert de papier à fleurs et décoré de portraits d'ancêtres... Un feu qui brûle dans une cheminée de pierre blanche. N'était la vingtaine de jeunes gens réunis là — certains assis sur des fauteuils en cuir patiné, d'autres sur des chaises en bois foncé, d'autres encore debout, un verre à la main — on pourrait réellement se croire dans l'une de ces vénérables demeures appartenant à de non moins vénérables vieillards, jouissant à perte de vue d'un immémorial patrimoine.

— Holà ! On n'attendait que vous ! dit Julio en accueillant les nouveaux arrivants.

Et se tournant vers les autres :

— Nous sommes, enfin, au complet. On peut commencer.

Pendant plus d'une heure, il raconte Beyrouth, ses discussions avec Habbache, Kanafani, Abou Sharif. Leur enthousiasme et leur intelligence. Leur internationalisme.

— Pour le FPLP, expose-t-il, la lutte contre Israël n'est que le premier pas vers la révolution socialiste arabe..

— Et que vont-ils faire des Israéliens ? l'interrompt Anna-Maria.

— Les Israéliens auront leur place dans une fédération socialiste du Proche-Orient.

— En tant qu'Israéliens ?

— En tant que minorité religieuse...

— Religieuse ! s'écrie Roberto de sa voix haut perchée. Bon Dieu de bon Dieu ! Et que vont-ils faire des Juifs non religieux ?

Julio commence à perdre patience :

— Mais pourquoi toujours juger un événement selon les Juifs ? Le monde ne commence pas et ne s'arrête pas avec eux !

— C'est vrai, admet Roberto. Mais c'est souvent à la manière dont on se conduit avec eux que l'on peut juger du reste : l'humanisme d'un mouvement, par exemple.

Mario se lève d'un bond et s'écrie, en rejetant d'une main ses cheveux en arrière :

— Qui parle d'humanisme ?

— Alors de quoi parle-t-on ? demande doucement Anna-Maria.

Tout ce qui a été dit jusqu'à présent lui déplaît. Plus elle y pense, moins elle croit à une révolution qui passerait par l'enlèvement d'hommes et de femmes innocents.

— Que dis-tu ? lui demande Mario.

— Je ne dis rien, je me demandais seulement combien il y avait de Juifs dans les avions détournés.

— Une soixantaine environ, répondit Julio.

Tous sionistes ?

— Tous sionistes !

Il y a un mouvement dans la pièce. Une grande fille maigre, aux cheveux roux attachés en queue de cheval, grogne :

Quelle importance !...

Le regard noir d'Anna-Maria devient plus grand, plus dur :

— Quelle importance, dis-tu, Juanita ? La vie humaine n'a donc aucune importance ? Alors, pourquoi luttes-tu ? Pour peupler le monde de cadavres ?...

Julio lève les bras au ciel et fait quelques gestes désordonnés :

— Calmez-vous, calmez-vous.

Anna-Maria ne se calme pas. Elle crie de plus belle. Sanglote. S'emporte contre les camarades. Boude. Quand, le lendemain, elle apprend que, parmi ces soixante supposés sionistes, se trouve son propre cousin, elle frise la crise de nerfs. Et il faudra toute l'ardeur, toute la ferveur de ses camarades pour la ramener dans le droit chemin.

— Tu as tort de te mettre dans cet état, lui dira Roberto en la prenant dans ses bras. Tu sais bien que nous dépendons sur le plan logistique des Palestiniens...

— Alors, notre seule conscience c'est la logistique ?

— Au diable, la théorie ! Je suis d'accord avec toi mais nous sommes là non pas pour parler d'Israël et des Palestiniens, mais pour faire la révolution en Argentine. Nous préparons un grand coup... Un très grand coup... Et nous avons besoin de toi.

Paris, septembre 1970

Le détournement des avions par les Palestiniens faisait depuis plus d'une semaine déjà « la une » des journaux français, quand nous fûmes informés de la présence du cousin américain parmi les otages. Ma mère l'apprit par l'intermédiaire d'un poète yiddish, de passage à Paris, ami du père de Sidney à Winnipeg. Le lendemain, elle téléphona à Mordekhaï à Dafné, qui lui confirma la nouvelle. Cette disparition d'un membre de la famille, tout juste trente années après qu'elle eut été déracinée, martyrisée et pour une bonne part décimée, la mit en vérité hors d'elle :

— Voilà de quoi ils sont capables, « tes » Palestiniens, me dit-elle. Et tu veux faire la paix avec eux ?

Je connaissais mal Sidney. Je ne l'avais rencontré que trois fois à Beyrouth et sa disparition ne m'avait pas ému plus que la détention des autres otages juifs. Mais l'événement avait, je m'en rendais bien compte, une conséquence annexe : il sonnait le glas de mon espoir dans cette rencontre israélo-égyptienne que Golda Meïr m'avait chargé de fomenter. La colère de ma mère, cela dit, était contagieuse. Ce grand rouquin était après tout un cousin. Il se réclamait de la même histoire que moi, se référait à la même mémoire et se reconnaissait dans les mêmes photos de Juifs barbus de la fin du siècle. J'ajoute que je ne voyais aucune cause, aucun combat au monde qui justifiât de prendre des hommes en otages. Et que ces otages soient juifs, qu'une génération après l'Holocauste, on s'en prenne encore à eux, ne faisait, à mes yeux, que redoubler le scandale.

Aujourd'hui, au moment précis où j'écris ces lignes, ma famille la plus proche n'existe plus. Ni mes parents, ni la tante Regina, ni les cousins Mordekhaï et Sidney, ni les Lerner... Et pourtant, au fur et à mesure que le temps passe, mon attachement à leur souvenir grandit. Je les revois parfois en compagnie du cousin Hugo, si distincts les uns des autres, mais puisant tous leur mémoire à la même source que mon père, son père, le père de son père, et ainsi de suite. Et une vague de nostalgie m'emporte et m'éloigne de mon récit. Paradoxalement, plus j'avance dans cette histoire familiale, plus mon désir d'ancêtres s'amplifie. Plus ce désir augmente, plus l'objet du désir s'éloigne. Bientôt, entre lui et moi, s'étendra un interminable désert.

Mais n'allons pas trop vite. Pour l'instant, nous ne sommes qu'en septembre 1970, pendant les événements de Jordanie et sans nouvelles de Sidney. Le hasard a voulu qu'à ce moment-là Vladimir Volossatov, le troisième secrétaire de l'ambassade d'URSS à Paris, me téléphonât. Nous étions en contact depuis quelques années déjà. Il s'intéressait au Proche-Orient et parlait arabe. Je le rencontrais de temps à autre pour lui soutirer des informations sur la politique soviétique. Lui, pour me questionner sur Israël et ses dirigeants. Cette fois-ci, j'étais heureux de pouvoir lui parler de Sidney.

Vladimir Volossatov estima cette disparition « navrante ». Et il me proposa un rendez-vous pour

« reparler de tout cela, à tête reposée ». Dans son langage, cela voulait dire : « après un complément d'informations ».

Nous nous rencontrâmes le lendemain, au café Cluny, à l'angle des boulevards Saint-Germain et Saint-Michel, au premier étage :

— J'ai des nouvelles pour vous, me dit-il d'emblée, avec son accent rocailleux. Votre cousin est vivant. Il est dans les mains de Waddi Haddad.

Vladimir Volossatov s'installa confortablement sur la banquette, en face de moi, et ajouta en russe, comme pour lui-même :

— Waddi Haddad... Quel idiot...

Puis, voyant ma surprise :

— C'est une appréciation toute personnelle. L'important, c'est que votre cousin soit libéré.

— Le sera-t-il ?

— Oui, bientôt.

— Par Haddad ?

— Non, par El Fath.

— El Fath ? Mais l'Union soviétique ne soutient-elle pas le Front Populaire ?

— Ça va changer, dit Vladimir Volossatov d'un ton définitif avant de passer la commande.

Quand le garçon posa sur la table un whisky pour le Soviétique et un lait chaud pour moi, il se pencha vers moi :

— Votre famille a de la constance, remarqua-t-il : toujours mêlée aux affaires du Proche-Orient.

— Oui, ça dure depuis des siècles.

— Non, je parle de maintenant. Il y avait votre cousin Hugo ; puis vous ; et, à présent, votre cousin Sidney.

Entendre le Soviétique prononcer le nom de Hugo me déconcerta :

— Vous connaissiez Hugo ?

Le visage osseux de Vladimir Volossatov s'épanouit dans un sourire :

— Je l'ai rencontré à plusieurs reprises. A des conférences internationales du Mouvement de la Paix.

— Vous ne m'en avez jamais parlé...

Vladimir Volossatov vida son verre de whisky d'un trait, comme s'il s'agissait d'un verre de vodka, et, sans plus se faire prier, me brossa de Hugo un portrait qui correspondait assez bien au souvenir que j'en avais gardé. Après quoi, il me parla de la volonté de paix de l'Union soviétique et de l'« idéalisme juif » mal compris dans son pays. Puis, sans transition, il m'avoua que sa femme, Véra, était à moitié juive. « Par son père », précisa-t-il. Et, comme pour s'excuser :

— Mon beau-père pensait que cela ne comptait pas.

— Pour Hitler, ça comptait, dis-je.

— C'est vrai. Il fut déporté par les nazis.

Nous restâmes un moment silencieux. Un rayon de soleil balayait la banquette en skaï rouge et obligeait Volossatov à fermer les yeux.

— Du soleil, dit-il, ça fait du bien.

— Pourquoi pensez-vous que Hugo a été tué ? demandai-je à brûle-pourpoint.

Volossatov haussa les épaules :

— Un hasard, peut-être. Les terroristes ne choisissent pas toujours leurs victimes. Des ennemis, peut-être...

— En avait-il ?

— Tout le monde en a. Pas vous ?

Il se frotta les yeux, encore incommodé par le soleil qui, pourtant, avait commencé de disparaître ; puis, jetant un regard sur son bracelet montre :

— Je suis déjà en retard. Il faudra qu'on reprenne un rendez-vous. Je voudrais que vous me parliez de Golda. De ses rapports avec Dayan...

Il se leva, posa sa main large sur mon épaule et, d'un ton solennel, déclara :

— L'Union soviétique n'est nullement impliquée dans la mort de votre cousin Hugo.

Et, me laissant déconcerté par cette affirmation, il quitta le Cluny.

29.

Jordanie
COMME UN CHIEN...

Septembre 1970

La voiture glisse dans un nuage de poussière. Les essuie-glaces, dans un va-et-vient grinçant, tentent vainement de dégager la vitre. L'homme venu chercher Sidney à l'avion est assis près de lui et somnole. Le chauffeur s'agrippe au volant, comme son voisin à la mitraillette. Du premier, Sidney ne voit qu'une nuque grasse, parsemée de touffes de poils noirs. Du second, il peut observer un profil très jeune, un nez court, une moustache naissante et un menton déterminé. Ils croisent un convoi de camions, traînant des plates-formes porte-chars, puis une Land-Rover bourrée de militaires.

Sidney trouve la situation absurde. Le destin a choisi pour lui un avion qui allait être détourné et maintenant des inconnus l'emmènent Dieu sait où.

Est-on informé, à New York, de son enlèvement ? Il pense à Marjory, à Richard, à Marilyn. Il pense aussi à son père et à Leïla. Leïla, sait-elle ce qui m'arrive ? Comment réagit-elle ? Sidney n'arrive pas à comprendre pourquoi les Palestiniens s'intéressent à lui. Tout particulièrement à lui. A cause de Hugo ? L'idée, à peine formulée, lui semble absurde. Va-t-il, maintenant, se gonfler ainsi d'importance ? Se mettre sur le même plan que le prestigieux cousin ?

Il aurait tant aimé poser quelques questions ! Parler avec ses ravisseurs ! Il aurait tant souhaité leur expliquer, comprendre... Mais l'homme assis à côté de lui ronfle doucement et le jeune n'a pas l'air engageant.

Sidney repense à Marjory : il n'y a jamais eu de réelle complicité entre eux. Richard, en grandissant, lui échappe et devient un peu étranger. Quant à Marilyn, elle est encore trop petite — mais ici, en Jordanie, elle lui paraît soudain si proche.

Il fait chaud. Les corps dégagent une chaleur acide. La voiture bringuebale tandis que le soleil est devenu violet. Enfin, Sidney voit une flèche indiquant Amman et les pistes de l'aérodrome de la capitale jordanienne.

Banlieue d'Amman. Un édifice en pierre, blanchi à la chaux et construit sur une colline escarpée. La pièce où on l'interroge loge au bout d'un long couloir. Elle est spacieuse. Un vieux poste de radio et quelques photos de famille sur une commode en teck foncé rappellent encore d'anciens propriétaires. Un jeune homme élégant est assis derrière une table, couverte d'une toile cirée à petits carreaux rouges, sur laquelle repose une bouteille contenant seulement un mégot de cigarette. Trois feddayin armés occupent la pièce. Deux pour surveiller la porte et le troisième devant la fenêtre à travers laquelle leur parvient, atténué, l'appel des muezzins.

Les feddayin ont vidé ses poches. Tout ce qu'ils lui ont pris est étalé sur un plateau en plastique vert, posé sur la table : quelques dollars, sa montre, son stylo, son passeport, son carnet d'adresses, ses cartes de crédit.

— Vous avez de la famille en Israël ? dit le jeune homme dans un anglais parfait.

— Oui, reconnaît Sidney.

— Des amis ?

— Oui.

Le jeune homme hoche la tête comme si cette réponse représentait l'aveu d'un crime et fait signe aux deux feddayin près de la porte d'emmener le prisonnier.

La pièce où Sidney est maintenant enfermé équivaut à un carré d'un mètre quatre-vingts de côté. Il s'agit d'un débarras sans fenêtres, situé à l'autre extrémité du couloir. Sidney s'assied sur le lit de camp qui occupe la moitié de l'espace et lève la tête : l'unique ampoule se balance piteusement au bout d'un fil électrique.

Il pense au K. du *Procès* de Kafka qu'il a vu au cinéma. Ne surtout pas perdre l'équilibre mental. Ni l'espoir. Il se lève, observe les murs, puis la porte. Tout est lisse, sans faille, comme un galet. Il se rassied, quelque peu découragé. Qui pourrait le retrouver ici ? Il pense à nouveau à tout ce qui lui est arrivé depuis la mort de Hugo ; sa rencontre avec Mordekhaï et Benjamin Ben Eliezer, son aventure avec Leïla... C'est vrai que l'on ne va jamais aussi loin que lorsqu'on ne sait pas où l'on va. Si seulement il avait disposé d'un crayon et d'un bout de papier. Il a remarqué que la maison est dépourvue de téléphone.

Il a envie d'aller aux toilettes. Il doit frapper longtemps à la porte avant qu'elle ne s'ouvre. Un barbu pointe sur lui un revolver d'un gros calibre.

— Je dois aller aux toilettes, dit Sidney.

— *Go,* dit le barbu en indiquant le chemin.

En face de l'escalier, entre la pièce où les feddayin l'ont interrogé et celle où il est enfermé, il y a une salle de bains. La baignoire rouillée n'a pas servi depuis longtemps. La lumière du jour pénètre à travers une fente qui subsiste entre les carreaux de plâtre murant la fenêtre.

— *Quick!* dit le barbu en claquant la porte.

Vite, un crayon, du papier... Sidney fait le tour de l'endroit. Il ne découvre rien avec quoi écrire un message. Au-dessus du lavabo il remarque une petite armoire vide. Il l'ausculte plus attentivement et découvre une lame de rasoir. Le temps presse. Sa décision est prise. Il s'entaille la paume de la main et, à l'aide d'une paille, amenée sous la baignoire par une colonne de fourmis, il écrit avec son sang sur le carton de support du paquet de papier hygiénique : « Je vous en prie, aidez-moi ! Mon nom est Sidney Halter. Je suis un otage retenu au deuxième étage de cet immeuble. » Il gribouille aussi son numéro de téléphone à New York et, après réflexion, y ajoute celui de Leïla à Beyrouth. Il a juste eu le temps de glisser le carton dans la fente quand la porte s'ouvre brutalement sous la poussée de son geôlier.

— Fini ? demande celui-ci. Alors, go !

Tous les jours, peu de temps après un modeste déjeuner fait d'un potage et d'une pita, le barbu l'emmène à travers le couloir devant le jeune homme élégant et poli qui lui repose, d'une voix composée, les mêmes questions auxquelles il donne toujours les mêmes réponses. Arès quoi, le jeune homme hoche la tête en signe de désapprobation et fait ramener Sidney dans son cagibi.

Le quatrième ou cinquième jour, peu après 17 heures, un bruit de balles traverse les murs de sa cellule, suivi par celui de l'artillerie, lui-même accompagné d'explosions d'obus. Sidney lève machinalement les bras pour se protéger et devient soudain la proie d'une sorte de rire nerveux. Il ne sait pas contre qui, au juste, il doit se protéger — mais enfin, il se protège, s'assied sur le rebord du lit et se met à compter le nombre des éclats visibles sur les murs. Il se trompe dans le compte, recommence, se trompe encore, il pense à Jérémie Cohen, l'anesthésiste, celui à cause de qui il est parti à Beyrouth... Comme c'est curieux ! comme c'est absurde ! Il y a un mois à peine il aurait dit : celui *grâce* à qui il a découvert Beyrouth. Ses splendeurs, ses bonheurs ! Et là... Ce désarroi... On doit être à la fin du Shabbat, se dit-il. Aussi commence-t-il à réciter le psaume : « Celui qui demeure sous la sauvegarde du Très Haut est abrité à l'ombre du Tout Puissant... » Mais, à sa grande honte, il cherche vainement la suite, recommence à compter les éclats de bombes, tente de deviner qui attaque qui et pourquoi — avant de s'endormir, épuisé.

Au petit matin, quand le barbu l'emmènera, à travers le couloir, jusqu'à son interrogatoire quotidien, il découvrira un trou béant dans le mur des toilettes. Un trou d'obus, se dit-il. Oui, un trou d'obus. Et il se souvient brusquement de la suite de la prière de la clôture du Shabbat : « Tu es mon refuge, ma citadelle, mon Dieu en qui je me confie. »

— Que dis-tu ? demande le barbu.

— Je prie.

Malgré le vacarme de l'artillerie lourde, ponctué par le crépitement de fusils mitrailleurs, malgré tous ces chocs répétés qui secouent la maison et font vibrer les vitres en mesure, le jeune homme élégant reste impassible.

— Que se passe-t-il ? demande Sidney.

— On se bat depuis quatre jours, répond le jeune homme.

De la pièce voisine on entend un discours retransmis à la radio. Voyant Sidney dresser l'oreille, le jeune homme lâche :

— Le roi Hussein.

— Que dit-il ?

— Je ne sais pas. Ce qu'il dit ou ne dit pas, moi je m'en fiche...

— Mais vos combattants meurent...

— Nous, vous savez, nous aimons mourir.

Mais brusquement, c'est lui qui pose les questions :

— Votre frère israélien a un fils, n'est-ce pas ?

— Oui, en effet.

— Il s'appelle Arié et travaille avec Benjamin Ben Eliezer dans les services secrets de l'armée ?

Sidney a peine à dissimuler sa surprise :

— Je connais, en effet, Benjamin Ben Eliezer, mais je

ne sais pas où il travaille. Quant à mon neveu, il accomplit actuellement son service militaire...

— Vous ne savez donc rien de leurs activités ?

— Non.

Le jeune homme se lève doucement et d'un pas dansant s'approche de Sidney. Il est mince, et plus petit que l'Américain.

— Et que faisiez-vous à Beyrouth avec Hidar Assadi ?

— Hidar, comment ?

Sidney a complètement — et réellement — oublié le compagnon de sa cousine Olga.

— Vous vous moquez de moi ?

— Comment ?

Une gifle part. Sidney s'apprête à répondre mais se retient. Il sait que ce serait un suicide et remplace donc sa colère par la pitié. Son corps se tasse. Il baisse les yeux. Courbe doucement l'échine. Et voilà que les feddayin derrière la porte, le voyant ainsi ramassé, croient qu'il va riposter et s'emparent brutalement de lui avant de l'assommer.

Sidney se réveille dans sa cellule, allongé sur un lit. Son crâne lui fait mal. Tous ses muscles sont douloureux. Sa mâchoire même lui semble lourde tout à coup, comme massive. De la pitié, se dit-il. J'ai eu de la pitié pour ces hommes. Je me suis conduit comme ces ancêtres qui, cravachés par des princes, dans les villages polonais d'avant-guerre, ne répondaient que par le plus passif des mépris. Ils éprouvaient réellement du mépris, ces ancêtres. Ils se sentaient cent fois supérieurs à ces brutes qui devaient employer la violence pour s'affirmer. Curieux de reproduire ainsi les pensées, le comportement, les réactions de ses aïeux...

Il s'assied sur le lit, non sans difficulté. Il a le dos courbé. Les genoux tout fragiles. Il tremble comme sous l'effet d'une fièvre et pense à la vanité de cette vie dont personne ne comprend le sens — à la vanité, plus grande encore, de cette mort dont la signification est interdite aux vivants. « Quelqu'un trouvera-t-il mon message ? Quelqu'un me viendra-t-il en aide ? Quelle joie, quel apaisement j'éprouverais, se dit Sidney, à pouvoir m'exclamer : Seigneur, ayez pitié de moi ! Mais à qui ferais-je cette prière, moi qui ne vais presque jamais à la synagogue ? » Pour la première fois, l'idée effleure Sidney que son fils n'a peut-être pas tout à fait tort de retourner à la religion.

Il pense encore à son père, à sa femme, à ses enfants. Souvenir de la première nuit passée avec Leïla. La figure si petite, si étrange de Hidar Assadi. Et, par-dessus tout, la vision de Park Avenue sous un ciel infini... Sa main droite s'est involontairement crispée. Il laisse aller tout son corps en arrière et reste un long moment, allongé ainsi, le regard fixé sur l'ampoule électrique qui se balance au-dessus de lui.

Brusquement, la canonnade reprend. Hurlement des sirènes. Crépitement des mitrailleuses. Des coups de feu, tout près, presque de l'autre côté du mur. Des cris. Tel un homme qui se noie et qui s'accroche à la plus humble bouée, il reprend soudain espoir. « Et si quelqu'un avait trouvé son message ? » Il se lève avec difficulté et s'approche de la porte. Sa tête lui fait toujours mal. Il entend des cris en arabe, des coups de feu, encore des cris. Et puis soudain, la porte s'ouvre avec fracas, le repoussant sur le lit. Quand il se relève il voit deux corps ensanglantés sur le seuil. Espoir... Cette porte désormais ouverte... Ces deux corps immobiles qu'il enjambe... Il s'approche de la cage d'escalier et, ne voyant personne, commence à descendre. Il est déjà au rez-de-chaussée quand il entend quelqu'un au-dessus de lui l'appeler en anglais :

— Monsieur ! Monsieur ! Ne courez pas ! Nous sommes venus vous délivrer !...

Et une autre voix, un peu plus jeune :

— Attendez, monsieur ! Attendez, monsieur, on arrive !...

Fou de bonheur, Sidney regarde dans la direction des voix et ne remarque pas, derrière lui, arriver deux feddayin — dont son gardien barbu.

— Attention ! lui crie-t-on du haut de l'escalier.

— Chien de Juif ! hurle le barbu en avançant, revolver au poing.

Sidney se précipite dans l'escalier mais l'un des deux hommes l'a attrapé par la cheville. Il tombe, les bras en ailerons. Les deux feddayin sont sur lui. Il entend la rafale de mitraillette et sent, presque en même temps, une violente douleur à la hanche.

— Chien de Juif ! répète le barbu.

Mais les yeux de Sidney se voilent déjà. Il lui semble entendre une rumeur étouffée, très lointaine. Pour la dernière fois, il revoit Marjory et les enfants. Hugo aussi. Et puis son corps se détend, il esquisse un geste d'indifférence et dit : « Comme un chien... »

30.

Beyrouth
LE RETOURNEMENT

Septembre 1970

Le rendez-vous d'Hidar avec son contact à l'ambassade a été avancé de plusieurs jours. A Amman, les événements ne se déroulent pas selon le plan prévu. Une centaine de chars syriens T 55, de fabrication soviétique, ont pénétré en Jordanie mais se sont arrêtés à Irbid, tandis que le roi Hussein a lancé une offensive foudroyante contre les Palestiniens massés autour de sa capitale.

Le message de l'ambassade arrive le vendredi 18 septembre, à 10 heures du matin. Il fixe la rencontre à 14 heures le jour même. Hidar est nerveux. Il sent un picotement désagréable au creux de l'estomac, comme chaque fois qu'il a l'intuition d'un événement contrariant. Il aimerait bien appeler quelqu'un, histoire d'échanger quelques mots. Mais qui appeler ? Quel ami ? Il n'a pas d'amis à Beyrouth et décide de sortir.

Beyrouth est une ville qui n'invite guère à la promenade solitaire. A Hamra ou au carrefour Bab-Edress, on se heurte vite aux portefaix, aux mendiants ou aux inlassables palabreurs qui encombrent les trottoirs. La chaussée, elle, est occupée par les voitures et le hurlement des avertisseurs finit par vous étourdir. Hidar, comme chaque fois qu'il se sent un peu perdu, regrette l'absence d'Olga.

Un peu après 13 heures, soit avec près d'une heure d'avance, il se présente à la Grotte aux Pigeons. Le soleil est au plus haut. La chaleur, torride. Près de la balustrade qui domine la mer, un guide raconte à un groupe de touristes français l'histoire de la ville. Le café est suffisamment vide pour qu'il trouve sans grand mal une place à l'ombre. Il commande un arak. Le boit à toutes petites gorgées. Et, vidant en quelque sorte son esprit de tout ce qui pourrait l'accabler, écoute d'une oreille distraite les explications du guide :

— Les origines de Beyrouth remontent au début de la navigation. Son nom dérive de Beroth qui, en cananéen-phénicien, voulait dire « Puits ». Le nombre de ses ressources en eau lui valut cette appellation...

Une dame blonde, pas très jeune, mais encore jolie, note fébrilement dans un petit calepin jaune. Elle sent le regard d'Hidar lui sourire et, comme le guide poursuit, continue elle aussi de plus belle :

— Les scribes des lettres de Tell el-Armana, cité fondée par le pharaon-poète Akhnaton et son épouse Néfertiti, remplaçaient parfois le nom de Beroth par l'idéogramme cruciforme signifiant « Puits »...

La dame blonde interrompt, une fois encore, sa transcription pour le regarder à son tour — sourire... Clin d'œil... Intelligence muette et subtile invitation... La dame a rougi. Hidar lui a ostensiblement offert son profil le plus flatteur. Tout à son manège, il n'a pas remarqué le faux touriste en veston clair et à la calvitie ravageuse qui a pris place à la table près de lui :

— Vous vous amusez ?

Hidar sursaute.

— Continuez à regarder les touristes, conseille l'homme. Avec ce genre de guide, on apprend toujours quelque chose...

Mais le petit groupe se déplace déjà. Hidar entend encore le guide expliquer que « Beyrouth pouvait, dans l'Antiquité, se comparer à Athènes et à Alexandrie et qu'au ve siècle avant notre ère, une école de droit y dispensait la science des lois suivant un enseignement systématique »... Et puis il sent à nouveau l'angoisse qui l'envahit.

— J'ai eu Tchebrikov au téléphone, dit maintenant le Soviétique. Un accord avec l'Oncle Sam est intervenu. Il faut arrêter tout. D'urgence.

— Tout ?

— Oui, tout. C'est un ordre.

Hidar regarde une mouette plonger dans l'eau. Il la trouve belle. Il a l'impression d'être entraîné par elle vers les abîmes. Dieu sait pourquoi il voit aussi, tout à coup, les seins d'Olga — très blancs, très laiteux, offerts à son désir.

— Prenez contact avec El Fath, poursuit encore le bonhomme. Vous y avez quelques amis. Chargez-les d'arrêter la guerre et de libérer les otages...

— Nous changeons d'alliance ?

— Oui. Vous pouvez leur promettre ce qui vous paraît nécessaire. Nous honorerons toutes vos promesses. Il faut que les Palestiniens comprennent aussi que vous avez un pouvoir...

L'homme qui, jusqu'à présent, a parlé sans le regarder, comme dans le vide, tourne alors la tête vers lui et le scrute un bon moment à travers ses deux fentes bleues.

— Vous avez de la chance, lâche-t-il enfin.

— De la chance ? Pourquoi ?

— Chez nous, on estime que l'échec de l'opération vous incombe.

— Mais on n'a pas échoué...

L'autre le fait taire d'un geste de la main et passe la commande au garçon qui vient d'arriver :

— Un thé à la menthe, s'il vous plaît.

Et, se tournant à nouveau vers Hidar :

— L'opération a duré trop longtemps.

— Les Syriens sont à Irbid...

— Ils vont repartir.

— Les Irakiens...

— Ils ne bougeront pas.

Il se tait : le garçon revient avec le thé à la menthe.

— L'Oncle Sam exige par ailleurs la libération immédiate du médecin juif.

Et, après avoir bu deux gorgées de thé :

— Par contre, pour Kamal Joumblatt, vous aviez raison. En devenant ministre de l'Intérieur, il a légalisé le Parti... Chez nous, on dit que c'est grâce à vous...

Il vide la tasse de thé et, sans attendre ni objections ni éventuels commentaires, se lève :

— Bonne chance... Tout est désormais entre vos mains...

Sur quoi il pose un billet sur la table et, sans se retourner, se dirige vers la sortie.

Quelques minutes plus tard, Hidar fait de même. Il s'attarde un instant devant le café pour contempler Beyrouth et son amoncellement de constructions ocre, blanches et grises. Et puis, haussant les épaules comme pour chasser une idée fâcheuse, il hèle un taxi et s'en va.

Par où commencer ? Le rythme incantatoire d'une chanson arabe, à la radio, l'empêche de bien réfléchir. Il fait chaud. Humide. L'heure est à la sieste. Le taxi suit une rue tropicale, sans promeneurs, où l'éclat blanchâtre de la chaussée brûlante n'est troublé que par l'ombre des portefaix. « La première chose à faire, se dit-il, c'est de déménager... Ne pas être à la portée du Front. » Et, avant même cela, passer à la permanence et consulter les dépêches... Après quoi il montera dans son studio et préparera sa valise. Il vérifie qu'il n'a rien oublié, sidéré de son propre calme. Téléphone à l'hôtel Saint-Georges pour réserver une chambre. Ensuite seulement, il compose le numéro d'El Fath. Abou Iyad étant absent, il laisse un message, demandant qu'il le rappelle au Saint-Georges et quitte enfin le Kataraji Building.

Il rencontre Abou Iyad le jour même. Arafat, retour d'Amman, le lendemain. Le leader d'El Fath comprendra vite la proposition de Hidar. Il sait que s'il ne reprend pas en main les opérations de Jordanie, l'OLP lui échappera pour toujours. Ce n'était pas « sa » guerre, dit-il à Hidar. En sorte que puisque lui, Hidar, semble disposé à renoncer...

Le soir même, Hidar prévient l'ambassade. Le lendemain, les forces irakiennes, stationnées en Jordanie, transfèrent un armement lourd aux commandos d'El Fath, renforcés par quelques milliers de Palestiniens venus de Syrie. Et, dans l'après-midi du mardi 22 septembre, Hidar reçoit la visite de Ghassan Kanafani. Ils s'assoient sur la terrasse, face à la mer.

— Moscou a changé d'alliance ? demande le Palestinien sans préambule, en posant sur la table en fer, peinte en blanc comme dans certains bistrots parisiens, un télex d'agence.

Le Tunisien en connaît par avance le contenu. Mais de le lire lui donne le temps d'engager la conversation.

« L'action conjuguée de Washington et de Moscou a rétabli la position du roi Hussein », titre la dépêche. Diable... Diable... Les choses vont plus vite que je ne pensais.

Puis, à voix haute, cette fois, en vertu du bon vieux principe qui veut que la meilleure des défenses est encore et toujours l'attaque :

— Et les otages ? Tu veux bien me parler des otages !

— Certains ont été libérés par El Fath, d'autres transférés par le Front vers le nord.

— Et le médecin américain ?

Kanafani paraît gêné. Il demande :

— Tu as vu ce qui se passe à Amman ? C'est une ville morte. Sa population est décimée. Les survivants sont à l'agonie. Les destructions revêtent une telle envergure qu'il semble bien qu'aucune maison n'ait été épargnée. Alors, dans tout ça, un otage de plus ou de moins...

Le visage de Ghassan Kanafani est parcouru d'un bref tremblement. Son front haut est couvert de sueur. Ses grands yeux noirs fixent la mer. Il tourne brusquement la tête vers Hidar :

— J'ai eu Waddi au téléphone. De l'hôtel Jordan qui domine la ville et d'où il m'appelait, on pouvait voir paraît-il de très nombreuses fumées noires s'élever vers le ciel. D'autres incendies étaient visibles aussi du côté du Djebel Hussein et à Wahdad qui abritent des camps de réfugiés palestiniens. On ignore le nombre des victimes. Mais Waddi affirme que les morts et les blessés se comptent par milliers...

— Littérature, littérature, le coupe Hidar, agacé, avant d'ajouter : Tu parles comme ces écrivains dont les livres sont remplis de remords. Ils n'ont qu'un défaut, vois-tu : n'avoir jamais tué personne. Car la guerre est terrible, c'est vrai. Ne le savais-tu pas ?

Kanafani se courbe encore un peu. Il est presque voûté, maintenant — tant le poids de la situation l'accable.

— Un révolutionnaire n'est pas un criminel, dit-il à mi-voix... C'est un homme qui tue, oui... Mais qui tue pour sauver la vie...

Puis, se redressant et lançant à son vis-à-vis un regard tout à coup accusateur :

— Tu savais qu'El Fath allait négocier avec Hussein ?

— Oui. Pour sauver ce qu'on pouvait encore sauver. Pour sauver la vie, comme tu dis. Et pour libérer aussi les otages... A propos d'otages, tu ne m'as toujours pas répondu au sujet de l'Américain.

Kanafani tourne à nouveau la tête vers la mer et du bout des lèvres, comme s'il parlait aux mouettes, laisse simplement tomber :

— Il a été tué.

— Tué ?

Hidar s'est levé d'un bond. Son visage, son regard sont devenus d'une dureté impressionnante :

— Tu veux dire que vous l'avez tué ?

— Non, non, ce n'est pas cela. Waddi Haddad l'avait enfermé dans la banlieue d'Amman pour l'interroger sur ses rapports avec un des dirigeants des services secrets israéliens...

— Et avec moi, n'est-ce pas ?

Ghassan ne répond pas.

— Avec moi ? répète Hidar en le prenant par le bras. Dis-le, espèce de salaud... Hein, dis-le vite...

— C'est une histoire idiote, proteste Ghassan... Un commando d'El Fath a voulu le libérer... Il y a eu un malentendu... Un échange de coups de feu... Ton Américain a voulu s'enfuir... Quelqu'un a tiré... Il est mort...

— Mais la mort ne se manie pas comme un téléphone ! Quand on se trompe de numéro, le téléphone, lui, n'est pas désintégré...

Après quoi, il dégage son bras et se lève à son tour. Son fin visage de poète égaré en politique paraît dur lui aussi — dur et étrangement fatigué.

— N'oublie pas, glisse-t-il encore, que c'est toi qui as voulu cette opération...

— Oui, mais elle devait seulement rappeler au monde le drame palestinien. Les otages devaient être rendus aussitôt...

Deux couples assis plus loin se sont retournés pour écouter et derrière les vitres qui séparent la terrasse du hall de l'hôtel, les garçons suivent la scène avec curiosité. Kanafani s'en aperçoit le premier et se rassied en grommelant :

— Va au diable avec tes scrupules. C'est vrai que personne n'a jamais compris tes faiblesses pour cette famille de Juifs...

L'annonce de la mort de Sidney bouleverse effectivement Hidar. Il n'a pas de sympathie particulière pour cet Américain roux et barbu. Et pourtant... Est-ce parce qu'il s'agit d'un cousin de Hugo ? Parce qu'il ne parvient pas à effacer Hugo de sa mémoire ? Est-ce parce qu'il voit dans la mort de cet homme un pressentiment d'autre chose ? Toujours est-il qu'il passe le reste de la journée à flâner autour de Beyrouth, entre le port et les plages de Khaldé, le long de la corniche. Il a peur de rentrer à l'hôtel, de se retrouver seul à écouter les nouvelles... « Je suis humain, trop humain, se dit-il. Quand on veut soigner le monde, il faut savoir soigner sa conscience... »

Il entre dans un café, commande à nouveau de l'arak. Voyant un téléphone posé sur le bar, il s'en approche tel un somnambule et sans vraiment savoir à qui téléphoner. Il se souvient de Leïla. Annoncer la nouvelle à Leïla ? Leïla, à sa grande surprise, la connaît déjà, cette nouvelle. Mais il est content de lui parler. Elle, apparemment, aussi. Et ils se donnent rendez-vous le soir même à la terrasse de l'hôtel Saint-Georges.

Le soir venu, Leïla est là. Elle a le visage défait mais elle reste belle. La nuit est belle également. La baie, incroyablement lumineuse. Tout, dans l'air autour d'eux, invite à l'abandon. Quelle est cette émotion qui l'étreint ? Et ce désir ? D'où vient ce soudain besoin de poser un baiser sur les paupières brûlantes de la jeune femme ? Hidar, sidéré, comprend qu'il la désire. Pis : il comprend qu'elle aussi, pour éprouvée qu'elle soit par la mort de son amant, lui porte un irrépressible désir. La mer est là, toute proche. Le bruit des vagues les berce déjà. Leïla, la tête sur son épaule, râle doucement. Et lui, tout aussi doucement, passe ses doigts sur la bouleversante tache pâle, sur le bleu-noir du ciel, qu'est son visage en larmes. Entendent-ils le bruit des pneus sur le gravier ? Puis son nom, prononcé au loin par une voix familière ? Il s'écarte de Leïla, se retourne. Le maître d'hôtel s'avance vers lui, suivi d'une silhouette massive.

— Monsieur Assadi, dit-il en s'effaçant le plus servilement qu'il peut devant un homme gras aux lèvres minces, aux yeux mi-clos et au long nez bourgeonnant.

L'homme tend sa main blanche et baguée vers Leïla et, d'une voix métallique, en français, annonce simplement :

— Je viens chercher ma femme.

Paris, octobre 1970

Ma mère a pleuré. Et je ne sais pas pourquoi, cela m'a irrité. Peut-être savais-je qu'en pleurant un défunt, on pleure sur soi-même. Peut-être devinais-je, derrière ces larmes incongrues, la prophétie de sa propre mort. Elle avait pleuré en tout cas. Oui, elle portait le deuil de Sidney, comme quelqu'un de très très proche. Et elle avait même écrit un poème qui commençait, je m'en souviens, par cette phrase : « Recueille mes larmes et ma réprobation, mon Dieu... »

Vladimir Volossatov, à peu près à la même époque, me téléphona une dernière fois. Il était déjà navré, n'est-ce pas, par la disparition de mon cousin. Eh bien sa mort l'attristait. « C'est un terrible malentendu, disait-il, avec son inimitable accent russe. Un commando d'El Fath veut libérer votre cousin. Celui-ci ne comprend pas et s'enfuit... le destin ! Oui, mon cher, le destin ! » Pour l'heure, il tenait à me dire adieu. Car il rentrait définitivement à Moscou. « Eh oui, cher ami, tout a une fin... Je dois quitter Paris, c'est si triste. » Et puis, avant de raccrocher, cette dernière phrase dont je me demande jusqu'à aujourd'hui s'il la prononça par calcul, étourderie ou bonté : « A propos, je me suis renseigné pour votre autre cousin... Hugo, n'est-ce pas... Il faut chercher la raison de sa mort du côté d'Israël Beer... Dites-le à vos amis israéliens... Ils comprendront. »

Cette révélation me surprit tant sur le moment que j'appelai aussitôt Benjamin Ben Eliezer. « Curieux, me dit-il après que je lui eus raconté ma conversation. Israël Beer, l'ancien conseiller de Ben Gourion, était, en effet, un espion soviétique... Votre cousin Sidney m'en avait parlé aussi après sa rencontre avec le frère de Sigrid, le docteur Furchmuller, à Francfort. Curieux... Et maintenant, votre ami Volossatov... Les services secrets soviétiques... Curieux... » Benjamin promit d'approfondir son enquête et de me tenir au courant. Puis, il me passa Arié, le fils de Mordekhaï, si visiblement fier de me montrer qu'il travaillait avec lui.

— Je me marierai aussitôt mon service militaire terminé, m'annonça-t-il. J'espère que tu viendras. Le mariage aura lieu au kibboutz...

31.

Israël
L'ENQUÊTE D'ARIÉ

Octobre 1970

Le soleil s'attarde un moment sur le sommet des montagnes. Puis, alangui, comme exténué, il chute quelque part dans la plaine et le kibboutz Dafné disparaît d'un coup dans les ténèbres. Un système d'horlogerie met aussitôt en marche, comme chaque soir, le grand générateur central. Les lumières scintillent. Dans les allées d'abord. Autour des hangars et au sommet du château d'eau ensuite. Et puis enfin, dans les maisons. Après quoi, les membres du kibboutz, sachant que l'heure est venue, prennent tous le chemin du réfectoire.

— Tu aurais dû mettre un pull, dit Sarah à Arié. Ici, ce n'est pas comme à Tel-Aviv... C'est le nord...

Puis :

— C'est bien que tu sois revenu pour les fêtes. Cette année, nous avons construit une énorme *Soukka*. Les enfants sont heureux. Ta sœur Dina ne veut manger nulle part ailleurs. Tu veux venir ?

— Non, répondit-il avec un gentil sourire, je préfère qu'on aille au réfectoire. J'ai à parler à papa...

Mordekhaï, intrigué, regarde son fils. Mais la pénombre l'empêche de voir autre chose que son profil. Et toute la famille arrive, à la queue leu leu, dans un réfectoire qui sent bon le concombre, la friture et le café.

Les kibboutzniks, comme il se doit, saluent l'enfant prodigue. Ils disent que l'uniforme lui va bien : qu'il a belle et bonne mine ; ils l'interrogent sur sa vie sous les drapeaux et le considèrent bizarrement comme s'il était déjà un héros.

— Quoi de neuf au kibboutz ? demande-t-il à son père, quand ils se retrouvent enfins seuls, installés à l'une des tables.

— Comme d'habitude... Quelques infiltrations des feddayin de l'autre côté de la frontière... Pas de morts, mais quelques bêtes égorgées... On a également racheté un nouveau tracteur... Et puis il y a les nouveau-nés... Voilà... Comme d'habitude, te dis-je... Mais toi ? Tu as un problème... Tu voulais me dire quelque chose ?

— Oui, mais pas ici.

Après le dîner, Arié prend un gros pull, son père une canadienne et ils vont s'asseoir, tous les deux, sur des chaises longues devant leur baraque de bois. Au loin, dans le noir, des touffes d'étincelles situent les villages des deux côtés de la frontière. C'est Mordekhaï qui commence :

— Tu fais donc ton service auprès de Benjamin ?

— Oui, c'est cela... J'ai suivi de près ces histoires de détournement d'avions et puis l'enlèvement de Sidney...

— Tu sais quelque chose ?

Arié poursuit, comme s'il n'avait pas entendu :

— Le cousin français nous a téléphoné. Enfin : il a téléphoné à Benjamin. Un diplomate soviétique lui aurait conseillé de regarder du côté d'Israël Beer pour dénicher le mobile de l'assassinat de Hugo...

— Attends, fait Mordekhaï. Pas si vite. Pourquoi me parles-tu de Hugo quand je te demande pour Sidney ?

— Parce que nous en sommes tous convaincus : si on arrive à comprendre les raisons de la mort de l'un, on comprendra peut-être aussi l'énigme de l'assassinat de l'autre.

Et, se penchant vers son père avec dans le regard, dans la moue aussi et dans le maintien, une expression de gravité qu'il ne lui connaissait pas :

— As-tu connu cet Israël Beer ?

— Je l'ai rencontré une fois, je crois... A un congrès du Parti Travailliste. C'était... C'était en 1959, je crois.

— Comment était-il ?

— Je me souviens de traits un peu mongols, d'une grosse moustache noire et de rires bruyants.

— Penses-tu qu'il ait vraiment trahi ?

— Qui sait ? Dans un livre qu'il a rédigé en prison, il explique que s'il a agi de la sorte, c'est parce qu'il était persuadé que la sécurité d'Israël passait par un rapprochement avec le camp socialiste.

— Mais de là à livrer des documents !

— Il a toujours prétendu avoir pratiqué l autocensure sur les informations qu'il communiquait. Mais pourquoi t'intéresses-tu à lui ?

— A cause de ses rapports avec Hugo.

— Avec Hugo ?

— Oui. Il t'en a parlé ?

— Non, pas vraiment. Je sais qu'ils se connaissaient. Hugo voulait un rendez-vous avec Ben Gourion. C'est Israël Beer qui, la première fois, a dû le recevoir.

— Il y a un dossier concernant Israël Beer dans les archives de l'Aman, mais Benjamin ne veut pas me le laisser consulter. Je crois qu'il n'a pas vraiment confiance en moi. Il me trouve trop jeune.

On entend le cri d'un oiseau de proie tout proche et les chiens se mettent à hurler.

— Qu'est-ce que c'est ? demande le jeune homme soudain sur le qui-vive.

— Rien, rien... De toute façon, nous avons doublé la garde.

Puis, après un silence, le regard perdu dans les étoiles :

— Tu sais que demain, c'est Simhat Thora.

— Tu deviens religieux, papa ?

— Non... Nostalgique seulement. Je me souviens, à Winnipeg... C'était une belle fête, tu sais... On sortait de leurs armoires tous les rouleaux de la Loi... On se mettait à danser... Les enfants recevaient plein de sucreries...

Long silence à nouveau. Douce quiétude de la pénombre. Chaleur de cette proximité retrouvée. Un père et un fils côte à côte, en communion avec la nuit. C'est le fils, cette fois, qui murmure :

— Tu as téléphoné à la veuve ?

— La veuve ?

— A Marjory... La veuve de l'oncle Sidney...

— Oui. Elle attend le rapatriement du corps. La Croix-Rouge s'en occupe. Richard, son fils, veut un enterrement à Jérusalem...

— Comme Hugo, donc ?

— Oui, c'est drôle, comme Hugo...

Mordekhaï n'a pas le temps d'en dire plus. Car, à cet instant précis, des hurlements de chiens déchirent le silence de la nuit. Puis des cris provenant de la basse-cour. Des pas rapides sur le gravier.

— Qui va là ? fait-il, l'oreille brusquement à l'affût, les muscles tendus, la voix assourdie par l'angoisse.

— Jacob Oren. Prenez vos armes et filez vers le château d'eau. On a repéré un groupe de feddayin. Ils progressent vers le kibboutz.

Toutes les lumières s'éteignent d'un coup. Seul le faisceau d'un projecteur s'agite en haut du château d'eau, fouillant les environs.

— Tu as une arme ? chuchote Mordekhaï à son fils, tandis que pliés en deux, ils courent vers la maison.

— Oui, une mitraillette. Je l'ai posée sur l'armoire.

Une seconde plus tard, armés tous les deux, ils courent vers le château d'eau, croisent dans les allées des hommes allant chacun vers son lieu de rendez-vous. Pas un mot. Pas un cri. Seulement un bruit de pas couvert par les hurlements des chiens. C'est comme un menuet admirablement réglé, cent et cent fois répété et qui s'exécuterait à la perfection.

Arrivés près du château d'eau, ils retrouvent quatre autres personnes.

— Nous sommes au complet, fait Jacob Oren, un homme robuste, court sur pattes dont Mordekhaï ne peut s'empêcher d'observer que la situation a métamorphosé, mieux que le maintien, le ton et, jusqu'à la voix...

— Allez, allez, suivez-moi ! reprend-il avec cette autorité insoupçonnée de paysan-soldat.

Les six hommes dépassent le hangar. Et, au moment d'atteindre le muret d'enceinte, surélevé de barbelés, ils entendent des coups de feu... Une sirène... Une rafale sur le mur... Une autre... Arié, sans réfléchir, tire. Une fois... Deux fois... Et on entend un cri, tout près... Un cri horrible, entre le rugissement et le miaulement — suivi, presque aussitôt, d'aboiements de chiens redoublés.

— Je crois que j'ai touché quelqu'un, dit-il d'une voix blanche...

— On va voir, fait Mordekhaï.

— Non, non, ordonne Jacob Oren. Ne bougez surtout pas. C'est trop risqué.

La fusillade s'éloigne. Arié remarque une étoile filante et se détend. Les réverbères dans les allées se rallument tandis que deux hélicoptères passent, en bourdonnant, au-dessus d'eux.

— Ils ont fait vite, dit Jacob Oren qui suit, la tête en l'air, les clignotants des hélicoptères en train de s'éloigner.

Puis :

— Maintenant, on peut aller voir...

Près du muret d'enceinte, à l'endroit même où Arié a tiré il n'y a plus qu'une mitraillette de fabrication soviétique et une kefiah ensanglantée. Où est l'homme ?

Où est l'ombre ? Disparu... Volatilisé... Les recherches, reprises à l'aube, ne donnèrent rien de plus et le commandant de la garnison voisine, venu visiter le kibboutz, conclura que le feddayin a été blessé mais qu'il a utilisé la kefiah pour éponger sa blessure et que ses camarades ont réussi à le transporter.

Arié, au fond de lui-même, aime autant ça. C'est la première fois qu'il tire sur un homme et s'il est fier de n'avoir pas manqué de courage et d'avoir atteint sa cible, il n'est pas fâché que le Palestinien blessé ait réussi à prendre le large. Le feddayin, à sa place, n'aurait pas eu de ces scrupules ? Il se serait fait un plaisir, comme dans l'attentat contre l'autobus, de lui faire sauter la tête ? Possible. Mais l'idée de tuer un homme lui est intolérable...

De retour à Tel-Aviv, après les fêtes, il demande presque aussitôt à parler à Benjamin.

— Je voudrais m'occuper du dossier Hidar Assadi.

Benjamin le regarde, amusé :

— Quelqu'un s'en occupe déjà, tu sais ? On ne t'a pas attendu...

— Je crois que moi, je pourrai faire mieux.

— Le présomptueux devient raisin sec avant d'avoir été raisin mûr...

Et tandis qu'Arié prend l'air buté de celui qui ne sortira pas de la pièce tant qu'il n'aura pas satisfaction, Benjamin ajoute, comme à regret :

— Cela dit, tu connais le mot de Talleyrand : « on ne croit qu'en ceux qui croient en eux ».

— Qui est-ce, Talleyrand ?

— Tu vois que tu as encore beaucoup à apprendre ! Talleyrand était un diplomate français qui, grâce à son intelligence et à ses intrigues, a su traverser, en demeurant au pouvoir, la Révolution, l'Empire, la Restauration, le règne de Louis-Philippe. Disons qu'il avait... un don prodigieux de prévision !

Il s'apprête à ajouter quelque chose quand le téléphone sonne. « Bonjour... Comment ça va... » Quelques propos anodins... Une ou deux politesses dont il n'est guère coutumier... Et, plaquant le combiné contre sa cuisse, il demande au jeune homme, sur un ton cette fois sans réplique, de bien vouloir sortir et le laisser seul.

— On t'a mis à la porte, « haboub » ? dit en riant Myriam quand elle le voit, tout dépité, quitter le bureau. C'est comme ça ici, quand ça devient trop secret, on expulse les enfants...

— D'ici un an ou deux, je serai le maître des secrets, répond l'« enfant », mi-moqueur, mi-sérieux.

— On n'est jamais vraiment maître d'un secret, rétorque-t-elle à son tour — sur un ton plein de sous-entendus.

Après le déjeuner, Arié réapparaît et trouve dans le bureau de Benjamin un homme petit, aux bras très longs et à l'épaisse chevelure grisonnante.

— Zvika, dit Benjamin, en le présentant. Il te mettra au courant des activités d'Hidar Assadi. Il te montrera aussi le dossier d'Israël Beer. A partir de maintenant, tu pénètres dans le domaine « top secret ».

Et comme le jeune homme le regarde d'un air éberlué, paraissant ne pas comprendre :

— Tu m'as bien dit que tu voulais t'occuper du dossier Assadi ? Eh bien voilà. J'ai réfléchi et je suis d'accord. D'ici un an ou deux, Zvika te passera complètement « l'affaire ».

Puis, coupant court à tous remerciements et effusions :

— Je te laisse maintenant avec lui. Bonne chance !

Zvika Amihay, que l'on appelle « le Bulgare » parce qu'il est né en Bulgarie, est un homme réservé. Redouté, aussi. Il a survécu à la déportation et est arrivé en Israël quelques jours seulement après la proclamation de l'Indépendance. Descendant avec Arié au deuxième étage, il disparaît quelques minutes derrière une porte blindée et en ressort avec deux dossiers. Sans un mot, sans la moindre explication ni commentaire, il entre avec son jeune compagnon dans un bureau minuscule et pose les dossiers sur la table :

— Je viendrai les reprendre à six heures. A six heures précises. Tu as trois heures pour les étudier. On en reparlera après.

C'est un bureau petit, humide et presque vide. Une table faite d'une planche et de deux tréteaux... Une carte d'Israël sur le mur... Une chaise... Et puis le dossier du fameux Israël Beer... Arié a le cœur qui bat. Les mains moites. Les doigts qui tremblent. Par où commencer ? Les fiches ? Les témoignages ? Les minutes du procès ? Les différentes « synthèses », de plus en plus affinées, qui se succèdent le long des années ? Israël Beer a toujours prétendu, par exemple, avoir été élève à l'École des Officiers de Wiener Neustadt, en Autriche. Or voici le témoignage du responsable du centre d'entraînement clandestin des forces spéciales de la Haganah qui se souvient avoir eu une bien étrange surprise en recevant, en 1938, le « légendaire » Isarël Beer : celui-ci ne connaissait quasiment pas le maniement des armes. De même, voici une lettre de Jean Miksha, ancien volontaire tchèque dans les Brigades Internationales où Israël Beer est censé avoir passé deux années : n'écrit-il pas, après un entretien d'une heure, à Paris, en présence de l'attaché militaire de l'ambassade d'Israël, qu'il est à peu près persuadé de n'avoir jamais rencontré Beer auparavant ? Arié est si passionné par ces histoires, si troublé par ces contradictions, qu'il ne voit pas le temps passer. Quand il consulte sa montre, il est déjà six heures moins vingt et il ne lui reste plus que vingt minutes pour parcourir le dossier Assadi. Il l'ouvre précipitamment. Des photocopies tombent par terre et s'éparpillent. En les ramassant, il remarque un mince paquet de feuilles remplies de noms et de numéros de téléphone et maintenues par un gros trombone. Les regardant de plus près il s'aperçoit qu'il s'agit ni plus ni moins que de la photocopie du carnet d'adresses de Hugo. Le nom de son père est là... L'adresse et le téléphone de Sidney à New York... Ceux de Salomon à Paris... Tant et tant d'autres... Jusqu'à la lettre « H » où, à côté d'un nom mal rayé qui pourrait être « Hidberg » ou « Hilberg », figure le nom de Hidar, lui-même suivi d'un chiffre qui ne ressemble plus à un numéro de téléphone et qui est le chiffre 300 000.

300 000... 300 000... Et si cela voulait dire 300 000 dollars ? Si c'était le montant de la somme que Hugo avait tenté d'emprunter à une banque américaine et pour laquelle Sidney lui avait refusé sa garantie ?

Arié est tout à coup sûr d'avoir découvert quelque chose d'important. Il en est si exalté qu'oubliant et Zvika et les dossiers, il se précipite pour annoncer la nouvelle à Benjamin. Et, en ouvrant la porte, se heurte au Bulgare.

32.

Moscou
LA PRISE DU KREMLIN

Février 1971

Aron Lerner a appris la mort de Sidney en lisant la *Pravda*. Dans un long article où l'auteur exalte les éminents services rendus à la cause de la paix par l'URSS dans le conflit jordano-palestinien, il était aussi incidemment question de la mort du médecin américain, Sidney Halter, enlevé par « un commando d'extrémistes, faisant le jeu de l'impérialisme israélien ». Aron ne connaît ni de près ni de loin ce cousin de sa femme. Mais, comme tous les héros de cette histoire, comme tous ces Juifs et toutes ces Juives dispersés à travers le monde, il a le sentiment, confus quoique insistant, d'avoir perdu un proche parent. « L'homme meurt autant de fois qu'il perd l'un des siens... » N'est-ce pas l'une des meilleures maximes de Publius Valerius Publicola, ce fondateur de la République romaine à qui le professeur d'antiquités gréco-latines vient de consacrer un cours à l'université ?

Quant à Rachel, sa réaction a été à la fois très simple et très étrange. « Six millions et deux morts », a-t-elle simplement dit après avoir lu l'article qu'Aron lui a montré. Pour elle, cela ne fait pas de doute : ses cousins Hugo et Sidney ont été tués parce que juifs : et ils sont venus, ainsi, accroître de leurs noms le martyrologe de l'holocauste. Il y a un an, Aron eût protesté. Il eût tenté de démontrer à sa femme l'absurdité choquante d'une telle affirmation. Mais aujourd'hui, il ne sait plus... Il a vu les caricatures antisémites dans *Ogoniok* et *Les Nouvelles de Moscou*... Il a entendu les appels à la destruction d'Israël proférés par des « camarades palestiniens » invités à l'université et applaudis chaleureusement par l'assistance... Et il est bien obligé d'admettre que le meurtre politique d'un Juif est rarement le fait du hasard, qu'il procède toujours, peu ou prou, d'une démarche exterminatrice.

La vérité c'est que l'événement l'a probablement éloigné un peu plus encore de son fils Sacha qu'il voyait déjà fort peu depuis leur querelle de la guerre des Six Jours. Mais qu'il l'a rapproché, en revanche, du petit « groupe sioniste » fréquenté, depuis trois ans, par sa femme. Il y a là un journaliste, Zaredski, un ancien officier aussi sévère que courtois qui, chaque année, le jour anniversaire de la victoire, arbore trois rangées de décorations et de médailles. Il y a aussi un ingénieur, Levine, homme doux et effacé. Et puis un professeur de littérature russe, Slepak, qui connaît Pouchkine par cœur... Chaque membre de ce groupe a demandé l'autorisation de partir pour Israël. Et, en représailles, tous ont été aussitôt licenciés et, depuis, ils vivent tant bien que mal grâce à de petits travaux « au noir ». Levine conduit un taxi. Zaredski fait de petits travaux de maçonnerie Les moins débrouillards subsistent grâce à l'aide de leurs familles et amis. Aron les trouve idéalistes et pathétiques. Mais tellement plus intéressants que ses collègues de l'université ! Tellement plus libres ! Tellement plus humains aussi ! Suivre leur exemple ? Non, bien sûr... Il n'en est pas encore là... L'Union soviétique demeure, malgré tout, sa patrie. Mais enfin plus le temps passe, et plus le cas de ces hommes, de ces femmes, le passionne et le hante.

C'est deux ou trois jours après l'article de la *Pravda* que Hidar Assadi, le compagnon de sa fille, regagne Moscou. Il a changé, Hidar. Ses cheveux crépus ont blanchi. Son pas s'est encore alourdi. Son bras gauche est dans le plâtre et, à la grande surprise d'Aron et de Rachel, il n'a, cette fois, aucune histoire à raconter, aucun événement à commenter. Par contre, et c'est peut-être plus étrange encore, il est devenu plus prévenant. Il s'intéresse à leur vie, à leur santé et arrive tous les jours les bras chargés de menus cadeaux.

Un soir, il leur annonce son mariage avec Olga. Ce n'est pas, cette fois, une surprise. Et Rachel et Aron s'étaient, depuis longtemps, préparés — et résignés — à cette nouvelle. Beaux joueurs, ils décident même de « faire les choses convenablement » et de profiter du congé de la Nouvelle Année pour fêter l'événement. On convie les amis « sionistes » de Madame. Les collègues d'université de Monsieur. Hidar invite la direction du Comité de solidarité avec les peuples d'Asie et d'Afrique, ainsi que quelques ambassadeurs arabes. Et, quant à Olga, elle se contente du service de pédiatrie de l'hôpital où elle travaille. Mélange détonant, bien entendu ! Baroque au possible ! Le soir venu, Rachel ne sait où donner de la tête. Elle est à la cuisine, dans le salon, dans le bureau d'Aron, dans la chambre à coucher, bref partout où il y a des invités et il y en a partout. Aux uns, elle propose des gâteaux qu'elle a confectionnés elle-même. Aux autres elle sert de la vodka et du « kwass ». Avec les troisièmes elle fait l'élégante et engage des conversations. Et avec tous enfin, elle « veille au grain » en suivant de très près les rencontres susceptibles de mal tourner. En fait, tout va pour le mieux. Un ami d'Olga a même apporté un accordéon sur lequel le refuznik Zaredski entonne une chanson de la dernière guerre, laquelle est reprise par le kagébiste Tchebrikov, à la grande joie de Hidar. Et c'est à ce moment qu'arrive Sacha flanqué d'un journaliste des *Nouvelles de Moscou,* Matveï Fedorovotch Egorov, qui semble déjà ivre. Sacha explique :

— Nous venons de fêter le départ d'un ami, commence-t-il, nommé consul à Bucarest...

Et, regardant autour de lui :

— Mais que vois-je ? Maman a invité toute sa bande de cosmopolites...

Aron, qui l'a entendu, le fusille du regard. Et venant tout près, grommelle entre ses dents :

— C'est le mariage de ta sœur, Sacha. Ne l'oublie pas. D'autant que...

Il ne termine pas sa phrase. Car des rires et des applaudissements, derrière lui, l'interrompent. Il se retourne. Et au milieu d'un cercle de convives qui tapent joyeusement des mains, il voit le vieil ingénieur Levine, devenu chauffeur de taxi, qui exécute une danse cosaque autour d'Olga.

— Mais c'est le Juif Levine, fait Egorov, l'ami de Sacha.

Les rires, à la seconde même, s'arrêtent. On entend encore quelques gloussements. Quelques toux embarrassées. Et puis le silence se fait tandis que Levine s'avance :

— Je suis juif, dit-il en s'adressant à Egorov. Et toi ?

— Moi, je suis russe ! répond l'autre en se tapant fièrement du poing sur la poitrine.

— Tu n'es pas russe, réplique calmement Levine. Tu n'es que de la merde. Sous les tsars, tu aurais participé aux pogromes dans « L'Union de l'Archange Michel » et en 1917, les bolcheviques t'auraient fusillé.

— Arrêtez, arrêtez ! Je vous en prie, supplie Rachel qui sent que l'affaire tourne mal.

Mais Egorov ne l'écoute pas :

— C'est moi, un communiste, que les bolcheviques auraient fusillé ?

— Oui, toi et tes semblables. Tu n'es pas un vrai communiste et si tu as dans ta poche la carte du parti, c'est par hasard ou par faveur. C'est chez les nazis que tu aurais dû être inscrit...

— Attends, espèce de sale youpin ! crie Egorov, blême de rage.

Et tandis que Rachel et Olga tentent de les séparer, Aron saisit Sacha par le bras :

— Fais débarrasser le plancher à cette ordure... Et tout de suite...

Sacha regarde son père comme s'il le voyait pour la première fois et, sans un mot, prend Egorov par les épaules et l'entraîne vers la sortie.

Le lendemain matin, Aron annoncera à Rachel son intention de déposer une demande de visa pour Israël. La surprise de Rachel sera si grande qu'elle ne saura, sur l'instant, quoi répondre. Ce n'est qu'une demi-heure plus tard, lorsque, dans une cuisine remplie de vaisselle sale, de bouteilles vides et de mégots, Aron vient l'aider à préparer le petit déjeuner qu'elle demande timidement :

— C'est vrai ?

Aron fait oui de la tête. Rachel, le visage baigné de larmes, le regarde et l'embrasse.

L'hiver 1971 s'annonce difficile. Le mois de janvier est froid, venteux. Les queues, aux magasins, de plus en plus longues. Aron, après voir déposé sa demande de visa pour Israël, s'attendait tous les jours à être renvoyé de l'université. Ses nouveaux amis viennent à présent chez lui, rue Kazakov, et ils restent tard dans la nuit à discuter littérature ou politique.

Un soir du mois de février, alors qu'ils sont quelques-uns à plaisanter autour d'une tasse de thé, on sonne à la porte. Aron va ouvrir avec, déjà, dans la démarche, la résignation du futur bagnard. Mais c'est Levine qui, sans prononcer un mot, salue Aron d'un signe de tête et, après avoir vérifié d'un coup d'œil que son bureau est bien vide, lui fait signe d'y entrer et de fermer derrière eux la porte à clé. Il a manifestement quelque chose d'important à lui dire et redoute les écoutes. Et, de fait, le voici qui, d'un geste fébrile, prend une feuille de papier sur la table de travail et debout, sans prendre le temps de s'asseoir, écrit : « Je suis en taxi et sûr de ne pas avoir été suivi. Affaire urgente et très importante. Demain matin, à 11 heures, nous allons occuper la salle d'accueil du Présidium du Soviet Suprême de l'URSS. »

Devant l'air stupéfait d'Aron, il continue toujours sur la même feuille : « Sans nous faire remarquer, un par un, nous allons pénétrer dans l'immeuble qui se trouve sur la place Rouge et nous allons décréter une grève de la faim. Nous ne quitterons pas les lieux tant que le Président ne nous aura pas reçus. Objectif : notre liberté d'émigration en Israël. »

Puis, posant son stylo, il regarde Aron fixement. Et comme l'autre sourit, l'air un peu sceptique, il déchire une autre feuille de papier et poursuit : « Je comprends votre réaction. Il n'y a encore jamais rien eu de tel dans toute l'histoire de l'URSS. Ce sera la première grève de ce genre, mais peut-être pas la dernière. Ils vont certainement nous arrêter. Les peines seront lourdes. Dix ans, au moins. Mais c'est encore mieux que de rester là, à attendre. Notre arrestation va soulever une tempête dans le monde. Serez-vous des nôtres ? »

Levine leva à nouveau les yeux sur Aron. Celui-ci avait l'impression de vivre un rêve. Il fut pris de panique. Tout allait trop vite. Pourquoi lui ? Il y a des dizaines de milliers d'autres Juifs qui veulent émigrer en Israël ! Dix ans de Goulag c'était autrement plus grave que de rester à Moscou sans travail. Mais pouvait-il refuser ? Il observa

Levine. Celui-ci n'avait l'air ni d'un fou ni d'un héros. C'était juste un ingénieur devenu chauffeur de taxi. Et Aron pensa qu'Homère avait tort de dire que « sur la terre, il n'y avait rien de plus faible que l'homme ». D'une main qu'il contrôle mal, il prend le crayon de Levine et écrit seulement : « Qui vient avec nous ? »

Levine sourit et inscrit quelques noms, ceux des nouveaux amis d'Aron, des hommes droits et honnêtes.

— D'accord, écrit alors Aron, stupéfait lui-même de sa décision. Quand ?

— Demain, 11 heures, écrit Levine. Prenez le métro et descendez à la station Bibliothèque Lénine. Ensuite, rejoignez notre lieu de rendez-vous à pied.

Aron fait oui de la tête. Levine lui tapote amicalement l'épaule, frotte une allumette et enflamme les feuilles de papier qu'il dépose ensuite dans le cendrier et réduit avec le pouce en cendre et en poussière. Puis, doucement, cherchant à passer inaperçu des invités, il s'en va comme il était venu : sans un mot, sans un bruit. Quand Aron regagnera la pièce, il fera signe à Rachel de ne pas poser de question. Et ce n'est qu'après le départ de leurs amis qu'il prend un bloc de papier, un stylo et résume, par écrit, le plus clairement possible, la situation. Rachel relit son texte deux fois ; et sans se donner, elle non plus, le temps de réfléchir, ajoute simplement : « Je viens avec toi. »

Cette nuit-là, Aron dort très mal. Il a des cauchemars et se réveille à plusieurs reprises. Vers 4 heures du matin, il a l'impression d'entendre quelqu'un pousser la porte de l'entrée. Il va vérifier, constate que la porte est bien verrouillée, et s'enferme dans son bureau. Là, il feuillette la pile de livres en désordre sur la table, lit un poème de Ion de Chios, parcourt une page d'Eschyle, s'attarde sur une scène de l'*Antigone* de Sophocle : « Je sais bien que je pourrai ; c'était inévitable... Si je péris avant le temps, je regarde la mort comme un bienfait. Quand on vit au milieu des maux, comment n'aurait-on pas avantage à mourir ? » Et, pour la première fois de sa vie, il se demande si l'Ecclésiaste, qui dit presque la même chose, ne lui est pas, au fond, plus proche.

L'entrée de la salle d'accueil du Présidium du Soviet Suprême de l'URSS est imposante. Carrée, massive, ornée de moulures dorées. Les portes de chêne sont lourdes, parées d'énormes poignées de cuivre. Devant les portes, des policiers en manteau noir, le visage rougi par le froid, semblent voués à une interminable faction. Dehors, il neige et, malgré l'heure matinale, la foule se presse déjà. Aron et Rachel sont là. Ils se heurtent à Slepak, le professeur de littérature russe qui salue Aron d'un signe de tête et retient Rachel par la manche :

— Vous ne devriez pas rester là, chuchote-t-il. Une seule personne par famille. Ce n'est pas la peine de se retrouver tous en prison...

Aron, jugeant la réaction de Slepak sensée, embrasse Rachel et lui demande de rentrer à la maison. Après quoi, fermant instinctivement les yeux comme s'il sautait dans le vide, il pénètre à l'intérieur. C'est une grande salle tout en marbre, bordée de bancs tapissés de cuir noir avec, au bout, de méchants guichets percés dans une demi-cloison vitrée derrière lesquels on aperçoit les têtes de quelques fonctionnaires. A gauche des guichets, une queue s'est déjà formée. Des dizaines d'invalides appuyés sur des béquilles, des femmes accompagnées d'enfants en bas âge, des paysans mal vêtus, des vieillards, s'observent, se surveillent et, à mi-voix, se racontent leurs misères. Tout à fait à droite, le long du mur opposé, se tiennent les Juifs. Aron, rapidement, les compte. Ils sont vingt-deux. Vingt hommes et deux femmes. Il y a parmi eux Levine et Zaredski. Il y a aussi Ivanov, un demi-Juif qui, par respect pour la mémoire de sa mère morte en déportation, a voulu se joindre à eux. Et puis il y a Slepak qui, se détachant du groupe, se dirige vers l'un des guichets et passe une feuille de papier au fonctionnaire. Celui-ci lit. Relit. Son visage exprime un immense étonnement. Il dit quelque chose à Levine. Relit une nouvelle fois le papier comme si le sens lui en échappait. Et il saisit enfin le téléphone tandis que Slepak, sourire aux lèvres, revient vers ses camarades.

— J'ai dit, leur annonce-t-il, que tant que le Président Podgorny ne nous aura pas reçus, nous resterons ici.

La tension dans la salle est, bien entendu, montée aux extrêmes. Plus personne ne bouge. Plus personne ne parle. Les fonctionnaires, sidérés, observent les Juifs à travers la vitre. Un homme, en civil, mais à l'allure militaire, regarde Aron fixement de dessous sa chapka à poil ras et, se voyant observé à son tour, feint l'indifférence. Un autre, qui porte la même chapka à poil ras, prend rapidement quelques photos. Et puis, tout d'un coup, de manière tout à fait incompréhensible, la vie reprend ; la foule se presse à nouveau ; la queue devant les guichets devient aussi longue que tout à l'heure ; et alors que les vingt-deux Juifs restent regroupés à droite des guichets, dans une indifférence générale, le petit ballet de la misère reprend son rythme et ses droits.

Les heures passent. Le jour tombe. Aron commence à avoir faim. Il est surtout très fatigué. La salle, maintenant, commence à se vider. Et il ne reste bientôt à l'intérieur que les policiers et les Juifs. Un fonctionnaire malingre s'approche. Il prend bien soin que ses pas, comme au théâtre, résonnent sur les dalles de marbre. Et sans regarder personne, se parlant comme à lui-même, mais assez haut pour que les vingt-deux Juifs l'entendent, lance :

— C'est l'heure de fermer. Je vous prie de quitter la salle.

Constatant que personne ne bouge, ni les Juifs, ni les policiers, il ajoute :

— Le service de nettoyage peut commencer le ménage.

Cinq femmes, en blouse bleue et fichu sur la tête, apparaissent alors. Indifférentes à ce qui se passe dans la salle d'accueil du Présidium du Soviet Suprême, elles posent les seaux sur le sol, commencent à faire gicler l'eau et, sans même lever les yeux, se mettent à l'ouvrage de façon mécanique, méthodique.

Aron regarde fasciné les cinq silhouettes courbées, poussant devant elles avec leurs serpillières leur eau sale. Quand l'eau atteint ses pieds, il lève les jambes. Ses compagnons font de même. Les cinq femmes reviennent avec les seaux, épongent l'eau sale et, sans un regard pour les vingt-deux Juifs assis les jambes en l'air, le long du mur, finissent par s'en aller. Tout se passe comme dans une pièce de Sophocle. Entrée en scène, tour à tour, devant le même décor, des personnages principaux, du chœur, des messagers, des personnages muets... Et, comme pour confirmer le sentiment d'Aron, un fonctionnaire silencieux émerge des coulisses, se dirige vers les fenêtres et baisse les stores. Les grands lustres baroques prennent soudain tout leur éclat... tragique !

Un homme petit, brun, en costume et cravate noirs, pénètre alors dans la salle. Il est accompagné de deux individus qui se tiennent respectueusement derrière lui. « L'un des acteurs principaux », se dit Aron. L'homme s'arrête en face des vingt-deux Juifs, les dévisage l'un après l'autre de ses yeux bridés de Tatare et se présente :

— Toutchine. Chancelier adjoint du Bureau du Président du Présidium du Soviet Suprême de l'URSS, Nikolaï Viktorovitch Podgorny.

Et d'une voix sans réplique :

— J'exige la libération immédiate des lieux.

— Nous ne partirons pas, dit Levine.

Et d'un coup, tout le monde se met à parler à la fois :

— Nous ne partirons pas tant qu'on ne nous accordera pas le droit d'émigrer en Israël ! Vous pouvez nous arrêter ! Nous ne partirons pas !...

Toutchine paraît surpris et presque amusé par l'attitude si déraisonnable du petit groupe. Il lève la main et demande le silence :

— Vous vous rendez compte de ce que vous faites ? Vous occupez un bâtiment de l'État. Nos lois ne plaisantent pas avec ce genre de chose. Est-ce clair ? La sentence sera sévère.

Et, se tournant ostensiblement vers la masse compacte des policiers qui barrent les issues, il ajoute :

— Je vous offre de quitter les lieux sans incident. C'est votre dernière chance. La loi soviétique est sans merci pour ses ennemis.

— Nous ne sommes pas des ennemis, dit Aron. Nous sommes des Soviétiques, comme vous, mais nous exigeons le respect de nos droits...

L'homme paraît cette fois agacé. Il fait un geste brusque de la main gauche, comme s'il chassait une mouche et lâche :

— Le tribunal établira ce que vous êtes, ennemis ou amis. Pour moi, cela suffit !

Après quoi, tournant les talons, il ordonne que l'on éteigne les lumières.

— Maintenant ils vont nous embarquer, dit l'un.

— Ils n'ont qu'à nous faire sortir de force, dit une seconde voix dans l'obscurité.

— On récoltera au moins un an, remarque un troisième.

— Si vous récoltez un an, vous aurez de la chance. Je dirais plutôt dix, répond le second. Ils mettront le paquet pour décourager tous les autres.

— Ils ne vont tout de même pas nous fusiller ! dit la femme qui s'attendait auparavant à douze mois de prison.

— Ils feront ce qu'ils voudront... répond Levine.

— Mais non, dit Slepak, ce n'est pas comme sous Staline... On aura nos dix ans de camp. C'est suffisant, croyez-moi.

Puis, il y a un silence. Les Juifs se serrent plus près les uns des autres. Ils sentent dans l'obscurité la lourde présence de la police.

— Juifs, j'ai un transistor, dit Levine au bout d'un moment.

— Peut-on capter l'étranger ? demande Aron.

— Essayons.

On entend un grésillement, des fragments de musique, des mots dans des langues étrangères, des voix qui se succèdent, à nouveau de la musique et, enfin, une voix lointaine en russe :

— D'après les correspondants... Moscou... un groupe de Juifs auxquels... droit d'émigration en Israël... occupait ce matin l'immeuble de... soviétique... grève de la faim... A l'heure actuelle, l'immeuble est cerné par la police et l'armée... Le monde entier... attention... l'évolution de cette lutte désespérée... Les 22 hommes et femmes représentent des centaines de milliers... Juifs soviétiques... en vain... depuis des années... faire respecter leurs... on apprend de sources bien informées...

Le brouillage couvre complètement la voix.

— Ils savent ! s'écrie Slepak. Nous ne sommes pas seuls !

— Je n'ai plus peur, fait Zaredski.

— « Shema Israël », dit doucement Levine.

Une femme s'est mise à pleurer. Et Aron, emporté par une exaltation soudaine, récite :

— « Entre tant de merveilles du monde, la grande merveille, c'est l'homme. »

— Professeur Lerner, fait alors une voix toute jeune près de lui. Professeur Lerner...

— Oui.

— Je suis Volodia... Je suis... l'un de vos élèves.

— Volodia ? Volodia comment ?

— Volodia Blumstein.

— Volodia, c'est vrai... Je ne t'ai pas reconnu, fait Aron en cherchant dans l'obscurité la main du jeune homme.

— J'étais derrière le professeur Zaredski. Je n'osais pas m'approcher de vous, monsieur le Professeur, mais...

— Oui, Volodia...

— Je me souviens qu'un jour, après votre cours, nous étions quelques étudiants juifs... Vous nous aviez dit que vous étiez contre le sionisme... Alors, pourquoi maintenant...

— C'est vrai, fait Aron simplement. J'ai changé.

Et il raconte Hugo, Sidney, Sophocle et l'Ecclésiaste. Il parle longtemps. Très longtemps. Le petit groupe l'écoute en silence. « Quand les nuages sont pleins de pluie, récite-t-il, ils la répandent sur la terre ; et si un arbre tombe, au midi ou au nord, il reste à la place où il est tombé... »

A cet instant, les lustres s'illuminent. La lumière soudaine surprend les grévistes. Aron cligne les yeux et consulte sa montre : il est 5 heures du matin. Le carillon du Kremlin le confirme aussitôt.

— Regardez ! dit Levine.

Au centre de la salle vide se tient Toutchine, entouré de ses deux gardes. Près des portes et des fenêtres, la police veille.

— Écoutez-moi bien, fait Toutchine d'un ton triomphant. Je suis chargé de vous transmettre ceci...

Il s'arrête, comme pour mieux savourer l'effet de ses paroles, et annonce :

— Votre requête est acceptée.

Aron en a le souffle coupé. Slepak regarde Levine, incrédule. Ce dernier fait un pas en avant :

— Vous voulez dire que nous pourrons émigrer en Israël ?

— Attendez... Attendez...

Toutchine fait un geste de la main :

— Une décision venue de haut ordonne la création d'une commission gouvernementale chargée de l'émigration en Israël. Et vous êtes invités tous les vingt-deux à la première séance de cette commission.

— Et on nous laissera aller en Israël ? demande Volodia.

Toutchine hésite :

— Je pense que oui. Rentrez maintenant chez vous. Le 1er mars, revenez pour la réunion de la commission.

— Et les autres ? Tous ceux qui veulent émigrer en Israël ? demande Slepak.

— La commission sera là pour les entendre.

Levine fait un pas encore vers Toutchine :

— Et qu'est-ce qui nous dit que vous ne cherchez pas à nous tromper ?

Toutchine paraît surpris par la question. Il semble chercher autour de lui un renfort à ses affirmations. Son regard se fige un moment sur la masse des policiers devant les portes. Brusquement, il se tourne vers Levine :

— La preuve que vous pouvez avoir confiance c'est qu'on vous laisse en liberté ! Et puis tout de même, n'avez-vous pas la parole du Président du Présidium Suprême du Soviet de l'URSS, Nikolaï Viktorovitch Podgorny ?

— Alors, les Juifs ? demande Ivanov. On fait confiance à sa parole ?

Toutchine ébauche un geste vers la sortie. La masse des policiers s'ouvre. Aron avance le premier.

33.

Moscou
LE GRAND RETOUR

Mai 1971

Aron Lerner et ses amis ont été surpris par une victoire trop facile, trop rapide. Le brusque libéralisme des autorités ne cachait-il pas une ruse ? une nouvelle vague de persécutions ? La sortie du petit groupe de refuzniks, sous les projecteurs de la police et les flashs des photographes de la presse étrangère, avait certes redonné courage aux Juifs soviétiques dans leur ensemble. Mais que cachait, encore une fois, une telle mansuétude ? et ne fallait-il pas s'en inquiéter avant que de s'en réjouir ?

La Commission promise par Toutchine s'est réunie le 1er mars. Les vingt-deux Juifs y ont été conviés et tout s'est passé à peu près convenablement. Les membres de la Commission les ont interrogés sur les raisons de leur volonté de départ. Ils ont répondu. De part et d'autre, on a visiblement fait un effort de compréhension. Et le Président de la Commission, un certain Ghevtchenko, a conclu la séance en promettant des visas pour le printemps et en souhaitant bon voyage à leurs heureux bénéficiaires.

Les choses, pourtant, se sont vite gâtées. La presse soviétique a lancé très peu de temps après une grande campagne pour la préservation des valeurs et de la culture russes. Les caricatures de la *Pravda* et des *Izvestias* présentant les ennemis du socialisme, les « cosmopolites », sous les traits de « Juifs » eux-mêmes affublés de longs nez et de barbes pointues, se sont multipliées. Il s'est même trouvé des caricaturistes pour, de crainte de n'être pas compris, ajouter sur leurs personnages une peu équivoque étoile de David. Et c'est dans ce climat terriblement dégradé qu'est convoquée fin avril, à l'université, une réunion de professeurs et d'assistants à laquelle Aron Lerner se rend — non sans une certaine appréhension.

Ce n'est certes pas la première réunion de ce genre. Et Aron a l'habitude de ces responsables du Parti fustigeant les « cosmopolites » et demandant au corps enseignant une vigilance accrue. Mais on murmure cette fois-ci que le secrétaire général de la section du Parti de la faculté d'histoire, Ivan Vassillevitch Evguénine, va se lancer dans une diatribe particulièrement violente. Mieux : qu'il va annoncer une offensive radicale contre « les ennemis du peuple qui ont réussi à s'infiltrer dans l'Université même, en y semant la mauvaise graine ».

Le discours du camarade Evguénine dépasse, de fait, en ignominie tout ce qu'on pouvait redouter. Tout y passe. Tous les pires poncifs. Toutes les plus effroyables calomnies. Jusqu'à ce que, à bout d'argument, et presque de souffle, il sorte de sa poche un papier quadrillé et commence à égrener les noms des professeurs et des assistants d'origine juive. Sa besogne terminée, il leur demande de prendre place sur un long banc de bois, placé à la droite de l'assistance. Les interpellés hésitent. Se regardent les uns les autres. Mais une longue habitude d'obéissance — ne sont-ils pas, pour la plupart, membres du Parti communiste ? — fait qu'après quelques secondes de flottement ils obtempèrent. Seul Aron demande :

— Puis-je savoir pourquoi le camarade Ivan Vassilievitch Evguénine nous demande de nous asseoir sur ce banc ? Serait-ce un procès ? Dans ce cas, je demande à être présenté devant la justice de mon pays ; au moins là, on me signifiera mon délit.

Les Juifs, qui n'ont pas encore atteint le banc, s'arrêtent indécis. Le visage poupin d'Evguénine devient cramoisi :

— Nous ne sommes pas dans une salle de justice, fait-il, mais dans un amphithéâtre d'université. Il nous incombe de discuter des méthodes d'enseignement...

— Soit, répond Aron. Dans ce cas, que nous reproche-t-on ?

— Justement : vos méthodes d'enseignement.

Un instant, Aron Lerner demeure songeur. Il comprend qu'Evguénine est ivre et qu'il ira sans doute au bout de l'infamie. Ne voulant pas se désolidariser des autres Juifs, il décide de les rejoindre sur le banc. Puis commence la comédie. Un à un les « bons » communistes montent à la tribune. Ce sont des hommes, des femmes honorables. Des professeurs de qualité. Ce sont des gens qu'Aron connaît depuis des années, qu'il côtoie, qu'il aime bien. Et aucun, du reste, ne prononce le mot juif. Mais tous, comme pris de folie, se succèdent pour dénoncer ces « sionistes », ces « gens sans réelle patrie », ces « vagabonds sans passeport », pis, ces « mauvais maîtres ». A Léon Rabinovitch, on reproche d'avoir trop insisté sur la politique paysanne de Lénine et ses réformes dans le cadre de la NEP et pas assez sur le Congrès des Peuples d'Afrique et d'Asie, en 1922, à Bakou. A Tenquiz Abouladzé, d'avoir dans un cours sur la poésie soviétique contemporaine, évoqué le suicide de Maïakovski. On exhume un cours d'Aron Lerner sur Platon, dans lequel il se demandait si, en affirmant qu'il existe un système social parfait, Platon n'a pas ouvert la porte à une cohorte de faux Messie...

Aron, qui se contenait jusque-là, n'y tient plus et se lève d'un bond :

— La délation est un moyen d'information méprisable ! crie-t-il. Mais si vous le trouvez digne de vous, alors transmettez au moins l'information en entier...

— Le professeur Lerner n'a pas la parole, dit Evguénine.

— Je suis ici, à l'Université, depuis plus longtemps que vous. Je parlerai tant que cela me semblera utile au service de la vérité...

La tension est brusquement montée dans la salle. Quelques pupitres claquent. Quelques murmures se font entendre. Et Vassili Slepakov, tout tremblant, se lève :

— Objection, camarade Evguénine ! Je pense que nous pourrions au contraire écouter le professeur Lerner. Il a peut-être quelque chose à dire pour sa défense...

— Camarade Slepakov, répond le stalinien de plus en plus rouge et bouffi. Nous ne sommes pas ici au Palais de Justice. Il n'y a ni accusé, ni accusateur. Mais notre pays est assailli par des idéologies antisoviétiques. Et l'université doit être — c'est le camarade Brejnev qui l'a dit, lors du dernier Plénum de notre Parti — à l'avant-garde de la lutte contre tout déviationnisme.

Aron s'apprête à répondre à nouveau. Mais Fedor Rabinovitch, un petit homme dont le crâne dégarni semble rivaliser de misère avec le menton couvert de poils, le prend de vitesse :

— Le camarade Ivan Evguénine n'a pas tout à fait tort, fait-il d'une voix déformée, comme s'il s'exprimait dans un haut-parleur. Peut-être avons-nous commis des imprudences. On s'adresse à des étudiants et, parfois, on s'emporte... Mais de là à nous accuser de déviationnisme !

Aron n'en croit pas ses oreilles. Il regarde Fedor Rabinovitch. Faut-il le secouer ? Lui rappeler sa dignité d'homme ? Mais déjà un autre professeur juif, Boris Zolataïen, entame son autocritique sous l'œil ravi d'Ivan Evguénine. Puis un troisième... Un quatrième... Jusqu'à ce que Tenquiz Abouladzé, dont c'est le tour de parler, se lève brusquement et laisse tomber ses lunettes, les ramasse d'un geste fébrile et commence à fouiller dans ses poches. Sourires dans la salle. Quolibets. Airs gênés. Mais Tenquiz Abouladzé brandit déjà son passeport en direction de la tribune

— Camarades ! crie-t-il, d'une voix coupée par l'émotion. Camarades ! Je suis géorgien !

On entend des rires, cette fois, dans la salle. Des exclamations. Des franches plaisanteries. Les hommes assis à la tribune échangent des notes, vite griffonnées. Evguénine de plus en plus ravi de la tournure des événements, se penche en avant :

— Mais oui, camarade Abouladzé, mais oui ! Approchez donc, s'il vous plaît, et montrez-moi cela.

Abouladzé fait un pas vers la tribune, répétant comme un automate :

— Oui, oui, je suis géorgien... Mon passeport, mon passeport le prouve...

Evguénine fronce le sourcil et regarde attentivement le passeport du pauvre Abouladzé. « Hum... Hum... », fait-il en le retournant dans tous les sens comme pour s'assurer qu'il n'est pas faux et en le tendant, pour finir, à ses camarades à la tribune. La salle retient son souffle. Le passeport ayant fait le tour de la table, revient vers Evguénine qui le rend à Abouladzé.

— Oui, c'est vrai, dit-il d'une voix faussement autoritaire. Vous pouvez retourner dans la salle.

Abouladzé reprend son bien, manque à nouveau de tomber et court se rasseoir dans la dernière rangée de l'amphithéâtre sous la risée et les huées d'une assistance à nouveau déchaînée. Et c'est à ce moment-là que Vassili Petrovitch Slepakov se lève d'un pas feutré et s'approche de la tribune.

Ivan Evguénine, surpris, le suit du regard. L'assistance se tait à nouveau. On connaît Slepakov. On le respecte.

Professeur émérite, il est l'un des plus anciens membres du Parti à l'Université et son dernier livre sur *Les Causes de la Seconde Guerre mondiale* lui a valu les félicitations du Président du Soviet Suprême. Lorsqu'il arrive au pied de la tribune et qu'il se tourne vers l'amphithéâtre, tout le monde retient son souffle :

— Chers collègues, commence-t-il.

— Le camarade Slepakov n'a pas la parole, interrompt Evguénine d'un ton tout de même moins assuré.

Mais Slepakov ne le regarde même pas et poursuit :

— Nous sommes dans l'amphithéâtre où je donne habituellement mes cours. Aussi est-ce le professeur d'histoire contemporaine qui vous parle — celle qui se fait parfois devant nous, avec nous...

Ménageant son effet, il se tait à nouveau, s'essuie les lèvres avec un mouchoir et, après l'avoir rangé dans la poche intérieure de son veston, reprend :

— Alors, permettez-moi d'espérer que ce que nous avons vécu ici depuis une heure, ne sera jamais consigné dans un livre d'histoire. Car nos enfants, les Soviétiques de demain, en auraient honte. Et nous-mêmes, en vieillissant...

Il passe les doigts dans ses cheveux blancs :

— Je suis un vieux communiste, continue-t-il, d'une voix tremblante d'émotion, et je voudrais le demeurer. Je vous demande donc, chers camarades, d'arrêter immédiatement cette mascarade !

Evguénine se dresse comme poussé par un ressort, et pointe vers Slepakov un doigt accusateur :

— Mais de quel droit ? De quoi se mêle-t-il...

La rage manifestement l'étouffe.

— Camarades, poursuit encore Slepakov, en l'ignorant superbement. Que ceux qui sont d'accord pour interrompre cette réunion lèvent la main.

Un murmure traverse la salle. Puis un commencement de tumulte, né au dernier rang de l'amphithéâtre, qui envahit les gradins pour s'arrêter sur le banc occupé par les Juifs. Aron lève la main. Deux professeurs d'antiquité slave, assis au dernier rang, lèvent à leur tour la main. D'autres... D'autres encore... Jusqu'à ce que tous les participants à cette étrange réunion (sauf le « Géorgien » Abouladzé) se retrouvent la main en l'air.

Le silence, du coup, est revenu. C'est comme une forêt de mains qui se dressent face à la tribune, avec quelque chose de menaçant. Ivan Vassillevitch Evguénine, debout, incrédule, contemple la salle :

— Comment vous, camarades ?... Tous... Au secours des ennemis de l'Union soviétique ?

Il frémit, il *tremble* d'indignation :

— Eh bien, puisque vous demandez tous la suspension de la réunion, je la suspends. Elle reprendra d'ici quelques jours. Vous en serez avisés...

Après quoi, il descend de la tribune et se dirige, d'un pas légèrement vacillant, vers la sortie. Les professeurs, après son départ, se regardent, se toisent les uns les autres. Comment ont-ils pu ? Comment ont-ils osé ? Le ciel ne va-t-il pas leur tomber sur la tête ? Et pareille rébellion leur sera-t-elle pardonnée ? La gêne, de fait, le dispute à la fierté. Et c'est comme un malaise sourd, mal défini, qui succède à leur audace.

— Merci, Vassili, dit Aron, en s'approchant de Slepakov. Merci. Tu as illustré la fameuse sentence de Publius Valerius Publicola qu'il vaut mieux se fier à son courage qu'à la fortune...

Mais il est le seul à venir. Le seul à oser féliciter le rebelle qui, de son côté, ne répond rien et sourit tristement, visiblement épuisé. Aron lui presse la main :

— A bientôt, Vassili... Tu t'es conduit en ami...

— Non, dit Slepakov. J'ai essayé de me conduire en homme.

Le lendemain soir, quand Olga vient dîner chez ses parents, rue Kazakov, elle est déjà au courant :

— Alors, papa, le soûlard Evguénine a voulu t'envoyer à la potence !

— Pourquoi le soûlard ?

— Parce que tout le monde sait qu'il boit comme un trou !

— Ah ! Vous êtes encore sur cette histoire, grogne Rachel qui arrive de la cuisine... Tu ne veux pas plutôt nous dire où est Hidar ?

— Si, bien sûr, répond la jeune femme. Il avait une réunion au Comité de solidarité, mais il m'a promis de ne pas être trop en retard.

Puis, se tournant vers son père :

— J'ai rencontré, en venant ici, l'académicien Sakharov. Il se plaint de ne plus avoir de tes nouvelles. Je lui ai raconté la séance à l'université. Il en était scandalisé et m'a promis de le faire savoir.

Olga, malgré le temps qui passe, n'a pas beaucoup changé. Elle a toujours d'aussi grands yeux. Une taille aussi bien prise. Elle a toujours ce « port de reine » qui, au temps de leurs fiançailles, faisait rêver Hidar. Seuls ses cheveux blonds ont légèrement terni. Ce qui lui permet de dire : « Je vieillis » avec l'exquise coquetterie de celles qui savent qu'il n'en est rien. Mais pour le reste, elle ne change pas, non. Elle reste la même pétulante jeune femme. Et il n'est pas jusqu'à Victor Alexandrovitch Tchebrikov, dont l'influence ne cesse de grandir à Moscou, qui, l'autre soir encore, complimentait Hidar sur le savoir-faire et la séduction de sa femme. Ne lui arrive-t-il pas, lors de réunions officielles, de faire des remarques iconoclastes sur la bureaucratic soviétique ? Oui, mais venant d'une belle fille blonde, ces blasphèmes provoquent rires, indulgences, pour ne pas dire applaudissements. Et le fait est que s'il n'y avait pas cette sourde inquiétude au sujet de ses parents et de leur départ possible pour Israël, elle serait la plus heureuse des Moscovites. Elle continue à travailler à l'hôpital. Mais elle attend avec impatience le prochain voyage à Beyrouth, promis par Hidar, et conserve du premier, deux ans plus tôt, le plus doux des souvenirs.

« *Mon bien-aimé est blanc et vermeil*
Il se distingue entre dix mille
Sa tête est de l'or pur ; ses boucles sont flottantes,
Noires comme le corbeau... »

— Que dis-tu ? s'étonne Rachel, qui l'entend chantonner entre ses dents.

— Rien, je récitais *Le cantique des cantiques.*

— En anglais !

— Je l'ai appris dans une Bible anglaise, que j'ai trouvée dans un hôtel.

— Il faut apprendre l'hébreu, ma fille, c'est la langue de nos ancêtres...

— Oui, ma mère, oui... Sais-tu que c'est surtout, pour moi, la parole même de l'amour et que, en anglais, en yiddish, peu importe, il me suffit de la prononcer pour...

Elle n'a pas fini sa phrase qu'on sonne à la porte. C'est le bien-aimé en personne, aux boucles un peu moins flottantes et moins noires — mais qu'elle n'embrasse pas moins avec sa fougue coutumière.

— Alors, Aron Lazarevitch, dit-il en repoussant gentiment sa « milaya », vous l'avez échappé belle ! Le cadavre de Staline bouge encore !

— Vous êtes déjà au courant ? s'étonne Aron.

— Moscou est un petit village où chacun a une âme de commère. Mais racontez-moi donc en détail ce qui s'est réellement passé ?

Aron hausse ses maigres épaules :

— Slepakov s'est bien conduit...

— Ne soyez pas modeste, Aron Lazarevitch. D'après ce qu'on dit, vous n'étiez pas mal non plus.

— Moi, je n'avais rien à perdre. Slepakov si... Mais passons plutôt à table.

A table, la conversation reprend :

— Le potage est délicieux, fait Hidar. Mais, dites-moi : j'ai parlé de cette réunion avec Tchebrikov et figurez-vous qu'il a trouvé cette initiative d'Evguénine déplacée. Que pensez-vous de ça, Aron Lazarevitch ?

— Je m'en réjouis !

— A la bonne heure ! Mais savez vous maintenant ce que Tchebrikov m'a appris ?

— Allez-y...

— Il a ordonné une enquête et devinez ce qu'il a découvert ?

— Allons, Hidar, ne nous fais pas languir, fait Olga en lui taquinant les cheveux.

Hidar termine son potage, s'essuie les lèvres du revers de la main et dit, d'une voix basse, en regardant un à un tous les convives :

— Eh bien ce que Tchebrikov a découvert c'est que l'initiateur de cette infâme réunion n'était autre que Sacha Lerner.

— Sacha ! s'exclame Rachel en laissant tomber sa cuiller.

— Vous êtes sûr ? demande Aron d'un air soudain égaré.

Hidar fait oui de la tête.

— Mais pourquoi aurait-il fait cela ? fait Aron.

— Peut-être pour vous empêcher de partir... Peut-être aussi pour se protéger... Allez savoir s'il ne voulait pas prouver ainsi qu'il n'était pour rien dans l'initiative de ses parents... Qui sait, oui... « La vérité d'un homme, c'est d'abord ce qu'il cache. »

Hidar n'a pas besoin d'en dire plus. Ni Aron de poser d'autres questions. Le dîner s'achève dans un silence lugubre, à peine entrecoupé de propos faussement badins ou de plaisanteries vraiment forcées. La nuit venue, les Lerner auront peine à trouver le sommeil. Ils se lèveront tour à tour pour aller l'un feuilleter sa Bible ; l'autre, écrire, une fois encore, à la cousine d'Argentine. A l'aube, Aron se rase de près, prend une douche, s'habille et sort tout doucement en prenant bien garde de ne pas réveiller une Rachel qui, les yeux mi-clos, feignant un sommeil profond, l'observe avec attendrissement.

Le carillon de la tour du Sauveur au Kremlin vient de sonner 6 heures. La journée s'annonce brumeuse, mais pas froide et l'air sent le printemps. Aron prend la rue Tchkalov qui, malgré l'heure matinale, est déjà animée. Il passe devant le métro Komskaya, qui déverse ses foules d'hommes endormis sur le trottoir. Évite de justesse une Ziss officielle. Et prend la direction de la place Tagans-kaya où, devant quelques rares magasins, des camions déchargent la marchandise du matin. A 7 heures pile, il arrive au pied d'un bâtiment sombre de six étages, rue Maïakovski. Il lève la tête. Derrière les fenêtres, ça et là, des rideaux s'écartent. Des visages apparaissent. Aron traverse la rue et s'appuie contre un arbre sachant que, de là où il est, il peut observer la porte d'entrée. Et c'est alors qu'il voit Sonia, la femme de Sacha, avec ses deux enfants Natacha et Boris. Puis, presque aussitôt, Sacha lui-même qui s'arrête sur le perron et scrute longuement les environs comme s'il attendait une voiture... Il y a bien longtemps qu'il n'a pas vu son fils, se dit-il. Il le trouve voûté, un peu vieilli. Il est trop loin pour bien distinguer son visage ; mais comme il ne porte pas de chapeau, il voit que son front s'est allongé, que ses cheveux blonds se sont raréfiés. « Mon fils Absalon, récite-t-il, mon fils. Que ne suis-je à ta place... » et il traverse la rue.

Sacha aperçoit son père quand celui-ci est déjà au pied du perron. Il se crispe, fait un pas en arrière et avance la main qui ne tient pas la serviette, comme pour se protéger. Aron, sans s'émouvoir le moins du monde, monte doucement les quelques marches et fixe le visage troublé de son fils.

— Que... que veux-tu ?... demande celui-ci d'une voix tremblante.

— Rien, fait Aron posément... Rien... Je voulais juste te dire bonjour.

Et, avant que Sacha ne réagisse, il le prend dans ses bras et l'embrasse.

34.

Buenos Aires
ARGENTINA, ARGENTINA

Août 1972

C'est par le plus grand des hasards que Dona Regina apprend la mort de Sidney. Plus d'un an a passé. C'est un dimanche d'août particulièrement chaud et humide. Dona Regina et don Israël, comme la plupart des habitants de ce quartier populaire de l'avenue San Martin, sont assis devant la porte de leur petite maison à attendre la brise venue de la mer. Une radio qu'un voisin a posée sur le trottoir diffuse un tango de Gardel. Et la vieille commère lit une étude sur Septembre Noir, parue dans le *Freiheit,* le mensuel communiste, en yiddish, où l'auteur accuse la CIA d'avoir manipulé des tueurs palestiniens pour disqualifier la révolution arabe aux yeux de l'opinion publique américaine.

— Encore un Halter de moins, fait-elle, pour tout commentaire.

— L'ange de la mort tue et s'en va sanctifié, ajoute don Israël qui, dans ce genre de circonstances, cherche toujours quelque chose d'intelligent à dire.

— Ton ange prend de drôles d'apparences depuis trente ans, répond-elle avec un profond soupir — avant de se replonger dans la suite de sa lecture...

Puis, voyant du coin de l'œil son époux se lever, s'étirer et remonter ses pantalons :

— Mais où vas-tu, maintenant, avec cette chaleur ?

— Qui t'a dit que j'allais quelque part ?

Dona Regina prend son air le plus exaspéré :

— Parce que je te connais et que je sais que tu vas quelque part...

La bouche édentée de don Israël se fige dans un sourire forcé :

— Eh bien, tu as deviné, je vais faire ma partie de dominos.

Après quoi il tire deux ou trois fois sur ses bretelles, comme s'il attendait une réaction et reste planté devant elle pendant un long moment. Puis, ne la voyant pas réagir, il répète :

— Bon... Je dis que je vais faire ma partie de dominos...

Et comme son auguste épouse ne réagit décidément pas et retourne une fois encore à son journal, il hausse les épaules et s'en va tristement.

La vérité c'est que dona Regina est, ce jour-là, bien soucieuse. Il y a Martin, son aîné, dont elle attend, sans trop l'espérer, la visite. Miguel, le plus jeune, qui, lui, ne vient plus du tout. Il y a ce fichu mari avec qui elle ne peut parler de rien et qui préfère noyer ses soucis dans des parties de dominos. Et puis il y a, enfin et surtout, l'avenir d'Anna-Maria qui ne cesse de la tourmenter. Sa petite-fille a abandonné maintenant ses études. Elle disparaît continuellement sans laisser d'adresse ni de trace. Et il y a même eu, voilà un mois, la visite de cet officier de police, un grand gaillard basané qui l'a courtoisement mais fermement interrogée pendant une heure sur les amitiés et les déplacements de sa petite-fille sans lui donner les raisons de ce brusque intérêt... Anna-Maria, elle le sent bien, fait des choses peu catholiques — même si elle est à cent lieues d'imaginer l'ampleur des dégâts et de son engagement.

Ce dimanche, notamment, tandis qu'elle est là, devant sa porte de l'avenue San Martin, à égrener chagrins et souvenirs, la pauvre femme mourrait sur place si elle avait ne serait-ce que le pressentiment de ce qu'est en train de faire son exquise petite-fille...

Nous sommes en août 1972, donc. L'organisation de la jeune fille milite pour le retour de Peron. Mario et Julio sont même allés rencontrer le vieux leader en Espagne. Mais voici que le massacre de seize guérilleros emprisonnés à la base aéronavale de Trelew a ravivé les passions et que la direction du mouvement a décidé des représailles. Ces hommes sont des chiens, disent-ils. Il faut les traiter comme des chiens. Moyennant quoi la fine équipe a décrété une expédition punitive à Tres Lomos, à l'orée de la pampa. Pourquoi Tres Lomos ? Parce qu'il y a là, camouflé en Institut d'études de l'Armée de terre, un véritable centre de tortures et qu'il a été décidé d'exécuter son chef, un certain Miguel Pelado dont Julio s'est procuré la photo.

Ils sont cinq, ce matin-là, dans la vieille Packard de Mario. Julio conduit. A côté de lui est assise Juanita, une fille qu'Anna-Maria ne connaît pas mais qu'on lui a présentée comme une terroriste confirmée et que Julio tenait à emmener car la présence de deux femmes, disait-il, déjouerait la suspicion éventuelle de la police. Anna-Maria est assise entre Mario et Roberto. Et elle ne se sent pas vraiment différente de ce qu'elle pouvait être au temps de ses premières parties de campagne avec ses premiers « novios ».

La voiture roule doucement, telle une banale voiture de tourisme. Il fait beau. Le soleil, immense, brille sur un ciel sans nuages. Anna-Maria aime la pampa. Elle goûte, comme chaque fois, cet espace sans bornes et sans frontières, ni fluide comme l'océan, ni mouvant comme le désert, mais solide et bon comme la terre. Rouler dans la pampa c'est l'aventure. C'est l'éternité. La route dans la pampa entraîne, tel le chant des sirènes. Et Anna-Maria qui va, avec ses camarades, exécuter Miguel Pelado, ne peut s'empêcher d'être bercée par des pensées poétiques et mélancoliques.

A un moment, alors qu'elle est en pleine rêverie, la voiture fait une embardée et la jeune fille manque glisser de son siège : Julio vient d'éviter de justesse un camion qui ralentissait pour quitter la route et prendre le Rio Salado.

— Doucement ! a crié Mario. Tu risques de nous tuer avant qu'on ne tue l'autre salopard.

Et elle s'entend répondre :

— Je t'en prie, Mario, ne parle pas comme ça.

— Pourquoi ? s'étonne-t-il, en rejetant ses cheveux en arrière.

— Parce que nous ne sommes pas forcés d'insulter, *en plus,* le malheureux que nous allons tuer.

— Comment, « le malheureux » ? Toi, quand tu descends un tortionnaire, tu ne te réjouis pas ?

— Non... Pas vraiment... Je regrette surtout qu'il y ait des tortionnaires à descendre.

La conversation continue quelques minutes sur ce ton. On traverse un village ocre surplombé par une admirable église baroque. On passe un ruisseau boueux qui coupe la route. Puis un pont à demi détruit. Puis un petit chemin poussiéreux que Julio présente comme un « raccourci ». Roberto et Juanita chantent :

« Depuis qu'il est parti, triste je vis
Le petit chemin ami, moi aussi je pars.
Depuis qu'il est parti, il n'est pas revenu
Je veux suivre ses pas, le petit chemin adieu ! »

Bref, tout va pour le mieux et l'équipée pourrait presque tourner, oui, à la banale partie de plaisir lorsque survient la « tuile ». Juste au moment de remonter sur la grande route, Julio s'écrie :

— Attention, les gars ! un barrage !

— Bon. Restez calmes.

Puis, voyant que, de toutes façons, il est trop tard pour reculer :

— On va bien trouver le moyen d'enfiler ces fils de pute !

Les « fils de pute » sont déjà au milieu de la chaussée, qui leur font signe de s'arrêter. Dès que la Packard s'immobilise, une dizaine d'entre eux la cernent, pointant sur Julio leurs mitraillettes.

— Où allez-vous ? D'où venez-vous ? Sortez de la voiture ! Papiers !

Julio, très calme, ouvre la portière et descend mais les soldats sont déjà en position de combat et quand il met la main dans sa poche pour prendre sa carte d'identité, lèvent leurs armes comme un seul homme.

— Restez tranquilles, faites semblant de dormir, murmure Mario tandis qu'un officier s'approche de Julio et lui prend ses papiers.

— Julio Feldman, fait-il. Je crois connaître votre nom...

— Peut-être, je suis poète.

— Poète ? Ce n'est pas un métier, ça, poète... Et vos amis ? Ils sont poètes aussi, vos amis ?

— Étudiants, oui... Jeunes écrivains... Nous formons un cercle littéraire...

— Vous publiez un journal ?

Julio rit :

— Nous n'en avons pas les moyens.

— Je me fiche de vos moyens... Montrez les papiers de cette bande de bâtards !

Et, en se tournant vers la voiture :

— Toi, là, par exemple... La fille à la place du mort... Viens donc me montrer à quoi tu ressembles...

— Fils de pute, grommelle Mario pendant que Juanita ouvre la portière. Ils vont nous faire sortir un par un. S'ils regardent sous les sièges, nous sommes foutus. Continuons de dormir...

— Montre ta carte d'identité, dit Julio à Juanita.

L'officier sourit. Ce côté macho ne lui déplaît pas. Il regarde distraitement la carte d'identité de la jeune femme ; plus attentivement l'échancrure de son chemisier. Et comme s'il lui venait une nouvelle idée, demande d'une voix traînante :

— Et vos autres amis ? Pourquoi ils descendent pas ?

— Ils dorment. Vous voulez que j'essaie de les réveiller ?

L'officier observe Julio puis Juanita... Juanita puis Julio... Cela dure une ou deux bonnes minutes... Et puis tout à coup, sans qu'on sache pourquoi ni comment, fait signe à ses hommes de baisser leurs mitraillettes et, tendant aux deux jeunes gens leurs pièces d'identité, fait d'une voix redevenue dolente :

— *Bueno*, reprenez vos papiers ! *Buen viaje...*

Julio et Juanita, sidérés mais ne demandant pas leur reste, regagnent la voiture. Julio a les mains moites. Le cœur qui bat la chamade. Ses longs cheveux noirs sont collés par la peur et la sueur. Est-ce l'émotion qui le rend maladroit ? Ses fichus doigts qui tremblent trop ? Toujours est-il que lorsqu'il tourne la clé de contact, le moteur tousse et cale. Il essaie à nouveau : rien. S'affole : toujours rien. Les soldats, amusés, s'approchent. L'officier de tout à l'heure, se penchant à travers la vitre ouverte, commente de la même voix traînante :

— Le moteur est noyé, senor ! Il fallait passer en première avant de mettre en marche...

Et tandis que Julio remercie et, de plus en plus maladroit, manœuvre le levier de vitesse :

— Mais, au fait... Dites-moi... Vous êtes vraiment le poète Julio Feldman ?

— Oui, bien sûr...

— Poète Julio Feldman, répète-t-il, songeur. Ce nom me dit quelque chose... Peut-être que j'aimerais quand même réveiller vos amis...

Sa voix est devenue soudain plus brève, presque menaçante :

— Je voudrais aussi visiter votre voiture... Sortez tous, s'il vous plaît...

Et toujours à travers la vitre ouverte, il passe la main derrière la tête de Julio pour, sans plus de ménagement, secouer Mario. A cet instant précis, une explosion ébranle la voiture ; Anna-Maria a juste le temps d'être assourdie par la détonation et de sentir l'odeur de poudre, tandis que l'officier, rejeté en arrière, va s'affaler sur le macadam. Mario, son revolver à la main, hurle déjà à pleins poumons :

— Démarre ! Fonce ! Fonce, je te dis, ou je tire dans le tas !

Comme un automate, Julio suit cette fois le conseil du flic : il passe la première, tourne la clé et la voiture fait un bond en avant. Le moteur, pourtant, cale à nouveau. Il recommence. Et ce n'est qu'à la seconde fois que la voiture démarre — zigzaguant à toute vitesse pour éviter les balles qui, maintenant, sifflent autour d'eux.

— Couchez-vous ! crie Mario en déchargeant, à travers la lunette arrière, son colt en direction des policiers.

Mais Julio a pris son virage. Et une colline referme déjà la route derrière eux.

La voiture tangue d'un côté à l'autre de la route en lacets. Mario remet le revolver sur le siège et pose la main sur la cuisse d'Anna-Maria, toute tremblante, qui aura besoin de deux bonnes heures pour retrouver son calme. Enfin, Julio ralentit. Mario retire sa main de la cuisse d'Anna-Maria. Celle-ci, en remuant la jambe, bute sur un objet tombé sous ses pieds : elle le prend, découvre avec horreur que c'est la casquette de l'officier et pique une nouvelle crise de nerfs.

— Ça va, ça va, fait Mario, de nouveau agressif, tu ne vas quand même pas en faire toute une histoire...

Et comme Anna-Maria, secouée de sanglots, est incapable de répondre :

— Tu penses qu'il aurait mieux valu se laisser arrêter ?

— Laisse-la tranquille, Julio.

Et, après un nouveau virage, pesant manifestement ses mots :

— Je ne sais pas ce que pense Anna-Maria mais je dis, moi, que tu as été trop rapide...

Cette fois, Mario explose :

— Trop rapide ? Tu dis trop rapide ? Mais tu sais quoi, pauvre con ? Tu sais que c'est toi le responsable ? Tu voulais être malin, hein ! Impressionner quelques flics argentins ! Poète... Monsieur est poète... « Je suis le poète Julio Feldman »... Non mais, je t'en foutrai, moi, des poètes...

Et s'adressant aux autres qui ne pipent mot :

— J'espère au moins que vous admettez que, à partir du moment où le flic voulait inspecter la voiture, je n'avais d'autre choix que de tirer... Vous croyez que je suis fier, peut-être, d'avoir tué un homme ? Même si cet homme est un flic ? Soyez donc heureux d'être en vie... Le reste, oubliez-le !

Il attend quelques secondes encore avant d'ajouter, un ton en dessous :

— Si vous pouvez...

A la tombée du jour, ils arrivent enfin à Tres Lomos, un village effacé et boueux que Roberto connaît un peu, pour avoir, une semaine plus tôt, fait les repérages nécessaires. A la fin de la journée, Miguel Pelado, le tortionnaire, a l'habitude de traverser la place, au milieu de laquelle se trouve une fontaine, pour se rendre à l'église. C'est une bâtisse penchée, de style colonial, où Anna-Maria se dit qu'on pourrait tourner un très beau film.

— Maintenant, il ne faut plus faire de conneries, dit Juanita qui s'était tue jusque-là.

Elle fouille sous le siège, en sort un revolver, vérifie le chargeur et relève le cran de sécurité. En professionnelle.

— Range la voiture à côté de la camionnette de la blanchisserie, dit Roberto à Julio. C'est moi qui l'ai placée là, la semaine passée. Elle nous cachera un peu. Deux voitures l'une à côté de l'autre, c'est déjà un parking. Avance encore... Voilà... Maintenant, gare-toi parallèlement au chemin qui mène à l'église. Voilà... maintenant, recule un peu pour pouvoir démarrer aussitôt l'objectif atteint. Évite la flaque d'eau... Bravo... Que le diable m'emporte, c'est très bien ! Maintenant, ouvrez les fenêtres du côté de l'église et ne vous faites surtout pas remarquer...

Roberto dégage alors, toujours de dessous le siège, une mitraillette tchèque VZ 58 et Anna-Maria son revolver égyptien 9 mm.

— Il ne faut pas le rater, hein ! dit Juanita parce qu'il faut bien dire quelque chose...

— Il sera seul ? demanda Anna-Maria.

— Non, fait Roberto, mais tu n'es pas seule non plus.

Puis silence. Bruit de fond du village qui se prépare à la nuit. Une charrette à deux roues, tirée par un âne malingre, qui s'attarde un long moment devant l'église.

— J'espère qu'elle partira à temps, grommelle Roberto avant de se taire à nouveau.

Le temps coule au compte-gouttes. L'angoisse aussi. Est-ce cela un attentat ? se demande Anna-Maria. Même chez les Palestiniens cela se passe comme ça ? Pas de héros, ni d'héroïsme. Plus de précision que d'audace, plus de calcul que de courage. La technique d'un expert-comptable scrupuleux plus que d'un guérillero. Rien qu'une trouille permanente et grelotter de froid pendant des heures dans une vieille bagnole en stationnement. Et tout cela pourquoi ? Pour pouvoir tuer un pauvre mec n'ayant d'autre ambition que de torturer ses semblables. Pour qui ? Pour Juan Peron qui doit, selon toute probabilité, revenir bientôt en Argentine et qui est bien le seul, croit-elle, à pouvoir instaurer la paix sociale et réintroduire dans la vie du pays un peu plus de justice. Elle en est là de sa rêverie quand Roberto l'interrompt et s'écrie :

— Attention ! camarades. Les voilà !

Elle voit un homme en uniforme noir, plutôt petit, plutôt gras, qui avance d'un pas indécis vers l'église avec ses quatre gorilles derrière lui.

— Que le Diable m'emporte ! peste alors Roberto. La charrette...

La charrette a bougé en effet. Dans un grincement de roues, elle s'est mise entre la Packard et l'homme en uniforme. Miguel Pelado, heureusement, avance encore un peu, revient dans le champ de tir et s'arrête une seconde, près de la fontaine, pour caresser la tête d'un bambin.

— Prêts ? demande Roberto d'une voix étouffée par l'émotion.

Comme personne ne répond et qu'ils semblent tous tétanisés par le spectacle de l'homme en train de caresser la tête de cet enfant, il répète, plus nerveux encore :

— Prêts ? Bon dieu de bon dieu, vous êtes prêts ?

Mais Miguel Pelado s'est remis en marche. Lentement. Souverainement. D'un pas de sénateur ou de notable. Lorsqu'il arrive à quelques mètres de l'église, il se retourne soudain et semble regarder vers la voiture. C'est alors que Roberto, sans plus de sommation, crie :

— Feu !

Les cinq jeunes gens tirent en même temps. L'homme se tourne vers la Packard, étonné. On le voit s'affaisser doucement, comme dans un film projeté au ralenti. On voit deux gorilles tomber presque en même temps, mais plus rapidement, plus lourdement, comme s'ils appartenaient à un autre film. Puis le troisième qui s'étale dans une flaque d'eau, éclaboussant la route. Anna-Maria tire, tire encore. Le quatrième garde du corps vacille. Les malheureux ont à peine le temps de sortir leurs armes, des soldats de sortir en courant sur le perron d'un bâtiment en bois, repeint en vert, qui se trouve du côté opposé à l'église — Roberto donne déjà l'ordre de repli ; Julio tourne la clé ; le moteur, cette fois, se met en marche du premier coup ; la voiture s'élance sur la route.

New York, septembre 1971

C'était un beau dimanche pour un mois de septembre. Exceptionnellement, les prévisions météorologiques s'étaient révélées justes : New York jouissait, cette année, d'un été indien. Mon chauffeur de taxi, un Juif soviétique, travaillant pour le compte d'un Juif israélien, tous deux installés depuis peu aux Etats-Unis, traversa sans se presser la ville presque déserte, puis le pont de Brooklyn, et s'engouffra dans le Eastern Parkway dont j'ai toujours adoré la large chaussée bordée de chaque côté par des allées de gazon et des arbres. Des pavillons en parpaing de style anglais ou hollandais, plutôt bas, et qui juraient avec la largeur de l'avenue, affichaient leurs étranges enseignes : Kingdom Hall of Jehovah's Witness, Calvari Evangelistic, Universal Temple Church, The Church of God and Prosperity — et ce jusqu'au numéro 770 où se pressait une foule d'hommes en caftan et en larges chapeaux noirs qui paraissaient surgir de ma plus lointaine mémoire.

— Il fallait me dire que vous alliez chez le Lubavitch, me glissa le chauffeur d'un ton de reproche.

Le rabbi de Lubavitch était — est toujours — une autorité aux États-Unis. Des hommes politiques, des ministres, des stars de cinéma et de la télévision, juifs ou non, attendent parfois des mois pour être reçus. J'avais eu la chance, moi, qu'un ami, lui-même proche du Lubavitch de Los Angeles, intervienne en ma faveur. Et j'avais réussi, de la sorte, à avoir un rendez-vous assez vite. Le nom de cet homme ne figurait pas, je le précise, dans le fameux carnet noir. Mais je me souvenais du récit de Hugo, de sa retraite religieuse à Brooklyn, juste avant la guerre et quelque chose me disait que je pourrais bien récolter là quelques informations inédites. Peut-être s'y mêlait-il aussi de la curiosité. Et puis, je connaissais l'aventure de Richard, le fils de Sidney...

A peine fus-je descendu du taxi qu'un jeune homme me saisit par la manche.

— Ah ! vous voilà... J'ai vu votre photo dans le journal... Je m'appelle Mendel Fogelman. Je connais très bien votre cousin Richard... On m'a demandé de vous accueillir. Et, plus officiel : Le Rabbi vous attend.

— Et toute cette foule ?

Mendel Fogelman leva les bras au ciel :

— Tous les Juifs ont besoin du Rabbi...

— Pour régler des conflits ?

— Ah non ! Les conflits entre les hommes sont arbitrés par les tribunaux rabbiniques. Le Rabbi ne traite que des problèmes entre l'homme et l'Éternel, béni soit-Il...

— Je croyais que pour parler à Dieu, les Juifs n'avaient pas besoin d'intermédiaire...

Mendel Fogelman fit un geste d'impatience, comme si je lui posais une question absurde et, éludant la réponse, me dit :

— Le Rabbi reçoit tous les dimanches, à 11 heures. Ses bedeaux offrent à chaque visiteur un dollar. Mais vous, vous serez reçu avant...

Puis captant je ne sais quel signal de l'un des gardiens

devant la porte d'entrée, il me lança en yiddish, langue officielle des Lubavitch :

— *Mir zenen graït,* nous sommes prêts. Suivez-moi...

Et, fendant la foule :

— *Rebés gast!* L'invité du Rabbi! Laissez passer! L'invité du Rabbi!

Et, toujours en yiddish :

— *Rebés gast!*

La foule s'ouvrit en effet et nous nous retrouvâmes très rapidement sur le perron, devant la porte du pavillon. Mendel Fogelman frappa et la porte s'ouvrit devant un barbu sans âge, ses papillottes au vent.

— C'est l'invité du Rabbi, répéta-t-il pour la énième fois.

Nous pénétrâmes dans un petit vestibule, où quelques Juifs se balançaient d'avant en arrière au rythme d'une prière. Je sortis une *kipa* de ma poche, la mit sur la tête. A gauche, au fond du vestibule, se trouvait un escalier sur lequel deux enfants jouaient avec une poupée. A droite, une minuscule pièce aux rideaux tirés. Un homme petit, au visage auréolé d'une barbe blanche s'y tenait immobile.

— Bonjour, Rabbi, dis-je en m'approchant.

— Bonjour, répondit-il d'une voix chantante.

Puis, levant un doigt, tel un trait pâle dans la pénombre :

— Vous ne m'avez pas envoyé votre livre.

Le ton n'était pas celui d'un reproche, mais d'une simple constatation.

— Je n'imaginais pas, Rabbi, qu'il pût vous intéresser...

Et, brusquement, en français :

— Vous auriez même pu me l'envoyer en français. Je connais votre pays.

Après quoi, il se tut, comme si le sujet était déjà épuisé. Avant de reprendre, à nouveau en yiddish :

— Vous connaissez le *Habad ?*

— Oui, mon grand-père Abraham était un Hassid.

— Pourquoi dites-vous « était » ?

— Parce qu'il est mort dans la révolte du ghetto de Varsovie.

— Mais vous, vous êtes là...

— Oui, seulement, je ne suis pas un Hassid.

— Alors, je comprends pourquoi vous dites « était ».

Le second sujet étant épuisé, il se tut à nouveau. Et c'est moi qui abordai celui qui me tenait réellement à cœur.

Oui, il se souvenait de Hugo, c'était un grand jeune homme blond, arrivé de Pologne la rage au cœur et qui vint, un jour, quelques mois avant la guerre, voir son prédécesseur, le Rabbi Joseph-Isaac Schneersohn. Il l'avait fortement impressionné, ça il pouvait me le garantir. Le désespoir de ce jeune homme, ses cris de détresse en faveur du judaïsme européen ne pouvaient trouver chez le Lubavitch que compréhension et aide. S'il l'avait revu après la guerre ? Oui... Quelquefois... Mon cousin n'était pas un mystique... Ah ! ça non, ce n'était pas un mystique... Mais il y avait en lui une exigence... Une soif... Une fidélité aussi...

Le Rabbi balaya sa barbe de ses doigts fins, hocha la tête et ajouta à voix soudain plus basse :

— Votre cousin ressemblait à David et a souffert comme Job...

Puis, après un silence que je faillis interpréter comme un congé :

— Je vais vous raconter une chose que vous ignorez, j'en suis sûr...

— Oui ?

— C'est un secret.. Un grand secret... Mais je crois le moment venu... Il y a si longtemps, après tout... Voulez-vous connaître un très grand secret ?

— Mais oui, Rabbi !

— Eh bien voilà. Je sais combien ce que je vais vous

dire troublera le Juif que vous êtes : Saviez-vous que Hugo avait un enfant ?

— Un enfant ?

— Oui... Il avait un fils... La mère est morte en couches. Mais le fils, lui, est né. Le Rabbi Joseph-Isaac Schneersohn a suivi toute l'affaire de très près. C'est lui qui a fait circoncire le petit, qui lui a trouvé une nurse. C'est lui qui, à l'âge de quatre ans, l'a mis à l'école, au Heder... Et puis, il y a eu le destin...

— Le destin ?

— Comment appeler la chose autrement ? Un jour, le petit traversa la rue... Une voiture... Comme il est dit : « Pleure doucement sur le mort, car il a trouvé le repos... »

Une larme perla dans l'œil clair du Rabbi.

— L'événement a eu lieu après la guerre. Mais votre cousin ne l'a pas su tout de suite. Il était encore à l'hôpital, il a connu une Allemande qui lui avait, paraît-il, sauvé la vie. Ça, vous le saviez, n'est-ce pas ? Guéri, il est venu chercher son fils. Et alors...

Le Rabbi se couvrit les yeux de sa main menue, comme s'il voulait échapper à une vision insoutenable et murmura :

— Mais celui qui va périr n'étend-il pas les mains ? Celui qui est dans le malheur n'implore-t-il pas du secours ?...

Puis, découvrant ses yeux, il dit simplement :

— Job.

Après quoi, il poursuivit d'une voix fatiguée :

— Nous avons essayé de le secourir. Cet enfant, vous comprenez, était la chair de sa chair... Il l'a peu connu, peu vu... La guerre, vous comprenez... Ce temps de troubles, de hantises... Mais c'était sa chair, n'est-ce pas ? Son sang... Et la chose est arrivée juste au moment où il pensait pouvoir souffler, poser un instant son fardeau... Il avait payé son tribut à l'héroïsme, vous comprenez... Il avait assez servi la cause, la gloire de son peuple... Et c'était juste le moment où il pensait avoir enfin le droit de goûter à ce fils, de l'aimer... C'est à ce moment qu'il est mort, vous voyez... N'est-ce pas que c'est le destin ? Avec l'aide de l'Éternel, béni soit-Il, votre cousin a retrouvé l'équilibre. Mais je crois, moi, qu'il s'est marié avec la fille d'un général nazi pour exorciser la haine qui l'habitait et qu'il a repris, au Proche-Orient, son bâton de pèlerin pour apaiser la révolte qui le rongeait.

Le Rabbi se tut un moment, puis sourit soudain et s'avança vers la porte : l'audience était terminée ; elle n'avait duré que sept minutes ; mais quand je revins dans le vestibule, les bedeaux du Rabbi attendaient déjà les visiteurs.

Mendel Fogelman me fit passer par un couloir encombré d'un lavabo et me fit sortir dans la rue. Une fois sur le trottoir, il me fixa de ses yeux verts et dit :

— Le Rabbi se souvient de tous les visages, de toutes les misères... Le Rabbi est le Juste parmi les Justes...

Il parlait encore, mais je ne l'écoutais pas : le récit du Rabbi m'avait, on l'imagine, profondément troublé.

35.

Israël
LE KIPPOUR 1973

Septembre 1973

Ce sont les fêtes de Roch Hachanah, Arié a choisi de regagner le kibboutz. Dans l'autobus qui escalade les collines de Haute-Galilée, ombragées d'eucalytus, il songe soudain à Anna-Maria. Pourquoi ne lui avoir jamais écrit ? Après tout, Anna-Maria est sa cousine. Et, sans elle, son séjour à Buenos Aires eût été insupportable. Benjamin Ben Eliezer l'a questionné à plusieurs reprises sur ses activités ainsi que sur les rapports entre les Montoneros et les Palestiniens. Arié en savait très peu. Et le peu qu'il en a raconté il le regrette aujourd'hui. Cela ne pouvait que porter préjudice à sa jolie cousine.

Dans le dossier de Hugo, dont il s'occupe à présent, beaucoup de questions demeurent sans réponse. Mais le dossier de Hidar en revanche, dont il a aussi hérité, commence à s'éclaircir. Personnage intéressant, ce Hidar ! Il commence à s'y attacher. Il aimerait pouvoir le suivre de près pendant quelques mois, comprendre sa démarche, le rencontrer peut-être. Non pas que le Tunisien ait voulu la mort de Hugo ou celle de Sidney. Mais il est persuadé qu'involontairement, il en est responsable. Qu'est-ce qu'il peut bien ressentir, à partir de là, en compagnie d'Olga, la cousine des deux hommes assassinés ? On dit la jeune femme de plus en plus attachée à la mémoire familiale. Il voit mal Hidar s'accommoder de cet attachement.

Arié a, par ailleurs, fait la connaissance des Lerner. Ceux-ci ont fini, en effet, par obtenir leur visa. Avec Levine Zaredski, Blumstein, Slepak, d'autres, ils ont été, un beau matin, convoqués à l'OVIR ; reçus par une fonctionnaire du ministère de l'Intérieur ; et se sont retrouvés, un mois plus tard, un soir, à l'aéroport de Cheremetievo, en partance pour Israël. A leur arrivée à Tel-Aviv, ils ont été assaillis par les journalistes et les photographes. Puis quasiment enlevés par le représentant du ministère des Affaires étrangères. L'Agence juive leur a obtenu un appartement à Jérusalem et, depuis peu, Aron donne un cours sur l'hellénisme à l'Université hébraïque. Arié, donc, les a rencontrés. Il a été un peu surpris. Il ne s'imaginait pas ainsi les refuzniks. Malgré leur comportement spécifiquement soviétique, ils se sont sentis aussitôt chez eux en Israël. Ils reconnaissaient le moindre lieu, se souvenaient du moindre événement. Comme si tout Juif portait, dès sa naissance, gravées dans sa mémoire la topographie, les images de la Terre Sainte.

Mordekhaï les a, en tout cas, invités pour les fêtes au kibboutz. Judith, qui a déjà terminé son service militaire et étudie au Technium de Haïfa, doit venir elle aussi. Cette pensée réjouit Arié. Depuis plus de deux ans qu'ils se connaissent, ils n'ont encore jamais partagé la même couche. Et pourtant, ils sont chaque fois heureux, émus de se retrouver. Le jeune homme a maintenant une amie à Tel-Aviv, Shoshana. C'est une belle fille brune, à la peau très blanche et aux hanches trop fortes. Elle est infirmière à l'hôpital Bellisson, à Petah Tikva, et a un petit studio près de l'hôpital où ils se rejoignent souvent. Sans passion, mais avec une amicale tendresse, ils font abondamment l'amour. Arié parle à Shoshana de Judith et Shoshana lit à Arié les lettres de son fiancé Amos, jeune chirurgien parti pour un an travailler dans un hôpital de San Francisco.

Bref, tout cela pour dire qu'Arié, en ce jour de Roch Hachanah, revient à la maison. La station d'autobus se trouve à quelques centaines de mètres du kibboutz et il n'est pas mécontent de pouvoir les parcourir à pied. Ce long voyage lui a engourdi les jambes et il a hâte de respirer profondément l'air de l'altitude. Le jour s'éteint, un vent sec souffle, apportant une odeur de bouse brûlée et d'herbe fraîche. Dans le campement arabe, dans la vallée, les chiens aboient. Une rangée serrée de figuiers de barbarie cache la clôture du kibboutz.

Les parents d'Arié l'attendent. Dina, la petite sœur, lui saute au cou. Et quant aux Lerner, ils sont déjà arrivés, installés par Mordekhaï dans la maison d'hôte, entre la tour d'eau et le vivier. Judith a laissé un message. Elle annonce sa venue pour le lendemain. Elle veut passer la soirée du Jour de l'An avec son père, à Kyriat Shemona. Arié est-il déçu ? Il aurait aimé qu'elle fût là. Et malgré l'air réjoui de ses parents, il en ressent une vraie tristesse. « Tant pis », se dit-il, tandis que, de conserve avec ses parents, il se dirige vers le réfectoire, non sans s'arrêter en chemin pour récupérer les Lerner à la maison d'hôte. Arié s'étonne de leur parfaite connaissance de l'hébreu. Rachel répond en riant que c'est un « hébreu des catacombes » qu'elle a appris dans la clandestinité. Et toute la famille d'entrer dans la belle salle à manger aux nappes, murs et rideaux blancs où, de table en table, on se souhaite : « *Lechana Tova Tikkathev Veté'Hatahem.* »

Mordekhaï verse du vin et dit le kiddouch. Puis, tout le monde déguste une tranche de pomme trempée dans du miel, en formulant le vœu : « Que cette année qui commence soit pour nous agréable et douce. » On boit encore à la paix et on sert enfin le repas. Les cousins moscovites paraissent émerveillés. Arié les trouve agréables, plaisants, intelligents, mais on ne sait pas trop quoi leur dire, ni quoi leur demander. La vie des Juifs en Union soviétique ? Connu. Archiconnu. Leurs problèmes, leur lutte ont été décrits mille fois dans la presse. Et il ne reste plus, à leur endroit, il faut bien le dire, un grain de curiosité. Quand, au dessert, les « kibboutzniks » se mettent à chanter en chœur, Rachel se met à pleurer. Mordekhaï, lui, sourit, essuie ses lunettes et, se penchant légèrement vers sa cousine, récite doucement : « Ainsi parle le Seigneur ; retiens les sanglots de ta voix, les larmes de tes yeux, car il y a récompense pour tes actions. » Et Rachel, au lieu de se consoler, éclate en véritables sanglots :

— Quelque chose ne va pas ? demande Shalom, le mécanicien.

— La cousine soviétique se languit de ses enfants, dit Sarah.

— Où sont-ils ?

— A Moscou.

— Ils reviendront, dit le mécanicien, avec assurance, ils reviendront. Tout Juif, à un moment ou à un autre, revient au pays.

Ce n'est que le lendemain après-midi que Judith arrive à Dafné. Sa peau satinée et ses grands yeux d'un noir d'olivier, aux reflets bleus et violets, sont du meilleur effet sur les jeunes garçons du kibboutz. Émotion. Agitation. Réactions de coqs et de paons. Et, chez les filles, commentaires acidulés et remarques sous cape. Arié, lui, est très fier. Judith n'est-elle pas son amie ? Et à défaut d'être *à* lui, n'est-elle pas ici *pour* lui ? Il tente de se souvenir des sentiments qui l'habitaient lors de sa relation avec Anna-Maria. L'aimait-il ? Peut-être... Mais il s'étonne tout de même de la facilité avec laquelle l'image de l'une efface l'image de l'autre. Et pour l'heure, il est tout à son bonheur de ces divines retrouvailles. L'ennui, bien entendu, c'est qu'il n'ose toujours pas l'imaginer sa maîtresse et qu'il doit lui offrir une chambre dans la maison d'hôte, au-dessus de celle des Lerner tandis qu'il demeure, lui, comme d'habitude, chez ses parents, dans leur maison en bois. Le lendemain, pourtant, aussitôt après le petit déjeuner, il entraîne la jeune fille sur le chemin de Tel Dan.

C'est une belle matinée. Les lourdes branches des chênes millénaires filtrent les rayons du soleil et les roches calcaires les renvoient, tels des miroirs, en éclairant, par le bas, les troncs épais. Judith et Arié ne disent rien. Ils rient. Ils s'enchantent de tout et de rien : le pépiement aigu d'un oisillon, une rangée inattendue de casueinos, égarée dans cette réserve naturelle, un petit renard gris qui s'arrête sur leur chemin pour les observer d'un regard surpris avant de disparaître dans les buissons. Ils rient même, comme des enfants, d'un caillou que l'un d'eux heurte en marchant et qui roule depuis la colline jusqu'à la source du Dan. Ils descendent à la source. Badinent encore. Batifolent. Ils finissent par se baigner, habillés d'abord, puis, riant de plus belle, à demi et complètement nus. Est-ce la couleur du soleil qui les échauffe ? Sa chaleur sur les peaux mouillées ? Est-ce ce sentiment de liberté qu'ils n'ont, ni l'un ni l'autre, jamais connu et qui les rend soudain comme seuls au monde ? Regards pudiques... Puis plus osés... Puis carrément appuyés... Corps qui se rapprochent... Peaux qui se caressent... Miracle, toujours le même, et cependant toujours bouleversant, de deux bouches qui se conjoignent... C'est là, au bord de l'eau que, pour la première fois, Judith et Arié font l'amour. Et là que le jeune homme achèvera réellement le deuil de son attachement pour Anna-Maria.

Judith restera au kibboutz jusqu'au Kippour. A la

grande surprise d'Arié, elle sympathisera avec les Lerner, passant parfois plus de temps avec eux qu'avec lui. La cousine Rachel lui raconte Moscou, Judith lui répète les histoires de son père au Yémen. Et Aron Lerner sourit, en regardant ces deux Juives échanger ainsi leur histoire, leur mémoire.

A deux jours du Kippour, Shalom, le mécanicien, qui participe à une patrouille de gardes-frontière druzes, rapporte le témoignage de l'un d'eux sur une concentration anormale de chars syriens sur le Golan. Information confirmée le soir même par la radio israélienne. Puis par la télé qui parle aussi d'une activité inhabituelle du côté égyptien. Qu'en dit Benjamin Ben Eliezer ? Il n'est malheureusement pas là quand Arié essaie de lui téléphoner. Et Myriam répond, comme à l'accoutumée, par un rire amical aux questions angoissées d'Arié.

— Ne t'inquiète pas, on ne fera pas la guerre sans toi, « Haboub »...

Est-ce une impression ? Un effet de sa propre nervosité ? Il sent tout de même une pointe d'inquiétude dans sa voix quand elle ajoute que Golda Meïr réunit le jour même quelques ministres et généraux dans son bureau et que Benjamin doit revenir exceptionnellement au travail le matin du Kippour.

— Tu sais bien, « Haboub », nous vivons au pays des miracles...

Et, enfin, avant de raccrocher et de lui souhaiter une bonne et heureuse année :

— Les chauffeurs d'autobus de la compagnie Egged sont réquisitionnés... On ne sait jamais... Aussi, tu pourras revenir me voir rapidement...

Le jour du Kippour, tout s'arrête en Israël. Les rues, les routes se vident. La radio, la télévision se taisent. Et cette absence de bruits et de mouvements introduit dans le pays une angoisse sourde, imperceptible. Est-ce pour cela que les Anciens baptisaient la semaine séparant le Jour de l'An du Jour du Grand Pardon : « Yamim Noraïm », les Jours Terribles ? Seules, alors, les synagogues résonnent de prières. Et quant aux non-croyants, nombreux en Israël, ils respectent ce jour parmi les jours et restent chez eux à lire ou à se reposer.

Le kibboutz Dafné, comme tout Israël, est donc plongé cette année-là dans le silence et la solitude de la nuit du Kippour. Les Lerner sont assis sur des chaises longues devant la maison de Mordekhaï dont le perron est à peine éclairé. Aron raconte une fois de plus l'occupation du Soviet Suprême. Puis, le « procès » à l'Université de Moscou. Il omet le rôle joué dans cette affaire par Sacha. Mais, après tout, c'est son fils et il n'a pas attendu le jour du Kippour pour lui pardonner ! Mordekhaï et Sarah sont assis, eux, sur un banc, et écoutent le récit avec un intérêt poli. Arié et Judith se tiennent un peu plus bas, sur les marches. Une brise légère amène jusqu'à eux une odeur un peu folle de pain. Dieu est là... Tout près... Et puis, soudain, le téléphone sonne. Arié s'approche de l'ampoule, consulte sa montre : il est 22 heures. Il entre dans la maison où une bougie, à la mémoire de six millions de morts, est allumée et prudemment, d'un geste empreint de remords et de superstition, soulève le combiné. C'est Myriam, la secrétaire de Benjamin qui commence :

— Fini le Kippour, « Haboub », dit-elle en riant.

Mais Arié sent dans sa voix une légère tension.

— Tous ceux qui travaillent à l'Aman doivent rentrer à Tel-Aviv immédiatement.

— C'est la guerre ?

— Quelle guerre ? On a tout simplement besoin de toi. Trouve-toi rapidement un moyen de locomotion. Sinon mets-toi en marche. La route est longue. Benjamin t'attend à la première heure...

Arié, après avoir raccroché, reste un moment à contempler l'appareil comme s'il en attendait une explication. Puis, tel un automate, il se dirige vers la sortie. Et c'est à ce moment qu'il voit dans l'embrasure de la porte, en train de le guetter, ses parents, les Lerner et Judith.

— Vous avez entendu ? demande-t-il.

— Non, fait son père, en frottant ses lunettes avec un pan de son pull... Mais je crois que j'ai compris...

Ils entendent des pas sur le gravier.

— Qui est là ? demanda Mordekhaï.

— Shlomo.

— Où vas-tu ?

— Je vais chercher ma Vespa. Je dois retourner sur le Golan.

— Le soir du Kippour ?

— Le soir du Kippour... Il paraît qu'il y a urgence...

D'autres pas résonnent dans l'allée. Le kibboutz reste plongé dans la pénombre et le recueillement, mais on sent la tension monter, on entend des portes claquer, le bruit d'un moteur solitaire.

— Ça se passe toujours comme ça ? demande Aron.

— Toujours ? Non. C'est la première fois, le Jour du Kippour, répond Mordekhaï, la voix nouée.

— Ah ! fait le professeur, comme s'il venait de poser une question indiscrète.

Puis, prenant sa femme par le bras :

> *« Ah ! Mes chers matelots, seuls entre mes amis*
> *Fidèles à votre devoir,*
> *Voyez quel ouragan soufflant s'est déchaîné*
> *Et tourbillonne encore autour de moi. »*

— De qui est-ce ? demande Mordekhaï.

— Sophocle, répond-il.

Et s'adressant à Arié :

— Crois-tu que l'on m'engagera si je me présente

au Centre de recrutement. Je sais manier les armes...

— Chez nous, il n'y a pas de Centre de recrutement, fait le jeune homme, légèrement sentencieux. Tout citoyen est soldat et chacun sait exactement, en cas de mobilisation, où aller.

— Alors, c'est la mobilisation ?

— Non, je ne crois pas. Autrement, tout le kibboutz aurait déjà été réveillé. Par contre, je me demande comment arriver à Tel-Aviv...

Des chiens se mettent brusquement à aboyer dans la vallée.

— Je vais téléphoner à mon père à Kyriat Shemona, dit Judith.

A nouveau, des pas résonnent sur le gravier.

— Qui est là ?

— Jacob Oren. Il se passe quelque chose... Vous êtes au courant ?

— On me convoque à Tel-Aviv, dit Arié.

— Tu veux un « tremp » ?

— Comment ça ? Les autobus marchent ?

— Non, c'est mon frère Ivry... Il est venu pour les Fêtes... Il est rappelé d'urgence chez lui à Haïfa... Il a une petite Fiat...

— Va pour Haïfa. De là je me débrouillerai...

— Je vais avec toi, crie Judith. Peut-être Ivry pourra-t-il me lâcher en route...

Quand le bruit de leurs pas s'éloignent, Rachel, toujours accrochée au bras d'Aron, dit, sans savoir pourquoi, presque en chuchotant, comme une prière : « Shalom, paix. » Et son vœu se perd dans la nuit.

36.

Israël
LE KIPPOUR 1973
(suite et fin)

Septembre 1973

La voiture d'Ivry file à toute allure. La route est complètement déserte. Ce vide, cette absence de toute vie donnent au paysage nocturne un air d'irréalité, presque d'inexistence. Ce n'est pas un hasard si le Dieu de la Bible a chargé l'homme de donner un nom aux bêtes et aux plantes, songe Arié : sans le regard que l'homme pose sur eux il n'est pas sûr qu'ils existeraient.

Ivry est médecin à la Sécurité sociale de Haïfa. Il parle peu et cela plaît bien à Arié. Un mot par-ci. Un mot par-là. Un « au revoir » à Judith quand il la dépose à Kyriat Shemona. Une phrase bougonne lorsque, mettant en marche la radio, il la trouve désespérément muette, sans même un appel codé à la mobilisation. Après quoi, il ne dit plus rien jusqu'à Akko. La route simplement. La voiture sur la route. D'autres, beaucoup d'autres voitures qui, d'Akko à Haïfa, les croisent en silence et leur font des appels de phare, comme pour montrer qu'elles partagent le même épouvantable secret. Quel secret ? La guerre, pardi ! Cette guerre à laquelle il n'a, jusqu'alors, jamais participé, et que son père, lui, a déjà faite trois fois : la Guerre d'Indépendance, en 1948 ; la campagne de Suez, en 1956 ; la Guerre des Six Jours enfin. Il sait que c'est absurde, que la guerre n'est pas, loin s'en faut, la plus belle des aventures. Mais c'est une aventure tout de même. Et l'exaltation, la peur, la jalousie peut-être aussi s'entremêlent dans sa conscience pour former le plus déroutant des cocktails.

C'est à 2 heures du matin qu'ils arrivent à Haïfa. La ville dort. Le mont Carmel, à peine plus noir que le ciel, se fond dans le firmament. Seuls les environs du port sont vaguement animés.

— Tu veux que je te laisse ici ? demande Ivry.

— Non, je préfère que tu avances un peu. Jusqu'à l'entrée de l'autoroute de Tel-Aviv... J'aurai plus de chance de trouver un lift...

— Tu risques d'attendre longtemps, remarque obligeamment Ivry...

— Allah est grand ! lance-t-il en souriant et en se félicitant intérieurement de cette petite audace de vocabulaire.

De fait, l'attente sera longue. La route restera vide, désespérément vide, pendant des heures. Puis, plusieurs voitures passeront, mais à toute allure, sans s'arrêter. Et Arié commence à être découragé quand à quelques mètres de lui, sur une aire de dégagement, freine une grosse Chevrolet. Il est déjà 5 heures du matin et l'horizon commence à pâlir.

— Tel-Aviv ? demande Arié.

— Monte, fait l'homme simplement.

Puis, une fois en route :

— Pourquoi vas-tu à Tel-Aviv, le matin du Kippour ?

— Vous ne savez pas ? s'étonne Arié.

— Je ne sais pas quoi ?

— Que c'est la guerre !

— Et toi, comment le sais-tu ?

Arié se méfie brusquement :

— Bof ! Des bruits... De vagues bruits...

L'homme sourit mais ne répond rien. Et ce n'est qu'une

demi-heure plus tard, en passant devant un écriteau indiquant Césarée qu'il se présentera. Yossef Almogui... ministre du Travail... Réveillé il y a deux heures, chez lui, à Haïfa, il se rend à Tel-Aviv pour une réunion exceptionnelle du cabinet chez Golda Meïr... Mais voici le siège de l'Aman... Illuminé comme jamais... Merci monsieur le ministre... Au revoir, jeune homme... A l'intérieur l'agitation est grande. Des officiers, en manches de chemise et le visage grave, se bousculent dans les couloirs, échangeant des propos brefs et faisant claquer les portes. Arié ne reconnaît rien ni personne. Et s'il n'y avait pas Myriam, au téléphone, il se demanderait dans quel étrange endroit il est tombé.

— Ah ! Te voilà, « Haboub », dit-elle pour une fois pas trop sarcastique : tu en as mis du temps...

Arié en est encore à chercher sa réponse quand la porte du bureau de Benjamin s'ouvre brutalement et qu'il le voit sortir derrière le chef des services de renseignements de l'armée, le général Eli Zeira, lui-même suivi des généraux Yitzhak Hoffi, commandant de la région nord, et Shmuel Gonen, commandant de la région sud. Benjamin, quand il passe devant son jeune protégé, s'arrête une seconde, lui fait un pauvre sourire et une petite tape affectueuse sur la joue.

— Qui est-ce ? demande Gonen, intrigué.

— Le fils d'un de mes meilleurs amis, Arié Halter. Il travaille ici avec moi...

— Halter ? demanda le général.

Et, regardant Arié :

— Halter... Halter... Serais-tu parent de Hugo Halter, par hasard ?

— C'est un cousin, dit Arié. Il a été...

— Je sais... Une triste histoire... Je l'aimais bien...

A quoi Arié, sautant sur l'occasion, répond avec un esprit d'à propos peu commun :

— Général, général ! Je mène justement une enquête

sur la mort de mon cousin. Pourrai-je vous interroger, à l'occasion ?

— Crois-tu que ce soit le moment ? grogne Gonen. Puis se ravisant : Oh ! Et puis, après tout... Tu n'as qu'à venir avec moi, tout à l'heure, à Beercheva, nous en parlerons en route.

Myriam, qui n'a rien perdu de la scène, ne peut s'empêcher de dire en riant :

— Tu ne perds pas le nord, « Haboub » !

Après quoi elle met Arié au courant des derniers événements. Selon Benjamin, l'attaque des Égyptiens au sud et des Syriens au nord est désormais imminente. Selon d'autres — comme le général Zeira — l'attaque est improbable et la concentration de leurs troupes surtout destinée à exercer une pression psychologique. Pour les troisièmes, une mobilisation générale serait politiquement ruineuse car comme en 1967, elle donnerait d'Israël l'image d'un pays fauteur de guerre ; pourquoi ne pas attendre et laisser les Arabes tirer les premiers ? D'autres enfin — à commencer par Moshé Dayan — proposent une mobilisation partielle qui aurait l'avantage du compromis : Israël mobiliserait une force importante mais défensive...

Arié l'écoute. Oh ! oui, il l'écoute avec une telle ferveur, une telle intensité ! Jamais il n'avait à ce point mesuré la précarité du destin d'Israël. A 9 h 30, tandis que Myriam achève son exposé, Benjamin revient à son bureau. Plus soucieux que jamais. Et seul.

— Où est le général Gonen ? demande Arié.

— Parti pour Beercheva... Par avion... Pourquoi ?

Et, voyant la déception d'Arié, il prend l'air de l'homme à qui revient brusquement à l'esprit une vérité désagréable, grommelle des propos apaisants du genre : « Allons... allons... tu auras d'autres occasions d'interroger Shmuel Gonen sur Hugo. » Et, délaissant le pauvre Arié, il se tourne vers l'émissaire du général Zeira qui lui apporte les derniers renseignements et les plus récentes photos du Golan et du Sinaï. A l'évidence, la guerre est proche. Et la mobilisation pour aujourd'hui.

Convoqué à nouveau par le chef de l'état-major, le général Gonen revient à Tel-Aviv à 12 h 30, en voiture. En l'apprenant, Arié se précipite. Et au moment précis où Shmuel Gonen ressort, accompagné de Benjamin, du bâtiment voisin, il se jette littéralement dans ses jambes :

— C'est bien toi, le cousin de Hugo Halter ?

Et, ouvrant la portière de la voiture qui l'attend :

— Monte... Moi aussi, je peux avoir besoin de jeunes gens comme toi...

Arié regarde Benjamin, qui fait oui de la tête et c'est ainsi qu'il quitte Tel-Aviv dans la voiture d'un des principaux responsables de l'état-major.

Beercheva, la capitale du Neguev, se trouve à cent dix kilomètres de Tel-Aviv. Malgré le Jour de Grand Pardon, la route est animée : des camionnettes, des estafettes, des camions et même quelques autobus embarquent aux carrefours des hommes venus en hâte et visiblement pas vêtus pour la guerre. La mobilisation est en cours.

— L'attaque est pour 18 heures, dit Gonen.

— Et si l'ennemi avançait l'attaque d'une ou deux heures ? demande Arié.

Les traits lourds du général se crispent :

— Dans ce cas, que Dieu nous protège !

Puis, plongé dans une méditation dont il ne souhaite apparemment partager le secret avec quiconque, il se laisse doucement bercer par les ressorts de la voiture. Quand, au bout de cinq minutes, il se tourne vers Arié, son visage ne porte plus la moindre trace d'émotion. Et c'est avec un certain entrain qu'il l'interroge sur ses liens exacts avec Hugo et qu'il lui dit : « Après tout, puisque nous y sommes, voilà ce que je sais de votre cousin. »

Il l'a connu en 1953, il y a juste vingt ans, chez Ben

Gourion. Ils ont sympathisé et se sont revus lors des visites suivantes de Hugo en Israël. Ce qu'il aimait en lui ? Son côté talmudiste... Sa capacité à traduire en termes contemporains les éléments bibliques pour mieux comprendre le monde moderne... Il le faisait penser à Justus de Tibériade... Son idéalisme était naïf mais rafraîchissant... Un propos de lui ? Son comportement ? Il se souvient d'une remarque qui l'avait à l'époque surpris. C'était en 1960... Ils avaient été tous deux invités chez Israël Beer, le conseiller de Ben Gourion... En sortant, ils avaient fait quelques pas et Hugo lui avait demandé, à brûle-pourpoint, s'il avait confiance en cet hôte qu'ils venaient juste de quitter. La question, à ce moment-là, ne s'imposait pas. Mais un an plus tard, quand Israël Beer a été arrêté pour espionnage, il était difficile de ne pas songer à cette prémonitoire observation. Hugo, hélas, était déjà mort. Tué deux jours auparavant...

Arié brûle d'en savoir plus. Les questions, les objections se pressent sur ses lèvres. Mais la voiture atteint déjà les faubourgs de Beercheva. Et là, ô surprise ! Il se souvenait d'un village desséché, tout en terre glaise, construit autour d'un marché de chameaux, tenu par des Bédouins. Et il est dans une ville moderne. Urbanisée à souhait. Avec de grandes avenues, bordées d'arbres et d'immeubles. Shmuel Gonen, du coup, semble se ficher royalement de Hugo et des Halter. Redevenu nerveux, presque brutal, il regarde sa montre, décroche le téléphone et demande la communication avec le général Mendler, à Rifidim, dans le Sinaï. Au bout de deux longues minutes, la liaison est établie :

— Albert ! crie-t-il. Ordre de quitter immédiatement les bases arrière et de foncer vers le canal. Ne plus attendre l'attaque des Égyptiens...

— Trop tard ! entend-on dans le récepteur. Ils ont déjà attaqué. Le bombardement a commencé.

L'attaque se révélera une fausse alerte. Et les quatre

formations d'avions égyptiens qui ont survolé les installations israéliennes de Sharm el-Sheikh, à l'extrême pointe méridionale du Sinaï, seront obligées de rebrousser chemin devant la contre-offensive des vedettes ancrées à proximité du détroit de Tiran. Mais les nouvelles ne sont pas bonnes pour autant. La ligne Bar-Lev établie le long du canal de Suez a été enfoncée en plusieurs endroits. Huit mille fantassins ont pris pied sur la rive du Sinaï. Une vingtaine de bataillons égyptiens ont réussi à être héliportés derrière les avant-postes israéliens, à proximité des voies de communication. Et l'aviation israélienne, mobilisée sur le Golan où l'avance de milliers de chars syriens menace les centres vitaux du pays, n'est pas là pour les déloger.

Après avoir réuni, et confronté, toutes les informations, le général Gonen — toujours flanqué d'Arié, qui ne le lâche plus d'une semelle — réunit ses officiers autour d'une carte du Sinaï :

— L'objectif des Égyptiens est clair, dit-il. La traversée du canal, la conquête de Sharm el-Sheikh, sur la mer Rouge et les cols de Mitla et de Guidi. Et, montrant avec un baguette les lieux cités :

— Ils essaieront d'atteindre ces objectifs en vingt-quatre heures. S'ils réussissent, la route d'Israël leur sera ouverte. Sinon, ils tenteront d'établir une ligne de défense de notre côté du canal, en y installant les rampes de missiles sol-air.

Puis, se tournant vers les officiers :

— Il faut reprendre rapidement contact avec nos fortins sur le canal... Celui de Lakekan, au bord du grand lac Amer... Celui d'Orkal, dans les marais au nord... Il faut faire avancer nos forces pour freiner l'avance des Égyptiens...

Mais il ne peut terminer son exposé car les informations reçues par radio évoluent d'heure en heure. Tel fortin, qu'il convenait de défendre il y a une minute, est tombé aux mains des Égyptiens. Tel autre, qu'on croyait perdu, est parfaitement sous contrôle. Exaspéré de tous ces rapports contradictoires qui se succèdent de plus en plus rapidement, il finit par jeter sa baguette et par dire :

— Les objectifs des Égyptiens sont ceux que je viens d'énumérer. A nous de nous débrouiller pour qu'ils ne soient pas atteints.

Et, à l'adresse de son aide de camp :

— Fais préparer un avion. Je pars au PC d'Oum Kheshiba. Préviens les généraux Sharon et Brenne.

C'est ainsi qu'Arié se retrouve à minuit, à la fin du Kippour, à trente-cinq kilomètres du canal, près du col de Guidi. C'est le moment précis de l'attaque du PC israélien par un commando égyptien héliporté. Et en descendant de l'avion, il doit parcourir sous les balles une centaine de mètres avant de se mettre à l'abri derrière une colline de sable où une jeep attend. C'est la première fois qu'il vient dans le Sinaï. Le bleu de la nuit qui se reflète dans le sable ocre le surprend et l'enchante. La bataille ? Elle sera courte. La pleine lune a permis à l'artillerie israélienne de débusquer rapidement le commando couleur de sable. Et le peloton des vieux centurions, dirigés par le général Sharon qui, conformément aux ordres, a rejoint le PC d'Oum Kheshiba, a pu prendre à revers les Égyptiens. A 3 heures du matin, l'attaque est repoussée. Le général Brenne arrive à Oum Kheshiba à l'aube. Le général Dayan quelques minutes après 9 heures.

— Il faut se replier sur les lignes des cols, dit-il. On ne peut risquer la vie de nos soldats...

Gonen n'est pas d'accord. Abandonner ainsi une grande partie du Sinaï lui paraît absurde et risqué. Arié suit la discussion comme à travers une brume. Il n'a pas dormi depuis deux jours et sombre dans un profond sommeil. Il ne se réveillera qu'à la tombée du jour pour apprendre la contre-offensive décidée par Gonen sur le front sud et pour l'entendre s'inquiéter, surtout, de ce que l'on ne peut plus joindre par radio le fortin Milano.

— Il faut évacuer *tous* les fortins, crie-t-il... Tous, vous m'entendez... C'est la seule façon de bombarder le canal.

Et, comme la radio du fortin Milano ne répond décidément pas :

— Prends un half-track, Yossi, dit-il à un jeune capitaine blond. Trouve-toi deux volontaires pour t'accompagner et file. Il est possible que vous rencontriez les occupants du fortin quelque part en route. Évacuation immédiate !

Un soldat lève la main. Puis Arié qui se redresse d'un bond :

— J'y vais aussi, dit-il. Vous permettez, mon général ?

Gonen l'observe d'un air sévère, comme s'il cherchait à deviner ses arrière-pensées et, haussant les épaules, finit par lâcher :

— Eh bien, soit... Va !

Il arrive ce que Gonen a prévu. Le half-track réussit à se faufiler entre deux colonnes de chars égyptiens. Il contourne Tasa, prend la route de Balouza et, à l'aube, surprend les rescapés du fortin Milano, une trentaine d'hommes valides et six blessés, dans les environs de Kantara. Brèves embrassades. Chargement des blessés dans le véhicule. Détermination de la marche à suivre et de l'itinéraire à emprunter. La route de l'aller risque d'être coupée, à présent ? Soit. Il ne reste qu'à tenter de traverser Kantara en priant l'Éternel pour que cette ville fantôme ne soit pas encore investie par l'ennemi.

— Je connais Kantara, dit Yossi. Si vous avez un pépin, rendez-vous au bout de la ville dans l'enclave du cimetière chrétien. C'est indiqué...

Le pépin, de fait, ne tardera guère. Dès l'entrée de la ville, la petite troupe aperçoit sur sa gauche des monceaux de glaise rougeâtre, fraîchement remuée. Puis, en venant un peu plus près, des centaines d'hommes en train d'élever une sorte de mur de terre. On dirait un pullulement de fourmis blanches. Ce sont comme des essaims de bras invisibles qui rejettent sans fin des pelletées de terre. Les éviter ? La seule solution est de passer derrière le bosquet, à droite de l'entrée de la ville. Sauf qu'au moment de le faire, on entend quelqu'un qui crie en arabe :

— Hé là ! Qu'est-ce que c'est ?

— Les Égyptiens ! répond Arié, en arabe lui aussi.

Il se fait un silence et, au bout de quelques secondes :

— Tu n'as pas l'accent égyptien...

Puis, une autre voix — mi-inquiète, mi-haineuse :

— Ce sont des Juifs ! Ce sont des Juifs !

Une fusée éclairante monte vers le ciel. Yossi crie quelque chose comme « dispersez-vous ! ». On entend des coups de feu. Une balle, puis une autre qui passent en sifflant au-dessus des têtes. Arié se met à courir, en se retournant de temps à autre, comme un petit renard gris qu'ils avaient vu avec Judith dans la réserve naturelle de Tel Dan. « Je ne veux pas mourir, se dit-il. Je ne veux pas tomber. » Au moment d'atteindre un long mur gris qui lui semble comme un havre, il se retourne une dernière fois tandis que des balles craquent, tout autour de lui, contre la pierre.

— Le cimetière est de l'autre côté, dit quelqu'un dans l'obscurité.

Il s'accroche alors à une pierre du mur, mais glisse et s'écorche un genou. Il recommence, s'accroche de plus belle. Mais glisse à nouveau. Ou plutôt non : il ne glisse pas, mais sent deux brûlures étranges à la cuisse gauche et se voit incapable d'aller plus loin : sa jambe est devenue aussi lourde que si un poids invisible y avait été suspendu. « Non, je ne veux pas mourir », répète-t-il en rassemblant ses dernières forces. Il prend sa jambe gauche dans sa main droite, la fait passer par-dessus le mur et, à bout de souffle, sentant un liquide chaud qui lui coule le long des jambes, se laisse choir sur les tombes.

— Ça va ? demande Yossi, tombé à ses côtés.

— Ça va, mais je suis blessé.

— Tiens bon, on transmet notre position au PC.

— Où est le half-track ?

— Giora le conduisait. Il a réussi à passer.

— J'ai mal, gémit Arié.

— Approche. Je vais te serrer la cuisse avec ma ceinture. Voilà...

Arié s'accroche à Yossi et se lève. Il parcourt ainsi quelques centaines de mètres. Puis un kilomètre. Un autre. Chaque pas renforce la douleur, lui obscurcit un peu plus la vue. Mais il marche mécaniquement. Il répète et répète encore : « Je ne veux pas mourir... Je ne veux pas tomber... » Au lever du jour il respire avec difficulté. Le bleu de la nuit se mélange, comme sur une palette, au blanc rose de l'aurore. Il vacille. Il va tomber. Deux de ses compagnons s'agenouillent, s'enveloppent de leur châle de prière et disent la prière du matin. Et puis, brusquement, un bruit lointain effleure ses oreilles. Un vent léger l'éteint aussitôt. Mais le bruit revient, têtu, insistant...

— Des chars, Yossi ! Ce sont des chars !

Et quelques minutes plus tard, en effet, quatre centurions surgissent d'une colline de sable. Puis des tanks. Des mains qui s'agitent au-dessus de la tourelle. Un miracle ! Arié s'évanouit en croyant à un miracle.

Il sera opéré à l'hôpital Bellisson, à Petah-Tikva, chez son amie Shoshana. Grâce à elle et avec elle, il suivra jour après jour l'évolution de cette drôle de guerre qui se soldera, le 28 octobre, par une poignée de main entre un général israélien et un général égyptien. Le collaborateur de Benjamin Ben Eliezer verra dans cette poignée de main le début d'un processus de paix qui, s'il vient à se confirmer, fera de cette guerre du Kippour une guerre pas tout à fait inutile. Judith aussi viendra lui rendre visite. Sa mère également qui lui donnera des nouvelles de Mordekhaï, blessé dans la région de Kuneitra et hospitalisé, lui, à Tibériade Grave ?

— Non, pas grave, lui dit-elle non sans une gêne dans le regard. Nous ne tarderons plus à nous retrouver tous à Dafné.

Le 2 novembre, il quitte enfin l'hôpital. Il marche encore avec une canne Benjamin l'attend dans une voiture.

— On passe à l'Aman ? demande-t-il.

— Non, fait Benjamin Je t'emmène d'abord au kibboutz. Ton père est mort

37.

Buenos Aires
ANNA-MARIA :
RETOUR À LA CLANDESTINITÉ

Mai, 1974

Anna-Maria a beau s'essayer à dire, après Gide : « Famille je vous hais », les morts successives et violentes des cousins de son père finissent par l'affliger. Mario et Julio estimaient inintéressante la guerre du Kippour puisqu'ils n'y voyaient qu'un banal affrontement entre deux laquais de l'impérialisme yankee. Elle connaît des Israéliens. Elle a côtoyé Mordekhaï, le kibboutznik. Elle a aimé Arié. Et peu lui importe qu'ils fussent complices ou victimes de l'impérialisme : que l'un soit blessé et que l'autre soit mort, ce sont des nouvelles qu'elle ne peut accueillir avec indifférence. De surcroît, la sanglante expérience qu'elle a pu faire, avec la guérilla et au sein de celle-ci, a eu beau l'éveiller au monde — elle n'a pas été concluante. Et le fait est qu'en ce début d'année 74, elle ne croit plus vraiment à la Révolution ni à cette société socialiste, communiste ou justicialiste, dans laquelle tout un chacun serait heureux, libre et égal. Les choses peuvent changer, elle le sait. On trouvera bien encore quelques lumières pour éclairer l'obscurité. Et peut-être sa pauvre lutte, aussi absurde, désespérée, folle qu'elle ait été, contribuera-t-elle, au bout du compte, au bonheur des autres. Nul doute pour le moment qu'elle ait contribué à la victoire de Campara et au retour de Peron. Le premier geste de Campara, une fois élu, n'a-t-il pas été, comme les Montoneros l'avaient exigé, le rétablissement des relations diplomatiques avec Cuba ? Puis la proclamation d'une amnistie « ample et généreuse » ? Tout cela fait que, à la grande joie de ses parents et de dona Regina, Anna-Maria rentre enfin à la maison, reprend ses études à l'université et s'éloigne progressivement d'un combat qui tend à lui apparaître à la fois, et paradoxalement, vain et victorieux. Ses études recommencent de l'accaparer. Ses lectures aussi. Elle dévore Borgès notamment. Et que l'auteur d'*Alef* pût dire : « L'un de mes pays est Israël qui nous a donné la Bible » l'émeut au-delà de tout. Elle lit aussi Unamuno, Emcrson, Joycc. Et dona Regina, la voyant penchée sur ses livres, se dit que Martin a peut-être, enfin, récupéré sa fille.

Mais si le terrorisme de gauche a perdu de sa combativité, le terrorisme de droite, surgi du fond des casernes, des commissariats de police et des « villes misères » réoccupe le terrain que l'autre a laissé vacant. On assassine des militants syndicalistes. Des hommes politiques. Des intellectuels. Il ne se passe pas un jour sans que l'on trouve un cadavre dans les eaux troubles du Rio de la Plata. Et si les gens comme Anna-Maria ont abandonné le terrorisme de gauche, ce n'est certainement pas pour accepter le terrorisme fasciste. Pourquoi Peron laisse-t-il faire ? Voilà ce qu'entre deux pages d'*Ulysse* et de *Finnegan's Wake* elle a le plus de mal à comprendre.

— Tu es une gourde ! lui dit Mario, un soir où, pour évoquer le bon temps d'autrefois, ils dînent dans un restaurant de la rue Florida, Peron laisse faire parce que cela l'arrange.

— Mais le péronisme... Le justicialisme...

— C'est du passé. Peron n'est plus Peron. C'est une vieille poupée manipulée par des fascistes. Il faut faire quelque chose... Nous ne pouvons pas laisser agir ces canailles...

Et, baissant la voix :

— Nous avons besoin de toi, Anna-Maria...

Et, après un silence :

— J'ai besoin de toi...

Les longs cheveux châtains de Mario lui cachent, comme d'habitude, un œil et une partie du visage. L'autre œil, profondément vert, la regarde avec une insistance où elle ne sait trop ce qui l'emporte de la conviction militante ou du reste...

— Tu ne veux pas faire un tour, demande-t-il en réclamant l'addition. Je t'en prie...

Un tour ? Oui... Pourquoi pas... Cela n'engage pas à grand-chose... Et Mario est si séduisant quand il regarde de cette façon — avec cet œil de tueur câlin qu'il avait le jour de Tres Lomos. Les voilà côte à côte dans les allées mal éclairées de Palermo. Il lui passe la main dans les cheveux. Elle recule. Il lui prend le bras. Elle laisse faire. Dans les voitures en stationnement des couples s'embrassent. On entend des feulements, des grognements sourds. Le vent charrie des bouffées d'odeurs puissantes. Elle tremble, frémit, se presse tout à coup contre lui.

— Tu as froid ? demande Mario.

Anna-Maria ne répond pas. Et quand une voiture passe, longue, à faible allure, vitres ouvertes sur une musique et un parfum de tabac blond, elle l'enlace carrément et l'embrasse à pleine bouche.

— Je suis restée avec toi un an, dit doucement Anna-Maria. Nous avons vécu dans la clandestinité. Nous ne nous aimions pas, mais nous vivions pour la révolution. C'était entre Tucuman et Mendoza, te souviens-tu ? Là-bas, nous étions devenus peu à peu des militaires et nous ne savions plus ce que pensaient les civils, ni même ce qu'ils désiraient.

Puis, après un nouveau baiser, plus gourmand, goulu que le premier :

— Je ne te l'ai pas dit, à l'époque. Mais je ne me sentais pas à l'aise. Pourquoi tuions-nous ? Pourquoi risquions-nous de nous faire tuer ? Pour faire comme le Che ? Le Che voulait apporter la révolution à des gens qui ne comprenaient même pas ce qu'il leur disait. Lui, un Blanc, disait aux Indiens, pour qui il était le prototype du colonisateur, qu'il leur apportait une idée de la liberté. Il a disparu avec elle... Comprends-tu ce que je te dis ? Peu à peu, je me suis détachée... Un jour, je suis partie...

— Tu reviendras...

Anna-Maria s'arrête et, dans l'obscurité, tente de saisir le regard de Mario :

— Tu ne comprends pas, Mario. Je me suis découvert un intérêt pour cette vie-là. Je suis lasse de vouloir la changer...

— Il ne s'agit plus de la changer, mais de la défendre... Et puis...

Mario s'est remis à marcher.

— Et puis, quoi ? demande Anna-Maria en lui prenant le bras.

Il se retourne :

— Et puis merde : je t'aime !...

L'arrivée, deux jours plus tard, d'Anna-Maria est accueillie par des exclamations amicales. Compliments à Mario pour l'avoir ramenée au sein de la famille. Clameurs. Plaisanteries grasses. La salle de conférence du quotidien des Montoneros *Noticias* est pleine de gens qu'elle ne connaît pas. Mais il reste tout de même encore quelques visages familiers.

— Bienvenue, dit Julio dans un nuage de cigarette. Tu arrives au bon moment : les choses bougent dans le monde...

— Ah ! fait-elle.

— Comment ça, « ah ! », grimace l'ancien jeune homme dont la moustache grisonne de plus en plus. Au Portugal, c'est la révolution. En Amérique, c'est la désagrégation. Tu as quand même suivi dans la presse le scandale du Watergate, non ?

— Commencez pas la discussion, intervient Mario. Nous nous sommes réunis aujourd'hui pour préparer le 1er Mai.

Ce 1er mai 1974, à Buenos Aires, s'annonce grandiose. Depuis 6 heures du matin, des voitures haut-parleurs parcourent les rues en braillant leurs appels : « *Todos Plaza de Mayo!* Tous place de Mai ! » A la radio, des reporters décrivent à mots haletants le passage des cortèges venant des banlieues : « la Matanza, Lomos de Zamora, Avellaneda, Vincente Lopez, San Martin... »

Mario est venu chercher Anna-Maria vers 8 heures. Dans la rue, sur les trottoirs, des groupes déjà nombreux hurlent des airs patriotiques et les orchestres rivalisent dans l'interprétation de tangos déchirants.

Anna-Maria et Mario se laissent porter par la foule. Ils remarquent des camions militaires aux carrefours et les rideaux tirés sur les magasins ou les cafés. Et quand ils veulent prendre le métro, l'entrée en est barrée par une grille métallique.

— Les cons ! rouspète Anna-Maria. Arrêter le métro un jour de manif !

Prise au jeu, elle commence à s'énerver pour de bon. Comme jadis. Comme à la grande époque.

— On va être en retard, répète-t-elle pour la centième fois.

— *Calla, sẽnorita!* grommelle un grand barbu qui porte une fillette sur ses épaules. Peron ne parlera pas avant 15 heures.

— Nous, nous avons rendez-vous à 13 heures ! répond Anna-Maria.

— Alors, vous n'y serez pas, dit le barbu.

— Mais pourquoi n'avancez-vous pas ? demande une grosse dame, derrière eux.

Le barbu, genre M. Je-sais-tout, explique :

— Les gorilles de la CGT fouillent tout le monde, señora. Ils contrôlent les pancartes et les banderoles.

— Qu'on fouille les gens, d'accord, intervient un homme maigre, habillé d'une veste en peau de chèvre. Il ne faut pas que les gens amènent leurs pétards, mais les banderoles...

— La CGT a décidé des mots d'ordre et des slogans. Elle ne veut pas que les Montoneros diffusent les leurs...

Des dizaines et des dizaines de manifestations s'entremêlent dans la tête d'Anna-Maria. Cris, banderoles, nuages, cortèges, discours. Et puis toute cette comédie de ceux qui savent, de ceux qui espèrent et de ceux, la majorité, qui suivent sans espérer ni savoir. Le temps passe. Anna-Maria commence à se demander ce qu'elle fait dans cette foule. Mario, la sentant tendue, l'attire vers lui :

— Je suis heureux que tu sois là.

Et la voyant prête à répondre :

— Non, ne dis rien, je t'en prie...

Pas très loin, un groupe d'écoliers chantent un vieil hymne péroniste :

> « *La jeunesse*
> *Marche aujourd'hui*
> *Parce qu'elle doit accomplir sa mission*
> *D'un pas décidé et sûr*
> *Elle a le cœur embrasé*
> *Par la flamme limineuse de Peron.* »

Ils avancent encore de quelques mètres. Mario trouve une coulée dans le sur-place de la foule et tire Anna-

Maria par la main, laissant derrière eux le barbu et la petite fille. Sur la gauche, on scande : « Peron, la Patria Socialista. » Devant, un autre groupe comprimé sous une pancarte « CGT obras sanitarias » répond : « Peron, la Patria Peronista. »

Deux types énormes, avec des brassards CGT, les fouillent de la tête aux pieds avant de les laisser passer. La place est bleu-blanc-bleu, comme le ciel, si lumineux. Deux portraits géants cachent la façade du Palais présidentiel : Peron et Isabel, sa seconde femme. Au pied du Palais, la foule est compacte, tel un mur de béton parsemé de cailloux et de grains de sable. Au fond de la place, elle semble plus jeune, plus remuante. Entre les deux, un espace où grouillent des militaires et les gorilles du service d'ordre.

Mario est métamorphosé. Les cris, les chants, comme chaque fois, l'enivrent.

— Tu vas voir ce que tu vas voir, chuchote-t-il à l'oreille d'Anna-Maria. Nous allons tenter de rejoindre les compagnons...

La foule s'est mise brusquement à scander : « Peron ! Peron ! » Ceux qui arrivent derrière Anna-Maria et Mario les poussent inexorablement vers le centre de la place, dans le no man's land sans qu'ils puissent s'y opposer.

— Merde, merde ! peste Mario.

— Pe-ron ! Pe-ron ! Pe-ron !

Soudain, au balcon, apparaissent quelques silhouettes. Les slogans contraires s'entremêlent. Anna-Maria crie aussi. Mais les haut-parleurs grésillent déjà, s'amplifient d'un bruit incertain et, enfin, une voix tremblante se fait entendre :

— *Compañeros !*

La foule bouge, avance, recule :

— Pe-ron ! Pe-ron ! Pe-ron !

Peron lève les bras et les cris s'éteignent lentement

jusqu'au silence. Alors, derrière Anna-Maria, les jeunes se mettent à clamer :

— *No queremos carnaval, assemblea popular !* Nous ne voulons pas de carnaval, nous voulons une assemblée populaire !

Peron garde les bras tendus vers la foule qui, doucement, s'ouvre, comme un lourd portail, vers le fond de la place où flotte une énorme banderole blanche avec une inscription en rouge : « Montoneros présents ! »

A côté d'Anna-Maria, une jeune Créole sort un foulard blanc et avec un bâton de rouge à lèvres écrit le mot : « Montoneros. » Comme par enchantement, des milliers de ces foulards s'agitent au-dessus de la foule.

— *Compañeros,* dit la voix formidable des haut-parleurs, *compañeros,* il y a vingt ans, de ce même balcon, par un beau jour comme celui-ci, je me suis adressé pour la première fois aux travailleurs argentins. Je vous avais alors recommandé de consolider vos organisations : des temps difficiles approchaient.

Devant, la foule reprend : « Pe-ron ! Pe-ron ! »

Derrière, des dizaines de milliers de gorges braillent :

« *Que se passe-t-il, que se passe-t-il ?*
Que se passe-t-il, général ?
Le gouvernement populaire est plein de gorilles
On veut en finir, on veut en finir
Avec la bureaucratie syndicale. »

— Silence, *hijos de putas !* crie une femme forte devant Anna-Maria.

Des bouteilles de Coca volent au-dessus de sa tête, filtrant au passage des éclats de soleil.

— *Compañeros,* reprend Peron et les haut-parleurs, lancés à pleine puissance, amplifient encore son chevrotement : je ne m'étais trompé ni sur l'appréciation des jours à venir, ni sur l'organisation syndicale qui a pu se maintenir pendant ces vingt années, n'en déplaise aux imbéciles qui crient là-bas, au fond !

La foule crie :

— « Pe-ron ! Pe-ron ! »

Le barbu à la petite fille repasse devant Mario et Anna-Maria :

— Ça va mal finir, dit-il, je m'en vais ! Pour la petite ! De ses deux mains, la fillette s'accroche au front de son père. Elle paraît terrorisée.

Peron :

— Je disais que pendant ces vingt ans, les organisations syndicales étaient restées inébranlables et aujourd'hui, voilà que quelques meneurs imberbes prétendent avoir plus de mérites que ceux qui ont lutté pendant tout ce temps !

« *Que se passe-t-il ?*
Que se passe-t-il ?
Que se passe-t-il, général ? »

continuent à crier les jeunes, du fond de la place.

Nouveau vol de bouteilles. Mario pousse Anna-Maria en direction de la rue Defensa, mais un barrage CGT les renvoie vers les Montoneros. Au premier rang, ils aperçoivent Julio.

Peron :

— *Compañeros !*

— Viens avec nous, général, reviens au péronisme, crient les jeunes.

Peron :

— *Compañeros !* Neuf ans de suite, nous nous sommes réunis sur cette même place et pendant neuf ans nous avons tous été d'accord dans notre lutte pour réaliser les aspirations du peuple argentin. Et voilà maintenant, après ces vingt ans, que certains ne sont pas d'accord avec ce que nous avons fait.

— Ne déconne pas, Peron ! Reviens au péronisme !

— *Compañeros !*

— Pe-ron ! Pe-ron !

Les soldats casqués, le doigt sur la détente de leurs fusils, prennent position dans le no man's land où pleuvent maintenant des bouteilles. Mario et Anna-Maria rejoignent peu à peu la foule des Montoneros. Ils ne voient plus ce qui se passe devant. Soudain, un mot d'ordre court dans les rangs, répété de l'un à l'autre, s'amplifiant, déferlant : « *Vamos !* » La foule hésite un moment, vacille, puis, brusquement, bascule.

> « *D'accord ! D'accord, général !*
> *Reste avec tes gorilles !*
> *Es el pueblo el que se va !*
> *C'est le peuple qui s'en va !* »

Anna-Maria et Mario se retrouvent côte à côte, avec Julio.

— Vous voyez, dit-il en souriant, vous voyez, ça bouge ! Peron s'est fait avoir par les fascistes argentins et la CIA ! Mais ils nous le paieront !

Et, se tournant vers Anna-Maria :

— Je suis content que tu sois revenue. Nous retournons dans la clandestinité...

38.

Tel-Aviv
L'ENQUÊTE D'ARIÉ (2)

Août 1974

C'est une petite brochure encadrée de noir, sur son bureau, qui attire son attention. Arié s'en saisit. Elle est publiée par l'état-major de l'armée et il s'agit tout simplement de la liste des soldats tués ou disparus pendant la guerre du Kippour.

Il saisit la feuille doucement. Le téléphone sonne, mais il n'y prête pas attention. Cette brochure l'intéresse beaucoup trop. Elle est rugueuse, grise, bordée de noir. Elle le fait penser à la pierre posée sur la tombe de son père dans le petit cimetière du kibboutz en Galilée. Légère en apparence et, pourtant, si lourde à déplacer.

« Un homme égale une pierre », se dit-il. « Ou plutôt non : un homme égale une lettre, une inscription gravée sur une pierre. Comme la Loi... Comme la mémoire... » Qui lui a raconté que la Thora est composée de six cent mille lettres ? Soit, selon la tradition, le nombre exact de Juifs arrivés dans le pays de Canaan ? Il ne s'en souvient pas. Ce qu'il sait, par contre, c'est que d'après le Talmud, si une seule lettre devait manquer au Livre, celui-ci perdrait du même coup son caractère sacré.

Mais pourquoi ce jeu d'images, cette pensée vagabonde, dès qu'il s'agit de son père. Arié se lève et fait quelques pas dans ce bureau exigu, mais dont il est si fier. Il se rassied, contemple un moment la photo de Mordekhaï posée sur la table ; ses bons yeux de myope, grossis par le verre des lunettes et ouvre à nouveau la brochure : 2 522 noms, avec, à la lettre H, le nom de Mordekhaï.

Incroyable, toutes les lettres qu'il a reçues. Il ne soupçonnait pas que Mordekhaï eût autant d'amis. Il ne savait pas qu'il avait encore tant de famille. La lettre qu'Aron Lerner a envoyée, après l'enterrement auquel il a assisté, l'a irritée. Cette volonté de généraliser tout le temps ! de faire de la morale ! du sionisme à tout prix !... Il terminait sa lettre par une citation :

« *Innombrables, hélas ! les peines que j'endure !*
Quand ce peuple autour de moi souffre,
Mon esprit se sent désarmé
Devant le Mal... Les germes meurent.
Dans cette illustre terre... »

— C'est du Sophocle, dit Benjamin à qui Arié montre la lettre.

— Alors, Sophocle faisait aussi du sionisme ! a répliqué Arié, agacé.

La lettre de Richard, fils de Sidney, l'a étonnée pour une autre raison. Il ne savait pas que celui-ci fût aussi religieux. Sa lettre est bourrée de citations du Talmud et de rabbins illustres. Et aussi, pleine d'appels à la vengeance.

« *Répands Ta fureur sur les nations*
Qui ne Te connaissent pas.
Et sur les royaumes qui n'invoquent pas Ton nom.
Éternel, Dieu des armées, relève-nous ! »

Drôle de famille, décidément. Toutes les qualités et tous les défauts d'un peuple, déposés dans une seule maison !

Dina, la sœur d'Arié, vient d'avoir ses douze ans. On ne les a pas fêtés à cause du deuil que sa mère veut respecter à tout prix. Arié pense pourtant qu'elle récupère rapidement. Son bon sens paysan l'aide à accepter plus facilement la mort. Arié, lui, ne boite plus et pense sérieusement à se remettre au football. Il a cessé de fréquenter Shoshana dont le fiancé est revenu après son stage à San Francisco. En revanche, il se rend à présent toutes les semaines à Haïfa, pour voir Judith. A moins qu'elle ne lui rende visite à Tel-Aviv. Il ne fait plus l'amour qu'avec elle et attend la fin de l'année de deuil pour célébrer leur mariage. Il en a parlé à Myriam qui, après l'avoir écouté, a éclaté de rire :

— Pourquoi te marier, « Haboub » ? Moi, j'ai envie de divorcer...

Et, plus explicite :

— Le mariage est comme une place assiégée, ceux qui sont dehors veulent y entrer et ceux qui sont dedans veulent en sortir.

Dona Regina aussi a fait parvenir une lettre à Arié. Une longue lettre en yiddish que Rachel Lerner a traduite en hébreu. La vieille tante pleurait Mordekhaï et annonçait la mort toute récente de don Israël, son mari : « Une génération s'en va, une autre vient et la terre subsiste toujours... » D'Anna-Maria, elle disait seulement qu'elle était revenue après l'élection de Peron, qu'elle allait bien, qu'elle était toujours belle, qu'elle s'était remise aux études, mais qu'elle était à nouveau repartie... « Encore de la clandestinité, de la guérilla, s'est dit Arié. Ou de la révolution... »

De fait, la guerre du Kippour l'a conforté dans sa décision de poursuivre ses activités au sein des services secrets. Seul moyen de combattre le terrorisme... Seul moyen de prévenir les guerres... Quant à l'enquête sur la mort de Hugo, elle progresse. Arié a même l'impression d'avoir découvert une pièce importante du puzzle. Elle concerne Israël Beer, ce conseiller de Ben Gourion, accusé d'espionnage en faveur de l'URSS et chez qui Hugo se rendait chaque fois qu'il était en Israël. Le témoignage du général Gonen lui avait donné l'idée de revoir le dossier du procès. Une fiche y était consacrée à ses voyages en RFA et à ses visites dans les bases allemandes de l'état-major européen de l'OTAN. L'auteur de la note avait ajouté, au crayon rouge, une remarque personnelle, mais dont il n'avait tiré aucune conclusion : qu'il était facile à tout visiteur à Berlin-Ouest de se rendre à Berlin-Est. Remarque non seulement judicieuse, mais importante. Comment se faisait-il donc que le dossier ne comportait pas la liste des lieux et des personnes à Berlin-Est, visités éventuellement par Israël Beer ?

Au milieu du mois de mai 1960, par exemple, Israël Beer avait séjourné à Mönchengladbach, chez Reinhard Gehlen, ancien de l'Abwehr et chef des Services spéciaux de la RFA. D'après le dossier, celui-ci n'ignorait pas les séjours de Beer à Berlin-Est mais les expliquait par des négociations secrètes entre Israël et les Soviétiques. Recevant chez lui le conseiller de Ben Gourion, l'Allemand aurait espéré apprendre quelque chose sur ces négociations, ignorées alors de tous. Cette explication ne paraît pas très logique. Gehlen savait, mieux que personne, que les contacts entre Israël et les Soviétiques n'avaient jamais été vraiment rompus. Et que Berlin n'était pas l'endroit le plus discret pour ce genre de relations qui, du reste, se poursuivaient aussi bien à Bucarest qu'à Vienne. A Sofia qu'à Paris. Alors, pourquoi, dans ce cas, Reinhard Gehlen recevait-il chez lui Israël Beer ? Pour pouvoir répondre à cette question, il fallait découvrir les interlocuteurs de Beer en RDA. « Dis-moi qui sont tes amis et je te dirai qui tu es. » Ce vieux proverbe s'appliquait merveilleusement à cette affaire.

A la question concernant, justement, ces voyages à Berlin-Est, si totalement contraires aux recommandations formelles des services israéliens, Israël Beer avait répondu, lors de ses interrogatoires, qu'ils étaient motivés par une simple curiosité ainsi que par le désir de revoir quelques vieux amis. Il se faisait que parmi eux se trouvait le docteur Hans Furchmuller. Nom innocent aux yeux d'Israël Harell, à l'époque chef du Mossad. Mais Arié, lui, sait que ce médecin de Berlin-Est n'était autre que le beau-frère de Hugo. Et qu'il avait présenté son beau-frère, selon ce qu'il avait dit lui-même à Sidney, à un certain Wolfgang Knopff de la HVA, les services spéciaux de la RDA. Le général Gehlen n'était donc pas spécialement intéressé par les négociations israélo-soviétiques, mais plutôt, par les agissements des services est-allemands et leurs contacts avec l'étranger. Explication qui va de soi, selon Arié.

Mais quel était le véritable rôle du beau-frère de Hugo, le docteur Hans Furchmuller ? Était-il un simple et innocent intermédiaire ou un agent actif, et pourquoi pas de haut rang ? Quel rôle a bien pu jouer Sigrid, la femme de Hugo, dans cette affaire ? Et si les tueurs ne visaient qu'elle sur la route de Tel-Aviv à Jérusalem ? Qui sait... Il devenait clair pour Arié qu'il faudrait rapidement établir un dossier sur la famille Furchmuller.

— Bon travail, remarque Benjamin après qu'Arié lui a exposé ses découvertes.

Benjamin, l'un des rares à avoir prévu l'attaque des armées arabes, est monté en grade. Mais malgré sa promotion, il n'a pas changé de bureau. Il loge toujours au troisième étage et le même gros ventilateur, couleur kaki, fixé au plafond, brasse en bourdonnant le même air chaud et humide. D'un geste lent, qui n'a pas changé non plus et dont Arié se dit, en un éclair, que c'est le même geste que Mordekhaï, il enlève ses lunettes et regarde curieusement le jeune homme :

— Mais as-tu des nouvelles de Hidar ?

— D'après le récit de Sidney, observe Arié, il devait bien connaître Sigrid. Peut-être aussi, son frère...

— Je ne parle pas de Hidar par rapport à l'affaire Hugo, l'interrompt Benjamin.

Sa voix devient officielle :

— D'autres attentats se préparent. Il serait important de connaître le rôle de l'Union soviétique dans leur organisation et leur exécution. Hidar est maintenant proche d'Arafat, mais il y a longtemps qu'il n'a pas mis le pied à Beyrouth. Il nous faut savoir pourquoi...

Rome, août 1974

Pourquoi ne suis-je pas allé le voir plus tôt ? Pourquoi ne lui ai-je pas au moins téléphoné ou écrit ? Son nom figurait bien dans le carnet de Hugo. Et je me suis trouvé, toutes ces dernières années, à plusieurs reprises à Rome. Mais voilà : le destin est comme la tortue d'Eschyle, il finit toujours par la rattraper. Je n'ai donc rencontré le père Roberto Cerutti que treize ans après la mort de Hugo, le 9 août 1974.

Le père Roberto Cerutti est une personnalité importante au Vatican. Il dirige la radio du Saint-Siège qui diffuse dans le monde entier et qui emploie plus de trois cents personnes. Son nom est souvent cité dans la presse parmi les rares personnes ayant une réelle influence sur le Pape. Il m'a fixé rendez-vous à 8 heures du matin, devant la tour Léon XIII, qui abrite Radio-Vatican.

Pour Rome, c'est extrêmement tôt, mais la via di Porta Angelica est déjà embouteillée. La vie, ici, commence au petit matin. Le taxi me laisse devant la porte Sainte-Anne ; ce qui m'oblige à retraverser à pied tout le Vatican. Du coup, je me hâte et je gravis au pas de charge les collines de l'État pour arriver devant la tour Léon XIII avec quinze minutes de retard.

Le père n'a pas l'air fâché. C'est un homme grand, sec et son visage, comme ciselé dans la cire, est auréolé de cheveux blancs et posé sur un col romain gris, seul indice avec, il est vrai, une petite croix argentée sur le revers de son veston, de son appartenance à l'Église. Il est jésuite. Suivant l'accord passé entre le Saint-Siège et la Compagnie, Radio-Vatican lui a été confiée et les trois directeurs qui l'assistent sont tous des héritiers de saint Ignace de Loyola. Il me salue, donc. Me prie de le suivre. Ce n'est qu'après m'avoir offert un fauteuil en cuir noir dans son bureau dont les fenêtres donnent sur les jardins du Vatican, qu'il me dit dans un français chantant :

— Ainsi, vous êtes le cousin de Hugo Halter... Que son âme repose en paix.

Après quoi, il pose les coudes sur la vaste table dont le plateau de bois massif est étrangement vide et me fixe de ses yeux bleus :

— Je me suis souvent demandé pourquoi vous ne veniez pas me voir. Je savais que vous faisiez une enquête sur la mort de votre cousin. Comment je l'ai appris ? Par un article dans la presse italienne. Les Israéliens, eux, m'ont rendu visite. Un certain Benjamin Ben Eliezer, un homme cultivé. Hidar Assadi, aussi, le mari de votre cousine soviétique. Un personnage curieux, secret. Mais je suppose que vous les connaissez tous. Ils m'ont interrogé sur mes relations avec le défunt. Ils cherchaient, comme vous, les raisons de sa mort. Alors, où en êtes-vous ?

Est-ce l'atmosphère feutrée de ce vaste bureau blanc, presque vide ? Ce paysage entre ombre et lumière que je vois par la fenêtre ? Est-ce cet homme calme, solide, à l'attitude amicale, presque paternelle ? Ou tout simplement la fatigue du voyage, l'angoisse coutumière, le besoin de communiquer ? Toujours est-il que je me sens en veine de confidence. Je parle. Je raconte à Cerutti mon père et son désir d'ancêtres, la mort de Sidney — qu'il connaît déjà —, mon questionnement sur le judaïsme et Israël, l'oppressant silence de Dieu... Je parle de mon interrogation non pas tant sur les raisons de la mort de Hugo que sur le personnage lui-même...

Quand il juge que j'ai terminé, il m'enveloppe d'un regard chaleureux, étonnant dans ce visage ascétique, et s'abandonne dans son fauteuil :

— On se trompe souvent en estimant trop haut la valeur d'autrui ; on se trompe rarement en l'estimant trop bas. Je crois, moi, qu'il faut un juste milieu. Vous aviez trop idéalisé votre cousin. Vous l'avez chargé de toutes les qualités et, surtout, de tous vos rêves. Tant que vous ne lui aurez pas accordé le droit à la faute, à la faiblesse, et pourquoi pas au péché, vous n'arriverez pas à le comprendre. Ni à découvrir les raisons de son assassinat.

La voix du père Roberto Cerutti devient plus sourde, comme voilée par le souvenir :

— Je le voyais souvent, dit-il. Et je l'avoue, j'attendais parfois ses visites. J'aimais sa passion, j'aimais ses questions et j'admirais aussi ses remarques. Il n'était pas plus intelligent qu'un autre, ni plus pertinent, mais il était d'une rare simplicité. Cette simplicité dont parle le Christ, qui devrait être une qualité naturelle mais qui a si souvent besoin d'études pour s'acquérir... Hugo Halter désirait la paix au Proche-Orient et selon lui elle passait par l'entente, la compréhension et la paix entre les trois religions monothéistes, c'est-à-dire entre les Fils d'Abraham. C'est pour cela qu'il est venu me voir un jour de l'année 1959, je crois, recommandé par un ami commun, un jésuite français. Pour soutenir sa thèse, il me cita ce jour-là une parabole du Talmud qui m'impressionna : « Après avoir créé la Terre et le Ciel, Dieu a divisé toute la beauté et toute la splendeur de sa création en dix parts égales. Il accorda neuf parts de beauté et de splendeur à Jérusalem, et seulement une part au reste du monde.

Dieu divisa, de même, en dix parts toute la souffrance et toute l'affliction du monde. Il accorda neuf parts de souffrance et d'affliction à Jérusalem et seulement une part au reste du monde. » Hugo croyait que tant qu'on n'aurait pas réussi à ramener la paix à Jérusalem entre Chrétiens et Juifs d'abord, puis avec les Musulmans, le monde allait souffrir... Une belle idée. J'en ai parlé à Sa Sainteté qui l'a approuvée...

Le père Roberto Cerutti continue à parler de sa voix chaude. Il cite les Évangiles, la Bible et même un poète arabe, le Cheikh Mohayîd-dîn Ibn Arabi : « Mon cœur est devenu capable de toutes les formes : il est un pâturage pour les gazelles, un couvent pour les moines chrétiens, et un temple pour les idoles, et la Kaabah du pèlerin, et les Tables de la Thora et le Livre du Coran... »

J'écoute son long monologue en silence, j'admire ses connaissances, la fluidité de sa pensée et je me demande si ce sont bien les propos de Hugo qu'il me rapporte ou s'il partage avec moi ses propres réflexions. Aujourd'hui, je crois surtout que le père Roberto Cerutti est semblable à tous les hommes : il s'intéresse aux autres dans la mesure où il s'accorde à eux.

On frappe à la porte. Un jeune prêtre apporte quelques dépêches. Le père Cerutti les parcourt des yeux et m'annonce :

— Richard Nixon a démissionné hier soir de ses fonctions de Président des États-Unis. Il faut que je prépare un commentaire.

Et, en se levant :

— Voulez-vous que nous dînions ce soir ?

39.

Moscou-Beyrouth
LES ANGOISSES DU TROISIÈME TYPE

Octobre 1974

C'est deux ans seulement après le départ de ses parents qu'Olga a commencé de réellement ressentir le poids de leur absence. Oh, bien sûr, elle ne s'est pas séparée d'eux de gaieté de cœur, mais elle n'avait jamais cru cette séparation vraiment définitive. Elle entretenait l'illusion de leur retour prochain et conservait le souvenir de leurs multiples départs précédents pour des congrès scientifiques à l'intérieur de l'Union soviétique. Léningrad... Bakou... Tachkent... Alma-Alta... N'en étaient-ils pas toujours revenus ? Ne les avait-elle pas chaque fois retrouvés ? Cette fois, hélas, il y a la durée : deux années entières ; et puis il y a surtout ce gigantesque espace qui sépare l'Union soviétique de l'Occident auquel appartient Israël...

Alors, Hidar a beau être toujours aussi amoureux. Leur appartement, avenue de la Paix, a beau être plaisant et joliment décoré. Elle a beau être satisfaite de son travail, des réceptions auxquelles elle est conviée, voire des mille et un privilèges auxquels la position — et les relations — de son époux lui donnent droit. Il lui manque quelque chose. Et elle ne parvient pas à être tout à fait heureuse. De quel nom désigner cette nostalgie qui l'emplit chaque fois qu'elle vient à songer à ces douces soirées familiales, à ces fêtes, à ces disputes ? Souvent, le soir, quand elle se sent désœuvrée, ses pas la mènent sans qu'elle y songe jusqu'à la rue Kazakov. Et elle reste longtemps là, immobile, dans la nuit — à se laisser envahir par les douces images du passé.

Un matin d'octobre 1974, elle sort, comme à son habitude et arrive en bas de son immeuble, plongée dans des images surgies de l'enfance, prise dans le souvenir des odeurs et des sensations anciennes. Elle entend à peine la voix, tout près d'elle, qui l'appelle par son nom.

— Olienka ! Olienka ! refait la voix.

C'est Maria Petrenko-Podiapolskaïa, son amie, épouse d'un membre de l'Académie des Sciences, lui-même ami d'Aron, qui la saisit maintenant par le bras :

— A quoi songes-tu ? Tu marches comme une vraie somnambule...

— Rien... Je pensais à mes parents...

— Justement, comment vont-ils ?

Puis, sans attendre la réponse — peut-être parce qu'elle sait bien que les lettres d'Israël sont rares, qu'elles sont distribuées au compte-gouttes et que la censure veille —, elle poursuit, plus enjouée :

— Je vais prendre le thé chez les Sakharov. Veux-tu m'accompagner ?

Et les deux femmes de se diriger, bras dessus bras dessous, vers le 48 *bis* rue Tchkalov où habite le célèbre académicien. L'ascenseur étant en panne, elles gravissent les six étages à pied. Et quand elles sonnent à la porte, première surprise : personne ne répond. On entend bien, à l'intérieur, des bruits et des altercations. Mais elles ont beau frapper, sonner, frapper encore, personne ne se décide à ouvrir.

— Attends-moi ici, dit Maria. Je descends téléphoner.

Quelques minutes plus tard, elle revient tout essoufflée. Elle a bien composé le numéro des Sakharov depuis la cabine proche de l'immeuble. Mais nouvelle surprise : personne n'a décroché.

Dans l'appartement même, les voix se sont tues. Plus un bruit. Plus un murmure. Les voix qu'on entendait tout à l'heure étaient-elles le fruit de leur imagination ? Venaient-elles de l'étage supérieur ? Tout cela est bizarre. Le couple avait bien parlé d'un thé. On était clairement convenus de l'heure. Et ce silence est, décidément, bien incompréhensible. De plus en plus intriguées, les deux femmes décident de retéléphoner. Dans la rue, Maria fait remarquer à Olga que, contrairement à l'habitude, personne ne fait les cent pas devant l'immeuble et ce détail leur paraît, à toutes deux, plus troublant, plus inquiétant encore. Comble de malchance : c'est le téléphone de la cabine qui, cette fois, ne fonctionne plus et il leur faut faire une bonne centaine de mètres, jusqu'à la Yaouza, pour trouver une autre cabine. Les Sakharov ne répondant toujours pas, Maria décide cette fois d'alerter les amis. En sorte que, à leur retour, il y a déjà plusieurs personnes, plus inquiètes les unes que les autres, en faction devant l'immeuble. On remonte à la queue leu leu. On sonne à nouveau. Et là, miracle : la porte s'ouvre. C'est Elena Bonner, et Andreï Sakharov apparaît, en train de s'affairer autour du téléphone dont les fils ont été coupés. Que s'est-il passé ? Eh bien voilà, explique-t-il. On a sonné une première fois à la porte. Croyant que c'était Maria, il a ouvert. Et ont alors surgi des hommes armés qui se sont présentés comme membres de l'organisation palestinienne Septembre Noir. Ces hommes, au nombre de cinq, ont exigé de lui qu'il renie sa déclaration en faveur d'Israël du début de la Guerre du Kippour. Ils ont menacé, s'il ne le faisait pas, de le tuer, lui et ses proches. Et seuls les coups de sonnette de Maria, un peu plus tard, à 16 heures pile, ont réussi à leur faire peur : ils ont contraint le savant et sa femme au silence en les menaçant de leurs armes et en les conduisant de force dans la pièce du fond ; après quoi, ils ont attendu que Maria et Olga descendent pour quitter l'immeuble à leur tour — aussi discrètement qu'ils étaient arrivés.

Quelle histoire ! songe Olga. Quel effrayant concours de circonstances ! Et d'où vient que la police, aussitôt alertée par le groupe d'amis, ait réagi aussi mollement ? Hidar, quand elle lui pose la question, trouve sa « milaya » bien naïve. Enfin : il lui dit qu'il la trouve naïve — car dans son for intérieur, il juge lui aussi l'histoire inquiétante. Qui en veut donc à Andreï Dmitrievitch ? Ce type d'action de commando n'a-t-il pas pour unique effet de discréditer la cause palestinienne à un mois du voyage d'Arafat à l'ONU ? Et, de plus, comment ne pas voir dans cette façon d'opérer, sans le prévenir, dans un domaine — le Proche-Orient — qui, de principe, est le sien, un secret désir de l'humilier ? Cet événement, à quelques semaines d'un prochain départ pour Beyrouth, ne peut que le contrarier.

D'autant que ce voyage ne sera pas facile, il le sait. Les dirigeants du Front n'ont pas apprécié le rapprochement entre l'URSS et El Fath. Georges Habbache a tenu des propos amers à son endroit. Waddi Haddad, pourtant brouillé avec Habbache, a, paraît-il, juré sa perte. Et quand à Ghassan Kanafani qui avait compris, lui, l'intérêt stratégique de ce retournement, il a été tué par une bombe placée dans sa voiture. Le Front a accusé les Israéliens. Les Israéliens, les Jordaniens. Les Jordaniens, Waddi Haddad. Mais Hidar sait bien, lui, que ce sont les Jordaniens qui ont raison : la reconnaissance implicite d'Israël par un homme comme Kanafani était intolérable et mettait en péril la politique du refus, établie et défendue par Haddad. Il reste Bassam Abou Charif ? Oui. Mais Arafat et Abou Iyad l'acceptent moins par amour que par intérêt ; et nombreux sont, du reste, les dirigeants d'El Fath qui continuent de se méfier de lui. A tout cela s'ajoute enfin que le Liban est au bord de la guerre civile et que l'homme fort des Phalanges chrétiennes, Michel Chehab, le mari de Leïla, semble s'être préparé au pire. Malgré cette confusion, malgré tous ces dangers, Hidar ne peut cependant plus reculer le moment du départ. Arafat doit se rendre le 13 novembre à New York, pour participer à l'Assemblée générale de l'ONU. Et Tchebrikov l'a chargé, lui, Hidar, de préparer ce voyage.

Cette fois, d'ailleurs, c'est Tchebrikov lui-même qui a suggéré d'emmener Olga à Beyrouth. Il estime que sa présence auprès de Hidar, quatre ans plus tôt, s'est finalement révélée bénéfique. Le Tunisien s'en réjouit, bien sûr. Mais quelque chose, au fond, l'angoisse. Les difficultés qui l'attendent à Beyrouth... Celles qu'il prévoit et celles qu'il pressent... Cette affaire de faux Arabes chez Andreï Sakharov... Bref, Hidar, cet après-midi-là, est bien embarrassé et, ne sachant trop ce qu'il doit dire ou ne pas dire à sa chère petite Olga, il allume une cigarette. Il s'est mis à fumer depuis peu. Il ne sait pas bien comment cela lui est venu. Peut-être à cause d'un briquet, cadeau d'un jeune étudiant algérien de l'Université Patrice Lumumba. C'est un briquet grossier, fabriqué avec une mèche d'étoupe. Mais il l'aime bien et c'est pour l'essayer qu'il a acheté son premier paquet. Toujours est-il donc qu'il allume sa cigarette, aspire une bouffée de fumée et demande, sans préambule :

— As-tu vu ton frère, dernièrement ?

— Non, fait Olga. Pourquoi ?

Hidar hésite :

— Je ne sais pas... Je me demandais seulement si..

— Si Sacha n'était pas dans le coup ?

Hidar s'approche d'elle et relève la mèche de ses cheveux blonds, qui cache son œil droit :

— Allons, Milaya, si on mangeait quelque chose ?

Cette fois-ci Olga a été déçue par Beyrouth. Il pleuvait des cordes. Tout ce qui chatoyait, brillait, étincelait, lui paraissait tout à coup terne. Et le Râs-Beyrouth, entre le port et les plages de Khaldé, qu'elle voit par la porte-fenêtre de sa chambre d'hôtel, était battu par la brume.

Le lendemain, la pluie cesse. Des rafales de vent tiède emportent les nuages vers la mer, dégageant la montagne qui se dresse soudain — si proche, si présente, avec ses pinèdes, ses terrasses, ses villages aux tuiles rouges, et, dans le lointain, au nord, la nef longuement enneigée du Sannin. Olga, alors, reprend sa bonne humeur. Refusant le guide que Hidar lui propose pour lui faire visiter les environs pendant qu'il sera occupé à la Centrale d'El Fath, elle va se promener seule. Et c'est ainsi qu'elle arrive, un peu fatiguée, autour de midi, dans la rue Bechara el-Khoury qui longe une forêt de pins.

Elle s'apprête à abandonner sa promenade et à héler un taxi quand elle voit sortir d'une demeure à l'imposant perron de marbre quelqu'un qu'elle a l'impression de connaître. C'est une femme aux cheveux noirs qui porte un léger manteau gris, serré à la taille. Elle s'éloigne : Olga se rapproche. Elle accélère le pas : Olga accélère aussi et, au bout de quelques instants, finit par la rattraper. Mais bien sûr ! Là, de plus près, arrêtée près de la petite Morris dont elle cherche fébrilement les clés, elle la reconnaît fort bien :

— Vous vous souvenez de moi ? demande-t-elle en anglais. Je suis Olga, la cousine moscovite de votre ami, Sidney Halter.

La femme a un geste de recul, pince drôlement les lèvres et laisse passer sur son visage un air d'étonnement peut-être mêlé d'un peu de peur. Olga recule elle aussi. Elle est sur le point de passer son chemin quand la jeune femme, semblant se raviser, ordonne :

— Montez !

Puis, après avoir démarré :

— Oui, oui... C'est extraordinaire. Je vous reconnais moi aussi... Je dois faire une course : pourquoi ne pas parler en roulant ?

La voiture rejoint une large artère encombrée de voitures et de bruits de klaxon.

— Oui, je me souviens de vous, reprend la femme. C'était il y a quatre ans... Votre ami...

Elle s'interrompt :

— Mais sans doute êtes-vous mariés, à présent ?

— Oui.

La voiture stoppe :

— Pouvez-vous m'attendre cinq minutes ?

— Bien sûr !

Olga regarde autour d'elle. Elles se sont garées juste en face d'une église. C'est une construction blanc et rose, avec une pancarte où l'on peut lire : « Notre-Dame-des-Anges ». Devant, deux vieux mendiants tendent la main.

— Vous attendez Mme Chehab ? demande un homme en costume clair, qui la fait sursauter plus que de raison.

— Oui, hésite-t-elle... Oui, j'attends Leïla Chehab.

— Vous êtes une de ses amies ?

— Pas vraiment... Je suis une touriste... Nous nous sommes connues il y a quatre ans, par hasard...

— Ah bon, fait l'homme, comme si l'explication lui suffisait. La voici...

Leïla paraît contrariée en le voyant :

— Bonjour Béchir, fait-elle du bout des lèvres, tu peux nous laisser.

Puis, engageant sa petite Morris sur la chaussée, entre deux grosses Mercedes, elle demande à Olga :

— A quel hôtel êtes-vous descendue ?

— Au Saint-Georges.

— Je vous dépose.

Elles roulent à nouveau en silence. Ce n'est qu'arrivées devant l'hôtel que Leïla tourne pour la première fois la tête vers sa voisine. Ses grands yeux noirs, aux reflets violets, sont pleins de larmes.

— Pardonnez-moi... Je ne pourrai pas vous revoir... Mon mari me fait suivre partout... Il est très puissant...

— Mais...

D'un geste léger, elle la fait taire :

— Au revoir.

Puis, au moment où Olga s'apprête à la quitter, ces derniers mots presque en chuchotant :

— Je l'aimais... Je l'aimais vraiment.

Cette rencontre inattendue, ce parcours en voiture, ces silences, ces mystères, cet aveu enfin lui laissent une sensation pénible. Elle a, sans trop savoir pourquoi, l'absolue certitude d'avoir croisé un être en danger. A qui s'en ouvrir ? A Hidar, bien sûr. Mais Hidar n'est pas encore de retour. Alors elle hésite un moment entre la chambre et la terrasse de l'hôtel face à la mer et, voyant que le ciel est toujours dégagé, elle opte pour la terrasse. Elle n'est pas assise depuis une minute qu'un homme, petit et corpulent, prend, sans plus de cérémonie, place en face d'elle :

— Je m'appelle Michel Chehab. Je suis le mari de Leïla.

— Oui, fait Olga, à la fois stupéfaite et inexplicablement terrorisée.

L'homme a le visage lourd, un nez empâté, un regard sans couleur :

— Vous êtes bien Mme Assadi ?

— C'est cela, oui.

— Vous buvez quelque chose ?

— Un thé.

L'homme appelle le garçon, attend ensuite qu'il s'éloigne et demande :

— Vous connaissiez bien ce Sidney Halter ?

— Vaguement, oui... C'était un parent...

— Vous saviez que c'était l'amant de ma femme ?

La brutalité de la question la stupéfie davantage encore et, cette fois, la désarçonne :

— Oui, fait-elle, d'une voix hésitante... Enfin, non...

— Pourtant, vous les avez vus ensemble ?

— Ils se connaissaient... Voilà, c'est ça : je savais qu'ils se connaissaient.

L'homme se tait à nouveau, attendant que le garçon serve les boissons commandées et reprend :

— Savez-vous que votre mari est responsable de la mort de votre cousin ?

Stupéfaction d'Olga... Incrédulité... Un regard de défi et de haine à ce gros salopard qui, content de l'effet produit par ses paroles, commence à expliquer, avec force détails, le rôle de Hidar dans l'élaboration du détournement des avions vers Zarka en 1970...

— Vous vous trompez, fait Olga d'une voix mal assurée.

— Je ne me trompe jamais, madame, répond l'homme avec un sourire suffisant.

Et, après avoir allumé une cigarette :

— Et maintenant : savez-vous que votre mari a été lui aussi l'amant de ma femme ?

Là, Olga se lève d'un bond.

— Vous mentez ! Je ne sais pas pourquoi j'écoute vos élucubrations. Vous êtes un être malfaisant, monsieur Michel Chehab.

Puis, elle quitte la terrasse sous le regard amusé des clients et des garçons.

Quand Hidar arrive, vers 5 heures de l'après-midi, il la trouve allongée sur le lit, feignant de s'intéresser à la Bible. Mais la foi, cette fois-ci, n'est manifestement pas au rendez-vous.

— Pardonne-moi, « Milaya », dit-il, la réunion a été longue ; et, crois-moi, elle n'a pas été facile.

Il enlève sa veste et s'installe près de sa femme sur le lit :

— Je n'ai pas que des amis, à Beyrouth...

— Je l'ai remarqué, grommelle Olga.

Le visage mat de Hidar se contracte. On dirait un oiseau aux aguets :

— As-tu rencontré quelqu'un ?

— Oui, fait Olga, d'un ton qui se veut aussi neutre que possible : ta maîtresse.

Paris, mai 1977

Roberto Cerutti, le jésuite, directeur général de Radio-Vatican, a fini par devenir mon ami. Chaque fois que je vais à Rome, je lui téléphone et nous tentons de nous voir. M'a-t-il appris quelque chose de neuf sur Hugo ? C'est difficile à dire. Ce qui est clair, en revanche — et étrange — c'est que sa tendresse pour mon cousin tient moins aux qualités qu'il lui aurait reconnues qu'à ses défauts, ses faiblesses : « inconstant, influençable, capable d'abandons et de lâcheté », mais ayant toujours à l'esprit la notion du bien et du mal. C'est son angoisse et ses remords, sa volonté de réparer ses fautes et de combattre ses défauts à travers la quête pathétique, désespérée d'un peu plus de justice, d'un peu plus de fraternité et de compréhension entre les hommes qui ont séduit le vieux jésuite.

Pour le reste, a-t-il des soupçons ? Oui, il en avait. Mais bizarrement, il n'a jamais interrogé Hugo. Celui-ci aurait très bien pu travailler pour un service secret. Peut-être pour deux. Pourquoi pas pour trois à la fois ? Il était dominé par sa femme mais il en avait connu certainement beaucoup d'autres. Ses idées cependant étaient justes et sincère, sa lutte. Ce qui aurait perdu

Hugo ce n'est donc pas sa lâcheté, mais sa sincérité.

Curieuse relation que celle du jésuite Roberto Cerutti et du Juif du ghetto, Hugo Halter. Je tente en vain de la comprendre, de la mieux cerner. L'ecclésiastique voyait-il en Hugo le Juif, son frère, que la foi de Jésus unissait à lui ou, au contraire, se considérait-il comme un chrétien que sa foi en Jésus séparait ? La judaïté de Hugo jouait-elle un rôle dans leur amitié ? J'ai appris par la suite qu'ils avaient organisé, au début de l'année 1960, à Rome, un séminaire judéo-chrétien dont le père Cerutti ne m'a jamais parlé. Plusieurs ecclésiastiques et rabbins y avaient participé. Ils avaient même, paraît-il, prévu un voyage à Jérusalem, qui ne s'était jamais réalisé. On m'a aussi parlé d'autres projets communs mais sans que je découvre en quoi ils consistaient au juste. A ma question, le père Cerutti se contente de citer : « Béni soit le Seigneur, le Dieu d'Israël, de ce qu'Il a visité et racheté Son peuple... » « C'est ainsi qu'Il manifeste Sa miséricorde envers nos pères et se souvient de Sa sainte alliance selon le serment par lequel avait juré à Abraham, notre père... » Vous croyez que c'est la Thora ! Eh bien, non, ce n'est pas la Thora, c'est saint Luc, I, 68, 72, 73.

Ce soir-là, après le dîner, le père Cerutti retourne à la radio et je l'accompagne donc. Et c'est ensemble que nous apprenons le plus important bouleversement de l'histoire d'Israël depuis sa création : le Parti travailliste, au gouvernement depuis 1947, a perdu les élections au profit du Likoud. L'ancien chef de l'Irgoun, Menahem Begin, devient Premier ministre. Menahem Begin, celui dont David Ben Gourion a dit : « S'il arrive un jour au pouvoir, il mènera le pays à sa perte ! »

A partir de là, les événements s'accélèrent. Quelques jours plus tard, à Paris, je reçois un coup de téléphone de Mohamed Hassan el-Toukhami qui m'annonce une invitation urgente du président Sadate. Le lendemain, je suis au Caire. Et c'est plein d'émotion, convaincu que cette rencontre sera décisive que j'arrive, accompagné de Mohamed Hassan el-Toukhami, chez le Président égyptien, dans sa maison située entre l'hôtel Sheraton et les Pyramides. Anouar el-Sadate doit, le lendemain, prononcer un discours devant l'Assemblée Populaire. « Un discours important », me dit-il d'emblée, en plissant dans un sourire ses bons yeux de paysan élevé, comme il aime le rappeler, sur les bords du Nil.

— Vous savez comment on fait en politique ? me demande-t-il, après qu'un serviteur en galabiya bleue a posé le plateau avec le café sur la table. On saute sur un cheval au galop et on dit aux autres : « Rattrapez-moi si vous pouvez ! » Eh bien moi, c'est une fusée que je vais enfourcher, et vous allez voir tous ces vieux politiciens hors d'haleine me courir après, en me suppliant de les laisser reprendre souffle !

Et, après un court silence accompagné d'un sourire malicieux :

— Je tenais à ce que vous soyez là à cette occasion. Vous serez surpris...

Sur le moment, je ne comprends pas bien ce qu'il veut dire. Le lendemain, pourtant, j'écoute, comme il le souhaitait, son discours à la télévision. Et là, tous ses mots de la veille — cheval, fusée, surprise... — deviennent soudain très clairs :

— Je suis prêt à aller au bout du monde pour épargner la vie d'un seul de mes fils, annonce-t-il. Je suis prêt à aller au diable. Je suis prêt à aller au bout de la terre... Je suis même prêt à me rendre en Israël...

L'Assemblée éclate en applaudissements. J'applaudis moi-même. Le rêve va-t-il se réaliser ? Le rêve de Hugo... Le mien... Deux jours plus tard, je rentre à Paris plein de confiance. Et c'est à Paris, donc, que j'apprends la réponse de Begin : « Nous, les Israéliens, nous vous tendons la main... Faisons la paix... » Exaltation. Sérénité. Bonheur. Et puis, tout de même, cet imperceptible regret : là, sur mon écran de télévision, à l'aéroport de Lod Ben Gourion, surimprimés aux visages de Begin, Dayan, Golda Meïr, Perès, Rabine, Sadate, Mohamed Hassan el-Toukhami, tous debout devant le Boeing blanc du Président égyptien, les visages familiers de Hugo, Sidney, Mordekhaï, mon père, qui n'apparaîtront plus, eux, que dans les pages de mon livre.

Mon livre, donc. Cette étrange entreprise menée depuis *La Mémoire d'Abraham* et poursuivie ici. Dans la *Mémoire,* je disais toute la difficulté que j'avais à décrire des Juifs malhonnêtes, violents, injustes, intolérants. Non pas qu'ils n'existassent pas. Mais tant de livres leur avaient été déjà consacrés, les transformant en marques indélébiles, en caricatures dont chaque Juif est constamment menacé. N'empêche. J'ai essayé. J'ai compris, très vite, que l'on ne peut reconstituer l'histoire d'un troupeau en ignorant ses brebis galeuses. Ni vanter les mérites d'un antidote sans décrire le pouvoir des microbes. Au fond, la recherche familiale, la conception de cet arbre généalogique qui se dessine au fur et à mesure des pages, avec ses fourches, ses branches, ses ramures, avec son écorce et son feuillage, avec son essence, sa sève, sa résine, avec ses nœuds, ses frondaisons aussi et ses fruits éventuels et, même, avec ses rongeurs, ses chenilles et ses parasites de toutes sortes, qu'est-ce sinon la libération d'un certain nombre de fantasmes qui apparaissent dans le récit de multiples visages et que la littérature aide simplement à reconstituer et ordonner ? Et, de ce point de vue, ne pourrais-je pas dire que Mordekhaï, Olga, Sidney et même Sacha, c'est moi, encore moi, rien que moi ? Ce Sacha, dont je désapprouve les actes, ne fait-il pas partie de ce moi dont j'ai honte mais qui demeure en moi ? Et Hugo ? Ce cousin lointain et anonyme, projeté, malgré lui, dans ce panthéon des figures dramatiques ? A quoi correspond ma recherche ? Pourquoi vouloir absolument élucider sa mort, retracer son itinéraire, donner de la chair aux simples noms figurant dans son carnet d'adresses ? Par fidélité au vœu de mon père ou par espoir d'arracher de son vivant, à travers lui, ma propre vie à l'oubli ? Tout — je veux dire toute ma vie, toute ma mémoire et, d'une certaine façon, tout ce livre — logeait, au fond, dans son carnet. Mon père l'avait dit, d'ailleurs : il *contenait* réellement toute notre histoire familiale de ces dernières années. Cette histoire, il fallait seulement la libérer de derrière les colonnes de noms et de numéros, comme la sculpture d'un bloc de granit !

Dans une entreprise — un *livre* — de cette nature, l'auteur est finalement dans la situation d'un projectionniste qui ferait passer deux films à la fois : celui des événements qui ont marqué l'Histoire et celui des destins, des aventures individuelles. Parfois les deux se superposent : Arié et la guerre du Kippour ou Sidney et le détournement des avions vers Zarka... Parfois, ils se projettent sur deux écrans indépendants, sans que l'un modifie l'autre : l'octroi du prix Nobel de la Paix à Andreï Sakharov n'avait pas influé sur la vie de Sacha, ni la mort de Ben Gourion sur la vie d'Arié, ni la démission de Nixon sur celle du fils de Sidney. Le pouvoir du projectionniste réside dans la possibilité de ralentir le film, de l'accélérer au contraire ou, simplement, d'en arrêter un des deux. Comment fait-il ? En fonction de quels critères se décide-t-il ? Je me demande si, au fond, ce n'est pas un *troisième* film qui décide : celui de l'auteur et de son autobiographie.

C'est ici qu'il faut que je parle d'un événement survenu à cette époque et qui ne fut pas, c'est le moins que l'on puisse dire ! sans influence et sur ma vie et sur le cours du récit : la mort de ma mère. Je ne sais quel sentiment d'urgence me fit arriver chez elle, ce matin-là, bien plus tôt que nous n'en étions convenus. La veille au soir, elle était pâle... Ses mains tremblaient bizarrement. Un médecin avait ordonné des analyses et je devais l'accompagner au laboratoire.

Je sonnai sans obtenir de réponse, sonnai à nouveau, frappai. Rien. Si : au bout d'un moment, un soupir — très faible, très lointain que je ne fus même pas sûr d'avoir distinctement entendu. Je me penchai alors. Regardai par le trou de la serrure. Et vis ma mère, à terre, s'efforçant d'arriver jusqu'à la porte. Je frappai à nouveau, éperdu de douleur et de peur. Je frappai bêtement. Sans raison. Seulement pour lui dire que j'étais là, que c'était moi, qu'il ne fallait pas s'inquiéter, que j'étais tout près d'elle. Elle gémissait de plus en plus fort, tentait elle aussi d'appeler, peut-être même de me répondre, de me rassurer à son tour. Mais elle ne pouvait décidément pas se hisser jusqu'à la hauteur de la poignée. Des ouvriers turcs, qui travaillaient dans l'immeuble, vinrent à la rescousse. Nous essayâmes ensemble, mais en vain, de défoncer la porte. Et l'affolement gagnant, la terreur aussi, un ignoble, insupportable sentiment d'impuissance m'envahit. Une voisine suggéra d'appeler les pompiers qui arrivèrent cinq minutes plus tard et, passant par la fenêtre, déposèrent ma mère sur son lit et nous ouvrirent la porte.

La mort était là. Je la reconnus tout de suite. Elle avait l'odeur de mon enfance, sous les bombes de Varsovie. Ou celle, exactement la même, que j'avais humée, quelques années plus tôt, dans la pièce où était couché mon père. Ma mère ne remuait plus. Elle gémissait à peine. Elle était entrée dans une sorte de coma. A la clinique où je la fis transporter le diagnostic fut quasi immédiat : hémorragie interne, cirrhose hépatique, vraisemblablement due à une jaunisse mal ou pas soignée durant la guerre. Trois mois... Trois mois d'angoisse... Trois mois d'espoir... Et, au bout de ces trois mois, la mort enfin...

J'étais désormais orphelin. Entre la mort et moi, il n'y avait plus rien, personne, aucune barrière. J'étais comme un réserviste arrivant d'un coup en première ligne. Cette impression, tout le monde l'a ressentie ou la ressentira un jour. Mon cas, cependant, était plus complexe. En perdant ma mère, je perdais aussi le dernier maillon de la chaîne familiale, le dernier témoin d'un monde qui n'était plus et d'une langue qui se mourait ; ma langue maternelle, le yiddish. J'étais deux fois orphelin : de mes parents, de ma mémoire.

Mon héritage : quelques souvenirs personnels ; un album de photos, jaunies par le temps ; des poèmes de ma mère ; la reproduction de la première page de la Bible, publiée par mes ancêtres voici cinq siècles en Italie, à Soncino ; le carton des documents recueillis par mon père ; et puis le carnet de Hugo. C'était beaucoup et c'était peu : juste assez pour oublier et pour commencer la difficile reconquête de la mémoire. J'ai choisi la seconde voie et me suis lancé de plus belle dans cette rude entreprise. Ce fut le début de six années de travail, de recherche, de doute et de joie à la vue de ces milliers de signes, surgis sur le papier, *La Mémoire d'Abraham.* Et puis ces quatre autres années occupées à retrouver la trace des Lerner, d'Arié et de Judith, des Halter des États-Unis, d'Olga, de dona Regina et d'Anna-Maria, mes semblables, mes cousins et les héros, donc, de *Les Fils d'Abraham.*

40.

Buenos Aires
ANNA-MARIA : LE RETOUR AUX SOURCES

Février 1978

Peron est mort. La junte militaire a pris le pouvoir. La répression en Argentine s'est faite plus violente, plus brutale. Et la direction des Montoneros, pourchassée par la police et par l'armée, en est réduite à changer continuellement de lieu de résidence et de centre. Tantôt ils sont dans la pampa littorale d'Entre Rios, entre le Brésil et le Paraguay. Tantôt dans la Cordillère des Andes, à proximité de la frontière bolivienne. Tantôt encore ailleurs, plus loin, plus discrets et secrets — même si les tueurs d'AAA, l'Alliance Anticommuniste Argentine, restent constamment à leurs trousses.

Anna-Maria est, comme ses camarades, devenue d'une prudence extrême. Cheveux roux. Larges robes créoles. Parfois, elle met des lunettes soi-disant correctrices qui la rendent méconnaissable. Et la voici un matin, chaud et humide, de ce mois de février 1978, en compagnie de Mario, à la Plata, à plus de cent kilomètres de la capitale, venant déposer un paquet de tracts chez le père Mendoza, un jeune prêtre généreux, hostile aux militaires. La proximité de Buenos Aires lui a donné une brusque envie de revoir la ville, de se promener avenue Corrientes, de sentir le moisi du Rio de la Plata et, *last but not least*, de réentendre, une fois au moins, l'accent rocailleux de dona Regina... La dissuader ? Mario, sachant qu'il n'y réussira pas, décide de l'accompagner. Ils ont pris l'autobus. Ils sont restés près d'une heure dans l'une de ces grosses carcasses abîmées, bosselées, mais tout entières bigarrées, peinturlurées, surchargées de festons, de volutes et de fioritures qui ne respectent aucun code de la route et que les militaires, du coup, hésitent à contrôler. Et ils se sont arrêtés, enfin, à trois blocs de l'avenue San-Martin. Il est midi. Le soleil est haut et chaud. Dans cette partie de l'avenue pratiquement déserte, sans voitures, on vit volontiers la fenêtre ouverte. Et, de la maison voisine de celle de dona Regina, coule la voix de Suzanna Rinaldi :

« *Viens*
Assieds-toi près de moi
Les hommes étouffent
Dans cette folie, mon frère
Faut-il se taire ? »

— C'est ici ? fait Mario, d'un air de conspirateur.

— Hum ! fait Anna-Maria en posant un doigt sur ses lèvres comme si le moindre bruit pouvait les compromettre.

C'est ici, oui. La maison n'a pas changé. La porte, comme autrefois, n'est pas fermée à clef. Trois ans ont passé. Et pourtant rien n'a bougé. Sauf peut-être ce silence... Cette tristesse diffuse... Cette pénombre inhabituelle dans le salon où, d'emblée, elle remarque un corps allongé sur le canapé.

— Grand-mère... dit-elle doucement.

La grand-mère ouvre les yeux. Les referme comme si elle se rendormait. Les ouvre à nouveau. Elle regarde les intrus d'un air à la fois incrédule et niais. Et puis, sans crier gare, comme si elles s'étaient quittées la veille, elle se relève d'un coup, s'écrie :

— Mais c'est ma petite-fille !

Et, sans poser de question, sans s'en étonner plus que cela, elle embrasse Anna-Maria, serre la main de Mario et met aussitôt la table.

— C'est ma petite-fille, répète-t-elle... C'est ma petite-fille. Vois-tu, je m'occupe... Je fais un peu de ménage... Je prépare à manger pour le cas où l'un d'entre vous viendrait déjeuner à l'improviste... Ce matin, j'ai préparé de la carpe farcie... Tu aimes toujours la carpe farcie, n'est-ce pas ? Je t'attendais... Cela fait si longtemps que je t'attends...

— Et don Israël ?

— Don Israël ? Lui, je ne l'attends plus...

— Comment cela ?

— Voyons ! Tu ne sais pas ! Ton grand-père est mort, ma petite-fille... Oh ! Oui, il est bien mort...

Et, après avoir posé les assiettes, les couverts et le plat sur la table, elle s'assied à son tour, fixe les jeunes gens de ses yeux ronds qui brillent étrangement dans l'obscurité et poursuit d'une voix lasse :

— Il est resté alité pendant presque deux ans. Il mourait, il mourait et il n'arrivait pas à mourir. Deux ans, ma petite-fille... Sais-tu ce que c'est deux ans ? Car tu te souviens de don Israël, n'est-ce pas ? Toujours en mouvement, gai, nerveux, incapable de tenir en place... Il m'en faisait voir de toutes les couleurs mais je l'aimais bien... Ah ! si tu l'avais vu, au fond de son lit ! Tout silencieux, tout paralysé ! Plus un mot, plus un geste, rien. Il ne lui restait plus que son regard. Pendant ces deux ans, il a fallu que je l'essuie, que je le lave, que je le fasse manger, que je lui mette des suppositoires... Tu ne peux pas savoir... Pendant deux ans, je lui ai lu le journal... Pendant deux ans, je ne savais même pas s'il m'entendait... Don Israël, tu te rends compte !... Parfois, il me semblait qu'il avait pitié, qu'il me suppliait de l'aider à mourir. Mais comment aurais-je pu ? Tu as connu le vieux docteur Longer ? Il était très gentil. Au début, il venait souvent. Pas pour don Israël : il n'y avait plus rien à faire pour lui ; mais pour me tenir un peu compagnie. Je lui préparais du thé au citron et des petits gâteaux, ceux que tu préfères. Nous parlions de tout et de rien. Et il repartait en hochant la tête : « Vous avez beaucoup de courage, dona Regina. » Une fois, je dormais sur une chaise... Car pendant tout ce temps-là j'ai dormi là, sur cette chaise... Une fois donc, je me réveille en sursaut, il me semble que don Israël m'appelle... Il me semble qu'il me demande quelque chose... Enfin, je prends tous les somnifères qui restent, je les mets dans une enveloppe, je les écrase avec un marteau, je mélange la poudre dans de l'eau avec du sucre, mais quand je me suis approchée de lui avec le verre, il dormait. Je n'ai pas eu le courage de le réveiller pour l'aider à mourir... Enfin... Deux années horribles !

Un matin, avant d'ouvrir les yeux, j'ai su. Je me sentais libérée. C'est vrai : il s'était éteint pendant que je dormais et je me sentais libérée... Maintenant, je suis seule et c'est triste. Avant, j'aimais bien être seule de temps en temps. Mais aujourd'hui, je n'ai plus que cette solitude. Pas de projets. Pas de maintenant. Et même, je commence à perdre des souvenirs. Tu sais, j'ai retrouvé une photo du mariage de Martin, ton père. Je te la chercherai. Tu ne l'as pas vu depuis longtemps, ton père, hein ? Il se fait du mauvais sang à ton sujet. Il a beaucoup changé, tu verras. Il ressemble de plus en plus à mon père, ton arrière-grand-père, Abraham, l'imprimeur. Je me rappelle encore l'odeur de l'encre qu'il rapportait à la maison. Mon père m'avait écrit la première semaine de l'occupation de Varsovie. J'avais répondu une longue lettre. J'avais aussi envoyé un paquet. La lettre est revenue trois ans plus tard, pas le paquet. Tu veux voir l'enveloppe ? Regarde : le nom et l'adresse sont exacts, Abraham Halter, rue Nowolipje, 51, Varsovie, Pologne, et ils ont marqué « Inconnu » ! C'est le dernier souvenir que j'ai de mon père. Inconnu ! Le poisson t'a plu ? Et à ton ami aussi ? Bien, alors j'apporte du thé et des petits gâteaux ?

Quand elle revient de la cuisine, elle reprend :

— Et tes parents... Il faut que je te raconte tes parents... Ne va surtout pas les voir. Ce serait dangereux pour toi et pour eux. Les militaires sont partout... Sais-tu qu'ils viennent d'enlever deux religieuses françaises... Mais, au fond, je ne sais pas pourquoi je te parle de ça. Chacun a son petit paquet de misère et plus on vieillit, plus il est gros. C'est peut-être pour ça que les vieux marchent courbés ? Tu sais, toute mort est terrible. Encore si on pouvait la préparer, comme on prépare un bon repas. Mais c'est toujours une surprise. Elle n'arrive jamais quand on l'attend. Qui aurait dit que don Israël, vif comme il était, une vraie truite dans une rivière, allait pourrir pendant deux ans ? Et pourtant, tu vois, je suis vieille, je suis seule et si je mourais personne ne pleurerait bien longtemps. Mais voilà : je n'ai pas envie de mourir. Mon frère Salomon est mort, mon frère David est mort, le cousin Sidney a été tué, comme le cousin Hugo. Le cousin Mordekhaï a péri, lui, pendant la guerre... Tu sais, Mordekhaï, le kibboutznik, le père d'Arié... Je suis la dernière à me souvenir.

Et, après un nouveau silence :

— C'est quand même gentil d'être venue me voir. Maintenant, file. Et même si tu ne te souviens pas, tu dois vivre.

Elle se tait cette fois vraiment, comme un disque arrivé au bout de son dernier sillon. En quittant l'avenue San Martin, Anna-Maria ne peut réprimer ni son chagrin ni ses larmes.

Réunion extraordinaire, une semaine plus tard, à Cordoba, dans une maison délabrée, qui a appartenu à un curé « disparu » et qui est noyée parmi les cabanes misérables des sans-travail. Une grande salle nue, aux fauteuils éventrés et aux lustres baroques des années vingt. Un énorme Christ en bois taillé à la hache par les Indiens des Andes, qui domine l'ensemble. Des murs craquelés qui, dans la lumière jaunâtre du lustre, laissent deviner un blanchissement récent. Une soixantaine de personnes sont déjà là quand arrivent Mario et Anna-Maria. Et parmi elles, en faction devant la porte, les deux gardes du corps de Julio, Manuel et Halcon. Ce sont deux hommes entre deux âges, au physique de gorille. Deux « spécialistes » de l'action militaire qui raconteront tout à l'heure comment ils se sont procuré des pistolets, non à balles, mais à dards qui, utilisés avec une forte dose de poison, permettent de liquider en douceur les tortionnaires. Et rien qu'à les voir, à les entendre, on comprendrait que l'organisation n'est plus ce qu'elle était et qu'avec la clandestinité, la radicalité, voire le professionnalisme, c'est toute la ferveur joyeuse des premières années qui s'est perdue en cours de route.

Julio commence par expliquer la raison de cette réunion extraordinaire. Il parle avec la hâte d'un prédicateur auquel l'on n'aurait accordé qu'un temps limité pour prononcer son sermon. « Dans quelques mois, explique-t-il, ce sera le *Mundial,* la Coupe du monde de Football. Des journalistes du monde entier viendront à Buenos Aires et les Argentins, comme vous savez, aiment le football. Alors, pouce ! personne ne nous suivra sur le chemin de la violence ! Nous allons donc proposer une trêve et montrer que les Montoneros aiment aussi le football...

— Que le diable m'emporte, chuchote Roberto à l'oreille d'Anna-Maria. C'est un bien curieux langage : la révolution mise hors jeu par le ballon rond...

Juanita, dont le visage, toujours aussi blême, s'est creusé avec les années, fait observer qu'une campagne de boycott a été lancée à l'étranger par des amis de la démocratie argentine et qu'il ne faut peut-être pas contrecarrer leur action de réprobation.

Julio fait un geste d'impatience :

— Je sais, oui... Le cousin d'Anna-Maria... C'est lui et ses amis qui, à Paris, ont eu cette satanée idée... Mais je ne marche pas... Nous ne sommes d'accord sur rien... N'a-t-il pas écrit que nous sommes devenus de petits chefs militaires... ?

Ricanements dans l'assistance. Il poursuit :

— Il est pour la parole et contre l'action. Certains de nos camarades ici présents savent ce que la parole coûte aujourd'hui, dans ce pays.

Puis après les avoir tous regardés un à un :

— Alors, tout le monde est pour la trêve ?

Outre les membres de la direction, il y a là une foule de militants de base — ceux qu'Anna-Maria ne connaît pas — qui ne peuvent se payer le luxe ni de discuter ni de penser. La motion est donc approuvée à l'unanimité.

Julio parlera encore une bonne heure. Mais Anna-Maria ne l'écoute plus. Cette réunion lui paraît superflue. Elle sait que les vraies décisions ont été déjà prises depuis longtemps. Et que les cadres réunis ici ne sont chargés que de les entériner. Ni débat ni contestation. Elle demande l'heure à Mario. Il est presque minuit. Voyant un fauteuil vide, à la gauche de Julio, elle s'y laisse tomber et décide de suivre de là le reste des discussions. Quels drôles de gens ! se dit-elle. Quelle singulière équipe, vraiment ! Il y a de tout, dans cette salle. Les chefs historiques comme Julio, puis Mario, Roberto, Juanita. Un noyau de jeunes conspirateurs, appartenant à la génération suivante et formés sur le tas à l'école de la guérilla. Quelques vieux péronistes. Des intellectuels épris de justice. Des syndicalistes. Quelques paumés. Et aussi quelques cadres dépêchés de Cuba... Elle en est à s'interroger sur le mystérieux ciment qui parvient à souder des hommes aussi dissemblables quand la porte s'ouvre. Elle se lève pour mieux voir : c'est Carlos, le tout-puissant et redouté secrétaire général de l'organisation, qui rentre du Mexique et qui, avec sa haute taille, un peu voûtée, ses gestes lents, sa voix métallique, sa manière distante de saluer, ses ordres brefs, transforme instantanément l'atmosphère jusque-là chaleureuse qui régnait dans la salle. Il parle du Mundial. Reprend la proposition de trêve de Julio. Il évoque aussi les « *compañeros* palestiniens », « notre idéal commun », les « armes qu'ils nous envoient », « tout ce que le Mouvement leur doit »... La routine, quoi ! La rengaine ! Juste ce qu'il faut pour bercer une Anna-Maria épuisée par les mille kilomètres qu'elle a dû faire en autobus pour assister à la réunion. Elle commence à s'assoupir quand, brusquement, elle entend prononcer deux noms qui lui sont familiers : Nehemia Mozenblum et Mikhael Sander... Tiens !... Pourquoi Carlos parle-t-il du président de la DAIA, la Délégation des associations israélites d'Argentine ? Et pourquoi de ce gentil rabbin qui dirige le séminaire rabbinique latino-américain de Buenos Aires ?

— De quoi parlent-ils ? demande-t-elle à une grosse fille assise sur le rebord du fauteuil...

— De deux inconnus... Deux types à éliminer pour que la logistique de la cellule révolutionnaire fonctionne à nouveau.

La fille a répondu comme un robot, mécaniquement. Sans réfléchir. Sans émotion visible non plus. Anna-Maria connaît ce langage. Elle ne l'a que trop pratiqué elle-même. Mais quelque chose fait que là, tout à coup, cela ne passe plus. Est-ce ce mot « deux inconnus », qui lui rappelle le mot « inconnu » qu'avaient utilisé les nazis pour parler de l'arrière-grand-père Abraham et qui lui trotte dans la tête depuis sa visite chez dona Regina ? Est-ce la présence de ce Christ étrange, revu par les Indiens des Andes ? Toujours est-il que, pour la première fois dans ce type d'assemblée, elle sent une sourde révolte qui monte en elle, une folle envie de protester :

— Attends ! Attends ! s'exclame-t-elle.

Toutes les têtes se tournent vers elle.

— Si je t'ai bien compris, nous allons proposer aux militaires une trêve et déclarer aux Juifs la guerre !

Carlos baisse légèrement la tête et écarte les jambes à la façon d'un boxeur qui encaisse et va riposter :

— Je pensais que, chez nous, l'intérêt général passait avant nos attaches tribales.

— Attaches tribales ? demande Anna-Maria dont le visage est devenu livide.

Elle fait un pas vers Carlos :

— Mais tu es cinglé !... Complètement cinglé... Ce sont donc des attaches tribales qui me font dire que tuer des Juifs parce que juifs est un acte antisémite ?

Carlos se redresse. Visiblement, il a peine lui aussi à rester calme :

— Je crois que tu ferais bien de te taire, dit-il doucement.

Puis, martelant bien ses mots :

— Nous devons une aide aux Palestiniens, c'est clair. S'ils nous demandent d'exécuter deux hommes à la solde des Yankees, nous le ferons. Nous l'aurions fait, même s'ils étaient musulmans.

Et, en s'adressant à la salle :

— La décision est prise. Il nous reste à prendre les ultimes dispositions : choisir des armes qui n'ont pas encore servi et dont la police n'a pas de trace, trouver deux voitures, etc.

— Bravo ! fait Anna-Maria en s'approchant de lui... Oui, bravo ! répète-t-elle.

Et, en levant le poing droit :

— Vive Marx ! Vive Lénine ! Vive Staline ! Vive le Che !

Et comme les visages de ses compagnons marquent le plus parfait étonnement :

— Vous pensez que je suis folle, hein ? Les Palestiniens nous demandent de tuer des Juifs... Nous le ferons. Demain les Soviétiques nous demanderont de tuer des Chinois : nous le ferons. Après demain, les Chinois nous demanderont de tuer les Vietnamiens : nous le ferons encore...

Sa voix se fait plus rauque :

— Et puis vous verrez ! On ne va pas en rester là ! On va prêter main-forte aux Khmers rouges pour massacrer leur peuple. Aux Syriens pour liquider les gens d'El Fath. Aux services de l'OLP, pour nos amis du Front Populaire...

— Assez ! coupe Julio.

— Je t'en prie, supplie Mario... Je t'en prie...

Mais leurs mots, leurs abjurations ne font que la rendre plus furieuse encore. Et, toujours face à Carlos, à quelques millimètres de son visage, elle lui souffle d'une voix où ne reste plus que la haine la plus totale :

— Quand tout ça sera fini, camarade, il restera encore Anna-Maria... Ou plutôt non : je te connais et tel que je te connais, ça pourrait bien être par moi que tu commences. C'est vrai, camarade, tu vas me liquider aussi ! Trois Juifs c'est toujours mieux que deux, tu ne trouves pas ?

L'aube s'est levée maintenant. Elle est enveloppée de brouillard, mais enfin elle s'est levée. Et Anna-Maria, Mario et Roberto roulent à grande vitesse vers Buenos Aires.

— Tu n'aurais pas dû... dit Mario. Tu savais que ton intervention ne pourrait que heurter Carlos, l'enfermer dans sa décision. Et puis, et puis...

Il fait fonctionner les essuie-glace comme pour chasser la rosée du matin ou, qui sait ? une idée noire. Et, d'une voix plus sourde, il continue :

— Maintenant, tu es en danger...

Anna-Maria ne répond rien.

— Que le diable m'emporte ! ponctue Roberto. Mario a raison...

Et tournant sa bonne tête ronde vers la jeune fille :

— Tu ne t'en rends pas compte ?

Anna-Maria ne répond toujours pas. On dirait qu'après avoir tant parlé, il ne lui reste plus de mots pour se défendre ou se sauver. C'est seulement à l'arrivée à Buenos Aires qu'elle dira d'une voix neutre :

— Vous me laisserez chez ma grand-mère, s'il vous plaît.

41.

Buenos Aires
ANNA-MARIA :
LE RETOUR AUX SOURCES (2)

Février 1978

Quand arrive Anna-Maria, dona Regina ne dort pas. On croirait même qu'elle ne s'est pas couchée, qu'elle attendait sa petite-fille. Et ce matin-là, dans la lumière du jour qui se lève, on lit mieux que jamais sur son visage les marques des dernières épreuves. C'est une peau tannée, ravinée. C'est un visage ratatiné qui n'a plus gardé de son passé qu'un regard à la fois agressif et bon, dur et amusé, sous une frange de cheveux complètement blanchis.

— Tu arrives bien, dit-elle, comme si, vraiment, elle l'attendait. J'ai préparé le thé et les petits gâteaux. Après les avoir goûtés, tu pourras te reposer... Dans la chambre de Miguel, au-dessus de la cordonnerie de don Israël, tu te souviens ?

Et comme si elle poursuivait on ne sait quel monologue intérieur :

— J'ai tout gardé comme c'était... Je n'ai rien changé... Tant qu'on peut... Tant qu'ils nous laissent tranquilles...

— Qui ça, « ils » ?

— Les hommes, la mort...

La chambre de Miguel n'a pas changé, en effet. Une table, deux chaises en bois, un lit couvert d'une lourde couverture à carreaux. Et sur le mur, la reproduction des

Soleils de Van Gogh, maintenue par quatre punaises que l'humidité commence à rouiller. Anna-Maria s'allonge sur le lit. Elle sent une légère odeur de poussière. Et, défaite par la fatigue, s'effondre. Combien de temps dort-elle ? Quand elle s'éveille, il fait déjà nuit. Elle descend dans la salle à manger. Et dona Regina, en la voyant, se précipite à nouveau dans la cuisine :

— Pauvre fille, maintenant tu dois avoir faim... En attendant que je te réchauffe le dîner, regarde les photos que je t'ai préparées. Elles sont sur la table. Celui à la barbe blanche, c'est mon père, Abraham. Juste à côté, ce sont les photos de Salomon, de Hugo, de Mordekhaï... Le petit garçon, c'est Sidney... Son père m'a envoyé cette photo il y a plus de trente ans, de Winnipeg... Regarde aussi la grande, couleur sépia... Tu y verras au moins une cinquantaine de personnes... Les Halter... Enfin : les Halter déportés. Aucun n'a survécu. Que veux-tu, ce n'est pas facile d'être juif...

Et toujours sans poser de questions, sans songer à se demander le pourquoi, le comment, de cette visite elle sert en effet son dîner en poursuivant son monologue.

Au dessert, Anna-Maria demande un bloc de papier, un stylo et remonte dans sa chambre. Elle allume la lampe sans abat-jour, posée sur la table, essuie d'un revers de la main la poussière qui s'est accumulée avec les années. Et, d'un trait, sans réfléchir ni se reprendre, couche sur le papier une longue, très longue lettre dont elle s'avise, en l'écrivant, qu'elle était déjà, depuis un temps infini, toute composée dans sa tête. Cette lettre s'adresse au directeur du quotidien *Clarin*. Elle est naïve, parfois chaotique, comme est, cette nuit-là, l'esprit de son auteur. En voici l'essentiel :

« Une lettre d'une " terroriste " à un journal populaire, ce n'est pas tout à fait habituel. Mais nous ne vivons malheureusement pas dans un pays habituel. L'État de droit a laissé place à un champ de bataille moyenâgeux.

Chaque maître a sa troupe, sa prison, ses tortionnaires et sa justice. Comment croyez-vous que des jeunes qui rêvent, comme moi, d'une société démocratique, puissent y survivre ? En se taisant, en s'exilant ou en prenant un revolver. Le mien, le 9 mm T0 Kagypt, vous le trouverez joint à cette lettre. Je m'imagine que vous ne recevez pas souvent ce genre de paquet, mais je vous le dis : à une société inhabituelle correspondent des méthodes inhabituelles.

« On m'accusera de tous les crimes. Le seul que je reconnaisse, c'est d'avoir été présente quand, au mois de mars 1972, un officier de police a été blessé sur la route de Tres Lomos. Encore que j'aie appris, depuis, que le drôle s'en est tiré — ce dont, croyez-le bien, je me félicite de tout mon cœur. Quant à l'exécution du tortionnaire Miguel Pelado, il méritait ce châtiment. Le nombre d'innocents qu'il a torturés ou fait mourir dans des souffrances atroces le met dans la catégorie des criminels contre l'humanité. Eichman avait trouvé un État pour le juger. Pelado, malheureusement, n'a trouvé que quelques jeunes justiciers.

« Je puis pourtant vous assurer que je n'ai jamais ressenti une quelconque fierté à posséder de revolver. Au contraire. Unamuno, Emerson, Joyce me sont, sinon plus proches, du moins plus chers. Mais peut-on se réfugier dans les livres quand des hommes et des femmes, parmi les meilleurs, se font enlever ? Quand on retrouve ensuite leurs corps dans le Rio de la Plata ? Si j'avais eu l'âge de combattre dans un pays d'Europe occupé par les nazis, je me serais engagée dans la Résistance. Ayant l'âge de combattre dans un pays occupé par son fascisme intérieur, je n'aurais eu aucun respect de moi-même si je ne m'étais, avec lui, engagée dans une lutte à mort.

« Mais ce qui m'amène aujourd'hui à vous écrire, c'est la volonté de sauver deux vies. Et si je n'adresse pas cette missive à la police, c'est que je n'ai aucune confiance dans une police dont le travail consiste moins à protéger les citoyens qu'à les faire taire ou disparaître. Je sais que cette lettre, une fois connue, ne me mettra pas à l'abri ni de sa vindicte ni de celle de mes anciens amis. Mais mes amis ont failli à l'idéal de la justice. Et je ne me reconnais plus grand-chose de commun avec eux. Je ne veux pas d'une politique du crime. Je hais l'idée d'une stratégie du meurtre. Cette stratégie, elle vient de commettre, à mes yeux en tout cas, son premier vrai faux pas : celui qui la fait verser dans l'antisémitisme pur et simple.

« Petite-fille d'une femme qui s'est réfugiée en Argentine pour échapper à l'antisémitisme polonais, arrière-petite-fille d'Abraham, imprimeur à Varsovie qui, le premier jour de la révolte du ghetto, s'est jeté avec une grenade sur un char allemand pour tenter d'opposer à la barbarie triomphante la simple force de son refus, je ne peux décemment permettre l'assassinat de deux représentants de la communauté juive simplement parce qu'ils sont juifs.

« Les deux hommes qui doivent être assassinés sont Nehemia Rozenblum, le président de la DAIA et le rabbin Michael Sander, directeur du séminaire rabbinique latino-américain à Buenos Aires. Ils doivent être abattus très prochainement. Les préparatifs sont avancés. Il faut tout faire, vous m'entendez, tout pour empêcher que ce projet ne vienne à terme. Je sais qu'en écrivant cela je me condamne et que mes anciens amis me considéreront comme traître. Je n'y peux rien. Je ne trahis personne puisque je reste fidèle au contraire à ce qu'il y a de plus sacré en moi ; leur démence contre ma mémoire. Je n'ai pas eu à beaucoup chercher pour trouver où étaient mon choix, ma fidélité, ma vérité.

« Je précise, afin que les choses soient bien claires, que je suis jeune encore et que j'ai une furieuse envie de vivre. Mais j'ai toujours mis au-dessus de tout la notion de justice. J'ai rêvé de la justice pour tous et de tous pour la justice. Je ne peux renier ce rêve. Et quel que soit le prix à payer pour cela, je suis prête à le payer. »

Écrire tout cela l'a épuisée. Il lui a fallu peser chaque mot, écouter chaque syllabe au plus secret d'elle-même. Il lui a fallu se représenter tous les risques qu'elle prenait, la voie où elle s'engageait, l'issue prévisible de tout ça. Harassée, nauséeuse, elle pose ses avant-bras sur la table, y blottit sa tête et s'assoupit. Au réveil, elle relit la lettre qu'elle ne trouve ni assez claire ni assez persuasive. Mais elle n'a pas le courage de recommencer — et la poste.

Publiée deux jours plus tard, dans *Clarin,* elle fera bien entendu sensation. Largement commentée en Argentine, reproduite dans la presse mondiale, elle aura pour premier effet que la police, l'armée, les tueurs de l'AAA se mettent à la recherche de son auteur. On interroge ses parents. On inquiète dona Regina. On moleste tel ou tel de ses amis. Mais à quelques mois du Mundial, le pouvoir n'ose pas provoquer trop ouvertement l'opinion. Et Anna-Maria reste introuvable.

Un mois plus tard, Mario se présentera chez dona Regina. Il désire savoir si elle a des nouvelles de sa petite-fille. Méfiante, la vieille dona lui répond qu'elle n'en a pas.

— Alors, si elle vous téléphone, bredouille-t-il, découragez-la de venir ici. Dites-lui aussi de ne visiter aucun *compañero.* Il la dénoncerait. Ils ont tous reçu l'ordre...

Mario relève d'un geste embarrassé les cheveux qui lui cachent la vue et ajoute plus doucement, d'un ton hésitant :

— Dites-lui aussi... Dites-lui que sa lettre était belle... Dites-lui aussi... Dites-lui...

Dona Regina l'interrompt :

— Je lui dirai... Je lui dirai... Ne t'en fais pas — elle comprendra.

42.

Israël
UN MARIAGE AU KIBBOUTZ

Juillet 1979

Cette année-là, l'été fut particulièrement chaud. Le khamsin n'en finissait pas de souffler et les enfants du kibboutz couraient pieds nus sur les pelouses desséchées, pourtant arrosées en permanence par les mouvements circulaires des jets d'eau. Les adultes, employés dans les champs, les viviers, les étables et les ateliers, attendaient avec impatience le déclin du soleil et un souffle de vent frais venu du Hermon.

Un nouvel attentat, fin juin, à Kyriat Shemona, avait fait monter la tension à la frontière toute proche et la presse avait envisagé une possible action militaire contre les terroristes installés au Liban. Mais, à Dafné, on ne s'intéresse qu'au mariage du fils de Mordekhaï avec une juive yéménite. Dans le réfectoire, sous les énormes ventilateurs qui brassent l'air brûlant et les odeurs de cuisine, ce mariage fournit le fond de toutes les conversations. Une liaison entre un Ashkénaze et une Yéménite durera-t-elle ? Arié invitera-t-il son ancienne amie, l'infirmière Soshana ? Cette belle Judith, lui connaît-on d'autres aventures ? Etc. L'Assemblée générale du kibboutz a décidé, en souvenir de l'un de ses fondateurs disparu pendant la guerre du Kippour, de donner un vif éclat à ce jour du dimanche 14 juillet où le mariage doit être célébré. D'habitude, on en célèbre plusieurs à la fois, dans la même journée. Pour Arié, on décide de faire exception. Des invitations sont lancées par centaines aux kibboutzim de la région, aux familles et aux amis de la ville, aux dirigeants du mouvement kibboutzik, aux parents à l'étranger, aux Arabes de Ghajar, le village voisin. On demande même à Yossi, le coiffeur pour dames de Kyriat Shemona, de venir exceptionnellement au kibboutz le samedi matin. Et l'agitation est telle que, malgré son énergie intarissable, Schlomo, le mécanicien, responsable des activités culturelles, soirées dansantes et autres conférences, ne sait plus où donner de la tête. Il faut accorder le piano que les enfants ont détraqué, récupérer l'accordéon prêté pour une fête au Mochav Chear Yshuv, monter une estrade sur le gazon devant la Maison de la Culture, Briefer Haïka, autrement nommée la Pavlova à cause de son passé de danseuse, aider Jacob Oren, le secrétaire général, à préparer des discours qui ne soient pas trop pompeux. Sans parler de toutes ces chambres à préparer pour les membres de la famille dont on annonce l'arrivée : Judith, bien sûr — mais aussi son père, des cousins, Richard, Martin qui arrive de Buenos Aires, d'autres beaucoup d'autres... C'est le vendredi après-midi qu'arrive le héros de la fête. Sa mère a eu beau le prévenir au téléphone, il lui est difficile de croire que tout ce remue-ménage est pour lui. Dès le lever du soleil, le kibboutz s'affaire. Les portes claquent. Une horde d'enfants déferlent sur les pelouses. On essaie les instruments de musique, la sono. A l'exception d'une équipe réduite, nécessaire dans les étables, et d'une autre, plus nombreuse, qui a en charge la sécurité, tout le monde se prépare pour le mariage. Arié tente de se rendre utile. Il voudrait dresser les tables, installer le buffet. Il fait un tour jusqu'à l'estrade où Shlomo règne sur une dizaine de décorateurs amateurs. Mais nulle part, on ne veut de lui. « Le fiancé doit se réserver pour sa fiancée », lui dit-on. Moyennant quoi il ne réussit qu'à porter une caisse de jus d'orange du camion jusqu'à la cuisine. Arrive le rabbin Natanson de Kyriat Shemona. Le vieil homme est coiffé, malgré le soleil, d'un chapeau de feutre noir. Il interroge longuement Arié sur ses connaissances judaïques, inscrit, à l'aide d'un bout de crayon bleu, dans un calepin usé, le prénom de son père et de celui de Judith. Il s'assure qu'il a bien préparé les anneaux nuptiaux, relit soigneusement la « Kethouba » et prend note, dans son calepin toujours, des noms des deux témoins. Épuisé par tant d'efforts, il réclame un lieu pour se reposer avant la cérémonie. Arié le dirige vers la maison de ses parents. Sur le seuil, le rabbin s'arrête, lève son visage pâle et ses yeux humides vers Arié et demande d'une voix chevrotante :

— Jamais été à la synagogue, hein ?

Et, avant qu'Arié ne trouve une réponse, il ajoute :

— Bien sûr, il n'y a pas de synagogue, ici, au kibboutz hein ? Tous des mécréants ? C'est bien de vouloir se marier selon la tradition de nos pères Abraham, Jacob et Isaac. Cela prouve que les cendres de l'oubli n'ont pas encore étouffé en toi l'étincelle juive...

Et, soudain rassurant :

— Tu seras béni. Tu le seras. Car depuis qu'il a créé le monde, l'Éternel ne célèbre que les mariages...

Un peu après 19 heures, les premiers invités commencent à arriver. Ils sont vite un millier. Les hommes portent des chemises blanches et des pantalons de toile noire ou bleue. Les femmes des robes de couleurs vives, plus coquettes les unes que les autres. On se montre du doigt les personnalités qui se sont déplacées : le général Dayan, qui a connu Mordekhaï pendant la guerre d'indépendance. Shimon Peres, secrétaire général du Parti travailliste, considérant probablement que le kibboutz Dafné appartient à sa mouvance politique. Plusieurs généraux. Quelques officiers haut placés. Quand le rabbin Natanson, juste avant qu'Arié ne remette l'alliance à Judith, prononce la prière : « Sois béni, Éternel, qui sanctifie Israël, Ton peuple, par le dais nuptial et la consécration du mariage », il y a quelques gloussements dans la foule tandis que Sarah, elle, éclate en sanglots. Mais la liesse reprend avec le spectacle qui suit et avec, surtout, les sketches particulièrement drôles qui dérident jusqu'à Benjamin Ben Eliezer. A la fin de la journée, les personnalités parties, Shlomo branchera la sono et le réfectoire se transformera en une piste de danse — la famille « restreinte » se réunissant autour d'une table, chargée de gâteaux et de boissons, pour pouvoir, enfin à l'aise, commenter cette belle journée.

— Te voilà marié, fait Aron Lerner en s'asseyant.

Puis, levant son verre au bonheur des nouveaux époux :

— Puissiez-vous vivre, chers Arié et Judith, dans un monde sans guerre !

Et, toujours intarissable :

« *Viendra-t-elle, viendra-t-elle*
La dernière de ces années interminables
Sans répit ramenant sur moi
Douleurs et fureurs de la guerre... »

Voyant le visage de sa mère se figer dans un douloureux souvenir, Arié l'arrête :

— Laissons la guerre et la paix et voyons ce qui se passe au pays du tango...

Il se tourne vers le cousin argentin qui paraît encore éprouvé par son long voyage mais qui grommelle tout de même quelques mots incompréhensibles, dans un mélange d'espagnol et de yiddish. Puis vers Richard qui est resté pendant toute la cérémonie enfermé dans un silence hostile et qui, enlevant brusquement sa redingote noire et son large chapeau bordé de fourrure qui, dans le kibboutz laïc, a fait sensation, vérifie d'une main si sa calotte est bien en place et lance dans un yiddish que le cousin argentin ne comprend qu'à demi :

— On ne fait pas la paix avec Amalek, on le combat.

Il se penche alors au-dessus de la table, déboucle d'un geste rapide ses longues papillottes, les place derrière les oreilles et récite d'une voix chantante :

« Souviens-toi de ce que te fit Amalek pendant la route, lors de votre sortie d'Égypte... » « Lorsque l'Éternel, ton Dieu, après t'avoir délivré de tous les ennemis qui t'entourent, t'accordera du repos dans le pays que l'Éternel, ton Dieu, te donne en héritage et en propriété, tu effaceras la mémoire d'Amalek de sous les cieux : ne l'oublie point. »

Il regarde autour de lui et levant son index vers le ciel, répète :

« Ne l'oublie point... »

Sarah fait un geste d'impatience :

— Nous reparlerons de tout cela plus tard, dit-elle en souriant.

— Mais non, mais non... insiste Richard. Le professeur a bien parlé de paix ? Je voudrais bien savoir avec qui et sur quels territoires ? L'Éternel...

— Laissons l'Éternel en paix, propose Aron.

Judith, soucieuse de faire diversion, demande de son ton le plus « mondain » :

— Avez-vous des nouvelles de votre fille Olga ?

Aron repose son verre sur la table avant de la regarder et de lui répondre :

— Oui, dit-il, Olga a eu un fils...

— Mazel Tov ! fait Arié.

— Merci, dit Aron. J'ai reçu une lettre il y a environ deux semaines. Elle parle des voyages de Hidar, son mari. Il était allé, paraît-il, à nouveau au Proche-Orient, mais, cette fois-ci, à Bagdad. Olga espère pouvoir l'accompagner lors de sa prochaine visite à Beyrouth...

Arié tressaille :

— Tu ne m'as pas parlé de cette lettre !

Mais Richard lève déjà la main pour annoncer son intervention :

— Voilà où nous en sommes ! s'écrie-t-il. Les Juifs vont dans le pays d'Amalek...

— Hidar n'est pas juif, remarque Judith.

— Oui, mais votre cousine l'est !

Un tango retentit, longue plainte déchirante. Les couples sur la piste s'enlacent. Judith se lève, avec ce sourire un peu timide des jolies femmes qui ne sont pas absolument sûres de leur beauté. Au bruissement léger de sa robe blanche, ornée de mousse, dans tout l'éclat de ses épaules brunes et de ses cheveux noirs, elle contourne la table, sous le regard admiratif des hommes debout le long du mur et qui suivent le bal. Elle s'approche ainsi d'Arié qu'elle invite à danser :

— Tu n'aurais pas dû, lui reproche-t-il en la serrant dans ses bras. J'ai peur de les laisser seuls.

— Ils ne s'entre-tueront pas...

Judith rit et ajoute :

— Ce sont tous des Juifs...

— La guerre des Juifs, tu connais ?

Et après un moment de silence :

— Le cousin Martin semble préoccupé, tu ne crois pas ?

— Peut-être est-il jaloux... Tu as été l'amant de sa fille, n'est-ce pas ?

Judith se blottit contre lui. Mais il la repousse gentiment :

— Je suis tout de même inquiet, ils ont fait des milliers de kilomètres pour assister à notre mariage... Nous n'avons pas le droit de les laisser s'entre-déchirer...

— C'est *notre* mariage, proteste Judith en suivant à contrecœur Arié qui la traîne par la main.

A ce moment, Benjamin Ben Eliezer, qui a raccompagné le général Dayan à l'aéroport de Roch Pina, revient. Habituellement pâle, il a le teint vif aujourd'hui.

— C'est vous, Martin ? dit-il au cousin argentin. Vous êtes exactement tel qu'Arié vous a décrit. Comment va votre fille, Anna-Maria ?

Martin émet un soupir pesant :

— Vous avez certainement lu sa lettre à la presse ?

— Oui, les journaux israéliens en ont reproduit des extraits. Et où est-elle maintenant ?

Martin hausse tristement les épaules :

— Je n'en sais rien... Je ne l'ai pas vue depuis longtemps... La violence, les supplices, la torture, j'espère que tout cela se terminera bientôt...

Richard s'appuie à nouveau sur la table qui grince et pointe son doigt vers Martin :

— Ta fille, la terroriste, n'y est pas pour quelque chose, hein, dans toute cette violence ?

Martin fronce les sourcils :

— Que veux-tu dire ?

— C'est simple, répond Richard, Rabbi Hillel disait « Parce que tu as noyé, tu as été noyé, et ceux qui t'ont noyé seront noyés à leur tour. »

Martin se redresse, les yeux remplis d'une expression étrange :

— Tu compares Anna-Maria aux tortionnaires de la junte militaire ? Les victimes aux bourreaux ? C'est comme si tu comparais les combattants du ghetto de Varsovie aux criminels nazis !

Richard prend une de ses papillottes entre ses doigts potelés et cite à nouveau :

— Rabbi Ajabyà, fils de Mahalalel, disait : « Réfléchis et tu éviteras le péché. »

Le ton, plus que le contenu de sa phrase, irrite Martin. Son visage se durcit. Il cherche visiblement une réponse appropriée, quand Richard reprend, toujours de la même voix chantante

— Moi, je compare ? C'est toi qui compares. Moi, je dis que les uns étaient des résistants et les autres des terroristes. Et je dis que ces terroristes sont complices des assassins de mon père !

Sa dernière phrase tombe avec une violence extrême. Benjamin Ben Eliezer tousse. Aron Lerner fait remarquer qu'il commence à se faire tard et Sarah dit que toute réjouissance a une fin. Arié fait signe à Judith et ils se lèvent pour donner congé aux invités, quand, soudain, Martin se dresse de toute sa taille et, enjoignant à tout le monde de rester assis :

— Ah ! C'est donc ainsi ! Tu accuses ma fille de la mort de ton père ?

Richard, alors, se lève aussi. Son chapeau roule par terre, il le ramasse, chasse d'un revers de main la poussière qui le macule et se le remet sur la tête. Il paraît, du coup, plus imposant :

— Je n'accuse pas ta fille, affirme-t-il. De quel droit l'accuserais-je ? Rabbi Yosé ne disait-il pas : « N'accepte pas d'être juge unique, il n'est qu'un seul juge unique : l'Éternel » ? Je dis seulement que tous ceux qui aident les terroristes palestiniens sont responsables de la mort de mon père.

Mais Martin n'écoute pas :

— Ma fille vient de sauver la vie de deux personnes, de deux Juifs ! crie-t-il.

Et faisant, vers Richard, un geste de connivence :

— Je n'aime pas les religieux. Ils n'ont aucun discernement !

Richard enfile sa redingote et, menaçant, fait un pas vers Martin. Sarah s'interpose :

— Pour l'amour de l'Éternel !

C'est à ce moment que le flot de la musique dansante est interrompu par la *Hatikya,* l'hymne d'Isarël. Tout le monde se lève. La foule chante :

« Tant qu'au fond de nos cœurs
Une âme juive vibrera
Et en avant vers l'Orient
Notre regard sur Sion est fixé.... »

Aron enchaîne :

« Notre espoir n'est pas perdu
Espoir de deux mille ans
Être un peuple libre dans notre pays,
Pays de Sion, Jérusalem... »

Arié lui fait écho, puis Martin, puis Richard...

« Notre espoir n'est pas perdu
Espoir de deux mille ans... »

L'hymne achevé, Jacob Oren monte sur une chaise et lève son verre :

— Je lève le dernier verre à la vie ! Longue vie aux jeunes mariés, longue vie à tout le peuple d'Israël !

— Amen, murmure Richard.

— Amen, répète Martin.

Paris, juillet 1979

Le mariage d'Arié et de Judith m'avait mis de bonne humeur. J'avais été particulièrement heureux, notamment, de retrouver, à cette occasion, quelques membres de la famille. Comme mon père aurait été fier de les voir ainsi rassemblés ! J'appréhendais pourtant ces retrouvailles familiales. Un même arbre ne peut-il porter des fruits sains et des fruits secs ? N'étais-je pas dans la situation, terriblement risquée, d'un créateur craignant que ses personnages ne lui échappent et ne le déçoivent ? Mais non ! Ma famille était bel et bien conforme à l'image que je m'en étais faite. Elle était bien à l'image du peuple juif lui-même. Et il n'était pas jusqu'à l'empoignade entre Martin et Richard qui ne s'insérât parfaitement dans cette saga que je tentais, depuis des années, de mettre en scène. Toutes les tendances du judaïsme s'y affrontaient. Tous ses rameaux s'y retrouvaient. Et cela, oui, me rassurait.

Parallèlement à cela, la cause de la paix progressait. Sadate et Begin venaient de signer un traité à Washington. Ne fallait-il pas retourner à Beyrouth ? Presser les Palestiniens de suivre leur exemple ? Je revoyais Sidney et Hidar, Olga et Hugo, je revoyais Mordekhaï et Arié sur la terrasse d'un café, près de l'hôtel Basel à Tel-Aviv, et maintenant le mariage... Pour eux tous, en souvenir de Kanafani aussi, il fallait essayer. Continuer à lutter. Lutter : une tentation et une nostalgie pour les hommes de ma génération. Trop jeunes pour avoir fait la guerre contre les nazis... Trop vieux pour avoir eu l'enfance insouciante de mes amis de la génération suivante... Juste l'âge de la mauvaise conscience... L'inquiétude... Cette quête éperdue de justes causes, d'amour, de fraternité... Et puis ces angoisses et ces rêves, que j'ai tenté d'exorciser dans la reconquête d'une mémoire familiale, en même temps que dans la recherche d'une solution au conflit israélo-arabe... Deux aventures si proches... Si étrangement voisines et concurrentes. J'ai échoué dans la seconde. Je suis toujours dans la première. Rabbi Tarphône disait dans ce *Traité des Principes* que le cousin Richard aimait tant citer : « Tu n'es pas obligé d'achever l'œuvre mais tu n'es pas libre de t'en désintéresser. »

43.

Beyrouth
AVANT LE SIÈGE

Octobre 1981

Il y a eu l'enterrement de Waddi Haddad. Plusieurs centaines de milliers de personnes manifestèrent leur douleur au cours de funérailles grandioses organisées le 28 mai 1978 à Bagdad. Et c'est Arafat lui-même qui a insisté pour que ce soit lui, Hidar, qui accompagne Abou Iyad à la cérémonie. Image d'union et de réconciliation. Le petit peuple palestinien n'aurait pas compris que la discorde, le conflit ne désarment pas devant la mort. Haddad n'est plus : ses amis devaient tous, et ensemble, lui rendre hommage ; et l'unanimité qui ne s'est pas faite dans la vie et dans le combat c'est là, par les larmes, le pathos, la tristesse des visages, la récitation des sourates qu'il convenait de la retrouver.

Il y a eu, dans le même temps, la grande explication, les yeux dans les yeux, du Tunisien avec Olga. Serments... Promesses... Justifications... Mises en garde... Hidar connaît mieux que personne cette éternelle musique de l'âme et il en a merveilleusement interprété quelques-uns des grands classiques. Il a dit les raisons des détournements d'avion, vers Zarka, en 1970. Son rôle dans l'opération. Les conditions dans lesquelles Sidney a péri. Il s'est expliqué, surtout, sur cette affaire Leïla et a, comme il se doit, demandé humblement pardon pour cette faiblesse passagère et sans conséquence. Les deux époux, du coup, se sont juré un amour sans faille. Ni l'un ni l'autre ne se le serait avoué : mais l'épreuve, suivie de la mise au point, a eu le paradoxal effet de renforcer leurs liens. Ils ont parlé. Pleuré. Ils ont même conçu un enfant né huit mois plus tard, le 3 avril 1979 et que, en souvenir du père de Hidar, ils ont appelé Marwan.

La situation politique de Hidar ? Un bonheur ne venant jamais seul, le Tunisien a incontestablement tiré profit de la promotion de Tchebrikov, protégé d'Andropov, chargé de superviser les contacts avec les mouvements révolutionnaires à travers le monde, et qui l'a tout de suite choisi comme adjoint. Certes Hidar n'a jamais beaucoup aimé la vie de bureau, les réunions quotidiennes et les comptes rendus hebdomadaires. Il n'aime pas non plus ces rencontres désormais obligatoires avec Sacha Lerner, responsable de l'information au sein du Comité de solidarité avec les peuples d'Afrique et d'Asie. Et il ne peut s'empêcher de rencontrer chez le frère d'Olga une certaine fausseté naturelle, faite d'un mélange d'obséquiosité et d'arrogance qu'il a tendance à définir comme juive et qui lui fait profondément horreur. Mais enfin, à ces réserves près, il est heureux et n'est pas fâché d'interrompre enfin le cours de sa vie d'éternel nomade.

Au début de décembre 1981, cependant, il a ressenti les premières atteintes d'un mal trop russe pour qu'il ne le connaisse bien : la nostalgie. C'est l'époque de l'année où Moscou est pluvieux et triste. Dans les caniveaux, il reste encore, çà et là, un peu de la neige tombée fin novembre. Ce sont de petits tas sales qui s'amenuisent de jour en jour, au gré des pluies, mais vous polluent l'âme. Et Hidar a commencé de se dire que le soleil, les saveurs, les couleurs, le bruit, le mouvement, l'odeur, les images les plus lointaines de l'Orient lui manquaient cruellement.

On est le 7 décembre. Il a été convoqué au siège du KGB, 2, place Dzerjinski. Ce n'est pas la première fois qu'il s'y rend mais c'est la première fois qu'il le fait seul, sans son ami Tchebrikov. Il pénètre dans le vieux bâtiment rococo qui, sous le tsar Nicolas II, abritait une compagnie d'assurances. Un officier en uniforme l'accompagne au cinquième et dernier étage, là où, il ne l'ignore pas, siège le centre des actions à l'étranger. A chaque palier, devant l'ascenseur, se tient un vague agent, nonchalant et modestement armé. Et Hidar, comme chaque fois, ne peut s'empêcher d'être surpris par une si faible protection. Longs couloirs déserts. Portes en bois mystérieuses. Éclairages tamisés, propices à tous les complots. Il n'est pas là depuis deux minutes qu'une des portes s'ouvre et qu'apparaît un homme chauve, aux petits yeux rouges, protégés par un minuscule binocle. L'homme l'accueille sans un mot, retourne à son immense bureau, dominé par deux portails sur fond or, celui de Lénine et celui de Brejnev. Puis, d'un geste qui se veut bienveillant, il encourage son visiteur à prendre place sur l'unique chaise posée devant lui.

— Je suis content de faire votre connaissance, dit-il en exhibant une rangée de petites dents jaunies par le tabac.

Après quoi, de la même voix graillonneuse qui fait songer à un moteur qu'on aurait oublié de graisser, il expose les dernières nouvelles venues d'Israël à travers une taupe installée depuis de nombreuses années dans les services de renseignements de Tsahal. Il s'agit d'un rapport concernant les voyages du colonel Benjamin Ben Eliezer à Jounieh, au Liban, où il a rencontré des responsables chrétiens. Le rapport mentionne aussi la visite des responsables chrétiens à Jérusalem. Il s'agit d'une délégation composée du vieux Camille Chamoun, de son fils Dany, de Béchir Gemayel, chef des Phalanges, et de son bras droit Émile Farah. Tout ce beau monde serait arrivé à Jérusalem, le 27 novembre, par un hélicoptère qui se serait posé, en pleine nuit, sur le toit de la Knesseth, le parlement israélien.

Tout cela, Hidar le savait déjà, par Tchebrikov. Mais il vient d'en découvrir la source et cette nouvelle inattendue le réjouit. Il trouve en effet amusant qu'un espion soviétique sévisse dans l'ombre de Benjamin Ben Eliezer, son vieil adversaire, acharné, depuis tant d'années, à contrecarrer ses initiatives au Proche-Orient.

La voix de l'homme aux yeux rouges grince à nouveau :

— Le 12 janvier 1982, le général Sharon, ministre israélien de la Défense, se rendra à Beyrouth. Il prévoit d'y établir, en compagnie de Béchir Gemayel, les plans d'une invasion du Liban.

Pourquoi lui dit-il tout cela ? parce qu'il a mission, à partir de là, d'élaborer avec les dirigeants palestiniens une stratégie de riposte. Mieux : il est chargé de favoriser, en échange de livraisons d'armes et d'une aide diplomatique, la réintroduction de l'Union soviétique dans la région. Il pourra compter, dans sa tâche, sur l'assistance d'un certain nombre d'agents locaux. Mais aussi sur l'aide des services spéciaux syriens. La mission est délicate, avertit-il. Elle ne pouvait être confiée qu'à un homme extrêmement sûr. Et c'est pourquoi on a, tout naturellement, pensé à lui...

Hidar arrive à Beyrouth, à l'aéroport de Khaldé, presque désert, le 10 décembre 1981, à 15 h 40. Une vieille Chevrolet américaine stationne au bout de la piste. Bassam Abou Charif l'attend.

— Tu es venu me chercher seul, sans protection ? demande-t-il en l'embrassant.

— Il ne peut plus rien m'arriver, répond Bassam, en ricanant et en montrant du doigt son visage défiguré.

Puis, devant l'air légèrement horrifié de Hidar :

— Ce n'est pas joli joli n'est-ce pas ? Que veux-tu : une bombe envoyée par la poste qui m'a explosé entre les mains. C'est comme pour Kanafani... Nos amis accusent les Israéliens, les Israéliens les Jordaniens et les Jordaniens Abou Nidal... Va savoir où est la vérité. Ce que je sais, moi, pour l'instant, c'est qu'il faut que je me réhabitue à ma nouvelle gueule.

Les deux hommes montent en voiture. Le chauffeur, un jeune feddayin en tenue de combat, démarre en trombe, sans se retourner. Et la Chevrolet arrive vite dans ce Beyrouth de fureur et de bruit qui ressemble si peu, tout à coup, au pur joyau d'Orient fleurant bon l'odeur des beignets, le parfum d'épices et de bonheur qu'il avait, avec Olga, si joyeusement humé. Ce ne sont partout que ruines. Champs labourés d'obus. Destructions. Désolations. Et, dans le lointain, une rumeur de canonnade qui fait sursauter Hidar.

— C'est comme ça tout le temps, dit Bassam en posant amicalement la main sur le genou de son compagnon. Ça vient des environs du musée, dans la rue de Damas là où les milices chiites tentent de repousser l'armée libanaise...

La voiture prend la direction de la corniche. Mais, tout de suite, après le stade, elle oblique dans la rue Mar Elias. C'était autrefois un quartier animé, plein de vie. Il paraît maintenant délaissé, ravagé. Ce ne sont partout que maisons éventrées, carcasses de camions, voitures criblées de balles et aux pneus crevés, abandonnées au bord du trottoir. La Chevrolet, après quelques minutes d'un véritable gymkhana entre les épaves et les ruines, pénètre enfin dans une cour et s'arrête. C'est une bâtisse à peu près intacte dont les murs et les fenêtres sont protégés par des plaques de métal et des remparts en parpaings maçonnés. Plusieurs hommes armés sont là. D'autres quittent la maison. Une sorte d'officier s'avance et vient à leur rencontre :

— Tu vas rencontrer Abou Iyad, dit Bassam, puis on t'emmènera à l'hôtel.

— Au Saint-Georges ?

Bassam le regarde avec ce mélange d'ironie et de tendresse qu'on a pour un enfant qui prétend enfermer la lune dans un seau d'eau :

— Comment, le Saint-Georges ? Ce quartier n'existe presque plus...

Et, l'entraînant dans l'escalier :

— Tu logeras à l'hôtel Alexandre, à Beyrouth-Est, du côté chrétien. Tu pourras ainsi examiner, dès demain matin, le terrain d'atterrissage du général Sharon, près de Jounieh, ainsi que la maison où doit avoir lieu la rencontre avec Béchir Gemayel.

Ils sont déjà au troisième étage et Bassam l'introduit dans une pièce spacieuse mais sombre où crépite une machine à écrire. Abou Iyad est là, qui lui tend les bras, lui offre rituellement du thé et commente avec lui les tout derniers épisodes de l'interminable bataille de Beyrouth. Le soir venu, on se quitte. Les amis palestiniens lui affectent deux anges gardiens. L'un est un Palestinien d'une cinquantaine d'années, un peu gras, au front dégarni et à l'œil légèrement globuleux. L'autre, d'une quinzaine d'années plus jeune, tout petit bonhomme au verbe rapide et au geste précipité, est apparemment un chrétien libanais. Le Palestinien se nomme Jael el-Ardja ; le Libanais Joseph Houbeika.

— Avec ces deux-là, tu ne seras pas perdu à Beyrouth, lui dit Bassam.

Et Joseph Houbeika, quand ils ont pris place dans la grosse Renault, propre et bien entretenue, qu'on a mise à leur disposition :

— Ne t'en fais pas. Je connais la route comme ma poche. Je pourrais t'y conduire les yeux fermés.

Paris, décembre 1981

Ma tante Regina ne me téléphonait jamais. Aussi fus-je certain, dès que j'entendis sa voix, que quelque chose de très grave venait de se produire.

— Que se passe-t-il ? demandai-je.

— Oh ! fit-elle d'une voix étouffée par la distance et les larmes. Anna-Maria a été enlevée.

— Anna-Maria ? Comment ça ? Quand ?

— Hier... Tout le monde en avait après elle, la pauvre petite ! Ses anciens amis, la police, les fascistes... Je l'ai cachée au domicile de la veuve du docteur Longer. Tu te souviens de lui, hein ? Je croyais que personne ne penserait à la chercher chez une vieille Juive. Mais voilà...

— Voilà quoi ?

— Hier matin, Mario, son ami, est venu. Lui non plus ne savait pas où elle se cachait. Il était dans tous ses états, Mario. Il était venu pour me dire que les *compañeros* avaient découvert la cache d'Anna-Maria et l'avaient dénoncée aux fascistes. Je n'ai même pas eu le temps de faire une crise cardiaque. Je lui ai dit : Viens ! Mais imagine-toi qu'il n'y avait pas un taxi libre dans toute la ville. Nous avons été obligés de prendre le « subté », le métro. Quand nous sommes arrivés avenue

Pueyredon où habite la veuve Longer, quatre malabars en civil poussaient Anna-Maria dans une Ford noire. Elle se débattait, la pauvre petite ! Comme elle se débattait ! Mais personne n'intervenait. Ici, tout le monde a peur. Je me suis mise à crier. Trop tard. Martin est allé à la police qui a promis de s'en occuper. Mais Mario dit que seule la pression de l'étranger pourrait encore sauver Anna-Maria, ma petite-fille. Alors, je te téléphone.

Dona Regina se tut. Je n'entendis plus que ses sanglots. Que lui répondre ? Comment la rassurer ? Quoi lui promettre surtout ? Je restai moi aussi silencieux, réfléchissant à toute vitesse :

— C'est terrible, dis-je enfin... C'est terrible...

Ce qui était terrible, c'était cette disparition. Mais c'était aussi que ma vieille tante, la seule survivante de la génération d'Abraham, la seule à avoir été épargnée par le déferlement du fascisme en Europe, soit rattrapée, elle aussi, par le fascisme argentin. Je restai de longues secondes à regarder au plafond. Incapable de faire le moindre geste. De prendre la moindre décision. De prononcer, même, le moindre mot. Éduqué dans une certaine idée du bien et du mal, j'avais fait mienne une espérance insensée : que la lumière triomphe de l'opacité du mal, que le genre humain aille de progrès en progrès. Vaincu, le nazisme disparaîtrait — ce nazisme au nom duquel deux soldats m'avaient saisi un jour et avaient lancé à ma mère : « Dites-nous où se cache votre mari et nous vous rendrons votre fils ! » Je ne savais pas, en ce temps-là, que l'ombre masquerait pour toujours la lumière, que le nazisme s'était incrusté en chacun de nous, que la vie avait perdu sa valeur absolue pour ne devenir qu'une monnaie d'échange. A présent, je le saisis. J'étais en train de le comprendre, là, au téléphone, en parlant avec la vieille dona Regina. L'idée me répugnait, mais laissait aussi une chance : « s'ils avaient voulu tuer Anna-Maria, ils l'auraient déjà fait », me dis-je. Et, aussitôt terminé mon échange avec ma tante, je me mis à téléphoner. J'appelai d'une manière fébrile, en chargeant chaque appel de tous le poids de mon espoir et de ma foi. La Présidence de la République française... Le Président de la Commission du Sénat américain... Le Président du Parlement européen... Des hommes politiques... Des ambassadeurs... Des amis qui connaissaient des hommes politiques... Des personnalités influentes en Amérique latine... Des amis d'amis... A 2 heures du matin, épuisé, je me retrouvai à nouveau seul. Ne sachant pas quoi faire de plus. Impuissant ? Oui, impuissant. Honteusement, scandaleusement impuissant. Je sentais le temps s'écouler : j'avais envie de l'arrêter. Je sentais l'angoisse monter : j'avais envie de crier. A l'aube, n'y tenant plus, je me mis à ma table de travail, balayai d'un revers de la main les dizaines de feuillets noircis, annotés, plusieurs fois corrigés et rédigeai un appel en faveur d'Anna-Maria. Il parut deux jours plus tard en France, puis aux États-Unis. Avais-je su faire partager ma rage ? Avais-je eu assez de force de persuasion, assez de talent pour le faire comprendre ? Évidemment non. Car le 7 avril 1982, deux jours après le début de la guerre des Malouines, je reçus un coup de téléphone de mon cousin Martin, de Buenos Aires. C'est un homme brisé qui me parle. Un homme hoquetant, sanglotant, dont j'ai peine à comprendre, sur l'instant, ce qu'il me dit. Le corps de sa fille, me raconte-t-il, a été déposé, pendant la nuit, devant la porte de dona Regina. Celle-ci a eu un malaise et se trouve à l'hôpital.

Comment dire mon désarroi à cette nouvelle ? Mélange de stupeur, d'horreur, de haut-le-cœur. Incrédulité aussi. Sentiment que c'est impossible, que ce genre de tragédie n'arrive qu'aux autres. Et puis une espèce de nausée à l'idée de ce livre absurde qui me semble si léger, tout à coup, si vain, face à la mort d'une jeune fille. Le lendemain, ma décision était prise : je me rendais chez mon éditeur pour lui annoncer que je renonçais à achever ces *Fils d'Abraham*. Il tenta de me fléchir, bien sûr. Il m'expliqua que ne pas partager une histoire d'homme avec les hommes, c'est trahir l'humanité. Rien, pourtant, n'y fit. Dès mon retour à la maison, je me mis à ranger dans des cartons, mes notes, mes fiches, mes photos. Parfois un mot, une phrase, un paragraphe attiraient mon attention et je me surprenais à me lire avec curiosité, étonnement, amitié. Qui a dit qu' « on n'est pas obligé d'achever l'œuvre mais qu'on n'est pas libre de s'en désintéresser ». Je me sentais comme un automate, en tout cas. Étranger à moi-même, à mon entreprise, à ma mémoire. C'est dans cet état, la gorge, les yeux, le corps et la tête pleine de sanglots que j'appris, une semaine plus tard, la mort de dona Regina.

44.
Beyrouth
AVANT LE SIÈGE (2)

Décembre 1981

Le soleil se lève juste. Il est bien rond. Bien blanc. Il fait encore frais, mais l'hôtel et la rue sont déjà pleins d'hommes affairés ou de miliciens armés. Au loin, le canon gronde. A la table voisine, un moine maronite qui prend son café leur demande l'heure. Et, comme il les voit répondre, il s'enhardit à leur demander d'où ils viennent. Le nom de Houbeïka lui dit quelque chose. L'accent de Hidar le trahit. Aussi se présente-t-il lui aussi. C'est un chrétien habitant Tunis. Son œil vide, là, à gauche, c'est un éclat d'obus qui l'a rendu aveugle. Il parle de la guerre et de la misère. Il accuse les Palestiniens et les Syriens qui ont enseveli des milliers de chrétiens sous les décombres de Zahlé. Des illuminés, des estropiés, des religieux de toutes sortes ne manquent pas en Orient et Hidar en a l'habitude. Pourtant, ce moine-ci dont la voix semble sortie d'un autre corps et les paroles venues d'un autre temps, l'impressionne vivement ; et c'est pourquoi il décide d'abréger son petit déjeuner et de prendre aussitôt la route.

L'odeur de cendre froide d'un incendie éteint durant la nuit au bout de la rue Achrafieh, flotte encore dans l'air. Il respire bien fort cette odeur de ville en guerre, mise à sac, livrée aux flammes et aux tueurs. Et c'est vrai que, fouillant du regard la foule tumultueuse, si familière et pourtant si distincte, ces hommes agités et ces femmes inquiètes aux visages pâles, impudemment ravivés d'un trait de crayon noir autour des yeux, il a peine à ne pas se sentir incroyablement étranger. Quelqu'un avec qui partager ce vertige, cette distance ? Il ne rencontre qu'un regard complice : celui d'un vieux boutiquier juif avec sa calotte ridicule sur son crâne ratatiné. Et c'est plein d'amertume qu'il monte dans sa voiture et prend la route.

Pendant le voyage il reste pensif, laissant Jael el-Ardja raconter les splendeurs de l'Amérique latine à Joseph Houbeïka, qui n'a jamais quitté le Liban. A dix-huit kilomètres de Beyrouth, quelques centaines de mètres après la flèche indiquant le chemin menant à Antoura par Ghadir, la route fait un brusque coude vers la droite et Hidar découvre Jounieh. Mais Joseph, qui conduit, n'emprunte pas ce chemin. Il prend, à gauche, une petite route qui longe le village, aboutit rapidement à un champ à la terre desséchée et arrête la voiture.

— C'est ici, dit-il, que l'hélicoptère se posera.

Et, montrant en contrebas le toit d'un bâtiment :

— C'est le couvent de Sarba. Au-dessous, au bord de la mer, en descendant quelques gradins, se trouve un ancien caveau où la réunion aura lieu. Venez !

Sur le chemin du retour, Jael el-Ardja paraîtra agité, presque fiévreux. Visiblement, l'idée d'avoir à sa merci, en même temps et à la fois, le ministre de la Défense israélien et le chef des Phalanges, l'excite et le comble de joie. Cette joie impudique irrite Hidar et lui donne soudain l'envie d'humilier cet imbécile. Il demande :

— Pourquoi l'attentat contre Ben Gourion a-t-il raté ?

Le Palestinien ne se démonte pas.

— Bonne question, dit-il, en se tournant vers Hidar qui, pour des raisons de sécurité, est assis sur la banquette arrière. Je me la suis posée aussi. Au début, j'ai pensé qu'il y avait un traître parmi les dirigeants du Front. Et je me suis même dit, tu me pardonneras ma franchise, que ce traître pouvait être toi. Aujourd'hui, je crois m'être trahi moi-même, bêtement, dans un avion, en parlant à un médecin juif.

Il hausse ses épaules dans un geste de fatalité.

— Cela devait certainement se passer ainsi. Ce qui est écrit est écrit.

— Un médecin juif ? insiste Hidar.

— Eh oui ! J'avais oublié que les Juifs étaient prompts à la déduction et qu'ils étaient tous sionistes. J'avais demandé à ce médecin s'il connaissait Ben Gourion. Je lui avais aussi parlé de Lima, et, comme la presse avait annoncé le voyage de Ben Gourion au Pérou, il a dû établir un rapprochement et aura prévenu le Mossad. Les Juifs sont très forts en calcul.

— Tu accordes aux Juifs plus d'intelligence qu'ils n'en ont, observe Joseph. Cela dit, tu t'es conduit comme un con.

— Peut-être, fait Jael el-Ardja. Mais le destin a rétabli les choses. Il est dit dans le Coran que l'homme porte son destin attaché au cou. Ce médecin a été tué à Zarka.

Hidar sursaute et doit faire un effort pour retrouver son calme.

— Tu étais à Zarka ? demande-t-il.

— Ah non ! Je ne suis pour rien dans la mort de ce Juif. Le destin s'en est chargé.

Et, se tournant vers Joseph :

— N'est-ce pas chez vous, les chrétiens, que l'on dit : « Va où tu veux, meurs où tu dois » ?

La voiture, pendant ce temps, est arrivée à Beyrouth. Et Hidar ne tarde plus à être rendu au lieu de la réunion. Une vingtaine de personnes sont là. C'est la même pièce que celle où Hidar a rencontré, le jour de son arrivée, Abou Iyad. Ils sont tous là, autour de trois tables couvertes de nappes blanches. Certains boivent du vin ; d'autres de l'orangeade ; il y a de la pita, des salades orientales ; quelques-uns se délectent de gâteaux aux amandes, à la pistache et au miel. Les deux portes-fenêtres étant bouchées avec des sacs de sable, la pièce est éclairée par quatre spots puissants. Il y a là Abou Iyad, un peu empâté, Abou Jihad, le chef militaire du Fath, Abou Abbas, l'air réjoui, Bassam Abou Charif caché derrière ses lunettes noires. Et bien d'autres que Hidar ne connaît pas.

Le Tunisien souffre de sa jambe. Sa chaussure orthopédique l'incommode. Il s'assied près de la porte et reste un long moment, planté là, à regarder de loin ses camarades. Que lui arrive-t-il ? Il sent un douloureux travail qui s'accomplit en lui. C'est comme des doutes. Une incertitude obscure. Cette réunion lui en rappelle une autre, presque semblable, douze ans plus tôt, avant l'opération en Jordanie. Cette opération qui avait coûté la vie à des dizaines de milliers de personnes — dont le cousin d'Olga... Hidar remarque, sous une carte géante de la Palestine, Jael el-Ardja en conversation avec Abou Abbas. Il les voit rire, se servir du vin. Il repense à ce Sidney dont la mort le fait souffrir et lui fait honte. Il repense à Hugo et à l'énigme impénétrée de son assassinat. Ne dit-on pas, chez les Arabes, qu'on ne répète pas l'appel des muezzins pour les sourds ? Il sait, lui, ne pas avoir droit au doute. Il a été envoyé en mission par les Soviétiques, chargé d'une tâche complexe et doit tout faire pour qu'elle s'accomplisse... Loin du sentiment ! Au diable les états d'âme !

Deux feddayin, pendant qu'il réfléchissait, ont débarrassé les tables. Une vieille femme a apporté, sur un plateau en plastique noir décoré de grosses fleurs rouges, une vingtaine de tasses blanches, remplies de café, et la réunion a vraiment commencé.

— Alors ? a demandé Abou Iyad, en se tournant vers lui.

Ses joues rondes, son front dégarni et le col de sa chemise blanche ouvert sous un pull gris lui donnent l'air d'un quelconque acheteur d'agrumes.

— Nous avons visité les lieux, reconnaît Hidar. Un attentat est envisageable, même si nous ne connaissons pas les précautions prises par les chrétiens. Cependant...

Son visage se durcit. Il devient blême et martèle la fin de sa phrase :

— Je suis résolument contre.

La voix de Jael el-Ardja semble sur le point d'exploser :

— Absurde !

— Pas si absurde que ça, répond Hidar calmement. La ruse de qui est sans ruse, c'est la patience.

Il explique longuement sa position. Les Israéliens vont envahir le Liban vers le mois de mai ou dans le courant du mois de juin. Les renseignements reçus à Moscou, de source sûre, l'attestent. L'objectif de cette invasion sera de détruire toutes les bases palestiniennes dans le pays. Il est donc urgent pour les Palestiniens de préparer leur défense. Tuer Sharon n'arrêtera pas la guerre, mais la précipitera. La mort de deux hommes réunis pour parler de la paix n'empêchera pas l'intervention des Hébreux mais la justifiera aux yeux du monde. Quant à Gémayel, sa mort ne peut que provoquer une vendetta sanglante qui plongera le pays dans une guerre fratricide et, là encore, ne pourra que profiter à Israël et à la Syrie. Bref, il propose de préparer, dès à présent, les feddayin à la résistance urbaine. Moscou leur fournira l'armement nécessaire et il suffira, alors, de laisser les Israéliens s'embourber. Si Beyrouth devient un nouveau Stalingrad, les chrétiens, avec ou sans Béchir Gémayel, ne s'engageront pas dans la bataille. Certains par prudence, d'autres par peur...

Un silence gêné accueille ces paroles. Tous le regardent, stupéfaits, peinés ou soupçonneux.

— C'est une plaisanterie, dit Abou Abbas d'une voix sourde.

Et Jael el-Ardja :

— Nous ne sommes pas des diplomates mais des soldats. Si nous nous mettons à juger et à discuter de tout, il n'y aura plus rien de sacré.

Il regarde fixement Hidar et frappant du poing sur la table :

— Rien de sacré ! Ni la Palestine, ni Beit Jalla !

Cette sortie, si déplacée qu'elle paraisse, n'en correspond pas moins à ce que tous ressentent.

— Notre rôle, c'est de libérer la Palestine et non pas de défendre les intérêts de l'Union soviétique ou même de la Syrie, reprend Abou Abbas. C'est notre devoir. Le général Sharon a les mains couvertes de notre sang...

Cet Abou Abbas, avec sa moustache tombante à la cosaque et son pathos ridicule, devient bien agaçant. Aussi est-ce à Jael el-Ardja que Hidar préfère s'adresser :

— Si tu veux te battre, tu en auras bientôt l'occasion.

Et, en regardant à la ronde :

— Pensez-vous être en mesure d'affronter l'armée israélienne ? Avez-vous une stratégie ? des armes ? Si c'est ce que vous pensez, alors mon opinion et mon aide ne vous serviront à rien. Tuez donc Sharon et Inch Allah !

Il fait le geste de se lever, puis se ravise :

— N'oubliez pas que vous n'avez ni missiles antiaériens, ni...

Il ne finit pas sa phrase car tout le monde s'est mis à parler à la fois. Un feddayin barbu, aux lunettes fines, l'air d'un intellectuel plutôt que d'un guerrier, et qui est le responsable militaire d'El Fath pour la ville de Beyrouth, se lève et, ouvrant les bras comme un prêcheur s'adressant à ses paroissiens, demande à Hidar de bien vouloir se rasseoir :

— Je respecte ton opinion, dit-il. Mais j'aurais aimé...

On l'écoute avec attention :

— Nous aurions aimé que tu précises ta stratégie. Que tu nous dises plus clairement quelle serait l'aide soviétique en cas de siège de Beyrouth.

La réunion se prolongera tard dans la nuit. Au moment de se quitter, Bassam fait valoir que traverser la ville en pleine nuit est dangereux. Aussi propose-t-il à Hidar un matelas dans la pièce à côté. Mais le Tunisien a besoin d'air. Il descend dans la cour, remplie de sacs de sable et où des hommes en armes font fonction de vigiles. Il fait quelques pas pour se dégourdir les jambes. A gauche, l'ombre ; à droite, le sol luisant de pluie qui brille à la lumière de la lune. Il s'apprête à remonter lorsqu'il sent qu'on lui touche l'épaule. Il se retourne et reconnaît Jael el-Ardja.

— Je sais qu'on me tient pour un sale type, fait celui-ci doucement, et peu m'importe... Je ne veux connaître que ceux que j'aime et quand j'aime quelqu'un, je lui suis fidèle. Oui, j'ai deux ou trois amis parmi lesquels je suis prêt à te ranger : les autres, vois-tu, je m'en fous. Presque tout le monde est nuisible, surtout les femmes...

Il a un geste de mépris. Et touchant à nouveau l'épaule de Hidar :

— Crois-moi, si tu tiens à la vie, ne fais pas tout ce qu'on te dit à Moscou ou ailleurs... Mais tu ne me comprends pas...

— Mais si, je te comprends, fait Hidar, un peu gêné.

Et tandis que l'envahit une inquiétude diffuse, et dont il a aussitôt honte, Jael conclut — en approchant son visage tout près du sien :

— Non, tu ne comprends pas... Ce que pense le chameau n'est pas ce qui est dans la tête du chamelier... Je t'aime bien parce que tu es intelligent et que tu as su préserver, j'en suis sûr, un peu de la naïveté de ton enfance. Mais c'est justement cette naïveté-là qui risque de te perdre. J'ai connu, il y a longtemps, quelqu'un comme toi. Un enfant, lui aussi. Un naïf. Eh bien tu vois, c'est terrible : on m'a demandé, un beau matin, de le liquider. Qui « on » ? Disons tes patrons. Oui, voilà : tes chefs, tes amis. Ça s'est passé sur la route de Jérusalem. Mais lui n'était pas mon ami. C'était un Juif.

Paris, mai 1984

Plus de vingt ans après la mort de Hugo, j'ai encore l'impression de poser mes pas dans les siens. Et c'est ainsi que, sitôt achevée la rédaction du chapitre « Beyrouth avant le siège », j'ai reçu une lettre de Bassam Abou Charif, m'invitant à Tunis où, après l'évacuation des Palestiniens du Liban, leur Centrale s'était installée.

Car résumons : le 6 juin 1982, en représailles à l'assassinat du diplomate israélien Yaacov Bar Simon-Tov, à Londres, l'armée israélienne, comme Hidar l'avait prévu, envahit le Liban.

Le 23 août de la même année, Béchir Gemayel devenait le 13ᵉ Président du Liban. A peine deux jours plus tard, une force multinationale d'interposition réunissant les Français, les Américains, les Italiens et les Anglais se déployait à Beyrouth, dont l'armée israélienne faisait le siège depuis deux mois. Cette force d'interposition devait aider à l'embarquement d'Arafat et de ses troupes vers Tunis. Le 14 septembre, Béchir Gemayel était enseveli sous les décombres du quartier général des Phalangistes, à Ashrafieh, victime d'une bombe syrienne. Le 16 septembre, un groupe de Phalangistes dirigé par Eli Houbeïka, le frère de Joseph, organisait un massacre dans les camps palestiniens de Sabra et Chatila. Une commission d'enquête fut aussitôt constituée en Israël. Elle publia son rapport le 7 février 1983. Celui-ci confirmait que le massacre avait été commis par les Phalangistes, mais accusait le ministre de la Défense d'Israël, le général Sharon, d'avoir mésestimé l'éventualité de représailles contre la population des camps de réfugiés en y laissant pénétrer les Phalanges. Le général Sharon démissionna. Le général Joshua Saguy, chef de l'Aman, le service de renseignements de l'armée israélienne, fut démis de ses fonctions : le rapport que Benjamin Ben Eliezer avait établi, avec l'aide d'Arié, sur la stratégie conçue par Hidar Assadi et approuvée par les Palestiniens, leurs prévisions quant aux massacres que les Israéliens ne pourraient pas empêcher, n'avaient même pas été examinés et encore moins pris en compte. Le 3 avril 1984, enfin, Chafic Wazzam, le Premier ministre libanais, accueillait officiellement, et avec beaucoup de déférence, l'envoyé spécial du gouvernement soviétique Karen Brutens.

J'arrivai, moi, à Tunis le 4 mai 1984, très tôt le matin. L'aéroport d'El-Aouïna n'avait rien à voir avec ceux du Caire et de Beyrouth. C'était un aéroport intime, familial, rappelant ces aéroports provinciaux dans les toutes petites villes de Milwaukee. Seul le parfum différait. Ici triomphait le jasmin, que des vendeurs de dix ans proposaient aux voyageurs. Les fleurs étaient enfermées dans un corset de fil à coudre pour qu'elles ne s'éparpillent pas.

Un jeune Tunisien brandissait un carton sur lequel était inscrit mon nom. Il s'appelait Salem et était envoyé par Basam Abou Charif. Il me déposa à l'hôtel Africa-Méridien, avenue Bourguiba, et s'éclipsa aussitôt. Un petit mot de Bassam me conviait à un déjeuner dans un restaurant, à quelques kilomètres de Tunis. On viendrait me chercher en voiture. Et, en attendant, je n'avais pas autre chose à faire que de déambuler dans la direction de la medina au milieu d'une foule partagée entre l'insolence et la bonne humeur.

Me souvenant de la lettre de Hugo, je décidai de jouer à marcher sur ses traces. Je regrettais de ne pas avoir pensé à emporter son carnet avec moi, au moins à recopier tous les noms arabes qui s'y trouvaient. Mais enfin, j'avais tout de même ma mémoire. Et puis mon instinct qui me disait que je touchais peut-être au but et qu'en marchant, en me laisant aller, je découvrirais quelque chose.

Une voiture vint me chercher à l'heure prévue. La Marsa, à deux kilomètres de Sidi-Bou-Saïd, est un village touristique, édifié à l'emplacement de Mégara. « C'était à Mégara, faubourg de Carthage, dans les jardins d'Hamilcar... » En l'occurrence, c'est Bassam Abou Charif qui m'y attendait — seul à une table basse, chargée de salades, sous les portiques du Café Saf Saf, près de la mosquée. Dans la cour, une étonnante machine élévatrice en bois, actionnée par un chameau qui tournait inlassablement autour d'un puits, recueillait l'eau dans des cruches en terre fixées à une roue.

— Tant d'années ! s'exclama Bassam en anglais, en me serrant la main.

Il avait énormément changé. Son visage, opéré après l'attentat, avait perdu sa finesse. Des lunettes cachaient ses yeux. Il avait grossi. Et pourtant, son sourire était toujours le même, engageant, fraternel.

— Alors, la paix c'est pour quand ? me demanda-t-il.

— J'espérais que tu me le dirais...

Un serveur nous apporta du thé à la menthe.

— Les dirigeants israéliens n'ont toujours pas l'air décidés... reprit-il.

Je l'interrompis :

— Écoute, laissons la propagande de côté. Tu le sais aussi bien que moi, quatre cent mille Israéliens sont descendus dans la rue pour protester contre la guerre du

Liban. Les manifestants représentent à eux seuls dix pour cent de la population du pays. Ils seront deux millions pour éclamer les négociations avec vous, si Arafat annonce publiquement la reconnaissance d'Israël, l'arrêt des actions terroristes et l'abrogation de votre Charte qui prévoit la disparition de l'État juif.

— Attends, attends, fit Bassam en souriant. Tu vas trop vite.

— Trop vite ? Tous ces morts ne te suffisent donc pas ? Et toi, regarde-toi...

— Ne parlons pas de moi, veux-tu ? On ne fera pas la paix rien que pour moi...

— Non, mais on la fera sûrement pour que d'autres ne connaissent pas ton sort.

— Et tu penses que les Israéliens ont déjà tout fait pour favoriser la paix ?

— Non. Mais j'ai assez critiqué leur immobilisme, leur manque d'imagination, pour me permettre de dénoncer le vôtre.

Il se détendit brusquement. Un sourire familier éclaira son masque :

— Alors, calmons-nous. Je ne t'ai pas demandé de venir à Tunis pour me disputer avec toi...

Il pensait, en fait, comme moi, que les Palestiniens devaient préciser leurs objectifs. Il comprenait la crainte des Israéliens. Aussi avait-il préparé un texte qu'il voulait me lire avant de le rendre public.

C'était un document courageux qui proposait aux Israéliens des négociations directes. Mais il n'évoquait ni l'arrêt du terrorisme, ni l'abrogation de la Charte. Je le lui fis remarquer.

— Mais si nous acceptions des négociations avec les Israéliens, c'est que la Charte ne compte plus !

— Alors, dis-le ! Et le terrorisme ? Que dis-tu du terrorisme ?

— Ça ne dépend pas que d'Arafat !

— Alors, à quoi servira ton texte ?

Nous discutâmes longtemps. Il prit des notes. Il m'expliqua, non sans raison, qu'un document qui me satisferait tout à fait ne pourrait être publié avant longtemps. Et puis il exprima le désir que je reste à Tunis deux jours de plus pour rencontrer Arafat dont le voyage à Bagdad s'était prolongé. Je déclinai son invitation en arguant que mon livre m'attendait à Paris. Il m'interrogea sur son contenu et parut très surpris que j'y parle de lui. Il m'affirma n'avoir jamais entendu le nom de Hugo. Nous évoquâmes Kanafani et notre rencontre de novembre 1969, à Beyrouth.

— *A long time ago, a long time ago,* répéta-t-il, songeur.

— Et les choses n'ont toujours pas évolué, ajoutai-je.

— Je m'y emploie pourtant, dit-il, en posant la main sur mon bras.

— Tu n'as pas peur ?

— De quoi aurais-je peur ?

Il leva les mains comme s'il allait y cueillir son visage :

— Peur de perdre encore une fois la face ?

Et, content de son jeu de mots, il éclata de rire.

J'arrivai en taxi à Hammam-Lif, vers 5 heures de l'après-midi. La foule bigarrée se déversait, par vagues, sur les plages. Je demandai à un passant le chemin de la synagogue. C'était un vieil Arabe barbu dont le large caftan blanc cachait la maigreur. Il se proposa de m'y emmener. Le bâtiment marqué d'une étoile à six branches se trouvait à l'angle de la rue du Théâtre et de la rue d'Alger. Des planches en bois condamnaient l'entrée et les fenêtres. Le vieil Arabe avait l'air désolé :

— Il n'y a plus de Juifs à Hammam-Lif, expliqua-t-il.

— Plus du tout ?

Il réfléchit un moment et son visage s'illumina. Si, si... En cherchant bien... Il y en avait peut-être un... Un infirme... Oh ! on ne sait pas grand-chose de lui, sinon qu'il a les jambes paralysées, qu'il s'appelle Samuel et qu'il habite là, avenue Bou Kornine, au fond d'une impasse obscure.

Nous y allâmes. Mon guide frappa à une fenêtre fermée. Une tête apparut. C'était lui, Samuel. Visiblement, il dormait. Apprenant la raison de ma visite, il promit de nous rejoindre au café Benayed, à deux pas de chez lui, près de l'hôtel Zéfir et arriva en effet une quinzaine de minutes plus tard, traînant ses jambes inertes à l'aide de deux béquilles. Il me raconta son histoire. Tunis... L'accident... Pourquoi il n'avait pas eu le courage de suivre sa famille en Israël... Son père, vieux et malade, qui ne voulait mourir nulle part ailleurs qu'ici à Hammam-Lif.

— Son nom ?

— Taïeb.

Je fus étonné de ne pas être surpris. Mais ne savais-je pas, depuis mon arrivée, que je m'introduirais, à un moment ou à un autre, dans le récit d'Hugo ? Samuel se souvenait parfaitement de mon cousin. Son père aurait pu me donner plus de détails, mais j'étais arrivé six mois trop tard... En revanche, il se souvenait très bien que Hugo avait des amis arabes. Un médecin, Jemil el-Okby, par exemple... Assadi, aussi. Le vieux Marwan Assadi, très actif dans le Néodestour, le parti de Bourguiba, et dont la famille s'était dispersée... Hidar, son fils, venait de temps en temps se recueillir sur la tombe de son père. Hugo, de même, était revenu après la guerre et il envoyait toujours des vœux pour la Nouvelle Année juive, depuis New York. Samuel était triste d'apprendre sa mort. Mais la mort ne l'impressionnait plus : il vivait avec elle depuis trop longtemps. Il me cita l'Ecclésiaste : « Quel avantage revient-il à l'homme de toute la peine qu'il se donne au soleil ? Une génération s'en va, une autre vient et la terre subsiste toujours. »

Il se leva. J'avais interrompu sa sieste. Il allait se

recoucher. Mais, au moment où il avança ses béquilles, son visage s'anima et donna tous les signes de la plus extrême surprise :

— Regardez, dit-il, à mi-voix... C'est lui... C'est le fils Assadi...

Je me levai à mon tour. Et, sidéré, n'en croyant pas mes yeux, je reconnus en effet Hidar qui traversait la rue et venait lui aussi de m'apercevoir.

— Que faites-vous ici ? demanda-t-il sans chercher à dissimuler sa surprise.

Et aussitôt, de l'air cynique et malin de celui à qui on ne la fait pas :

— Hugo, hein ?

Son visage d'oiseau était bruni ; ses cheveux me parurent presque blancs ; et je le trouvai plus beau qu'à Beyrouth.

— Vous, les Juifs, vous êtes un drôle de peuple, me dit-il. Vous ne cessez jamais d'interpeller votre passé.

— Et vous ? N'êtes-vous pas ici à cause du passé ?

— Oui. Je suis venu rendre hommage à la mémoire de mon père. Mais je n'interroge pas les morts. Ce qu'il a fait ou ce qu'il aurait pu faire ne m'intéresse pas.

Il aperçut Samuel et, d'un air un peu méprisant, le salua. Puis, se tournant à nouveau vers moi :

— Vous restez à Hammam-Lif ?

— Non, je rentre à Tunis.

— Vous êtes en voiture ?

— Non.

Il leva les bras au ciel, d'un geste indéfini qui pouvait être de bienvenue autant que de fatalité et dit :

— Alors, venez, je vous emmène.

45.

New York-Moscou-Tel-Aviv
« ACHILLE LAURO »

Octobre, 1985

Depuis la disparition de Sidney, Jérémie Cohen est envahi par la mauvaise conscience. Il a beau se dire qu'il n'est pour rien dans ce voyage à Francfort, que l'avion de la TWA, détourné par les Palestiniens, n'allait même pas à Beyrouth et que le terrorisme fait de toute façon partie du destin que l'on rencontre, à chaque pas, sur son chemin, il se sent responsable, en partie du moins, de sa mort.

Est-ce pour cela qu'il voit si souvent Marjory ? Et Richard ? Est-ce la raison, surtout, qui fait qu'il s'est lui-même assagi, troquant sa vie de libertin contre une charmante « Dorothy », d'une vingtaine d'années plus jeune que lui, qui est comme un fabuleux miroir devant lequel il gomme ses propres rides et ses cheveux blancs ? Elle aurait pu être très belle avec des hanches moins larges et un regard plus subtil. Mais il est heureux avec elle et songe sérieusement à l'épouser.

On est au début du mois de mai 1985. New York sent le printemps. En quittant l'hôpital, Jérémie traverse, de sa démarche dansante, la Troisième Avenue, puis Lexington et, en arrivant à Park Avenue, il oblique à gauche. Malgré la brûlure de la sciatique qui lui torture, depuis quelques temps, la hanche, il a une furieuse envie de marcher. L'après-midi est chaud. Mais une petite brise fraîche, venue de la mer, lui caresse agréablement le visage. Décidément, le mois de mai à New York est fait pour la promenade ! Dans la 59e Rue, il prend la direction de Central Park. En face de l'hôtel Plazza, au milieu d'une foule de curieux, deux chanteurs de folk-song pincent les cordes de leurs guitares. Le Central Park South est rempli de flâneurs et ses narines exercées sentent même l'odeur de la bouse de cheval : les premiers touristes qui font leurs balades en calèche !

En descendant la Cinquième Avenue, il s'arrête devant la vitrine de la librairie Doubleday, note que le dernier livre de Judith Krantz est paru et se demande s'il ne va pas finir par héler un taxi. Oui ? Non ? Tout bien pesé, non. Il a besoin de réfléchir. Dorothy lui a, en effet, annoncé la veille qu'elle était enceinte et il a toujours aimé réfléchir en marchant. Près de Rockefeller Center, il s'arrête à nouveau, mais cette fois devant le Centre de Tourisme italien. Il aime l'Italie. Florence... Rome... Naples... Les fresques de Pompéi... Pourquoi ne pas offrir une croisière à Dorothy avant son accouchement ? De fait, il pousse la porte. Une brochure parmi d'autres, rangée sur un présentoir, vante les croisières autour de la Méditerranée. Il la parcourt et s'arrête sur un itinéraire : Gênes, Naples, Alexandrie, Port-Saïd, Achdod, Pyrée... Naples et Israël réunis, n'est-ce pas le rêve ? N'est-ce pas, surtout, ce qu'il cherchait ? Il s'enquiert des prix, des dates de départ, de mille autres détails. Et l'idée le séduit si fort qu'il se demande même, en sortant, s'il ne devrait pas songer à associer à ce voyage Marjory et sa fille Marilyn. Dorothy les aime tant !

Cette fois, il prend un taxi. Le chauffeur, certainement un Juif russe, écoute une émission en yiddish. Lui, parcourt une nouvelle fois la brochure. Et s'ils prenaient le bateau à Naples ? S'ils prenaient le temps de visiter

Pompéi ? Et s'ils en profitaient pour descendre à Achdod et découvrir Israël ? A sa grande honte, Jérémie Cohen n'a jamais visité l'État juif !

En arrivant chez lui, son siège est fait. Son plan de voyage est prêt. Ils partiront le 5 octobre. Et l'enfant naîtra à leur retour. Le pied marin et l'âme juive : que rêver de mieux ?

En apprenant la nouvelle, Dorothy lui saute au cou.

— Comment s'appelle le bateau, Dick ? demande-t-elle, à la fin du dîner.

— L'Achille Lauro.

— Achille Lauro ? interroge Viktor Alexandrovitch Tchebrikov.

On est le 3 octobre 1985. Hidar Assadi lui a demandé au téléphone un rendez-vous d'urgence et il est arrivé à son bureau, rue Kropotkine, directement de l'aéroport.

— Pourquoi précisément l'*Achille Lauro* ? redemande Tchebrikov.

Hidar hausse les épaules. Son visage est tanné par le soleil de Tunisie. Dans le bureau, à la baie toujours cachée par une tenture, il fait lourd et il ouvre le bouton du col de sa chemise :

— Un hasard, répond-il. Depuis longtemps, Abou Abbas cherchait un moyen d'introduire quelques feddayins en Israël. Non pas dans les villages frontaliers, mais au centre même du pays. Jaël el-Ardja, qui était chargé de préparer l'opération, a pensé que la manière la plus simple était de mêler le commando aux centaines de touristes qui font le tour de la Méditerranée et visitent la Terre Sainte. Arafat était contre, moi aussi. Peut-être pas pour les mêmes raisons, mais peu importe. Et c'est ainsi que le projet *Achille Lauro* a été remplacé par une opération à Larnaca qui, le 25 septembre, a coûté la vie à trois agents israéliens. La suite, vous la connaissez : les Israéliens ont prétendu qu'il ne s'agissait pas de simples touristes et, en représailles, ont bombardé, il y a deux jours, les QG de l'OLP à Tunis.

Tchebrikov allume une cigarette :

— Vous en voulez une ?

— Non, j'ai arrêté.

— Bon, continuez ! Je vous écoute !

— Vous comprenez, Viktor Alexandrovitch : après le bombardement israélien, nos amis palestiniens sont surexcités. Agir les démange et l'opération *Achille Lauro* revient, du coup, à l'ordre du jour. Le commando recruté par Abou Abbas est toujours là. Leurs cabines sur le bateau sont réservées...

— Mais vous ne m'avez toujours pas dit votre opinion ?

— A vrai dire, j'ai peur... Je crains des bavures. Jael el-Ardja n'a pas la baraka. Quant à Abou Abbas, il est complètement irresponsable et je ne lui fais pas confiance dans le choix du commando...

Viktor Tchebrikov écrase sa cigarette à moitié consumée dans un cendrier en argent massif et lève les yeux sur Hidar :

— J'espère que vous vous rendez bien compte que la mort de touristes innocents sera dramatique pour l'image de la Centrale palestinienne...

Hidar acquiesce d'un hochement de tête. Nerveux, Tchebrikov prend une nouvelle cigarette :

— Peut-on encore annuler l'opération ?

— Impossible. Tout le monde est pour. Le bateau part dans deux jours et le commando est déjà sur place.

Viktor Tchebrikov fronce les sourcils. Il cherche des allumettes, les trouve, allume la cigarette et l'écrase aussitôt :

— Je ne vois qu'une seule solution, dit-il.

Hidar se raidit, un sourire figé sur le visage :

— Vous allez embarquer sur l'Achille Lauro et contrôler de près les agissements du commando.

— Et... balbutie Hidar. Et le billet ? Et les détails ?

— Aucun problème. Je fais prévenir notre agent à Gênes.

— A Gênes, dis-tu ?

Benjamin Ben Eliezer cligne spasmodiquement des yeux. Ce qu'Arié lui apprend le laisse perplexe : plusieurs terroristes palestiniens sont arrivés à Gênes. D'après les informations non encore confirmées des armes convoyées de Tunis à Gênes, dans une Renault rouge, sont parvenues sur le ferry *Habbib*. Étant donné qu'il n'y a aucun objectif israélien dans ce port italien, les Palestiniens visent autre chose. Mais quoi ?

— Je ne vois qu'un scénario... dit Arié à qui une double paternité avait fait perdre un peu de sa juvénilité. J'ai fait vérifier la provenance et la destination de tous les bateaux amarrés à Gênes. Un seul doit, au cours de sa croisière, faire escale en Israël. C'est un paquebot italien, l'*Achille Lauro*.

— As-tu consulté la liste des passagers ?

— Pour l'instant, rien sur la liste de ceux qui embarquent à Gênes. Une cabine a été réservée au nom de quatre hommes dont l'identité ne me paraît pas crédible. Et sais-tu qui a acheté leurs billets ? Ahel Oz, le chef militaire du FLP, affilié à la Centrale d'Arafat !

Benjamin Ben Eliezer siffle doucement entre ses dents :

— Quelle erreur !

Et, après un silence :

— Au moins, grâce à lui, la situation est claire. Les Palestiniens veulent répondre au bombardement de Tunis par un attentat à Achdod. J'espère seulement qu'il n'y aura pas d'Israéliens à bord. Nous cueillerons toute cette jolie équipe à son arrivée en Israël.

Il appuie sur le bouton de l'interphone et demande à Myriam d'entrer. La porte s'ouvre presque aussitôt. Voyant Arié, Myriam ne peut s'empêcher de le taquiner :

— Alors, Haboub, il paraît que Judith est à nouveau enceinte ? Tu tiens vraiment à accomplir la promesse que l'Eternel a faite à Abraham ?

Elle rit, contente de son bon mot. Puis, devant le regard sévère de Benjamin, lui tend un télex :

— Tout chaud. Il vient d'arriver.

Benjamin parcourt le document et le passe à Arié sans commentaire. Le télex dit que le patron du KGB à Gênes, un certain Renzo Antonioni, fait des pieds et des mains pour obtenir une cabine *single* sur l'*Achille Lauro*, qui affiche complet.

Benjamin et Arié se regardent aussi surpris l'un que l'autre.

— Qu'est-ce que ça veut dire ? demande le premier en reprenant le télex.

— Cela veut dire qu'une foule de gens s'intéressent à ce vieux bateau. Car enfin, ce billet, Renzo Chose.. ne l'a certainement pas pris pour lui-même. Sa tête est trop connue. Je vais essayer de me procurer la photo du nouveau passager. On est obligé d'en fournir deux à la signature du contrat avec la compagnie maritime...

— Fais vite. Le bateau part demain...

— Je l'aurai demain matin, répond Arié déjà dans le couloir.

Le lendemain, à 8 heures du matin, il est déjà chez Benjamin qui scrute d'un œil gourmand la photocopie qu'il a posée devant lui sur la table :

— Ce n'est pas possible ! s'exclame-t-il.

Et son regard, après avoir effleuré Arié, prend, pour revenir au document, l'expression d'étonnement et de détermination qu'il a eue, voici quinze ans, à l'annonce de l'enlèvement de Sidney :

— Décidément, il se passe quelque chose, dit-il. Si je ne me trompe pas, il s'agit de Hidar Assadi !

— Et ce n'est pas tout, fait Arié en secouant sa tête bouclée et en brandissant d'un air de triomphe quelques feuillets dactylographiés... J'ai aussi la liste des passagers qui embarqueront sur l'*Achille Lauro* à Naples.

— Alors ?

— Alors, il y a un groupe d'Américains ; et, parmi eux, imagine-toi : Marjory Halter, la veuve de Sidney, et sa fille Marylin !

— Drôle de famille ! ne peut s'empêcher de grommeler Benjamin. Toujours fourrée partout. Toujours là quand...

Mais il préfère se taire et revenir à des considérations plus terre à terre :

— Hidar les connaît-il ?

— Je ne crois pas. Mais il connaît leur nom.

— Et Marjory connaît-elle Hidar ?

— Non plus. Elle, ne connaît en revanche même pas son nom.

— Bon... Bon... C'est tout ? Ou tu as encore une bonne nouvelle à m'annoncer ?

— Il y a aussi un couple d'Israéliens qui a embarqué ce matin à Gênes. D'une manière imprévue. Deux jeunes enseignants qui ont décidé au dernier momment de regagner Israël en bateau.

— Tes Israéliens, ce sont des vrais ? demanda Benjamin, avec un sourire blasé.

— Oui, j'ai vérifié.

— Il faut les prévenir.

— Trop tard. A l'heure qu'il est, le bateau manœuvre déjà. Mais j'ai pris mes dispositions.

Benjamin fronce les sourcils et l'interroge du regard.

J'ai fait réserver une cabine, à partir de Naples, au

nom d'Angus Murdoch et dans une heure, j'aurai un passeport britannique.

Et devant l'étonnement de son patron :

— Angus Wilson et Iris Murdoch... Je les admire tous les deux. J'ai pensé à tout : Marjory et Marilyn ne m'ont pas vu depuis longtemps et tel que j'apparaîtrai, elles ne me remettront jamais.

Il sort de sa poche une moustache noire bien fournie et se la colle sous le nez. Puis il chausse une paire de lunettes cerclées de métal blanc.

— Toi, tu me reconnais ?

Puis, après avoir enlevé son déguisement.

— Hidar Assadi ne m'a jamais vu, même s'il n'ignore pas mon existence. Je pars au début de l'après-midi. Je me débrouillerai pour te tenir au courant. Cette nuit, j'ai eu le temps de bien étudier le dossier et je possède déjà la topographie du bateau par cœur. Le commandant, Gerardo de Rosa, est un vieux Napolitain. Si ça devait tourner mal, je pense qu'il m'aiderait. Mais mon plan repose justement sur l'espoir, une fois en mer, d'un contact avec Assadi. Je me méfie de mes cousines qui seraient trop heureuses de me rencontrer et se mettraient à parler, à raconter ma vie, la leur, etc. Quant aux terroristes, en apprenant qui je suis, ils risquent de s'affoler et d'essayer de me descendre. Hidar Assadi, par contre, est mon meilleur allié. Tu connais sa « ligne » depuis toujours ! S'il s'embarque personnellement, c'est qu'il veut prévenir des bavures, éviter des actes irréversibles. Il sait que ce serait mortel pour l'image de ses protégés.

Benjamin Ben Eliezer a ôté ses lunettes et, les yeux mi-clos, écoute sans interrompre, sans poser de questions. Partage-t-il réellement l'analyse d'Arié ? Cède-t-il à son enthousiasme ? Se laisse-t-il entraîner par l'émotion qui anime son tout jeune collaborateur ? En tout cas, il y croit et n'envisage, de fait, aucune solution alternative. Il ouvre le tiroir de son bureau et prend une feuille de papier sur laquelle il inscrit un nom et un numéro de téléphone :

— Permets-moi de te donner un conseil, dit-il. Aussitôt arrivé sur le bateau, consacre la première journée à observer. Ne te presse pas.

Et, en lui présentant la feuille de papier :

— Apprends par cœur ce nom et ce numéro de téléphone. Puisque tu es britannique, cet homme sera ton associé. Tous les deux, vous dirigez une petite entreprise informatique, Infor-Service, à Oxford. Téléphone-lui deux fois par jour, à huit heures du matin et à sept heures du soir, à un quart d'heure près.

— Et maintenant, conclut-il en se levant, bon voyage et bonne chance...

46.

« Achille Lauro »
LA CROISIÈRE

Pleine mer, octobre 1985

— Dorothy, ma chère, je ne sais vraiment pas comment m'habiller pour la réception du commandant ce soir. Imagine-toi que j'ai décommandé le coiffeur. Je n'avais pas le courage... D'ailleurs, je suis sûre que je ne mourrai pas de laisser voir quelques millimètres de cheveux gris, pour une fois. Quand tu auras l'âge des cheveux gris, ne commets pas la sottise de les teindre. C'est un martyre quotidien...

Marjory jette un coup d'œil à travers le hublot. Elle est heureuse. Heureuse de la croisière. Heureuse d'avoir quitté New York. Heureuse que Jérémie Cohen et Dorothy aient pensé à la distraire et à lui faire oublier, au moins pour l'anniversaire de la disparition de Sidney, le vide de sa vie quotidienne. Les gens, de surcroît, sont gais. On les dirait purifiés de leurs malheurs, de leurs préoccupations, de leurs petitesses. Ils se donnent aux jeux les plus éphémères, aux plaisirs les plus gratuits, comme si la vie sur le bateau, coupée du reste du monde, devait durer toujours. La traditionnelle réception de bienvenue donnée par le commandant de bord a mobilisé toutes les imaginations et occupé toutes les conversations depuis le départ de Naples, voici deux jours.

— Non, non, répond-elle dans le téléphone... Je ne rêvais pas... Je regardais la mer. Tu vas mettre ta robe verte ? Et pourquoi pas ton ensemble argenté ?... Ah, voilà Marilyn ! Je te laisse...

Raccrochant brusquement le téléphone, elle saisit le poignet de sa fille :

— Où étais-tu encore ?

Marilyn grimace :

— Laisse-moi, tu me fais mal !

Elle la lâche, oui. Mais fronce les sourcils et insiste d'une voix radoucie :

— Où étais-tu ? Je te cherchais partout...

Et comme la petite ne répond pas :

— Mais enfin, enlève ton walkman et cesse de t'agiter !

A seize ans, la fille de Sidney est plutôt jolie, encore un peu boulotte mais d'une vivacité rafraîchissante. Sa chevelure rousse et bouclée attire l'attention. Ses éclats de rire forcent la sympathie. Et elle sait déjà, comme personne, s'amuser des jeunes gens qui lui font la cour, passer de l'un à l'autre sans vergogne ou bien les fuir tous pour aller se trémousser seule sur la piste de danse du salon Arazzi. La conduite de sa fille désespère un peu Marjory. « Comment peut-on suivre sérieusement des études, lui dit-elle, quand les doigts sont constamment occupés à rouler une cigarette de hasch et les oreilles à écouter un walkman ? » Cependant Marilyn reste attachante. Elle fait tout et le contraire de tout avec une telle innocence qu'elle désarme toutes les colères.

— Tu m'avais pourtant promis de travailler, dit-elle d'un ton de reproche déjà lassé. Et depuis deux jours, tu n'as même pas ouvert un livre. Si ton père était là...

— On n'aurait pas fait cette croisière ! répond la petite en éclatant de rire.

Mais voyant le visage de sa mère se crisper, elle ajoute :

— Ne te fâche pas. Je travaillerai demain...

— Demain, nous serons à Alexandrie !

— Alors, après-demain.

Sur quoi, elle éclate à nouveau de son rire communicatif et disparaît dans la coursive qui mène au pont du Lido et à la piscine.

Il y a plus de soixante-dix Américains à bord de l'*Achille Lauro*. La majorité viennent du New Jersey. Il y a parmi eux quelques jeunes et un hémiplégique sur sa chaise roulante, plutôt sympathique. Mais Marilyn préfère la compagnie d'un jeune couple d'Israéliens qui descend à Achdod. Et, surtout, celle d'Italiens plus gais et plus insouciants que ses compatriotes. Elle a un faible pour l'un d'eux, le chef-mécanicien, Giovanni Badini, qui est peut-être deux fois plus âgé qu'elle. Ne le repérant pas au bord de la piscine, elle s'apprête à grimper sur le pont du commandant quand Jérémie Cohen, allongé sur une chaise longue, l'arrête :

— Tu as tort de courir après un homme, laisse-le courir après toi...

Marilyn fait une grimace :

— Oh ! vous m'emmerdez !

Et, s'en voulant de la grossièreté de sa réaction, elle s'assied sur l'accoudoir de la chaise longue qui vient de se libérer à côté de Jérémie.

— Je m'étonne que vous ne me demandiez pas si je l'aime...

— Pourquoi, ta mère te le demande ?

— Oh ! Ma mère ?

— Qu'est-ce qu'elle a de si terrible, ta mère ?

— Rien.

— N'oublie pas que tu n'as que seize ans...

— Ne jouez pas au papa, Dick !

Et elle s'éloigne en lui lançant :

— Bye, nous nous verrons à la réception. Mon Italien y sera. Aimeriez-vous que je vous le présente ?

A 19 h 30, une longue file d'hommes et de femmes endimanchés attend au salon Scarabéo, comme devant l'entrée d'un théâtre à succès de Broadway. Tout le spectacle consiste à serrer la main du commandant. Des stewards passent le champagne. Les conversations s'engagent :

— Jérémie n'est toujours pas là, fait remarquer Marjory à Marilyn.

— C'est à cause de Dorothy, réplique-t-elle. Elle est toujours en retard.

Marjory est en beauté. Elle porte une robe longue noire, très décolletée, serrée à la taille par une large ceinture de strass.

— Tu as du succès, fait sa fille, en pouffant. Les hommes te regardent. On verra qui d'entre eux sera le plus courageux. Tiens : voilà le premier...

En effet, un homme de taille moyenne quitte son tabouret de bar et s'avance, un verre à la main, vers Marjory :

— Vous êtes américaine ? demande-t-il en anglais, avec un fort accent moyen-oriental.

Et, sans attendre la réponse, il se présente :

— Je m'appelle Antonio Ramirez. Je suis péruvien. Connaissez-vous le Pérou ? Lima ? La vallée de Cuzco ? La civilisation des Incas ? Je vous ai remarquée de loin et je voulais vous dire que vous êtes...

— Très belle, conclut Marilyn à sa place.

— C'est votre jeune sœur ? demande l'homme, galamment.

Elle sourit, gênée :

— Non, c'est ma fille.

L'œil vif, légèrement globuleux, d'Antonio Ramirez feint l'étonnement :

— Ce n'est pas possible ! Mais vous êtes un prodige !

Et aussitôt, penchant légèrement son visage et sa moustache vers le prodige :

— Puis-je savoir votre nom ?

— Oui, bien sûr. Marjory.

— Un prénom délicieux...

La file avance lentement. Jérémie et Dorothy arrivent enfin. Antonio Ramirez s'excuse, exprime son espoir de revoir Marjory très vite et se place discrètement à la fin de la file.

— Qui est-ce ? demande Dorothy.

— Un des admirateurs de maman, dit Marilyn.

— L'homme sur la chaise roulante, qui salue en ce moment le commandant s'appelle Léon Klinghoffer, fait Jérémie. Sa femme est une de mes patientes...

— Vraiment ! s'exclame Marjory par politesse.

Mais, au fur et à mesure que la file avance, Marilyn devient plus tendue : « son » Italien, Giovanni Badini, véritable doublure lumière de Robert de Niro, se tient, tout de blanc vêtu, aux côtés du commandant et ne semble guère faire attention à elle. Flot des passagers. Couloirs couverts de tapis. Salon Arazzi où un orchestre anglais et une chanteuse polonaise exécutent un tango argentin. Couples enlacés évoluant sur la piste. Marilyn boude toujours et, faisant, de son regard le plus dédaigneux, le tour du salon, s'exclame brusquement :

— Regardez ! Regardez ! L'homme là-bas, sous les balcons, est-ce qu'il ne ressemble pas au cousin Arié ?

Marjory suit le doigt de sa fille :

— C'est vrai, dit-elle, il lui ressemble. Sauf qu'Arié... Arié, il me semble, n'a ni moustache ni lunettes... Par contre, les quatre garçons debout, juste à côté de celui qui ressemble à Arié...

— Et alors ?

— On dirait... on dirait des drôles de types...

— Ne sois pas sotte ! D'ailleurs, l'un d'entre eux, celui avec les cheveux bouclés, est plutôt joli garçon...

Jérémie, sentant que la conversation risque encore de dégénérer, se lève et boutonne sa veste :

— Ce n'est pas le lieu pour se disputer mais pour danser.

Et il tend la main à Marjory. Au moment où il l'entraîne sur la piste, il croise le regard ironique d'un homme au visage d'oiseau et aux cheveux crépus, presque blancs, assis tout seul près de l'orchestre.

47.

« Achille Lauro »
LA CROISIÈRE (2)

Pleine mer, octobre 1985

Le 7 octobre, le lendemain de la réception offerte par le commandant, Marjory est réveillée à l'aube par des bruits de voix dans le couloir et un fort balancement du navire. Elle se lève, tâtonne un peu et écarte le rideau. Malgré le brouillard matinal, elle voit, toutes proches, les lumières d'Alexandrie... L'ombre de la ville. Le quai... Elle entend, surtout, ces cris et ces appels en arabe qui entrent soudain dans la cabine.

— Nous arrivons en Égypte, dit-elle à Marilyn.

— Laisse-moi dormir, gémit la jeune fille... Quelle idée d'arriver dans un pays à six heures du matin !

Elle se lève tout de même. Tire sur le tee-shirt troué qu'elle porte en guise de chemise de nuit !

— Comment vas-tu, maman ?

— Mal, j'ai une migraine épouvantable.

— Prends de la bufferin, alors...

Puis bâillant encore :

— Tu as trop dansé avec ton Péruvien, hier...

Marjory hausse les épaules :

— Deux fois... Ce Ramirez était plutôt gentil, tu sais.

Un haut-parleur couvre le bruit du port : « Les passagers sont priés, après le petit déjeuner, de se présenter au foyer d'information pour le débarquement. Tous ceux qui n'ont pas encore acheté leur billet d'excursion pour Le Caire et les Pyramides doivent s'adresser immédiatement à la direction de la croisière... »

— Je crois que je n'irai pas, dit Marjory. Je ne me sens pas très bien...

— Et les Pyramides, maman ?

— Tant pis pour les Pyramides. Mais toi ? Tu n'as pas besoin de moi...

— Oh... Je ne sais pas encore ce que je vais faire... Ça dépend de Giovanni.

— Mais que lui trouves-tu ?

— Il est quand même mieux que ton señor Ramirez !

— Dis donc ! Sois respectueuse avec ta mère ! La grande différence c'est que moi, je ne couche pas avec Ramirez !

Marjory s'en veut de s'être ainsi emportée. Et elle ne peut s'empêcher de penser à Sidney qui, chaque fois qu'elle se mettait en colère, citait *Les Proverbes* : « Celui qui est lent à la colère vaut mieux qu'un héros. » Mais c'est ainsi. Sa fille a le don de la mettre hors d'elle. Et puis il y a sa pauvre tête qui la fait trop souffrir.

Marilyn heureusement s'approche d'elle, s'assied au pied du lit et avec l'exquise délicatesse qu'elle peut parfois avoir, dit :

— Je suis désolée, maman... Je crois que je vais rester aussi... Les Pyramides, elles ne seront jamais aussi belles que dans *Les Dix Commandements* de Cecil B. de Mille...

Et elle pouffe de rire, enfin complètement réveillée.

La plupart des passagers ont débarqué à Alexandrie et l'*Achille Lauro* a repris la mer. Il longe à présent la côte égyptienne dans la direction de Port-Saïd. Le bateau est tout vide. Sur sept cent quarante voyageurs, il n'en reste plus qu'environ cent cinquante. Il se dégage une bizarre impression de tristesse de fin des vacances. Et lorsque Marjory fait un tour sur le pont du Lido, elle est toute déçue de ne pas y trouver le Péruvien ! Elle erre dans ces espaces soudain presque déserts... Échange quelques propos sans importance avec Léon Klinghoffer, immobilisé sur sa chaise roulante... Elle retourne dans sa cabine d'où elle ne ressort que vers midi et demi pour se rendre à la salle à manger où le maître d'hôtel a dû rassembler les rescapés dans un coin, tout au fond de l'immense pièce. Déjeuner... Marilyn installée avec trois Autrichiens et un couple d'Américains... Propos vains, faussement badins... Toujours ce vide, cette pointe de mélancolie... Le haut-parleur qui retransmet en sourdine l'air de *La Traviata*... Et puis, tout à coup, parfaitement inattendu et inopportun, un cri... Une plainte... Un autre cri... Et puis, comble d'étrangeté, quelques détonations qui font se tourner toutes les têtes... Deux hommes sont là, à l'entrée, mitraillette au poing, qui observent les passagers et qui, sans un mot, traversent la pièce et sautent sur une table vide. Le premier a la tête bouclée, le visage tendu, il brandit un pistolet, a deux grenades attachées à la ceinture et agite son arme en hurlant :

— Debout ! Tous debout ! Rassemblement au milieu de la salle ! Vite ! Vite ! Asseyez-vous par terre, les mains derrière la nuque !

Il lâche une rafale de mitraillette au plafond, comme pour signifier que l'affaire est sérieuse. Et c'est alors que Marjory reconnaît deux des quatre jeunes qu'elle croyait arabes, à la soirée du commandant. Les deux terroristes changent de table — l'un se tenant à présent derrière les passagers accroupis, l'autre devant.

— Ils sont complètement fous ! grommelle Marilyn, accroupie à côté de sa mère.

Puis, avec un petit rire étouffé :

— Ils ne vont pas nous tuer, hein, maman !

Mais le jeune terroriste continue à hurler :

— Nous sommes des combattants palestiniens ! Le bateau est entre nos mains ! Le commandant se trouve sous bonne garde. Nous avons placé des explosifs dans la salle des machines ! Si l'un d'entre vous essaye de contrarier nos plans, il sera immédiatement abattu...

Comme pour donner corps à la menace quelqu'un, sur le pont, tire une nouvelle rafale. Et on entend la voix du commandant qui, dans le haut-parleur, remplace *La Traviata* :

— C'est le commandant Gerardo de Rosa qui vous parle. Gardez votre calme. Le bateau vient d'être détourné par des terroristes palestiniens. Ils promettent de ne rien faire contre les passagers. Ils exigent, en échange, la libération de cinquante prisonniers en Israël, dont Samir Kantari.

Un grésillement... Un coup de feu... La voix du commandant se tait... On entend les machines ralentir... Le plancher vibrer plus fort... Un troisième terroriste arrive, qui annonce que le navire a changé de cap et se dirige maintenant vers le port syrien de Tartous. On fait alors monter le groupe jusqu'au salon Arazzi. Et voilà les cent cinquante hommes et femmes, terrorisés et incrédules qui s'alignent comme des bestiaux sur la piste où, il y a un jour à peine, ils ont si joliment dansé. Marjory a de nouveau la migraine. Elle pense une fois de plus à Sidney et au calvaire qu'il a enduré, là-bas, à Zarka. Elle se prend la tête dans les mains et la serre avec force comme si elle pouvait en extraire la douleur. Puis, découragée, elle enveloppe Marilyn dans ses bras et sanglote sur son épaule.

A la tombée du jour, un terroriste apporte un carton rempli de sandwichs. La soirée passe. La nuit vient. Loin de s'atténuer, le sentiment d'attente, d'incompréhension, d'horreur, ne fait qu'aller croissant. Les gens sont là. Apeurés. Interdits. On entend ici un sanglot. Un peu plus loin une plainte. Seul Léon Klinghoffer, silencieux sur sa chaise roulante, fixe le terroriste assis sur une marche de l'escalier, deux grenades posées à côté de lui.

— J'ai peur, dit Marilyn.

— Pose ta tête sur mes genoux et tente de dormir, fait Marjory en caressant sa tignasse rousse.

Au petit matin, l'un des terroristes viendra avec une liste de passagers qu'il lira à haute voix. Onze Américains... Six Britanniques... Deux Autrichiens... Suivez-moi... Tous sur le pont... Une rafale de mitraillette tirée dans les fenêtres ponctue l'ordre donné. Une Autrichienne d'un certain âge, qui se lève en s'appuyant sur une canne, a une petite crise de nerfs. Un autre se met à hurler. Mais il ne faut pas plus de quelques minutes pour que les dix-neuf passagers se retrouvent tous sur le pont.

La voix du commandant se fait à nouveau entendre :

— Votre commandant Gerardo de Rosa vous parle. Nous sommes au large du port syrien de Tartous. Les terroristes sont en train de négocier par radio avec les autorités...

— Tiens ! il n'est pas mort, fait Marilyn.

— As-tu remarqué, dit en chuchotant Marjory, que tous ceux qu'ils ont fait sortir sont des Juifs ?

— Et les Autrichiens ?

— Ils les ont certainement pris pour des Juifs à cause de leur nom.

Le terroriste hurle en tirant en l'air :

— Silence !

Le soleil est au plus haut maintenant. Le terroriste qui, visiblement, a chaud lui aussi, permet au petit groupe de se déplacer légèrement pour retrouver un peu d'ombre. Deux vedettes armées arrivent à ce moment-là. Marjory voit un homme lever un porte-voix. Un terroriste lui répond, celui qui les garde et qui a visiblement envie de les impressionner, traduit que les Palestiniens exigent la libération de cinquante-deux de leurs camarades du camp de Naharia, en Israël, ainsi que la présence d'un bateau de la Croix-Rouge avec, à son bord, les ambassadeurs américain, britannique, italien et allemand accrédités à Damas. Faute de quoi ils feront tout sauter. Il ne traduit pas la réponse des Syriens, mais Marjory entend répéter, à plusieurs reprises, le mot « Port-Saïd ». Et quand le terroriste, depuis le pont du commandant, leur répond à nouveau, le gardien traduit sèchement :

— C'est un ultimatum. Nous allons frapper à 15 heures.

Un nuage passe. Une pluie fine et tiède arrose le pont. Le terroriste déplace le groupe vers le devant du navire. Marjory serre plus fort Marilyn contre elle. Elle n'arrive plus à rassembler ni ses pensées ni ses souvenirs. Elle ne ressent même plus la peur. Le bruit d'une détonation la fait frémir : c'est une des vedettes syriennes qui a tiré un coup de semonce. Puis le bruit des machines : c'est l'*Achille Lauro* qui reprend la haute mer. Le terroriste échange encore quelques phrases brèves en arabe dans le talkie-walkie. Il attend une réponse. Et ordonne au petit groupe de retourner au salon Arazzi où des sandwichs et des boissons les attendent. C'est à ce moment-là que Marjory s'aperçoit de l'absence de Léon Klinghoffer Elle voit sa femme, s'approche d'elle.

— Oui, dit-elle, très pâle... Je suis inquiète pour mon mari... Les terroristes l'ont, à l'aide d'un garçon de cabine, fait monter sur le pont... Et...

— Silence ! hurle l'homme aux cheveux bouclés, visiblement de plus en plus nerveux.

On entend encore des coups de feu, quelque part sur l'un des ponts au-dessus d'eux. Tous retiennent leur souffle... Se regardent les uns les autres... Ils savent, ils *sentent* que quelque chose de très grave vient de se passer et que la catastrophe, en suspens depuis des heures et des heures, vient enfin de se produire.

— Où est mon mari ? crie la femme de Léon Klinghoffer.

— Votre mari est à l'infirmerie, dit le terroriste. Par contre, si les Israéliens ne cèdent pas, vous sauterez tous avec le bateau.

Personne n'est dupe, évidemment. Talonnés par la peur, terrassés par la fatigue, les passagers se serrent les uns contre les autres. Ils ne forment plus à présent qu'un seul corps et restent ainsi jusqu'au soir, quand le bateau arrive au large du port de Larnaca, à Chypre.

Nouvelle négociation... Nouvel échec... Deux ou trois heures plus tard, le bateau fait route vers Port-Saïd où il arrive au petit matin. Les négociations reprennent encore. Longues. Pénibles. Confuses aussi, sans doute. Mais plus personne n'écoute. Personne n'y croit vraiment. Quand, vers midi, la voix du commandant de Rosa dit :

— Tout est OK à bord ! Tout le monde se porte bien ! quand les deux terroristes lèvent le doigt en forme de V, quittent le salon Arazzi et laissent les passagers sans surveillance, tout le monde n'a, bien entendu, qu'un nom à l'esprit, celui de Léon Klinghoffer.

Paris, octobre 1987

A l'époque où, comme tout le monde, dans la presse et la télévision, je suivais, scandalisé, la prise d'otages de l'*Achille Lauro,* j'ignorais que Marjory, la veuve de Sidney, et sa fille Marilyn se trouvaient sur le cargo. Je l'ai appris, aussi surprenant que cela paraisse, un an et demi plus tard, quand, venu à New York pour la sortie de *La Mémoire d'Abraham,* je les ai toutes deux rencontrées. En écoutant leur récit, désordonné, entrecoupé d'appréciations personnelles et parfois contradictoires, je me souvins des prédictions de Benjamin Ben Eliezer. Oui, l'aventure de l'*Achille Lauro* illustrait mieux qu'aucune autre la banalisation de la terreur. Car quoi de plus frivole qu'une croisière, ce cadre idéal pour oublier les soucis et les agressions de la vie quotidienne ? Quel chemin parcouru en si peu de temps par ce « terrorisme médiatique », cher à Hidar Assadi ! Et comme on était loin de l' « exploit » de Zarka ! Avec l'*Achille Lauro* le terrorisme rejoignait définitivement le sordide. C'est cette dérive autant que la présence de mes personnages sur le bateau qui me donna l'envie de mener ma propre enquête.

La chance m'a souri : la compagnie maritime propriétaire de l'*Achille Lauro*, apprenant par un entrefilet mon intention de consacrer quelques pages à ce détournement, m'invita sur le cargo et c'est ainsi que je me retrouvai, le 8 octobre 1987, en compagnie du commandant Gerardo de Rosa, sur le pont du fameux bateau amarré dans le port de Naples. Rien n'avait changé, ni le programme des excursions, ni l'équipage, ni le capitaine. Mais, parmi les quelques centaines de passagers avides d'un dernier rayon de soleil ou curieux de nouveaux paysages, j'étais bien le seul à m'intéresser à une histoire pourtant pas si ancienne.

— Le 8 octobre, vers 15 heures, commence le capitaine, je me tenais sur le pont de commandement lorsque retentirent deux coups de feu. C'était tout à fait inattendu. Jusque-là, les terroristes s'étaient contentés de tirer des rafales de mitraillette en l'air, pour nous effrayer. J'allais me précipiter, mais Mahmoud, le terroriste chargé de me surveiller, m'en empêcha. Quelques instants plus tard, Molky, un de ses complices, accourait, un passeport ouvert à la main. C'était celui de Klinghoffer.

— Que vous a-t-il dit ?

— Américain, kaputt !

Étrange, me dis-je, de voir comment parmi tant de langues, parmi tant d'expressions et de mots, ce jeune Palestinien né bien après la guerre choisissait ce mot-ci pour annoncer la mort d'un Juif. « Kaputt »... Ce cri, ce glapissement que j'ai entendu pour la première fois vociférer par des nazis dans le ghetto de Varsovie... D'un seul coup, la mort de ce vieux Juif paralytique, et la vision d'un enfant les mains en l'air devant des fusils nazis dans le ghetto se superposèrent dans mon esprit, devinrent un seul et même événement.

— A l'arrivée du bateau à Port-Saïd, continue le commandant, Abou Abbas m'avait déclaré, en présence de plusieurs journalistes : « Le commando a été contraint de prendre le contrôle du paquebot, alors que son objectif initial visait l'ennemi israélien. Nous rendrons publiques ultérieurement les raisons qui ont empêché nos camarades de débarquer à Achdod et de prendre le contrôle du navire. » Mensonge, bien entendu. Grossier mensonge. Car il y avait un cinquième homme dans cette sanglante affaire. Quel homme ? Un homme d'une cinquantaine d'années, un peu gras, un peu chauve, l'œil légèrement exophtalmique, une moustache noire fournie, comme en témoigne un cliché pris par hasard par le photographe du bord. Sur son passeport, un nom étrange : Pedros Floros. C'était incontestablement un professionnel. Un de ces spécialistes du terrorisme international à qui l'on a fait appel pour préparer de gros coups. C'est sûrement lui le véritable organisateur du détournement.

Je regarde la photo que me montre le vieux loup de mer et il me semble y reconnaître, d'après le récit de Marjory, l'homme qui l'avait courtisée. Ne s'était-il pas présenté comme péruvien ? sous le nom de Antonio Ramirez ? Brusquement, l'idée me vint qu'il s'agissait peut-être de Jael el-Ardja, l'homme que Sidney avait rencontré dans l'avion à son retour de Beyrouth et qui, selon Benjamin Ben Eliezer, était chargé de l'attentat contre David Ben Gourion. J'interrogeai plus avant. Et, le cœur battant, j'appris que si les quatre terroristes partageaient la même cabine sans hublot, V 82, Pedros Floros, lui, disposait d'une cabine de luxe, située sur l'un des ponts supérieurs. De surcroît et comme le prouva l'enquête, il avait fait le voyage, une première fois, un mois plus tôt, « pour repérer les lieux ». Le soir de la réception traditionnelle lors de laquelle les passagers avaient présenté leurs vœux au capitaine, l'homme, au lieu de se nommer, se contenta de déposer un mince chapelet d'ambre dans la main du capitaine et de murmurer : « Allah ! »

De plus en plus étrange, me dis-je. Car pourquoi ce geste ? Pour prévenir le capitaine d'un danger ? Mais pourquoi, dans ce cas, ne pas l'avoir fait plus clairement ? A-t-il eu peur ? Mais de qui ? C'étaient là les questions du capitaine. Pour ma part, je crois surtout que Jael el-Ardja, alias Pedros Floros ou Antonio Ramirez, ayant échoué déjà dans l'une de ses entreprises, était tout bonnement superstitieux et voulait ainsi conjurer le sort. Que la présence d'un couple de jeunes Israéliens, avec lesquels Marilyn s'était liée d'amitié, ait pu le décider à quitter inopinément le navire à Alexandrie est possible, mais, à mon avis, peu probable — car guère professionnel. Possible, en revanche, qu'il y ait eu une sixième personne, le *deus ex-machina* ignoré de la presse.

Mais voici le plus curieux. Au début de ce mois de septembre, quelques jours avant le départ de la croisière, Gerardo de Rosa reçut par la poste un présent : un bijou en or, représentant deux oiseaux superposés. Et, sur une carte, quelques mots en arabe, griffonnés en lettres latines : « *Kaïdar Aleyk Salam.* » *Aleyk Salam,* c'est clair, veut dire : allez en paix. Mais « Kaïdar » ? Ni les Égyptiens au Caire, ni les Israéliens à Tel-Aviv ne purent m'en donner l'explication.

Après six jours de mer, l'*Achille Lauro* accosta enfin à Haïfa. Les haut-parleurs diffusaient l'air fameux de *La Traviata.*

— Comme le jour où les quatre terroristes pénétrèrent dans la salle à manger, les armes à la main, dit le commandant Gerardo de Rosa.

Quand je racontai tout cela à Arié, il sourit d'un air légèrement suffisant qui m'agaça un peu. Il m'emmena ensuite déjeuner dans un petit restaurant, rue Dizengoff, l'un des rares à servir encore, en Israël, le bouillon avec des *kneidlekh* et de la carpe farcie. Il faisait beau et nous nous installâmes dehors. Le seul détail de mon récit qui semblait le surprendre concernait le dernier cadeau reçu par la poste par le commandant de Rosa. Quant au mot « Kaïdar », il avait son interprétation : c'était un prénom et ce prénom était celui de Hidar.

— Ce serait lui le sixième personnage ? demandai-je.

Arié ne répondit pas mais me fit un clin d'œil.

— Il devait aussi y avoir un agent israélien à bord, continuai-je. Quelqu'un que Hidar connaissait.

— Ah ? fit Arié.

— Mais oui, c'est comme un puzzle. Tant que tu n'as pas trouvé l'emplacement de chaque pièce, tu ne reconnais pas l'image. Mais dès que les pièces du puzzle se mettent en place, l'image apparaît nette, évidente. Contrairement au commandant Gerardo de Rosa, je crois, moi, à l'affirmation d'Abou Abbas. L'objectif des terroristes était, en effet, Achdod et c'est même la raison de la présence sur le bateau de Jael el-Ardja. C'est lui — et là-dessus le commandant a raison — qui devait préparer et superviser l'opération. La présence de Hidar, par contre, s'explique, me semble-t-il, par la volonté des Soviétiques d'empêcher les Palestiniens de commettre l'irréparable. Un massacre de civils à ce moment-là aurait nui à l'image d'Arafat. L'agent israélien était, en quelque sorte, l'allié de Hidar. Leurs buts se rejoignaient. Sauf que ni l'un ni l'autre n'avaient prévu l'imprévu : c'est-à-dire, comme toujours, la folie des hommes. Jael el-Ardja suit le conseil de Hidar et, sans prévenir le commando pour ne pas le « griller », disparaît à Alexandrie. Hidar le suit, lui-même poursuivi par l'agent israélien. Et tous commettent alors une erreur : les quatre terroristes, abandonnés à leur sort et sans plan précis pour leur action à Achdod, n'abandonnent pas la partie et s'inventent même une action de rechange.

Arié sourit tristement :

— L'archer est le modèle pour le sage, disent les Chinois : quand il a manqué le centre de la cible, il ne s'en prend qu'à lui-même.

— Tu veux dire ?

— Tu sais, j'ai toujours aimé la littérature d'action... Hemingway, Von Salomon, Malraux... Je viens de terminer *Pour qui sonne le glas*... Quand tu parles d'un bateau qui fait une croisière en Méditerranée, cela n'intéresse personne. Fais-le visiter par une cousine en quête d'aventures, fais-le détourner par un terroriste, fais-y commettre un crime et intervenir un agent pour empêcher un massacre, fais fuir cet agent devant un autre, et, du coup, ton bateau sautera hors de ton livre, comme le lapin du chapeau d'un prestidigitateur.

En l'écoutant parler, je m'aperçus qu'il avait changé, mûri, qu'il s'était cultivé et avait aiguisé ses réflexions.

Il devina ma pensée .

— Je t'étonne, hein ? C'est que nous ne nous connaissons pas.

Après quoi il demanda l'addition et nous remontâmes la rue Dizengoff à pied. La rue était presque vide, fermée en partie à la circulation. C'était Shabbat. Le ciel était bleu, l'air transparent et les promeneurs voués au plaisir de la flânerie.

Je n'aime pas les villes désœuvrées, sans rythme, sans mouvement. Les avenues sont faites pour passer. Les maisons pour vivre ou travailler. La ville n'est pas faite pour la promenade, le pur loisir. Histoire de tromper mon angoisse, je questionnai Arié sur sa mère et sa femme. Judith est à nouveau enceinte. Quant à Richard, il est parti s'installer dans une colonie de peuplement près de Hebron. Et puis, brusquement, comme nous arrivions à la hauteur du théâtre national Habimah, il m'annonça, mine de rien, qu'il avait terminé son rapport sur la mort de Hugo.

J'accusai le coup, feignant de prendre la chose avec

autant de flegme que lui. Quand je lui en demandai copie, il refusa en riant. Puis, se ravisant, me dit qu'il pourrait me le faire lire, à son bureau, au Centre.

— Et Hidar ? demandai-je. Sais-tu où il en est ?

Arié me regarda gravement, passa la main dans sa chevelure bouclée et répéta :

— Où il en est ? En danger. J'aurais bien voulu l'aider, mais je ne vois pas comment.

Je sentis qu'il ne m'en dirait pas plus — et me tus.

48.

Tel-Aviv
HUGO. LE RAPPORT D'ARIÉ

Objet : Hugo (David) Halter. Né le 27 novembre 1915, à Berlin. Mort le 27 mars 1961, victime d'un attentat sur la route de Tel-Aviv à Jérusalem.

Attentat non revendiqué.

Hugo Halter est né dans une famille d'imprimeurs, dans un milieu orthodoxe. Son enfance se passe sans problèmes majeurs. Il étudie dans une école juive et, très tôt, apprend le métier de son père. L'arrivée de Hitler au pouvoir le rapproche, jeune ouvrier de dix-huit ans, des milieux socialistes. Sa mère meurt en 1935. Lors de la Nuit de Cristal, le 8 novembre 1938, l'imprimerie de son père est saccagée. La police y trouve des tracts antinazis. Son père et son frère sont arrêtés et envoyés à Dachau. Hugo parvient à s'échapper.

En janvier 1939, après de longues péripéties, Hugo arrive à Varsovie. Son grand-oncle, Abraham Halter l'aide à partir pour l'Amérique. Il s'embarque le 19 février 1939 sur le paquebot *Jan Bothory*. A New York le Joint Distribution Commitee l'accueille, lui trouve un logement. Un ami d'Abraham, Kastoff, le fait entrer comme metteur en pages à l'imprimerie du quotidien yiddish *Forward*. Dans les couloirs du journal, il se heurte un jour à une réfugiée du nom de Sarah Roth. Elle est hongroise et préposée au courrier. Ils se lient, vivent ensemble par intermittence ; et attendent un enfant.

1939-1940. Pendant cette période, Hugo Halter tente, par tous les moyens, d'alerter l'opinion publique sur le danger que court le judaïsme européen. Le 18 août 1940, Sarah Roth meurt en couches. L'enfant, Abraham, est prit en charge par les Lubavitch. Il se fera écraser par une voiture, à Brooklyn, quatre ans plus tard alors que Hugo se trouvera engagé dans la guerre, en Europe.

Le 20 septembre 1941, il rencontre le rabbin Stephen Wise, le président du Congrès juif mondial et son second, Nahum Goldman. Il met sur pied un attentat contre Fritz Kuhn, président de l'association pronazie « L'amitié germano-américaine », mais au dernier moment y renonce. Il envoie plusieurs lettres au *New York Times*, qui ne les publie pas.

Le 20 décembre 1941, après la déclaration de guerre, Hugo est l'un des premiers engagés volontaires. Le 8 novembre 1942, il est envoyé au Maroc, à Casablanca, le général Omar Bradley, chef du 11e Corps d'Armée, débarqué en Tunisie, réclame un interprète. Il arrive à Tunis en février 1943, découvre le monde arabe, se lie d'amitié avec Marwan Assadi, l'un des dirigeants du néo-Destour. Il retrouvera son fils Hidar, quelques années plus tard, à Berlin. Le 10 mai 1943, il participe à la libération de Hammam-Lif.

En juillet 1944, il est envoyé à Palerme, puis à Naples. Le 18 août, il débarque, avec la 36e division du général Dahlouist, à Saint-Raphaël, en France. Il se retrouve officier de liaison du général Montgomery dans les Ardennes. Dépêché, en janvier 1945, auprès des forces françaises du général de Lattre de Tassigny, près de Strasbourg, il est blessé sur le Rhin, le 12 février 1945.

Si sa vie jusqu'à cette date n'est guère mystérieuse, et correspond à peu près aux récits qu'il en a lui-même donnés, tout ce qui suit a été transposé, modelé, aménagé par lui selon l'idée qu'il se faisait du monde et de ses propres devoirs.

Parmi les affaires que la police trouva dans sa chambre de l'hôtel Dan, à Tel-Aviv, et qu'elle transmit à Mordekhaï Halter, mon père, se trouvaient quelques livres dont un rituel de prières en hébreu et en anglais. Mon père fit tout suivre à Paris. Mais, je ne saurais dire pourquoi, garda les livres par-devers lui. Et c'est ainsi que je découvris, un jour, dans le rituel de prières, parmi les extraits du *Traité des Principes*, une sentence soulignée d'un trait de crayon bleu. Elle était du rabbin Eliezer, fils d'Azaryah : « Sans la loi, pas de civilisation, sans civilisation pas de loi. Sans sagesse point de piété, sans piété point de sagesse ; sans savoir pas de raisonnement, sans raisonnement pas de savoir ; sans pain point d'études, sans études point de pain. » C'est à dessein que je m'arrête sur cette phrase soulignée de la main de Hugo. Elle me paraît, à bien des égards, éclairer sa vie.

Cela dit, tous les témoignages concordent : au moment de sa blessure, Hugo est sioniste. 1/ Il croit qu'après la guerre, un État juif naîtra en Palestine ; 2/ Il croit à la coexistence entre Juifs et Arabes ; 3/ Il reproche à l'Occident, et surtout aux États-Unis, d'être entrés trop tard en guerre en sacrifiant ainsi le judaïsme européen.

Sa blessure l'aura profondément marqué. D'après le témoignage du docteur Sam Rappoport qui l'a soigné pendant près d'un an à Miami, dans un centre de convalescence pour les officiers américains blessés en Europe, Hugo se sentait coupable de n'avoir pas su préserver la mémoire familiale, en laissant couvrir de son sang le document qu'Abraham lui avait confié. Coupable aussi de n'avoir pas pu, comme il l'avait rêvé, participer en personne à la prise et à la destruction de Berlin.

Au centre de convalescence, il semble s'être fixé quelques objectifs. Il pensait que le devoir d'un survivant était de préserver le souvenir de la Shoah et de reconstituer la mémoire de son peuple. Ces deux tâches l'amenaient, tout naturellement selon lui, à participer à la création d'un État contribuant lui-même au triomphe de la paix dans le monde.

Le docteur Rappoport parle aussi de la reconnaissance, quasi hystérique, qu'il éprouvait à l'endroit des Furchmuller qui lui avaient sauvé la vie. Ce qui, toujours selon le docteur Rappoport, le rendait exagérément dépendant de Sigrid Furchmuller — laquelle devint, par la suite, sa femme.

La vie de Hugo se complique à partir de sa rencontre avec la jeune Allemande. Cette rencontre ne correspond pas au récit qu'il en a fait. En fuyant l'avant-poste de l'armée allemande près de Strasbourg, Hugo tombe sur Sigrid, mais elle n'est pas seule ; son frère, Hans, l'accompagne. Ils ne soignent pas Hugo sur place, comme il le prétendit par la suite, mais emmènent le blessé à Kiel, où l'armée allemande est en pleine déroute. Les Furchmuller n'ont nullement besoin de Hugo pour blanchir la jeune Sigrid. Par contre, le père de Sigrid, Wolfgang Furchmuller, général de la Wehrmacht, avait besoin d'un témoignage pour échapper aux poursuites. Il devint plus tard un collaborateur du général Gehlen, le tout-puissant patron des services secrets de la République fédérale allemande — mais devait, avant cela, être blanchi.

Hugo Halter prétendit avoir, après la guerre, repris sa place à l'imprimerie du quotidien yiddish de New York, *Forward*. Ce n'est pas tout à fait exact. Il n'y demeura qu'un semestre car Sigrid, qui ne se plaisait pas à New York, était repartie à Kiel où il la rejoint dès Noël 1945. Dans les environs, il découvre l'un de ces camps de « personnes déplacées » aménagés par les alliés pour les survivants des camps de la mort. Il y rencontre Moshe Sneh, un émissaire du « Mossad Alya Beth », l'organisation de l'émigration clandestine attachée au Mossad. Moshe Sneh est venu en Allemagne pour superviser le départ clandestin des Juifs pour la Palestine.

Presque trois ans plus tard, le 20 mai 1948, six jours après la proclamation de l'État d'Israël, Hugo se rend avec cet homme à Prague pour négocier un achat d'armes. Les Tchèques, pourtant, tardent à acheminer ces armes vers Israël. Pendant ce temps, la situation en Israël se dégrade. Les armées arabes envahissent le jeune État juif. Et c'est alors, je pense, que Sigrid a pu suggérer à Hugo de s'adresser directement aux Soviétiques. La rencontre, organisée par le frère de la jeune femme, Hans, a lieu à Berlin le 27 mai 1948. J'ai la preuve que Hugo a rencontré, ce jour-là, à 9 heures du matin, pour le petit déjeuner, au café Kranzler, sur Kurfürsterdam, l'envoyé des services secrets soviétiques, Vladimir Volossatov, qui promet de débloquer les armes. Mais en posant des conditions.

Là-dessus, je n'ai pas de preuves, mais je crois comprendre que Hugo, promettant de collaborer avec les Soviétiques, ne savait pas où cela allait le mener. Il s'aperçut d'ailleurs que sa femme et le frère de celle-ci collaboraient déjà. Pour lui l'essentiel, à cette époque, était de sauver les Juifs qui avaient survécu à l'enfer nazi et de préserver l'État d'Israël. Probable aussi que le fait que la transaction ait lieu à Berlin, sa ville natale, joua un rôle important. Vis-à-vis de l'Allemagne, sa position était claire : « pardonner sans jamais oublier ». Pour l'heure, en tout cas, les armes étaient débloquées et Hugo était devenu une taupe soviétique. Une taupe très particulière. Une sorte d'agent double dont le second commanditaire n'était autre que lui-même. Mais enfin, une taupe tout de même. Je m'explique : Hugo croyait que grâce aux moyens mis à sa disposition par les Soviétiques, il pourrait, à sa manière, promouvoir la paix. Mieux : il était persuadé d'être capable de les amener à soutenir une opération qui, à la limite, pourrait leur échapper. Naïveté ? Non. Une réflexion froide, cynique. Il avait un objectif. Peu lui importait le prix à payer pour l'atteindre. C'est ainsi, par exemple, que lors de la première Conférence mondiale pour la paix, en juin 1948, il persuade les responsables du KGB de l'immense intérêt qu'il y aurait pour l'URSS à travailler à un dialogue entre Arabes et Israéliens.

En décembre 1953, exactement le 12 décembre, à 15 h 30, à Francfort, il rencontre pour la première fois Israël Beer, le conseiller personnel de David Ben Gourion, au ministère israélien de la Défense. Et c'est encore Hans Furchmuller qui recommande l'un à l'autre. Hugo Halter et Israël Beer se lient d'amitié. Hugo est persuadé qu'Israël Beer est animé par une volonté identique à la sienne d'assurer l'avenir d'Israël. Beer l'encourage à poursuivre ses contacts. Il lui conseille même d'aller au Caire pour rencontrer Sami Scharaf, un proche de Nasser.

Au mois de février 1955, Hugo, toujours accompagné de sa femme Sigrid, arrive au Caire, fait la connaissance de Sami Scharaf et, grâce à lui, rencontre Nasser. De là, il se rend aussitôt, via Chypre, en Israël, pour rendre compte à Beer de ses conversations avec le Président égyptien. Beer lui promet alors de l'introduire auprès de David Ben Gourion et lui demande de transmettre à Hans Furchmuller un dossier que celui-ci attend. Hugo s'exécute. Le 21 mai 1956, il remet le dossier à Hans. J'ai la preuve, aujourd'hui, que ce dossier contenait le plan de l'attaque tripartite Israéliens-Français-Anglais contre l'Égypte, attaque appelée communément la campagne de Suez.

J'en étais arrivé à ce point du rapport quand Arié interrompit ma lecture.

— J'ai oublié de te raconter une histoire fantastique, fit-il avec toute sa fougue juvénile.

— Oui ?

— Tu te souviens de Zvika Amihay, le Bulgare ? Je t'en

ai parlé... Celui qui avait été chargé par Benjamin Ben Eliezer de me communiquer les dossiers de Hugo et de Hidar. Je t'ai parlé aussi de son comportement bizarre... Je l'ai signalé à Benjamin qui, méfiant, a ordonné une enquête. Eh bien voilà : imagine-toi qu'on vient de découvrir que Zvika travaillait pour les Russes ! Tu te rends compte, une taupe à l'Aman !

49.

Tel-Aviv
HUGO. LE RAPPORT D'ARIÉ (2)

La campagne de Suez débute le 29 octobre 1956 et ses préparatifs demeurent secrets jusqu'au tout dernier moment. Les services israéliens sont pourtant persuadés que les Soviétiques en étaient informés, même s'ils n'ont pas cru nécessaire d'en prévenir Nasser. Pourquoi ? Parce que les difficultés de l'Égypte les réjouissaient plutôt et ne pouvaient que la rendre plus dépendante encore de leur aide.

Un an plus tard, le 25 septembre 1957, Hugo Halter se trouve à nouveau à Berlin. Puis, lors d'une manifestation contre les violences racistes aux USA, à Little Rock, Arkansas, il rencontre par hasard Hidar, le fils de son vieil ami Marwan Assadi, venu aux États-Unis pour assister à un congrès. D'après les documents en notre possession, cette rencontre n'était pas fortuite. Arabe, proche des organisations palestiniennes, Hidar deviendra rapidement un homme précieux dans la stratégie de paix de Hugo. Celui-ci, quelque peu irrité par la surveillance exercée sur lui par la famille Furchmuller, est heureux d'y échapper grâce à ce nouvel allié. A l'époque il ne sait pas qu'il reste toujours sous contrôle soviétique.

Hugo Halter commence alors à voyager seul. Il rencontre, le 10 décembre 1957 à 18 heures, à Tel-Aviv, David Ben Gourion. Puis, avec Hidar Assadi, il fait plusieurs voyages à Beyrouth et fait la connaissance de Ghassan Kanafani. Chose étrange, tous les agents que j'ai pu rencontrer donnent l'impression d'individus intelligents, beaux parleurs, mais doués d'un amour-propre excessif. Hugo Halter n'a pas échappé à la règle. « L'orgueil précède la ruine et la hauteur précède la chute. »

Toujours est-il qu'il réussit à organiser deux rencontres israélo-arabes. L'une à Florence, le 12-13 juin 1959, grâce à l'aide du maire de la ville, Giorgio La Pira ; l'autre, à Bologne, le 14 avril 1960, sous l'égide du maire communiste Guido Fanti. Je suis persuadé par ailleurs que, parallèlement à son objectif principal, il continue à œuvrer à la reconstitution de l'histoire familiale. C'était une dette qu'il avait contractée, disait-il, à l'égard du grand-oncle Abraham... Ainsi ai-je pu retrouver la trace de son passage à Soncino, dans la province de Crémone, en Italie, à Lublin, en Pologne, à Amsterdam et même à Istanbul. A cette époque, on le voit beaucoup avec le père Roberto Cerutti, un jésuite, directeur général de Radio-Vatican, très influent auprès du Pape. Il complote, organise des séminaires judéo-chrétiens, tente de créer un comité œcuménique pour Jérusalem. Il n'est pas impossible que Hugo ait pu recevoir de l'argent du Vatican. Mais je ne pourrais pas le prouver.

Au milieu du mois de mai 1960, Hugo Halter rejoint Sigrid, qui se trouve en visite chez son père à Mönchengladbach, en RFA. C'est à partir de ce moment que son comportement échappe à la logique. Il quitte en effet l'Allemagne pour Beyrouth où il rencontre Hidar. Nos agents, au Liban, l'ont vu à plusieurs reprises à la Grotte aux Pigeons. Puis, il se rend à Moscou où il rencontre plusieurs hauts fonctionnaires du KGB ainsi que des dirigeants du Comité de solidarité avec les peuples d'Afrique et d'Asie. De Moscou, il gagne Paris, mais n'y rencontre pas son cousin Salomon : il reprend le jour même un avion d'Air-France pour New York. Je pense pouvoir reconstituer aujourd'hui son trajet à partir de sa visite à Mönchengladbach, jusqu'à sa mort sur la route de Tel-Aviv à Jérusalem, en mars 1961.

Le 12 mai 1960, Hugo Halter est donc à Mönchengladbach l'invité de son beau-père, Wolfgang Furchmuller qui travaille, il le sait, pour les services de renseignements de la RFA. Ce qu'il ne sait pas, en revanche, c'est qu'il va voir Israël Beer se promenant dans le jardin des Services, en compagnie du patron même de Wolfgang Furchmuller, le général Reinhard Gehlen ! Il en parle certainement à Sigrid qui est étonnée à son tour que son époux, proche d'Israël Beer, ne connaisse pas l'engagement de ce dernier auprès des Soviétiques. Elle demande aussitôt à Hugo de garder tout cela secret. Officiellement, le père de Sigrid ignore tout des activités de sa fille et de son fils et le général Gehlen celles d'Israël Beer. Je peux affirmer aujourd'hui que les services secrets de la RFA connaissent parfaitement les agissements du conseiller de David Ben Gourion, ainsi que ses contacts permanents avec Hans Furchmuller et, à travers lui, avec la HVA, le Haupt Verwaltung Aufklärung, les services secrets de la RDA. Mais cela ne le dérangeait nullement. Au contraire, en suivant la famille Furchmuller à la trace, le général Gehlen obtenait tous les renseignements presque en même temps que les Soviétiques.

Pour Hugo Halter, c'est un choc. Il vient de comprendre que l'action qu'il a engagée et qu'il croyait contrôler lui échappe complètement. Au lieu d'utiliser les Soviétiques, il se fait manœuvrer, depuis des années, par eux. Quel type de sentiment l'anime à ce moment-là ? Ce que je puis dire c'est qu'il commence, dès lors, à voyager beaucoup. Trop. J'ai pu relever un voyage à Moscou. Deux aux États-Unis, où il n'était pas revenu depuis deux ans. Puis un voyage à Tunis et un autre à nouveau aux États-Unis. Cette fébrilité s'explique, selon moi, par sa volonté de se dégager de la toile d'araignée où il s'était emmêlé.

A Moscou, le 22 juin 1960, à 15 heures, il rencontre Vladimir Volossatov, auprès de qui il espère trouver conseil. Celui-ci lui parle des importantes dépenses engagées par ses services et dont les reçus, signés de la main de Hugo, se trouvent en sa possession. Hugo s'affole. Il se dit naïvement, cette fois, que s'il parvient à rembourser les sommes engagées pour les colloques et les voyages qu'ont financés ses encombrants amis, il pourra retrouver sa liberté. Il en parle à Hidar Assadi qu'il retrouve à Tunis, le 3 septembre 1960, à l'hôtel Africa, avenue Bourguiba. Ce qui lui conseille Hidar Assadi ? Mystère. Ce que je peux dire c'est que l'homme, piégé par son désir de paix, arrive à New York au début du mois d'octobre. Il rend visite à Shimon Weber, directeur du quotidien yiddish *Forward,* chez lui, à son domicile de Brooklyn. Shimon Weber, que j'ai eu l'occasion d'interroger, le trouve inquiet, désireux de reprendre sa place à l'imprimerie du journal. On le voit souvent, à cette époque, dans la synagogue centrale, au coin de la Lexington Avenue et de la 55e Rue, à New York, sans phylactères et sans châle de prière, en train de méditer.

Le 11 octobre, il se présente à la banque Manufacturers Hanover Trust, à l'agence de 407, Broadway, où il a conservé un compte. Il y demande un prêt de 300 000 dollars ! John MacKinsey, qui était alors en charge de son compte, est mort peu de temps après. Je n'ai donc pas pu l'interroger. Mais je sais que le lendemain de cette visite, le 12 octobre, Hugo Halter rencontre son cousin Sidney pour lui demander de bien vouloir garantir ce prêt.

C'est alors, je pense, qu'il décide de faire éclater toute l'affaire. Il prend un billet pour Tel-Aviv via Paris. Prend contact, au téléphone, avec le général Shmuel Gonen qu'il avait connu il y a des années chez David Ben Gourion et qu'il avait revu début 1960. A Paris, il projette, enfin, de rencontrer ses cousins, Salomon, Perl et leur fils Marek. Quelle n'a pas dû être sa surprise de trouver à l'hôtel Madison, boulevard Saint-Germain à Paris, où il avait réservé une chambre, sa femme Sigrid, probablement, alertée par Vladimir Volossatov. C'est donc avec elle qu'il rend visite à Salomon Halter. Et c'est aussi avec elle qu'il arrive en Israël.

D'après Shmuel Gonen, Hugo Halter a décommandé le rendez-vous à trois reprises. Pour moi, il n'y a qu'une explication à cela : il cherche — et ne parvient pas — à échapper à la vigilance de Sigrid. Pendant ce temps, les Soviétiques cherchent, eux, le moyen de l'empêcher de révéler toute l'affaire au Mossad et de brûler ainsi Israël Beer, l'un de leurs meilleurs agents au Proche-Orient. Visiblement, ils n'ont pas trouvé de meilleure solution que sa liquidation pure et simple C'est Victor Tchebrikov qui, selon toute vraisemblance, décide l'attentat. Hidar Assadi s'y oppose. Une réunion a même lieu à Moscou, le 27 janvier 1961, au cours de laquelle il tente de défendre sa thèse et la cause de son ami. Rien n'y fait. La sentence est confirmée. Et c'est lui, Hidar, qui, par une diabolique ruse du sort, est chargé de communiquer la décision, ainsi que les détails de sa mise en œuvre, à Waddi Haddad. Le 4 mars 1961, Assadi rencontre le Palestinien à Beyrouth, à la centrale du FPLP. D'après les quelques témoignages que j'ai pu recueillir, il semble qu'il se risque à quelques ultimes tentatives de sabotage ; et, sachant notamment que Hugo Halter a rendez-vous avec le général Gonen et deux agents du Mossad le dimanche 28 mars, à Jérusalem, il persuade Waddi Haddad que ce rendez-vous a lieu non le dimanche, mais le samedi 27. Ce qu'il ne pouvait pourtant prévoir c'est que les relations entre Hugo et sa femme seraient parvenues, entre-temps, à un degré de tension extraordinaire et que, pour décourager Sigrid de l'accompagner le lendemain, il ne trouva pas de meilleure parade que de monter effectivement à Jérusalem, ce samedi 27, par la route où l'attendaient les tueurs de Waddi Haddad. Les jeux de toutes façons étaient faits, quoi qu'il arrive, quelques ruses ou scrupules que déploie Assadi, il ne pouvait plus faire échec à ce qui devenait son destin. L'ironie — grimaçante — de l'histoire voulant qu'Israël Beer ait été démasqué par le chef du Mossad, Isser Harel, deux jours auparavant. Gardée secrète, son arrestation fut annoncée officiellement la nuit précédant le Seder de Pâques, le 31 mars 1961, à 2 h 30 du matin. Mais le cousin de mon père était déjà mort. Et il était, à l'évidence, mort pour rien.

Ce sont là toutes les informations que j'ai pu recueillir sur la mort de Hugo Halter.

Rapport rédigé le 7 octobre 1987

Paris, septembre 1988

Le rapport d'Arié sur la mort de Hugo m'avait laissé perplexe. Même s'il répondait à certaines des questions que je m'étais posées je n'y trouvais pourtant de réponse ni à l'énigme du personnage ni à celle de mon étrange, insistant, rapport à lui. J'avais choisi cet homme comme véhicule de la mémoire familiale. Je l'avais transformé en témoin de l'espoir et de l'échec de la génération des survivants. J'en avais fait le symbole même de tous ces hommes qui, parce qu'ils sont les derniers vestiges d'un monde qui n'existe plus, n'ont pas le droit de penser, de sentir ou d'agir comme si cette destruction n'avait pas eu lieu. Avais-je tort ? Ne l'avais-je pas investi d'une exigence, d'un rêve qui m'appartenaient en propre ? Peut-être... Oui, peut-être... Mais ainsi va la vie... Ainsi allaient *nos* vies.. Quand un auteur et son personnage vivent les mêmes situations à quelques années de distance, quand il s'établit entre eux, par-delà l'écart du temps et des générations, une si troublante parenté, comment ne pas prendre son parti — et ne pas tirer *tout le parti* — de cette identification ?

A présent, cette histoire est finie. Toutes ces voix d'Abraham, de Mordekhaï, de Sidney, d'Anna-Maria, tous ces fantômes que j'ai tenté, à travers ces pages, de ressusciter et d'incarner, vont se taire à nouveau. En sorte qu'en brûlant le rouleau d'Abraham, puis en tuant Hugo, bref en détruisant ces deux relais d'une mémoire deux fois millénaire, je me retrouve brusquement seul, confronté au vertige de l'oubli.

Quelques mois après la fin de cette aventure, alors que les visages de tous ces héros et demi-héros commençaient à pâlir dans mon souvenir, je reçus un étrange coup de téléphone :

— *Te racordas de mi ?* me demanda une voix avec un fort accent argentin.

— Non, dis-je. Qui êtes-vous... ?

La voix hésita un instant. Je crus qu'elle allait raccrocher et puis elle lâcha, comme à regret :

— C'est Julio Feldman.

Julio Feldman ! L'énoncé même de ce nom me fit tressaillir. C'était un an à peine après la dénonciation et la mort d'Anna-Maria. Et ce revenant, là, au bout du fil...

— Je suis à Paris, continua-t-il... Un éditeur va publier mes poèmes en français. Je voudrais te voir...

Nous nous rencontrâmes au premier étage du café de Cluny, là même où, quelques années plus tôt, j'avais eu mon ultime rendez-vous avec Vladimir Volossatov. Julio avait changé. Ses cheveux, sa moustache, sa peau même et ses mains avaient blanchi. Tout en lui était pâle, fatigué. Et il avait l'air, vraiment, d'une sorte de spectre...

— Je suis content de te revoir, me dit-il... Oui, réellement content.

Et il se mit à parler — longuement, interminablement, d'une voix étouffée, presque inaudible. J'appris ainsi que sa propre fille avait été torturée et se trouvait dans une clinique à Buenos Aires. Que son fils aîné avait été tué, que le cadet avait disparu. Et que sa femme, choquée par tant de malheur, était soignée dans un hôpital psychiatrique de la banlieue de Rome...

— C'est la faute des fascistes argentins, gronda-t-il en levant sur moi un regard plein de haine. Mais c'est aussi un peu la nôtre... Nous étions devenus des petits chefs... Sans perspective, sans analyse de la situation réelle... Capables d'envoyer à la mort toute une génération... Au lieu de combattre le fascisme, nous l'avons alimenté...

Je ne disais rien. Qu'aurais-je dit ? Et Julio Feldman poursuivit, de la même voix absente :

— J'ai rompu définitivement avec les Montoneros. C'était difficile, je t'assure. Tellement difficile ! Le mouvement était devenu ma famille. En le quittant, je me retrouvais nulle part, dans le néant... Peut-on vivre sans racines ? Sans savoir d'où on vient, où on va, ce qu'on espère. En arrivant à Rome, j'ai écrit à ma mère. Tu te souviens de ma mère, n'est-ce pas ? Elle se trouve à présent dans un hospice juif à Buenos Aires. Eh bien, je lui ai donc écrit. Et dans cette lettre, va donc savoir pourquoi, je lui ai demandé de me raconter son histoire et sa vie... Elle l'a fait, voici sa réponse. Je viens juste de la recevoir...

Julio sortit de sa poche une enveloppe et en retira quelques feuillets bleus remplis d'une écriture irrégulière.

— Je voudrais te la lire, dit-il... Enfin quelques passages... Tu veux bien ?

Dans un espagnol approximatif, la vieille dame racontait son enfance dans un petit village juif de Lituanie. Elle décrivait son grand-père, le rabbin. Elle racontait que chaque fois qu'une guerre ou un progrome menaçaient la communauté, l'aïeul réunissait toute la famille, sortait d'un vieux coffre un rouleau de parchemin sur lequel avaient été inscrits les noms des chefs de la famille depuis le XVIIe siècle, leurs dates de naissance et de mort. A haute voix, il lisait alors les noms, les dates... Les noms, les dates... et ainsi de suite, comme une prière. « C'était pour nous plus qu'une prière, écrivait-elle. C'était la preuve de notre survie, de notre indestructibilité. »

Julio lut encore. Mais je ne l'écoutais plus que d'une oreille distraite. Sa lettre venait, sans le savoir, de me fournir la clé que je cherchais en vain — et depuis si longtemps. Que lui, Julio Feldman, ce furieux, cet enragé, cet homme qui du passé avait voulu faire table rase, que lui, le Montonero terroriste, l'un des plus acharnés à effacer sa propre mémoire, pour ne pas dire sa propre conscience, me lise cette lettre là — n'était-ce pas le plus extravagant des aveux ?

Chez nous aussi il y avait un livre familial. Chez nous aussi, mon grand-père en parlait. C'est ce rouleau qui fut détruit en 1943, dans le ghetto de Varsovie. C'est lui encore dont quelques feuillets ont été préservés par Hugo jusqu'à sa blessure en 1945, près de Strasbourg. Et c'est Hugo, donc, qui était, dans mon esprit, appelé à devenir le porte-étendard de notre mémoire en lambeaux. Hugo ou la mémoire... Hugo figure emblématique, à mes yeux, de l'être et du destin juifs...

Aujourd'hui, Hugo est mort. Il est mort comme presque tous les survivants de sa génération. Il reste Gloria et Martin, mes cousins argentins, qui vieillissent à Buenos Aires. Marjory, la femme de Sidney, qui vieillit à New York. Marilyn s'est mise en ménage avec un avocat célèbre et s'occupe d'une galerie d'art. Richard a épousé la fille du descendant du rabbin de Gour. Il a déjà quatre enfants et enseigne dans une yeshiva, à Kyriat Arba, près de Hebron. Arié, promu colonel, habite avec Judith et ses trois enfants, à Zahala, près de Tel-Aviv. Sa mère, Sarah, est toujours au kibboutz Dafné. Quant à Aron Lerner il n'a pas quitté Jérusalem et il vient de publier un essai, en hébreu, sur *Ptolomé II Philadelphe et la Bible.* Sa femme Rachel est morte voici deux ans. Sacha vit toujours à Moscou et traverse, sans trop de dommages, les révolutions de palais, au Kremlin. Quant à Hidar Assadi, Arié l'avait prévu : il a été tué par deux extrémistes palestiniens dans un hôtel de Lisbonne. Et Olga, après bien des tracasseries et une campagne de presse aux États-Unis et en France, a pu émigrer, avec ses deux enfants, en Israël. Moi, j'ai fêté mon premier demi-siècle. Plus je vais, plus mon univers se réduit à ces piles de cartons remplis de documents, de lettres et de photos que j'ai hérités de mon père.

L'autre jour, c'était juste avant le Kippour de l'année 5749, après la création du monde par l'Éternel, béni soit-Il, je m'étais, comme tous les ans, rendu au cimetière pour honorer le souvenir de mon père et de ma mère. C'était dimanche. Il y avait, par exception, beaucoup de monde. Et j'avançais d'un pas hésitant sur les pavés recouverts d'une épaisse couche de feuilles d'automne quand, au loin, je remarquai un homme en salopette, en train de nettoyer la tombe de mes parents.

— Vous voilà ! s'exclama-t-il quand il me vit. Je suis heureux de vous connaître... Depuis des années que je balaie cette tombe, c'est la première fois que je vous rencontre...

Et comme je l'observais, à la fois étonné de ce ton grondeur et ému de sa sollicitude :

— Je suis un pauvre Juif... Un Juif entre des millions... Mais je nettoie les tombes et vous, vous écrivez des livres... Les livres sont des tombes. Les tombes sont des livres. Et nous faisons au fond, vous et moi, le même métier. Dommage que je revienne chaque année — et que vous ayez laissé, vous, votre *Mémoire d'Abraham* inachevée.

Il ne me donna pas son nom et je n'eus pas la présence

d'esprit de le lui demander. Je le regardai pendant un moment s'éloigner dans l'allée et, m'approchant de la tombe, je dis la prière. Comme mon père, comme mon grand-père, comme mon arrière-grand-père et ainsi depuis des générations.

Table des matières

Achevé d'imprimer en mai 1990
sur presse CAMERON
dans les ateliers de la S.E.P.C.
à Saint-Amand-Montrond (Cher)
pour le compte de France Loisirs

Dépôt légal : mai 1990.
N° d'Edition : 16813. N° d'Impression : 1138.